Rehabilitation Pocketbook

リハビリテーション
ポケットブック

| 編集 |
稲川利光
カマチグループ関東本部 リハビリテーション関東統括本部長

Gakken

編集・執筆者一覧（敬称略・執筆順）

■編集

稲川　利光

カマチグループ関東本部 リハビリテーション関東統括本部長／
医療法人社団東京巨樹の会　東京品川病院 リハビリテーション科専門医・指導医
前・NTT 東日本関東病院リハビリテーション科　部長・医師

■執筆

稲川　利光	前掲
荒木　聡子	NTT 東日本関東病院リハビリテーション科　理学療法士
神林　洋平	前・NTT 東日本関東病院リハビリテーション科　作業療法士
長嶺　祥造	前・NTT 東日本関東病院リハビリテーション科　作業療法士
成田　弥生	NTT 東日本関東病院リハビリテーション科　作業療法士
志賀　典之	NTT 東日本関東病院リハビリテーション科　理学療法士
附田　朋恵	前・NTT 東日本関東病院リハビリテーション科　作業療法士
寒河江委子	NTT 東日本関東病院リハビリテーション科　言語聴覚士
村木　慈	NTT 東日本関東病院リハビリテーション科　作業療法士
五十嵐あすみ	NTT 東日本関東病院リハビリテーション科　理学療法士
森田　真理	NTT 東日本関東病院リハビリテーション科　作業療法士
瀧澤　彰宏	NTT 東日本関東病院リハビリテーション科　理学療法士
佐藤　亮輔	NTT 東日本関東病院リハビリテーション科　理学療法士
押川　武将	東馬込しば整形外科　理学療法士
茂垣　美加	NTT 東日本関東病院リハビリテーション科　理学療法士
小田　陽子	NTT 東日本関東病院リハビリテーション科　理学療法士
田村　明	NTT 東日本関東病院リハビリテーション科　理学療法士
安井　弥生	前・NTT 東日本関東病院リハビリテーション科　理学療法士
首藤　哲也	NTT 東日本関東病院リハビリテーション科　理学療法士
金　寿慶	NTT 東日本関東病院リハビリテーション科　理学療法士
中村さやか	NTT 東日本関東病院リハビリテーション科　作業療法士
竹内　新治	NTT 東日本関東病院リハビリテーション科　理学療法士
髙橋　真樹	前・NTT 東日本関東病院リハビリテーション科　理学療法士
岡部　慶子	NTT 東日本関東病院リハビリテーション科　理学療法士
安川　生太	NTT 東日本関東病院リハビリテーション科　理学療法士
山本　泰治	NTT 東日本関東病院リハビリテーション科　理学療法士
森田　将健	NTT 東日本関東病院リハビリテーション科　作業療法士
髙橋　良枝	前・NTT 東日本関東病院リハビリテーション科　理学療法士
藤田　知哲	NTT 東日本関東病院リハビリテーション科　理学療法士
濱添　陽平	NTT 東日本関東病院リハビリテーション科　理学療法士
中井　茉視	NTT 東日本関東病院リハビリテーション科　理学療法士
森谷　嘉輝	NTT 東日本関東病院リハビリテーション科　理学療法士
新貝　尚子	NTT 東日本関東病院リハビリテーション科　言語聴覚士
熊澤　麻美	前・NTT 東日本関東病院リハビリテーション科　言語聴覚士
竹内奈緒子	NTT 東日本関東病院リハビリテーション科　言語聴覚士
鈴江　璃野	前・NTT 東日本関東病院リハビリテーション科　言語聴覚士
金場　理恵	NTT 東日本関東病院リハビリテーション科　言語聴覚士
中川　紀子	東京都立墨東病院耳鼻咽喉科
鶴ケ谷沙紀	前・NTT 東日本関東病院リハビリテーション科 言語聴覚士
川俣　綾	前・NTT 東日本関東病院歯科口腔外科

Contents

● 本書はリハビリテーションビジュアルブック第2版（2016 年 9 月刊）の内容をポケットブックのコンセプトにそって再編集したものです.

編集担当：黒田周作
表紙デザイン：星子卓也
本文デザイン：青木　隆
本文・DTP：学研メディカル秀潤社制作室，センターメディア
本文・イラスト：青木　隆，日本グラフィックス
さし絵：稲川利光

本書の特徴と活用法

- 本ポケットブックは，「リハビリテーションの理解」「疾患に対するリハビリテーション」「障害に対するリハビリテーション」「その他のリハビリテーション」の４部構成になっています．
- 施設ごとで個別性のあるリハビリテーションの評価・アプローチについては，自施設の方法を書き込めるように空欄にしています．
- その他，自分が学んだことや先輩から学んだコツ，リスク管理上気をつけなければならないことなど，必要な情報をどんどん書き込んで，あなただけの１冊に育ててください．

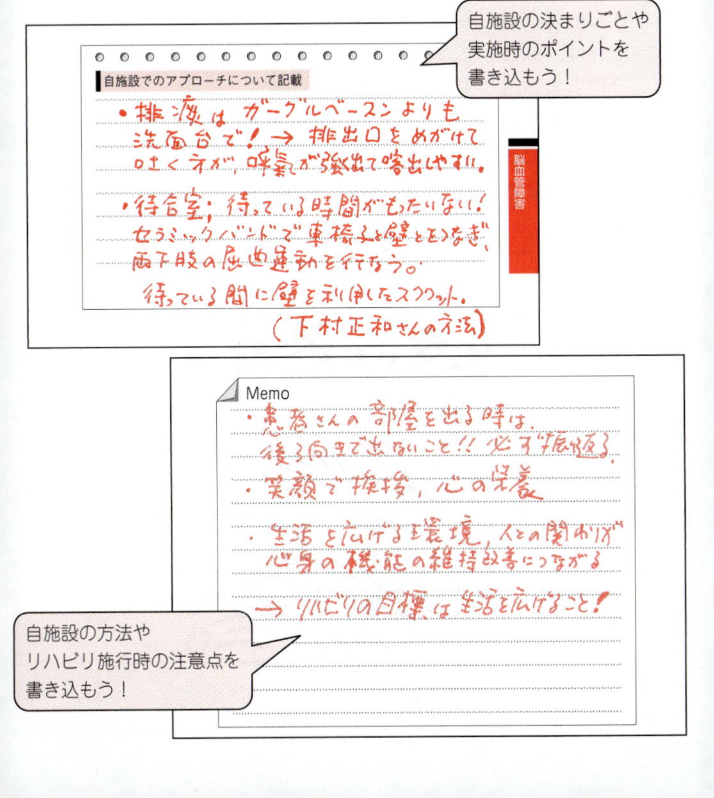

出会いは「感動」

「よい出会いには感動がある」といつも感じています．
この感動の種はごく小さなところにたくさんあるけれど，それが見つけられないまま過ぎてしまうことは多いと思います．しかし，どのような気持ちで関わるかというこちらの気持ちしだいで，感動の花が咲くことはたくさんあるようです．
私たちのちょっとした関わりに患者さんやご家族が元気になることがあります．それを見て私たちが元気をもらうことになります．「あなたに会えて良かった」という患者さんの言葉は，私たちに向けた最高の感謝の言葉ですが，それは，私たちにとっては，そう言ってくれる患者さんにそのままお返しする言葉でもあります．
リハビリテーションは患者さんと私たちとがともに良い出会いができることがその基盤です．
出会いを大切に，これからも仕事が続けられればと思います．

稲川利光

第1章

リハビリテーションの理解

1．ICF に基づく考え方

ICFに基づく考え方

ICFはプラス思考の医学

- 国際疾病分類(ICD)：WHOが障害を把握する指標として制定した.
- 国際生活機能分類(ICF)：1980年に発表されたICDを補完する国際障害分類(ICIDH)の改訂版として，2001年に作成された.
  →ICFは，障害をプラス思考でとらえる分類法.

障害をマイナスでとらえるICIDHからICFへ(図1，2)

- ICIDH：病気によって機能障害が起こり，機能障害によって能力障害や社会的不利を生じる，という病気や障害から生じるマイナス面を対象として考えられている.
  →能力障害や社会的不利の原因は一元的にその人の病気や機能障害ということになる.
- ICFの特徴：評価に「環境因子」という観点を加えたこと.
  - 能力障害や社会的不利は患者自身のみの問題ではなく，患者を取り巻く環境が大きく影響している.
  - 障害があることを肯定的にみながら，それに対し周囲がどう働きかけていくのかをプラス思考で考える.

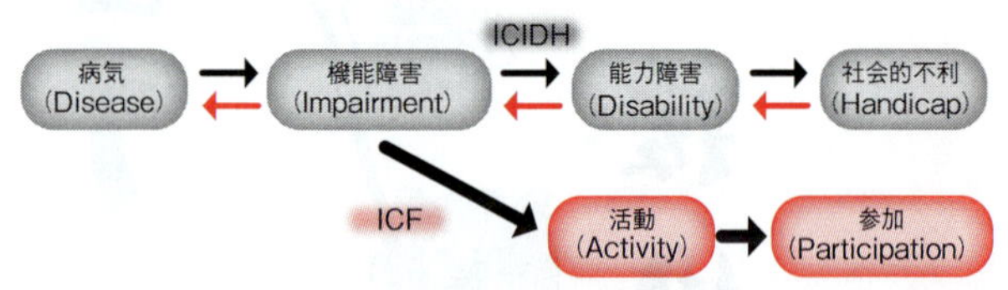

ICIDH(International classification of impairments,disabilities and handicaps) 1980 WHO
ICF(International classification of functioning,disability and health) 2001 WHO

活動性の制限・参加の制限を取り除くこと，あるいは，それらがありながらでも，その人らしく生きていけることを実現すること

■図1　リハビリテーションの考え方(ICIDHからICFへ)

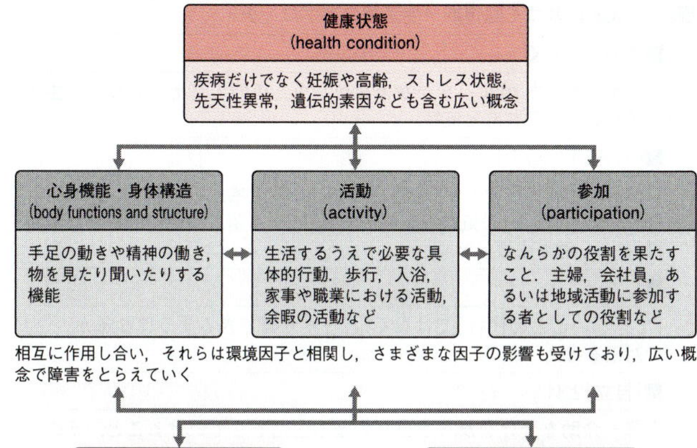

■図2　国際生活機能分類(ICF)

■「できないことの代行」ではなく，「どうすればできるようになるか」の対策を考える．
→障害がなかった過去の生活へ戻るのではなく，新たな人生や生活との出合いに向けて，リハビリテーションチームと患者や家族が目標を共有する．

■「能力障害」→「活動の制限」，「社会的不利」→「参加の制限」ととらえ直す．
- それらの制限をなくすには周囲がどのようにすればよいかを考え，行動する．
- 障害があってもその人がその人らしく活動性を維持し，社会参加できることを社会全体の課題として目指す(**表1**)．

リハビリテーションとは
活動性と社会参加を通じてその人の可能性をいかに高めていくか，その人らしさをいかにとりもどすか，そのかかわりをいう．

■表1　ICFに基づく回復期～生活期のアプローチ

■その人らしく
障害や疾病，加齢などをかかえながらも，その人がその人らしく生きて行くことへの共感と支援
■心の安定・心の一致
身体的な強化も必要だが，心理・精神的な安定感，人生への共感は必須．「何がしたいのか」の気持ちを共有すること．「望む生活」と「かかわる目標」との一致が必要
■したいこと
「できないことの代行」ではなく「どうすればできるようになるか……」の対策を考え，選ぶこと
■「自立」とは
介護・介助を受けながらも自分の望む生活をしていけること．そのようなかかわりをもつこと
■寄り添うことの大切さ
過去・現在・未来……自分らしさ・あなたらしさの発見．かかわる意味の発見

リハビリテーションの目標はその人の希望の実現や生活の再建です．

Memo

第 2 章

疾患に対する リハビリテーションの理解

1．脳血管障害
2．神経筋疾患
3．運動器疾患
4．呼吸器疾患
5．心疾患
6．糖尿病
7．がん
8．廃用症候群
9．脊髄損傷
10．切断

総論

疾患概要

分類

■脳血管障害(脳卒中)においてよく使用される臨床の病型分類は，National Institute of Neurological Disorders and Stroke

■表1　脳血管障害の臨床病型分類(NINDS-Ⅲ)

A. 無症候性　Asymptomatic
B. 局所性脳血管障害　Focal brain dysfunction
　1. 一過性脳虚血発作(TIA)
　　a. 頸動脈系　b. 椎骨脳底動脈系　c. 両者　d. 部位不明
　　e. TIAの疑い(possible TIA)
　2. 脳卒中(Stroke)
　　a. 経過(Temporal profile)
　　　1)改善型(Improving)
　　　2)悪化型(Worsening)
　　　3)安定型(Stable)
　　b. 病型(Types of stroke)
　　　1)脳出血(Brain hemorrge)
　　　2)くも膜下出血(Subarachnoid hemorrhage：SAH)
　　　3)脳動静脈奇形に伴う頭蓋内出血(Intracranial hemorrhage from AVM)
　　　4)脳梗塞(Brain infarction)
　　　　a)機序(Mechanisms)
　　　　　(1)血栓性(Thrombotic)
　　　　　(2)塞栓性(Embolic)
　　　　　(3)血行力学性(Hemodynamic)
　　　　b)臨床的カテゴリー(Clinical categories)
　　　　　(1)アテローム血栓性梗塞(Atherothrombotic)
　　　　　(2)心原性脳梗塞(Cardioembolic)
　　　　　(3)ラクナ梗塞(Lacunar)
　　　　　(4)その他
　　　　c)部位による症候〔Symptoms and signs by site (distribution)〕
　　　　　(1)内頸動脈
　　　　　(2)中大脳動脈
　　　　　(3)前大脳動脈
　　　　　(4)椎骨脳底動脈系
　　　　　　a. 椎骨動脈　b. 脳底動脈　c. 後大脳動脈
C. 脳血管性認知症(Vascular dementia)
D. 高血圧性脳症(Hypertensive encephalopathy)

第3版(NINDS-Ⅲ，**表1**)による分類および原因別分類(NIH分類，**表2**)である．

リハビリテーション評価

- 疾病によって引き起こされる障害を理解した評価が必要．
  - 心身・環境の収集と分析を行い，全体像を把握する必要がある．
  - 詳細は各論を参照されたい．

表2　脳血管障害の原因別分類(NIH分類)

1. 頭蓋内出血 1)脳内出血 2)くも膜下出血 3)硬膜下出血 4)その他
2. 虚血性脳血管障害 1)一過性脳虚血発作 2)脳梗塞　ⅰ)血栓性　ⅱ)塞栓性　ⅲ)血行力学性 3)脳血管不全
3. 未破綻脳動脈瘤
4. 未破綻脳動静脈奇形
5. ウィリス動脈輪閉塞症
6. 脳静脈・静脈洞閉塞症
7. 炎症性疾患
8. 高血圧性脳症
9. 脳血管性認知症
10. その他

Memo

診断

- 日本脳卒中学会では，脳卒中の早期発見に向けて，一般人向けに「脳卒中は一刻一秒を争う病気である」として，脳卒中を疑う重要な3つのポイントを示している．

> 顔の症状，上肢の症状，言葉の不明瞭化

- 脳梗塞では，発症して4.5時間以内ならば血栓溶解薬(rt-PA)の静注療法が可能．
  - ・奏効すれば，命が救われるだけでなく，障害も免れることになる．
- 脳出血も，病院到着が早ければ早いほど適切な処置が可能．

画像診断

- 脳卒中の診断の流れを**図1**に示す．

脳卒中の画像診断

- 患者の症状と頭部CT検査，CT血管造影(CTA)，3D-CT，脳MRI検査，MR血管造影(MRA)，脳血流シンチグラフィー

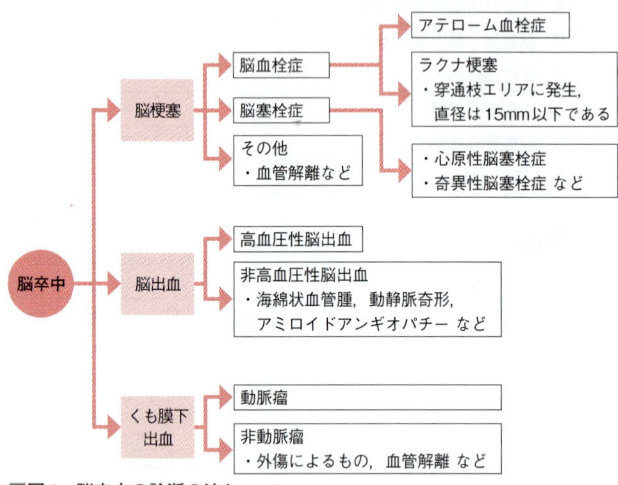

図1　脳卒中の診断の流れ

などの画像診断をもとに，患者のリスク管理を徹底し，発症直後より安全かつ有効なリハビリテーションのアプローチを展開する．

治療

- 脳卒中の治療の流れを**図2**に示す．

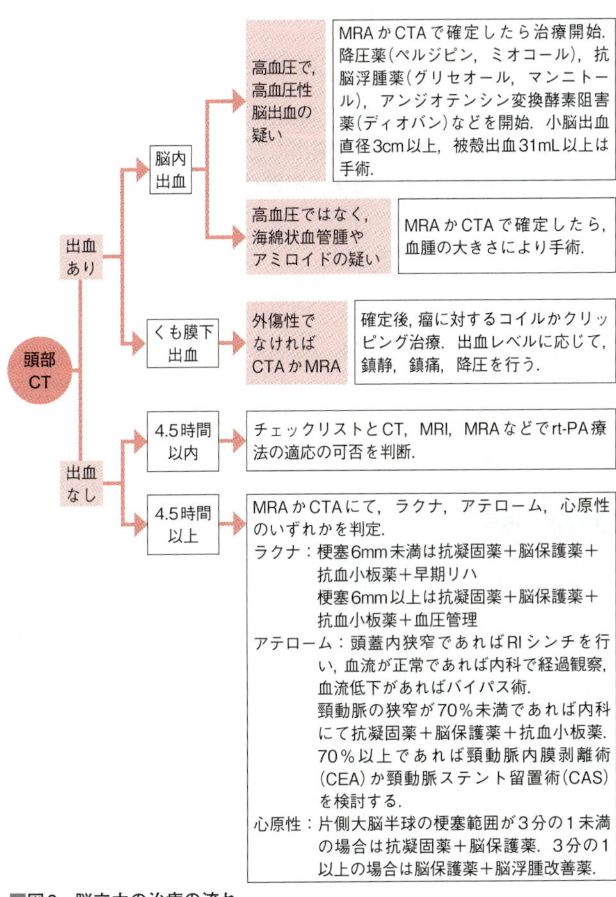

図2　脳卒中の治療の流れ

脳卒中（脳出血）

疾患概要

原因

■脳出血の原因は3つに分けられる．

特発性脳出血，症候性脳出血，外傷性脳出血．

・特発性脳出血：約80%は高血圧性脳出血といわれ，一般に脳出血といえば特発性脳出血を指す．
→好発部位：被殻，視床，脳幹(橋)，小脳，脳葉出血(皮質下出血)など．
・症候性脳出血：アミロイドアンギオパチーや脳動静脈奇形，もやもや病，海綿状血管腫など，各種の疾患に伴って発症．
・脳梗塞に伴って起こる出血性脳梗塞：一度血管が閉塞して脳梗塞にいたった組織に(血管の再開通による)再灌流が起こり，脆弱化した血管から出血するもの．
・頭部外傷による脳出血：脳挫傷が原因で発症．

症状・徴候

■頭痛：脳卒中の多くは活動時に発症し，しばしば頭痛を呈す．
■血圧の顕著な上昇：高血圧症の既往があり，発症時にみられることが多い．
■局所神経徴候の進展：数時間以内と急速で，意識障害をきたし，昏睡状態に陥ることもある．

障害像

運動麻痺・意識障害(**図1**)：半数以上に認められる．
頭痛・嘔吐：30%程度に認められる．

■症状や程度は，発症部位や血腫の大きさにより異なる．

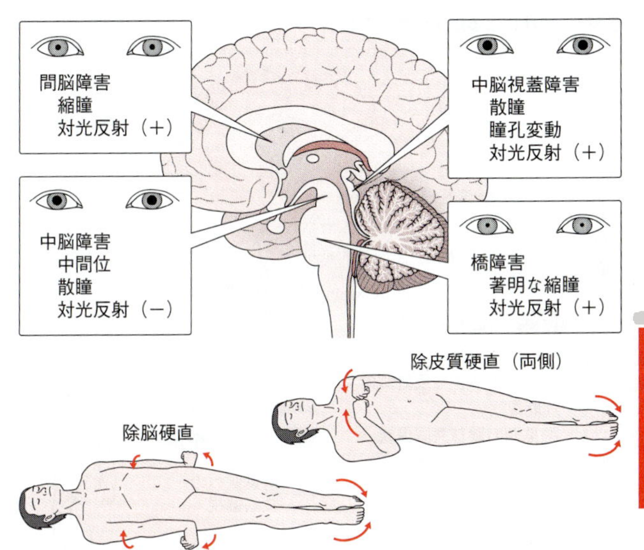

■図1　意識障害の特徴的症状

高血圧性脳出血の症状

■出血部位により，被殻出血，視床出血，橋などの脳幹出血，小脳出血，脳葉出血(皮質下出血)に分類される．
・発症頻度は上に示した分類の順に多く，それぞれ特有の症状を呈する．

■症状からみた脳出血部位の鑑別を，**表1**に示す．

評価法

■症状の早期発見のため，以下のバイタルサインの確認，循環や呼吸のアセスメントを行う．
・血圧，脈拍．
・呼吸状態，動脈血二酸化炭素分圧($PaCO_2$)，酸素飽和度(SpO_2)．
・四肢血行循環など．

■疼痛や浮腫の有無・部位を確認する．

■表1　症状による脳出血部位の鑑別

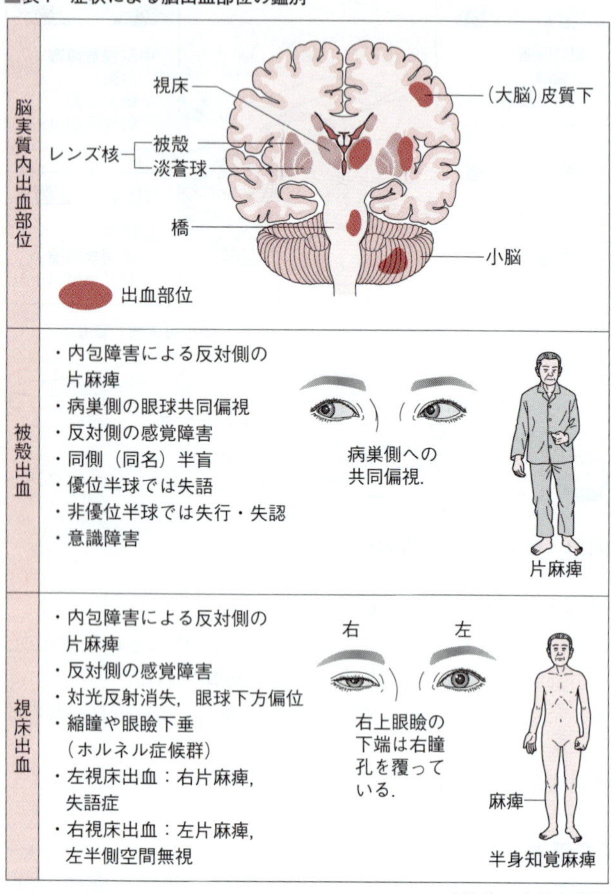

脳実質内出血部位	
被殻出血	・内包障害による反対側の片麻痺 ・病巣側の眼球共同偏視 ・反対側の感覚障害 ・同側（同名）半盲 ・優位半球では失語 ・非優位半球では失行・失認 ・意識障害
視床出血	・内包障害による反対側の片麻痺 ・反対側の感覚障害 ・対光反射消失，眼球下方偏位 ・縮瞳や眼瞼下垂（ホルネル症候群） ・左視床出血：右片麻痺，失語症 ・右視床出血：左片麻痺，左半側空間無視

文献 1)，p.100 より改変

❍ 脳卒中の評価

■ 脳卒中の評価には，神経・運動・統合的側面から，JCS，GCS，NIHSSなどをはじめいくつかの方法が用いられる．

●ジャパン・コーマ・スケール（Japan Coma Scale：JCS）

■ 簡便に意識レベルの評価を行うことができ，間脳・中脳・延髄への侵襲の目安として判定しやすく，緊急時に用いられる

■表1　つづき

橋出血	・昏睡, 四肢麻痺, 除脳硬直 ・眼球は正中位, 著しい縮瞳 (pinpoint pupil), 対光反射は保持 ・呼吸異常 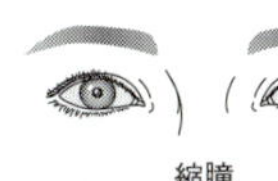 
小脳出血	・出血が少ない場合：めまい ・出血多い場合：激しい嘔吐, 後頭部痛, めまい ・眼球は病巣と反対側に共同偏視 ・四肢麻痺はないが, 起立・歩行が不可能   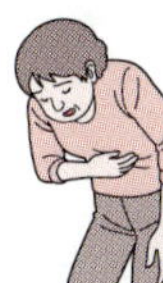 
皮質下出血	・頭痛で発症 ・片麻痺, 失語, 半盲 ・失認症, 失行症 ・異常言動などの精神神経症候 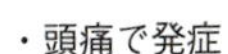   

(**表2**).

● グラスゴー・コーマ・スケール(Glasgow Coma Scale：GCS)

■ 開眼(E), 最良言語反応(V), 最良運動反応(M)の3つの側面の総和で評価する.

・気管内挿管または気管切開にて発話が困難な場合では, Vt (tはtracheotomyの意味)と表記する(例：E3, Vt, M5)(**表3**).

■表2　ジャパン・コーマ・スケール(JCS)

Ⅰ．刺激しないでも覚醒している状態
（せん妄，錯乱，気を失う：1桁で表現）

1点　だいたい意識清明だが，いまひとつはっきりしない．

2点　見当識障害がある．

3点　自分の名前，生年月日がいえない．

Ⅱ．刺激すると覚醒する状態
（刺激をやめると眠り込む）（昏迷，嗜眠，傾眠：2桁で表現）

10点　普通の呼びかけで容易に開眼する．

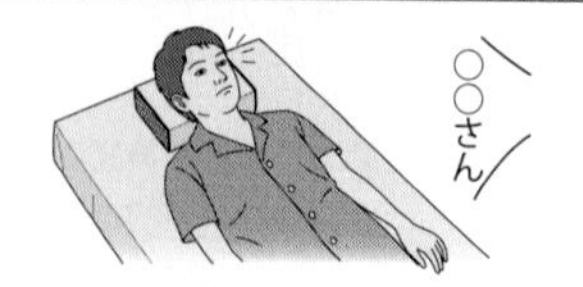

20点　大きな声または身体を揺さぶることにより開眼する．

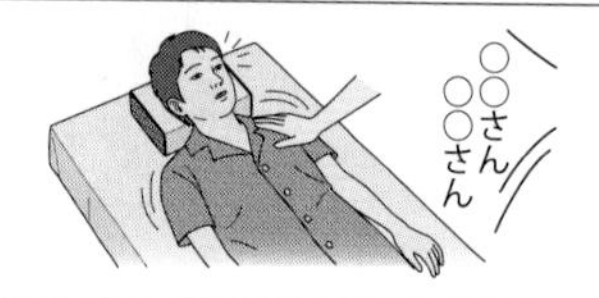

30点　痛み刺激を加えつつ，呼びかけを繰り返すとかろうじて開眼する．

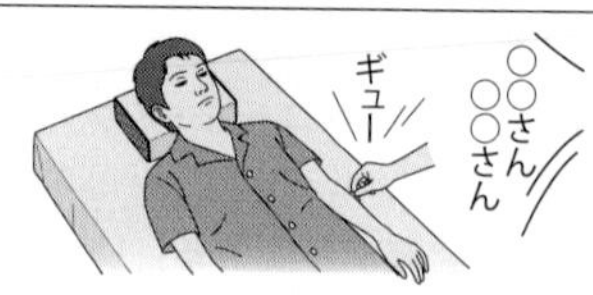

■表2　つづき

Ⅲ. 刺激をしても覚醒しない状態 （昏睡，半昏睡：3桁で表現）	
100点	痛み刺激に対し，払いのけるような動作をする．
200点	痛み刺激で少し手足を動かしたり，顔をしかめる．
300点	痛み刺激に反応しない．

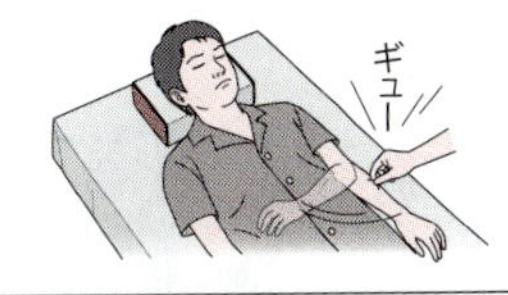

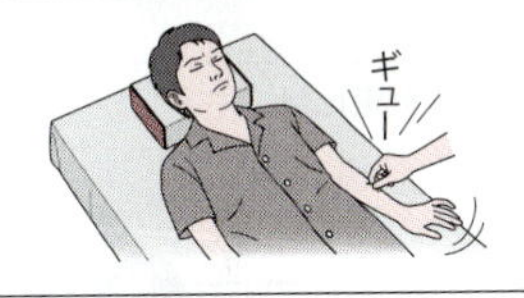

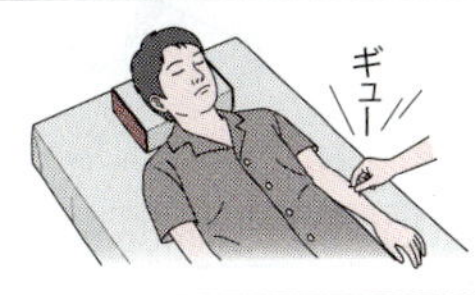

注）R：restlessness（不穏状態）
　　I：incontinence（失禁）
　　A：akineticmutism（無動無言），
　　　apallic state（失外套状態：大脳の機能が失われた状態）
　　例：100-I，20-RIなど

●NIHSS（National Institute of Health Stroke Scale）（表4）

■ **意識の評価**：意識水準，質問，命令の順に評価．

- 痛み刺激への反応しか認められない場合は，麻痺，感覚障害，言語，消去や不注意の項目も最高点となるため注意が必要である．

■ **注視の評価**：水平性眼球運動のみで評価．

- 随意眼球運動障害がみられない場合または共同偏視が認められる場合は眼球頭反射の有無で評価する．
- 眼球頭反射の消失は重症である．

■ **視野の評価**：対座法でどちらの指が動いたのかにより評価．

- 意識障害がある場合はvisual threatによる閉眼や指が動いたほうを注視するかで評価する．

■ **顔面麻痺の評価**：鼻唇溝の平坦など＝1点，口角下垂や兎目

■表3　グラスゴー・コーマ・スケール(GCS)

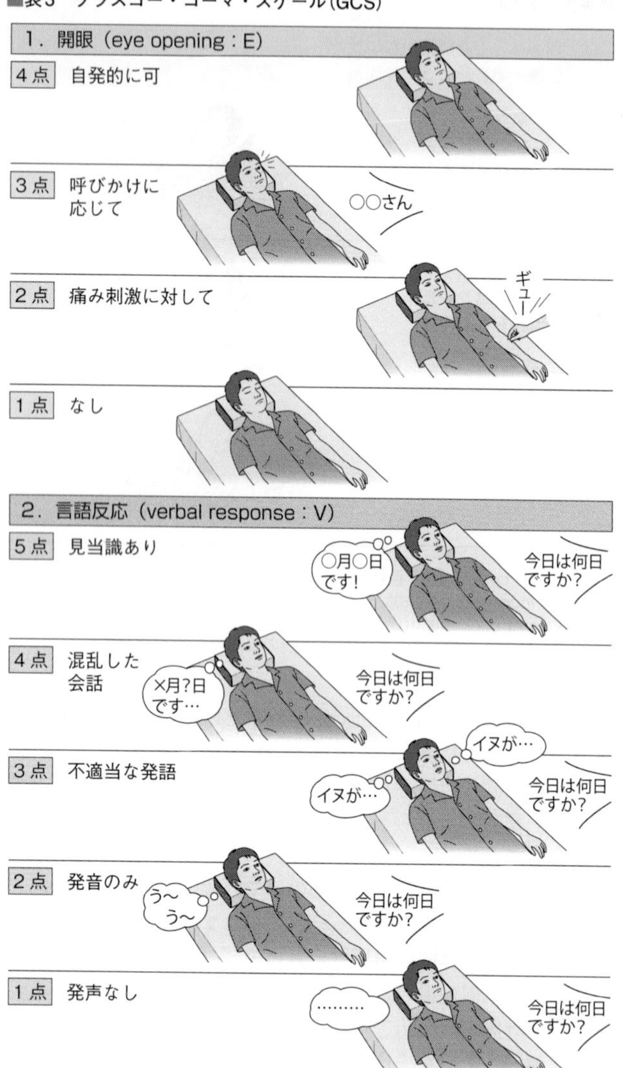

■表3 つづき

3．運動反応（motor responce：M）	
6点	命令に応じて可
5点	局所的にある
4点	痛み刺激から逃避する
3点	異常な屈曲運動
2点	伸展反射
1点	体動なし

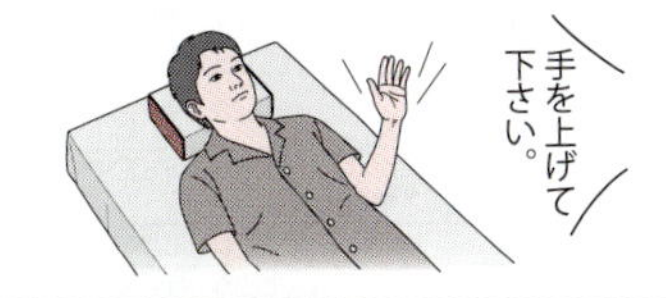

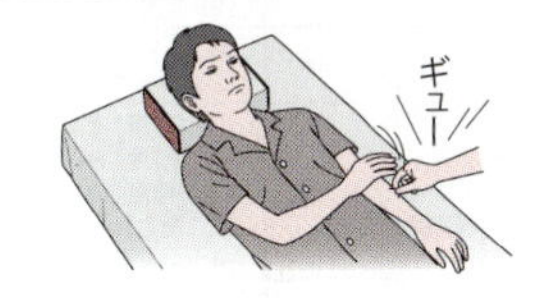

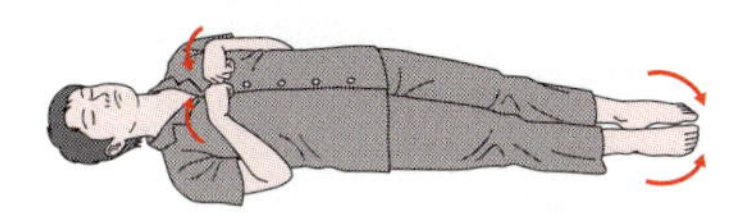

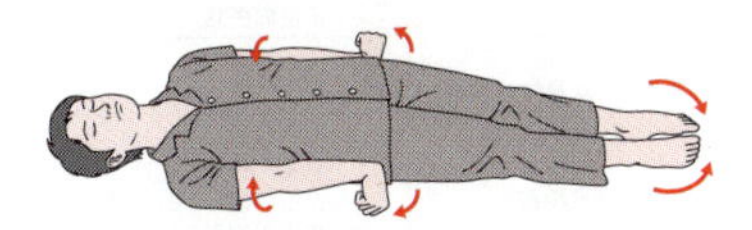

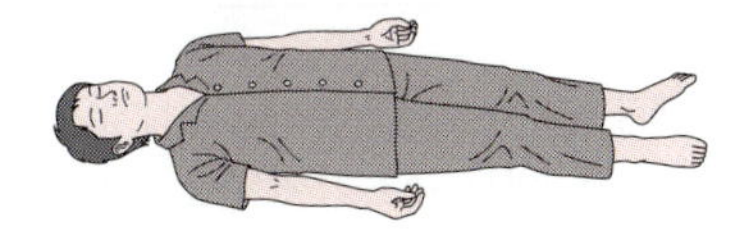

注）反応の合計点を求め，重症度評価をする．
最も重症が3点，
最も軽症が15点

脳血管障害

■表4　NIHSS

患者名　　評価日時　　評価者

1a. 意識水準	□0：完全覚醒　□1：簡単な刺激で覚醒 □2：繰り返し刺激，強い刺激で覚醒　□3：完全に無反応
1b. 意識障害ー質問 (今月の月名及び年齢)	□0：両方正解　□1：片方正解　□2：両方不正解
1c. 意識障害ー従命 (閉開眼，「手を握る・開く」)	□0：両方正解　□1 ：片方正解　□2：両方不可能
2. 最良の注視	□0：正常　□1：部分的注視視野　□2：完全注視麻痺
3. 視野	□0：視野欠損なし　□1：部分的半盲 □2：完全半盲　□3：両側性半盲
4. 顔面麻痺	□0：正常　□1：軽度の麻痺 □2：部分的麻痺　□3：完全麻痺
5. 上肢の運動（右） *仰臥位のときは 45度右上肢 □9：切断，関節癒合	□0：90度*を10秒保持可能(下垂なし) □1：90度*を保持できるが，10秒以内に下垂 □2：90度*の挙上または保持ができない □3：重力に抗して動かない □4：全く動きがみられない
上肢の運動(左) *仰臥位のときは 45度左上肢 □9：切断，関節癒合	□0：90度*を10秒間保持可能(下垂なし) □1：90度*保持できるが，10秒以内に下垂 □2：90度*の挙上または保持ができない □3：重力に抗して動かない □4：全く動きがみられない
6. 下肢の運動（右） □9：切断，関節癒合	□0：30度を5秒間保持できる(下垂なし) □1：30度を保持できるが，5秒以内に下垂 □2：重力に抗して動きがみられる □3：重力に抗して動かない □4：全く動きがみられない
下肢の運動(左) □9：切断，関節癒合	□0：30度を5秒間保持できる(下垂なし) □1：30度を保持できるが，5秒以内に下垂 □2：重力に抗して動きがみられる □3：重力に抗して動かない □4：全く動きがみられない
7. 運動失調 □9：切断，関節癒合	□0：なし　□1：1 肢　□2：2 肢
8. 感覚	□0：障害なし　□1：軽度から中等度　□2：重度から完全
9. 最良の言語	□0：失語なし　□1：軽度から中等度 □2：重度の失話　□3：無言，失語
10. 構音障害 □9：挿管または身体的障壁	□0：障害なし　□1：軽度から中等度　□2；重度
11. 消去現象と注意障害	□0：異常なし □1：視覚，触覚，聴覚，視空間，または自己身体に対する不注意，あるいは1つの感覚様式で2点同時刺激に対する消去現象 □2：重度の半側不注意あるいは2つ以上の感覚様式に対する半側不注意

合計　　点 /　42

など顔面下半分の完全またはほぼ完全な麻痺＝2点，顔面の上側でも麻痺が認められる場合(末梢性顔面神経麻痺など)＝3点.

■ **四肢麻痺の評価**：あくまで指示，パントマイムなどで判定.

・随意運動の評価は痛み刺激では判定はしない.

・軽度の麻痺(くぼみ手徴候やバレー徴候での前腕回内など)＝0点，痛み刺激の反応で動きがない場合＝4点.

- **運動失調の評価**：1肢ごとの評価．運動失調は筋力低下でも起こるため，その影響を除外して判定する．
  - 片側上下肢の失調＝2点，完全麻痺，理解力の低下，意識障害＝0点．
- **感覚障害の評価**：意識障害や失語が認められる場合は逃避反応や表情で評価．
  - 前腕，下肢，体幹，顔面の4点で評価することが多い．
  - 無反応の四肢麻痺，昏睡＝2点．
- **失語の評価**：流暢性や理解力で判断．
  - 評価に文章カードや絵カードを用いることもある．
- **構音障害の評価**：言語の明瞭性を評価．
- **消去現象と無視の評価**：簡便な方法として，棒や紐の真ん中を指してもらうことで半側空間無視を調べる．
  - 昏睡患者＝2点．
- NIHSSでは点数にADL障害が十分に反映されない．
  - Modified Rankin Scale(mRS)やStroke Impairment Assessment set(SIAS)などを併用することがある．

脳出血の画像診断

- 脳CTが，最も簡便で有力な手段である．
  - CTは脳出血の有無と程度を把握するには有用であるが，その原因の精査(質的診断)に関してはMRIの併用が必要．

脳出血の治療

- 内科的加療か，外科的加療か？
  - 出血の部位や血腫の大きさ，血腫の増大傾向の有無，患者の症状や合併症，年齢や社会的背景などを考慮する．
- 重度の意識障害があり，脳ヘルニアを伴っている症例：外科的な救命処置がとられることがある．
  - このような場合，その後に重篤な障害が残ることが多い．
  - 手術の適応については家族への十分な説明を行い，慎重に判断する．
- 脳幹出血(橋出血)や視床出血：多くは，外科的な治療は行われない．

■ 被殻出血や小脳出血, 脳葉出血(皮質下出血)：外科的治療(開頭血腫除去術や血腫吸引術など)がなされることが多い.
→出血による二次的な脳へのダメージを避ける.

■ 脳室穿破を伴う出血：急性非交通性水頭症を併発し, 症状の急激な悪化をまねくおそれがあるため, 前もって穿頭脳室ドレナージを行う.

自施設での評価法について記載

アプローチ

■ 内科的療法

・発症後, 再出血や血腫増大, 急性水頭症がなければ, 24～72時間以内に離床させる.

■ 血腫除去術施行後

・CT検査で問題がなければ, 翌日から離床させる.

■ 脳室ドレーン留置中

・ドレナージ管理を優先する.

リスク管理

意識レベル

■ 急性期は血腫の圧迫や脳浮腫の進行などにより脳循環が不安定で, 変動しやすい.

自施設でのアプローチについて記載

・瞳孔，呼吸状態，言語，姿勢，四肢の運動などに変化がないか，注意深い観察・評価が必要．

血圧管理

■再発予防のために，血圧管理は重要である．
・発症時に血圧の異常高値を呈するケースが多く，静脈ラインの確保と降圧薬の投与が必要．
→高齢者では血圧の低下に伴う脳循環量の減少で意識障害を起こす場合があり，下げすぎない配慮も必要．
・リハビリテーションにより頭蓋内圧が亢進した場合は，ベッドアップで上半身を30°ほど挙上(ファウラー肢位)．
・臥位から坐位に起き上がったときや下肢を下垂した坐位保持では血圧が低下することがあり，継時的に血圧を測定．

呼吸管理

■舌根沈下や失調性呼吸を呈している場合が多い．
■PaO_2上昇→頭蓋内圧亢進に注意．
・$PaO_2 = 45 \pm 5$mmHgで管理する．
・自発呼吸の減弱，失調性呼吸→気管内挿管．

❍ 循環管理

■脳卒中では不整脈を伴う場合が多く，急性期のモニター監視は必須.
  ・急性期を過ぎても必要に応じて監視を行う.

❍ 脳浮腫管理

■重症脳出血→脳浮腫の進行により脳ヘルニア発症の危険性.
  ・高浸透圧溶剤(D-マンニトールや濃グリセリンなど)の投与で脳浮腫の改善を図り，加療を継続する.
    →過度の高浸透圧溶剤の使用は電解質異常や腎機能障害をきたすため要注意である.

❍ 膀胱留置カテーテル

■膀胱の拡張による腹圧上昇→血圧や頭蓋内圧の上昇.
  ・高浸透圧溶剤は排尿を促すため，電解質の管理とともに水分のin-outバランス管理が重要となる.

❍ 栄養管理

■疾病の治癒を促し，リハビリテーションの効果を上げるため，急性期からの適切な栄養管理が必須.

❍ 口腔ケア

■肺炎予防に口腔ケアは必須.
  ・口腔内への刺激は意識の賦活にも有効である.

■口腔機能を維持し，経口摂取を促す.

❍ その他

■深部静脈血栓症・誤嚥性肺炎，褥瘡などの予防に努める.

脳卒中（脳梗塞）

疾患概要

病態

■脳梗塞の定義

脳の活動に必要な栄養，酸素を運ぶ動脈が閉塞または狭窄されることにより，循環障害をきたし，脳組織が壊死を起こすこと．

・症状：梗塞部位により，意識障害や片麻痺，言語障害などさまざまな神経症状を呈する．
・原因：血栓・塞栓，血管壁自体の肥厚(動脈硬化，動脈炎)，血管外からの圧迫(脳ヘルニア)，血管攣縮など．
・現在，脂質異常症や糖尿病患者が増えていることで，脳出血に比べて血管が詰まる脳梗塞が増えている．

脳梗塞の分類

①脳血栓症，②脳塞栓症，③その他(**図1**)．

●脳血栓症

■脳血栓症は，貧血性梗塞ともいわれ，脳動脈の硬化性病変を基礎として徐々に血管内腔が狭小化し，ついには閉塞する．

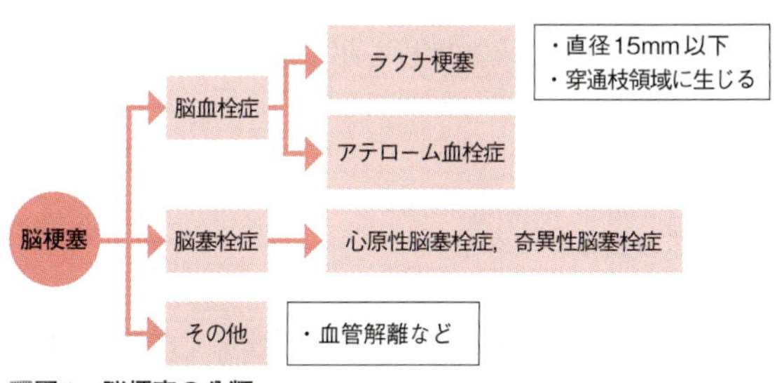

■図1　脳梗塞の分類

・発症は緩徐で，高血圧との関係性が強い．
・アテローム血栓症とラクナ梗塞がある．

■アテローム血栓症：主幹動脈のアテローム(粥状)硬化病変を原因とする．
・危険因子は，高血圧，糖尿病，脂質異常症，喫煙，加齢など．
・TIA(一過性虚血性発作)を前駆とすることもある．
・発生機序により，動脈原性，血行力学性，血栓性に分類．

■ラクナ梗塞：脳の深部穿通枝の閉塞によって生じる小梗塞．
・梗塞巣は一般的に15mm以下．
・15mm以上のものはBAD(branch atheromatous disease)といわれ，MR画像では水平断で3スライス以上にわたる梗塞巣が認められる．
・脳幹部の橋穿通枝の梗塞では，1スライス内ではあっても腹側から背側に向かって深く梗塞病変が認められるものを(脳幹部の)BADとよぶ．
→病状およびその変化に注意を要する．
・BADは，血圧の変動などで病状が悪化することがある．
→麻痺が軽度であっても，数日間は離床を待つ．

●脳塞栓症

■心原性脳塞栓症や奇異性脳塞栓症などがある．

■心原性脳塞栓症：脳以外(主に心臓)の血管から血栓化した栓子が血流に運ばれて血管を閉塞し，循環障害を呈するもの．
・血栓形成の原因：心房細動，心筋梗塞後，人工弁置換術後，感染性および非感染性内膜炎，心筋症，心臓腫瘍など．

■奇異性脳塞栓症：胎生期の卵円孔が出生後も開存，この右心房から左心房への短絡を介し，下肢の静脈血栓などが右心系から左心系に侵入して脳塞栓を起こすもの．

診断

■頭部CT検査
・梗塞部の低吸収域を示す．

■MRI検査
・急性期は拡散強調画像で高信号，慢性期ではFLAIR画像で高信号の輪郭をもつ低信号，T2強調画像で高信号を示す．

■頭部MRA，CTA，脳血管撮影

・血管の狭窄・閉塞診断に加えて，脳血管撮影で血管遅延や側副血行路の発達具合を評価.

■頸動脈超音波検査

・プラークの性状や血管狭窄・閉塞・プラークの可動性を評価.

■心原性脳塞栓症の診断

・問診：不整脈(心房細動など)，心筋梗塞後，人工弁置換術後，感染性および非感染性内膜炎，心筋症，心臓腫瘍など心臓疾患の既往を確認.

・心電図・ホルター心電図：発作性心房細動の有無を検索.

・経胸壁心エコー，経食道心エコー：心腔内塞栓源の検索.

・採血：Dダイマー，脳性ナトリウム利尿ペプチド(BNP)上昇.

■ラクナ梗塞の診断

・陳旧性の梗塞と新しい脳梗塞との鑑別.

・BADなど進行性のラクナ梗塞：発症時は軽症のラクナ梗塞様症状を呈しても，数日で症状が進行することが多く(主に麻痺の増悪)，画像所見では梗塞巣の拡大をみる.

治療

●アテローム血栓症

①内科的治療

・血栓溶解療法：rt-PA(アルテプラーゼ)静注療法(**図2**)

・抗血栓療法

急性期：オザグレルナトリウム(カタクロット®，キサンボン®)，アルガトロバン(ノバスタン®)

慢性期：アスピリン，クロピドグレル硫酸塩(プラビックス®)，シロスタゾール(プレタール®)

・脱水予防と血圧管理

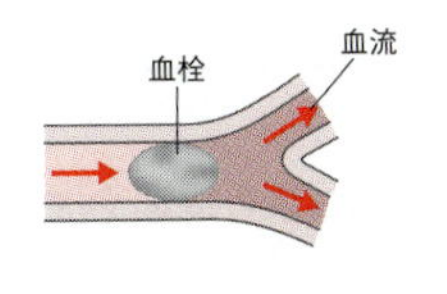

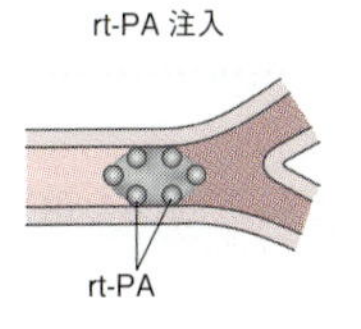

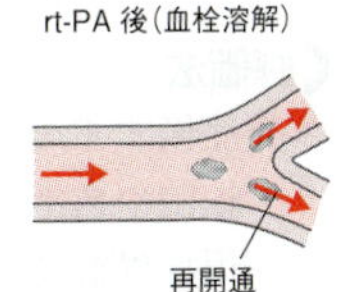

■図2　rt-PA静注療法

②外科的療法

・頸動脈内膜剥離術（CEA）（**図3**）.

・頸動脈ステント留置術（CAS）（**図3**）.

・浅側頭動脈-中大脳動脈吻合術（STA-MCA吻合術）.

●ラクナ梗塞

・急性期：オザグレルナトリウムなどの点滴投与.

・再発防止：抗血小板療法（アスピリン，クロピドグレル硫酸塩，シロスタゾール）や血圧管理.

●心原性脳塞栓症

①内科的治療

・血栓溶解療法：rt-PA（アルテプラーゼ）静注療法（**図2**）.

・血流再開後の脳保護：エダラボン（ラジカット®）.

・心腔内血栓が発見された場合：ヘパリン持続静注.

・再発防止：ワルファリンカリウム（ワーファリン®），エドキサバン（リクシアナ®），ダビガトランエテキシラート（プラザキサ®）など.

②外科的療法

・心臓腫瘍や心腔内血栓などは開心術にて摘出.

補足

アスピリン＋クロピドグレルなどといった2剤併用抗血小板療法（dual anti platlet therapy：DAPT）は発がん早期の心原性脳梗塞を除く脳梗塞やTIAの急～亜急性期の治療として勧められている.

障害像

■臨床病型，梗塞部位や梗塞巣の大きさ，脳循環の状態，合併症の有無によりさまざまな神経症状を呈する（**表1**）.

評価法

■発症後すぐの評価・介入

・転院や自宅退院などの方向性を選定，機能回復の促進や廃用症候群を予防する.

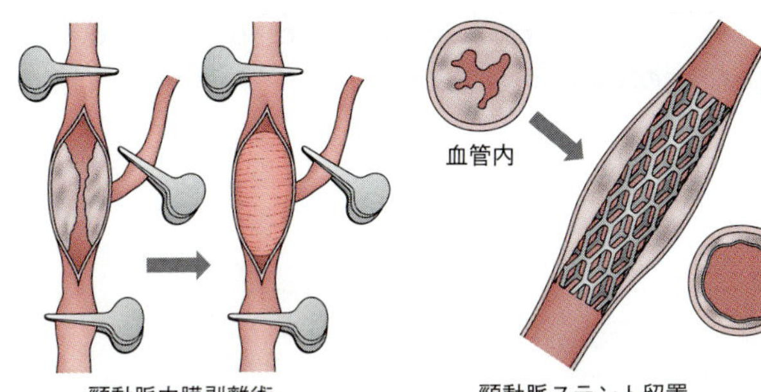

■図3　頸動脈内膜剥離術（CEA）と頸動脈ステント留置術（CAS）　2_1_2

文献2），p.109より改変

■表1　脳幹障害で発生するその他の症候群

症候群	病巣	神経症状
Argyll-Robertson症候群	視蓋前核からEdinger-Westphal核にいたる経路の障害（通常両側性）	・対光反射消失，輻輳反射正常
MLF症候群	MLF	・病側眼球：内転障害 ・健側眼球：外転時水平性眼振 ・輻輳反射正常
one-and-a-half症候群	MLF＋PPRF	・病側眼球：内転障害，病側への注視麻痺（外転障害） ・健側眼球：外転位，病側への注視麻痺（内転障害），外転時水平性眼振 ・輻輳反射正常
locked-in症候群	両側の橋腹側	・意識清明，垂直性眼球運動と開閉眼以外の随意運動消失

文献2），p.105より引用

■ 早期離床の促進

・発症後早期から食事の際の自助具導入，移動・歩行支援のための車椅子，杖，歩行器などの手段を選定する．

自施設での評価法について記載

リスク管理

発症後早期の介入においては，リスク管理が最も重要

- 以下，急性期のリスク管理について記す．

呼吸管理

- 昏睡・咽頭反射が消失
  - ・気管内挿管をしている場合，人工呼吸器を管理．
- SpO_2の低下，呼吸状態に注意．
- 気管内挿管時のチェックポイント
  - ・胸郭の動き，左右の呼吸音，胃内の空気の有無，チューブ内の水蒸気の有無，適切な酸素濃度など．

循環管理

- 自律神経系の一過性の機能不全により血圧上昇，不整脈，虚血性心疾患，心筋梗塞の合併，心不全をきたし，脱水により梗塞巣を拡大させることがある．
- 血圧：脳が虚血状態に陥るため血圧は高めに保つ．
  - ・血圧が低値のときは，ベッド上では頭部挙上を禁止，下肢を挙上する．
  - ・収縮期血圧＜220mmHg, 拡張期血圧＜120mmHgを維持．

・血栓溶解療法の患者：収縮期血圧≦185mmHgまたは拡張期血圧≦110mmHgのとき降圧療法を行う．

栄養状態

■適切な栄養摂取はリハビリテーションを進めるうえで必須．
・発症早期から経口摂取を促す．
・経口摂取が困難と判断された患者は経腸栄養を開始．
・脱水→脳梗塞再発症状の悪化：水分管理が重要．

体位・褥瘡予防

■低酸素血症，気道閉塞，誤嚥，頭蓋内圧亢進がある場合
→15～30°の頭位挙上を考慮．
■主幹動脈の閉塞や高度狭窄のある症例
→脳血流維持を目的として水平仰臥位をとることを考慮．
■体位変動の際
・気道，酸素化および神経症状の変動を観察し，対処．
・呼吸器系の合併症があるときは，起坐位が酸素化に有用．

早期離床

■臥床期間の長期化は廃用症候群をきたすおそれがある．
→リスク管理をしながら早期離床を促す．
■良肢位保持(ポジショニング)
・褥瘡，関節拘縮を予防する．
→急性期は各種のモニターやドレナージチューブなどの付属物が多く，注意が必要．
・異常筋緊張・異常姿勢を予防する．
→必要に応じて装具の着用を検討．
・呼吸機能の維持
→口腔ケアと併せて誤嚥性肺炎の予防として重要．
■四肢の関節運動
・動作を促すことで神経症状の増悪・変化がないか注意．
・他動運動，可能であれば自動運動を導入．
・関節運動により非麻痺側の筋力維持，筋緊張の適正化，局所循環の改善．

→下肢静脈血栓の予防，覚醒を促す，麻痺肢への運動・感覚刺激，随意運動の促通.

- 離床(段階的坐位～歩行)
  - ・段階的坐位訓練では，血圧が不安定な場合や再梗塞のリスクが高いときに行う.
  - ・アンダーソン・土肥の基準を用いることが多い.

自施設でのリスク管理について記載

急性期のアプローチ

リハビリテーションの開始

- ラクナ梗塞：症状増悪のおそれがあるため，姿勢変化による血圧低下に留意.
  - ・3～5日の安静期間を必要とすることが多い.
  - ・医師の指示のもと，離床開始時期を考慮.
- 摂食・嚥下練習：経口摂取開始に際して適切な評価が必要.
  - ・水飲みテスト，嚥下造影(VF)検査や嚥下内視鏡(FE)検査を実施.
    →食物形態もしくは摂取方法を早急に決定.
- 言語訓練
- 高次脳機能訓練
- 病棟内ADL訓練：リハビリテーションスタッフと病棟看護師との連携が大切.

- 早期から食事場面での自助具導入，車椅子，杖，歩行器などの移動手段の選定，介助量について詳細に評価．
  →機能回復の促進や廃用症候群の予防をする．
- 回復期，社会復帰へ向けてのアプローチは，p.44–47参照．

自施設でのアプローチについて記載

Memo

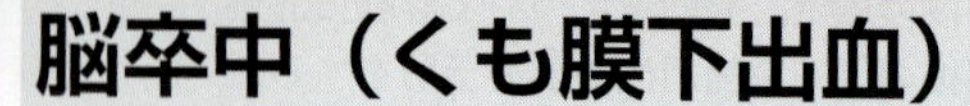

脳卒中（くも膜下出血）

疾患概要

■ くも膜下出血の定義

> 脳動脈瘤が破裂した後の，くも膜と軟膜の間にあるくも膜下腔への出血.

・くも膜下腔に流入した血液によって脳が圧迫され，短時間で頭蓋内圧が亢進.

・わが国では40代以降に多く発症し，男女比は1：2と女性に多い.

・出血の程度によってさまざまな症状が出現.

■ 予後：出血の程度，病院到達時の意識レベルなど，初診時のくも膜下出血の重症度により大きく変わる.

・意識障害の程度は転帰と強く相関，意識障害が強いほど転帰不良とされる.

・社会復帰する割合が1/3，重度の後遺症が残る割合が1/3，死亡する割合が1/3といわれる.

3大合併症

①再出血

■ 発症24時間以内が多く，高率に転帰を悪化させる.

②脳血管攣縮(スパズム)

■ くも膜下出血，とくに動脈瘤破裂後4～14日目にみられる遅発性虚血性神経脱落症状(意識障害・片麻痺・言語障害・激しい頭痛など).

・原因は確定されていないが，血腫が多いほどスパズムが起こりやすいとされる.

・脳動脈瘤が破裂して中大脳動脈や前大脳動脈などの主幹動脈に強い狭窄が起こる.

・強い攣縮により脳虚血を生じ，脳梗塞が起こりやすくなる.

③正常圧水頭症

- 出血により脳脊髄液(髄液)の吸収が障害され，頭蓋内に髄液がたまって水頭症が起こる．
  - 発症から数週間～1か月以上経過後明らかになる．
  - 症状の3主徴：記銘力低下，尿失禁，歩行障害．

原因

- くも膜下出血の主な原因は**表1**に示すとおりで，脳動脈瘤破裂が最も多い．
- 危険因子として，喫煙，高血圧，過度の飲酒，家族歴がある．

発症時の症状

- 激しい頭痛：くも膜下出血発症時の最も特徴的な症状．
  - 今まで経験したことのないような，突然の激しい頭痛．
  - 「バットで殴られたような」，「頭が割れるような」，「雷が落ちたような」などと表現される．
  - 程度は軽くても，その発症が突然である場合にはくも膜下出血を疑う．
- 悪心・嘔吐
  - 急激な頭蓋内圧亢進によって強い悪心・嘔吐を繰り返すことが多い．
  - 突然の頭痛に嘔吐を伴う場合は，くも膜下出血を疑う．
- 意識消失・痙攣発作
  - 重症の場合，意識消失や痙攣発作を起こす場合もある．
  - 一過性に，または破裂後すぐに昏睡に陥ることもある．
- 神経離脱症状
  - 重症の場合，片麻痺(主に脳実質内に起こった場合)や動眼

表1　くも膜下出血の主な原因

頭蓋内疾患	脳動脈瘤破裂(80%以上) 脳動静脈奇形 そのほか，脳出血，もやもや病，硬膜動静脈，脳静脈洞血栓症，脳腫瘍，髄膜炎など
血液疾患	白血病，血友病など

神経麻痺(眼瞼下垂，麻痺性外斜視，瞳孔散大)，瞳孔不同(左右の瞳孔の大きさが違う)などを伴う．

- 髄膜刺激症状：頭痛のほか，項部硬直，ブルジンスキー徴候(**図1**)，ケルニッヒ徴候(**図2**)．
  - ・症状は多くのケースで出現するため，補助診断として役立つ．
  - ・出血直後にはみられないこともある．
    →髄膜刺激症状が陰性でもくも膜下出血の可能性を除外しない．

検査・診断

- 頭部CT：確定診断，重症度判断．
- MRIのFLAIR像：スパズムの発症予測．
- 髄液検査：頭部CTで出血が確認できない場合に行う．
  - ・頭蓋内圧亢進による脳ヘルニアの発症に注意して施行．
  - ・黄褐色(キサントクロミー)や血性を呈することがある(異髄液)．
    →積極的に脳血管造影を施行．
- 脳血管造影(MRA，3D-CTA，デジタル・サブトラクション

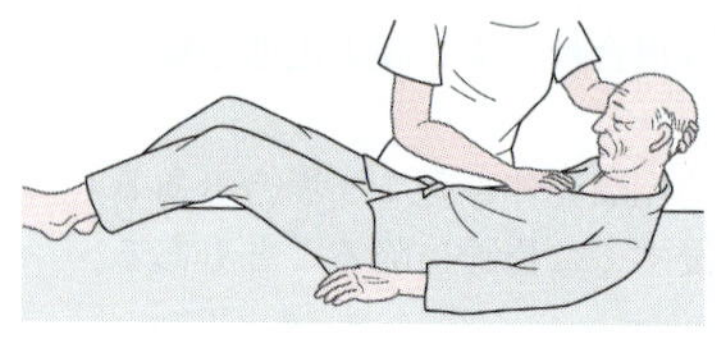

項部硬直：頭部を保持して前屈させるが，項部の筋の反射性収縮のため抵抗や痛みを伴う．
ブルジンスキー徴候：項部硬直の検査時，股関節と膝関節が自然に屈曲する反応

■図1　項部硬直とブルジンスキー徴候

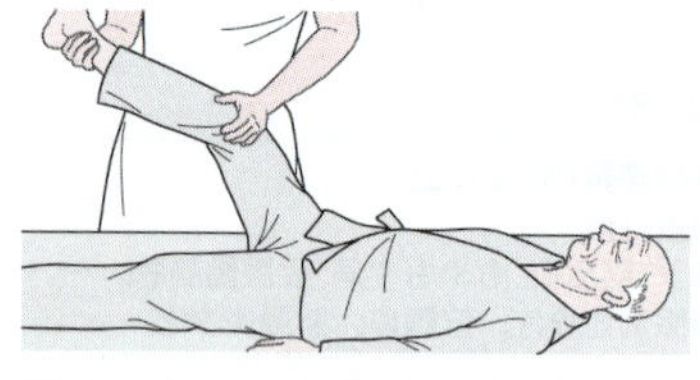

下肢を伸展位で挙上するが，大腿屈筋群の反射性収縮のため膝関節が自然に曲がり伸展不能となる．

■図2　ケルニッヒ徴候

血管造影〔DSA〕など)：動脈瘤の場所・形状を特定.
- 診断の遅れは転帰悪化となるため，迅速で的確な診断が必要.
- 局所症状を伴わない突然の激しい頭痛が特徴だが，重症の場合は神経症状が出現しうる.
- 一側の動眼神経麻痺→内頸動脈後交通動脈瘤を強く疑う.
- 運動麻痺の出現→側頭葉内またはシルビウス裂内に大きな血腫を伴う中大脳動脈分岐部の動脈瘤破裂が疑われる.

くも膜下出血の重症度分類

■ ハントとヘス(Hant & Hess)分類(**表2**)やハントとコスニック(Hant & Kosnik)分類(**表3**)，WFNS(世界脳神経外科連合)

■表2　くも膜下出血の重症度分類(Hant & Hess, 1968)

グレードⅠ	無症状か，最小限の頭痛および軽度の項部硬直をみる.
グレードⅡ	中等度から重篤な頭痛，項部硬直をみるが，脳神経麻痺以外の神経学的失調はみられない.
グレードⅢ	傾眠状態，錯乱状態，または軽度の巣症状を示すもの
グレードⅣ	昏迷状態で，中等度から重篤な片麻痺があり，早期除脳硬直および自律神経障害を伴うこともある.
グレードⅤ	深昏睡状態で除脳硬直を示し，瀕死の様相を示すもの

■表3　くも膜下出血の重症度分類(Hant & Kosnik, 1974)

グレード0	非破壊例
グレードⅠ	意識清明で神経症状のないもの. またあってもごく軽度の頭痛・強直のあるもの
グレードⅠa	意識清明で急性期症状がなく，神経症状の固定したもの
グレードⅡ	意識清明で中等度の強い頭痛・項部強直はあるが，神経症状(脳神経麻痺以外の)を欠くもの
グレードⅢ	意識障害は傾眠，錯乱である. 軽度の局所神経障害をもつことがある
グレードⅣ	意識障害が昏迷，中等度から強度の片麻痺，ときに除脳硬直，自律神経障害の初期症状を示すもの
グレードⅤ	昏睡，除脳硬直，瀕死の状態のもの

重篤な全身性疾患(高血圧，糖尿病，著明な動脈硬化，慢性肺疾患)，または脳血管撮影で認められる頭蓋内血管攣縮が著明な場合は，グレードを1段階高くする.

■表4　WFNS（世界脳神経外科連合）の分類（1988）

グレード	グラスゴー・コーマ・スケール	神経脱落症状
グレードⅠ	15	－
グレードⅡ	14～13	－
グレードⅢ	14～13	±
グレードⅣ	12～7	±
グレードⅤ	6～3	±

（Teasdale, 1988）

分類（**表4**）など．

・WFNSによる分類には，GCSで意識レベルを評価した点数が必要．

・各重症度分類間でグレードが一致しないことがある．

・一般に，グレードが高いほど転帰は不良．

治療

内科的治療

再出血を防ぐことが重要で，絶対安静を要する．

■ 十分な鎮静，鎮痛，血圧降下治療を優先，以降の治療は重症度による．

・重症例：頭蓋内圧が上昇している場合の降圧は，脳灌流圧の低下をまねき，逆に脳虚血を増悪させる場合があるため，降圧薬投与は慎重に行う．

■ 原因を精査し，出血源を特定できない場合は内科的治療となる．

外科的治療

■ 動脈瘤破裂：再破裂の可能性が高く（発症24時間以内が多い），再破裂時の予後は非常に悪い．

・再破裂予防治療：開頭による外科的治療，開頭せずカテーテルを用いた血管内治療．

・開頭による外科的治療：動脈瘤頸部クリッピング術，トラッピング術，これらが困難な場合はラッピング術も考慮．

・血管内治療：プラチナコイルによる動脈瘤コイル塞栓術.
・脳槽ドレナージ：持続的に髄液や血腫の排出を行い，脳血管攣縮を予防.
→年齢，動脈瘤の大きさ，動脈瘤の部位，全身状態(長時間の麻酔に耐えうる)，急性硬膜下出血や脳内血腫を伴い減圧が必要か，などにより選択.

●正常圧水頭症の治療

■脳室・腹腔短絡術(V-Pシャント)，脳室・心房短絡術(V-Aシャント)，腰部くも膜下腔・腹腔短絡術(L-Pシャント)など.
→脳脊髄液を持続的に腹腔内に排出するための手術.

障害像

■障害が残る割合が高い.
・重症の場合：片麻痺や一側動眼神経麻痺，瞳孔不同などの神経脱落症状.
・くも膜下腔を越え脳実質内に大きな血腫を作る出血：片麻痺などの後遺症.
→運動麻痺では片麻痺は比較的少ないとされるが，出血の状態・範囲や脳血管攣縮が関係すると考えられている.
・脳底部動脈瘤破裂による前頭葉や側頭葉への出血：高次脳機能障害.
・前交通動脈瘤破裂：前頭葉機能障害.
・しばしば，遂行機能障害，注意(干渉制御)障害，社会的に不適切な行動，無気力，アパシー(感情鈍麻，無感情)，発動性欠如などの症状発現.

評価法

■多様な機能障害の評価法は，前項「脳出血」「脳梗塞」と同様.
・前頭葉機能の簡易評価法：前頭葉機能検査(FAB)，ウィスコンシンカード分類テスト(WCST).
・社会復帰(復職)が可能か，仕事内容・役割を把握し評価.

自施設での評価法について記載

アプローチ

- 再出血，脳血管攣縮による脳梗塞，正常圧水頭症などの合併症や重症度に留意し，個別に対応する．

リハビリテーションの開始時期

- 急性期は，再出血予防のため絶対安静になることが多い．
  →離床時期は個別に検討．

リハビリテーションの実際

- 安静度の指示に従い，早い段階から厳重なリスク管理のもと介入する．
  - ・ベッドサイドでのアプローチから開始し，良肢位保持，関節拘縮予防，廃用症候群予防に努める．
  - ・スパズム期(発症4～14日目)における脳血管攣縮による脳虚血，その後の正常圧水頭症などの合併症：厳重なリスク管理のもとに介入．
  - ・脳室ドレーン留置中は，看護師と連携してドレナージ管理を行い介入．
- ドレーン抜去後：バイタルサインの安定を確認して離床促進．

自施設でのアプローチについて記載

リスク管理

■ **表4**に示す合併症に注意してリスク管理を行う.

■表4　急性期リハビリテーションの合併症

- 高血糖
- 低栄養
- 誤嚥，肺炎
- 消化管出血
- 中枢性高体温
- 痙攣発作
- 深部静脈血栓症
- 電解質異常
- 血圧変動
- 不整脈
- 心不全
- 麻痺側の無菌性関節炎（偽痛風）
- 尿路感染症
- 褥瘡　など

脳卒中へのアプローチ

疾患概要

脳卒中リハビリテーション

発症直後から，急性期，回復期，維持期(生活期)にわたって一貫した流れで行う．

- かかわるスタッフは目的と役割が異なるが，連携が必須．

病態分類

- 脳卒中で生じる機能障害の代表例を，**表1** に示す．

高齢者の廃用症候群や不動による誤嚥性肺炎，DVT などの予防

脳梗塞発症の平均年齢は71歳．

- 脳塞栓は高齢者が寝たきりになる原因疾患の第1位．
  - ・脳卒中へのアプローチは高齢者医療の側面が大きい．
  - ・高齢者は脳卒中の発症を機に，せん妄を含む意識レベルの低下や全身筋力・持久力の低下，認知機能低下などを生じ

表1　脳卒中で生じる主な機能障害

意識障害(せん妄・不穏・抑うつ状態など)
脳神経障害(顔面麻痺・眼球運動障害・視野障害など)
筋緊張異常(亢進，痙縮・固縮／低下，弛緩)
運動機能障害(運動麻痺，連合反応・共同運動の出現，協調運動障害・バランス障害)
感覚障害(体性感覚，表在覚・深部覚・複合覚・異常感覚)
構音障害
摂食嚥下障害
排尿・排便障害(失禁・尿閉・神経因性膀胱・便秘)
高次脳機能障害(失語・失行・失認・記憶障害・注意障害・遂行機能障害・社会的行動障害など)
気分障害(抑うつなど)

文献1)，p.38より改変

やすい.

■急性期リハビリテーション

・十分なリスク管理のもと早期から実施.
・不動・廃用症候群，誤嚥性肺炎，深部静脈血栓症(DVT)などの予防.
・口腔ケアを基本とした肺炎予防，早期離床による心身の活性維持など.
・必要に応じ回復期リハビリテーションによる集中的・包括的な訓練を経て，社会復帰を実現.

科学的手続きによる治療アプローチ

■**表2**に，脳卒中の評価項目の一部を示す.

脳卒中の回復

●神経学的回復と機能的回復

■**表3**に，神経学的回復(自然回復)の主な3要素を示す.

■**表4**に，機能的回復(脳の可塑性，運動学習による再組織化)の主な要素を示す.

■早期のリハビリテーション開始：運動学習の効果，高齢者の廃用症候群予防によい影響を与え，DVT予防にも効果的.

■早期からの筋緊張の亢進を伴う強い負荷：痙縮や原始的共同運動パターンを増強させてしまうので要注意.

■適切な運動学習によって，脳の可塑性が高まる.

・脳の可塑性
　→損傷した脳領域以外にも，損傷部位の機能を代償する部位がある.
　障害を受けたことで，今まで働かなかった部位が働き，障害を支援しようとする機能がある.

■リハビリテーションによる運動学習課題

・残存している脳領域や，離れていても関連する脳領域が，経験や学習によってシナプス結合を量的・質的に増加する.
・関連の高い脳領域は，互いにその機能を代償する.
　→感覚領域の学習強化によって運動領域の機能が改善.

■損傷領域が大きく，予後が悪いと思われる症例
・アプローチ次第で，脳の可塑性を最大限にまで高め，障害を最小にとどめることが可能.

■表2　評価項目・参照検査

	評価項目	参照検査
機能	意識水準	JCS：Japan Coma Scale GCS：Glasgow Coma Scale
	知的能力	長谷川式簡易知能評価スケール MMSE：Mini Mental State Examination N式老年者精神状態尺度 コース立方体組み合わせテスト WAIS：Wechsler Adult Intelligence Scale
	心理機能	POMS：Profile of Mood States 気分調査票 SDS：Self-rating Depression Scale STAI：State Trait Anxiety Inventory
	注意障害	TMT：Trail Making Test PASAT：Paced Auditory Serial Addition Task
	前頭葉障害	WCST：Wisconsin Card Sorting Test
	半側空間無視	線分二等分・文字図形の抹消・Albrt末梢試験・模写描画
	失語症	SLTA：Standard Language Test of Aphasia WAB：Western Aphasia Battery
	構音障害	５段階明瞭度テスト
	嚥下障害	水飲みテスト VE：Video Endoscopic Examination of Swallowing VF：Video Fluoroscopic Examination of Swallowing
	運動麻痺	Brunnstromの回復段階・上田式12段階グレード
	痙縮	MAS：Modified Ashworth Scale
	総合評価	Fugl-Meyer Assessment JSS：Japan Stroke Scale SIAS：Stroke Impairment Assessment Set NIHSS：National Institutes of Health Stroke Scale
活動・参加	ADL	Barthel Index FIM：Functional Independence Measure
	IADL	IADLスケール 老研式活動能力指標 AMPS：The Assessment of Motor and Process Skills COPM：The Canadian Occupational Performance Measure 生活行為向上マネジメント

■表3　神経学的回復の主な3要素

1. 浮腫の改善	損傷周囲の浮腫は，最大8週間まで継続する（Inoue, 1980）が，通常はもっと早い．脳出血後は浮腫の影響を受けやすい傾向があり，改善に時間がかかるが回復の程度も大きい．
2. ペナンブラ領域の再灌流	梗塞周囲の血流低下から機能低下している脳領域の再灌流による機能回復．
3. 機能解離の解除	機能解離とは，脳の損傷部位の周囲や遠隔脳が，損傷されていないにもかかわらず反応遅延や機能低下を生じること．Nudeら（2001）は，機能解離は損傷後早期に起こることと，損傷部位と相互に連結されている皮質組織で生じることを指摘している．これらの解除により，その領域の機能が回復する．

■表4　機能的回復の主な要素

1.	脳地図の書き換え	脳の機能局在は不変ではない．運動学習や環境への適応により，皮質マップは変容・発達する．（Nudeら1996b，Elbertら2001，Kolb 2003）
2.	長期の感覚刺激は運動回復を可能にする．	運動野，感覚野間の機能代償．長期の触覚入力は，運動皮質における筋表象を刺激し運動マップの変化（運動回復）が可能．（Hallett 2002）
3.	隣接した皮質が，損傷した脳領域の機能を代償する．	臨床的には，脳卒中の回復は，隣接した皮質または接続のある遠隔の皮質における機能的回復（脳の可塑性）に関連している．（Cramer 2003）

アプローチ

急性期リハビリテーション

ADL自立を目標に早期から積極的に治療を開始する．

■神経学的徴候，身体機能，摂食嚥下機能，言語機能，高次脳機能，ADL能力などを評価．
・他職種と組織的に連携，急性期から集中的・包括的に早期の社会復帰を支援する．

■脳卒中リハビリテーション

・高齢者の廃用症候群予防.
・長期臥床での身体の不動はDVT発症のリスクを高める.
→可能な限り早期の離床が求められる.

●リスク管理の手順

①情報収集

■脳卒中急性期
・状態が不安定でリスクが高く，細心の注意が必要.
・カルテから現病歴，医師からの指示・禁忌の内容，合併症，現在の状態などを把握.

②ベッドサイドから介入開始

■担当看護師に介入の了解をとり，現在の状態を確認しながら連携して介入する.
・バイタルチェックを行い，血圧・脈拍などが指示の範囲内であることを確認.
・指示の範囲を逸脱している場合，担当看護師や担当医師に確認.
・付属のラインに注意し,安静度に応じて評価・治療を実施.

③離床の手順

■担当医師の指示により早期から離床を開始する.
・離床時の安静度は，個別の重症度により医師が判断.
・安静度は，床上安静→ベッドアップ可能→床上坐位可能→端坐位可能→立位可能→フリー(歩行可能)と段階的に決められる.
・担当医師の指示に応じて積極的に離床をすすめる.

④離床開始(実施)の条件

■いくつかある条件(ガイドライングレードB)を確認してできる限り早期に実施する.
・意識レベルが1桁以上であること.
・神経学的徴候が増悪していないこと.
・意識レベルの低下や神経徴候の増悪を認めた場合は，離床せず担当医師に確認.

◯回復期リハビリテーション

■安定期に入ったら，ADL，歩行などの向上を目的として理学療法や作業療法，言語療法，その他のリハビリテーションを集中的に行う．

・急性期以上に積極的な離床をすすめ，1日の活動量を増加させ，対象者それぞれの生活へ結びつける．

・「脳卒中治療ガイドライン2015」[2)]の推奨などを参照．

・神経学的徴候，身体機能，摂食嚥下機能，言語機能，高次脳機能，ADL能力などを評価，ADL・IADL向上，復職など，個人に必要な目標を立て，治療を開始する．

・他職種と連携，集中的・包括的に社会復帰を支援する．

●リスク管理

■急性期治療後，早期に回復期リハ病院へ転院→日々のバイタルチェックが必須．

・心肺機能の把握は重要．

・合併症の詳細についてチェック．

・患者にいつもと違う変化がみられた場合，早急に対処．

■積極的な離床と活動の推進に伴い転落・転倒のリスクが高まるため，評価およびリスク管理が重要．

・どのような活動のときか．

・背景にどのような心身機能・身体構造があるか．

・どのような対処が必要か：介助方法，環境設定など．

●評価から治療

■患者の疾患と障害，合併症，リスクなどを的確に把握する．

■患者や家族の背景，社会的な環境など患者の全体像をとらえて介入する．

■機能回復，および個々のADLの具体的な短期目標・長期目標の達成を目指す．

■脳卒中では，運動麻痺・感覚障害などの後遺障害の著しい改善がみられない場合も，活動・参加レベルでADLの回復がみられることが多い．

→リハビリテーションの進捗状況の判断は機能障害を評価するだけでなく，活動・参加レベルの評価が重要．

■機能訓練を「できるADL」に結びつけ，病棟内で「しているADL」へつなげる．

→リハビリテーションおよび病棟スタッフ間の協業が重要．

■ 治療結果の検証と再検討の繰り返しによる予測および方針・目標設定.

・患者・家族の希望を踏まえ，具体的な社会復帰後の生活に向けて調整.

■ 復職には，対象者の能力，雇用主側の受け入れが重要.

・対象者から情報を得て，必要な場合は対象者と雇用者側の間に入り調整する.

・復職が困難な場合，ジョブコーチなどの制度がある.

維持期（生活期）リハビリテーション

■ 回復期後，在宅または施設などで生活を送る段階.

・残存機能維持，廃用症候群予防，QOL向上などが目的.

・施設・病院でのリハ，通所・訪問リハなど.

■「脳卒中治療ガイドライン2015」[2)]の推奨などを参照.

→筋力増強訓練や歩行訓練による歩行能力の改善，さらに向上が期待できる.

評価から治療

■ 急性期・回復期との違い.

自施設での「している ADL」の例を記載

・対象者は実際の生活の場(施設も含め)で生活している.

■ スタッフによるリハビリの頻度は，転帰先によってはしばしば回復期よりはるかに少なくなる.
→生活の中で活動量を確保，生き生きと過ごすことが重要.

■ リハビリの目標：心身の機能向上，生活行為の維持・継続，社会参加の実現などを含めたQOLの改善.
・QOLは心身機能・身体構造や活動だけでは決まらず，生活圏や社会参加の程度で大きく変化する.
→参加の評価が重要.

■ 厚生労働省の「地域包括ケアシステム」構築への取り組み.
・高齢者ができる限り住み慣れた地域で尊厳をもって自分らしい生活を送ることを目指す.
・重度の要介護者や認知症高齢者への対応と支援の強化.
→維持期(在宅)のリハビリの充実がますます重要になる.

Memo

筋萎縮性側索硬化症（ALS）

疾患概要

■運動ニューロンには，以下の2つがある(**図1**).

・上位(1次)運動ニューロン：大脳皮質の1次運動野にはじまる.

・下位(2次)運動ニューロン：脳幹運動神経核や脊髄前角細胞にはじまる.

■筋萎縮性側索硬化症(ALS)（**図2**）

・運動ニューロンを障害する変性疾患で，運動ニューロン疾患の1つ.

・**表1**に，上位・下位運動ニューロン障害の特徴を示す.

・発病率は1.1～2.5人/10万人で, 50歳未満の発症は少ない. 50代から発症率が上昇，60～70代で最も高く，80代で減少傾向となる. 有病率は7～11人/10万人で，男性に多い[1].

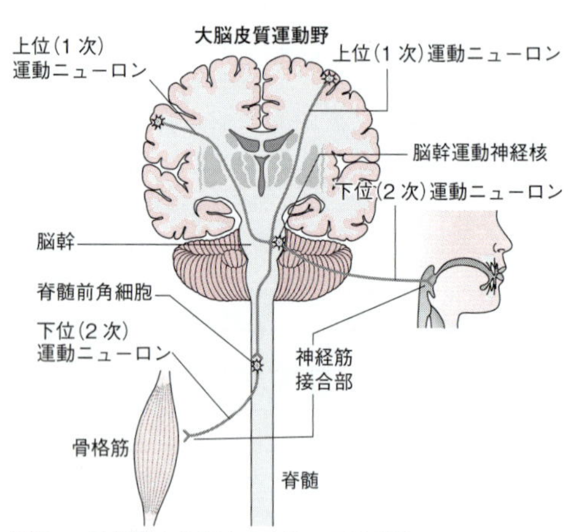

■図1　骨格筋を支配する上位・下位運動ニューロン

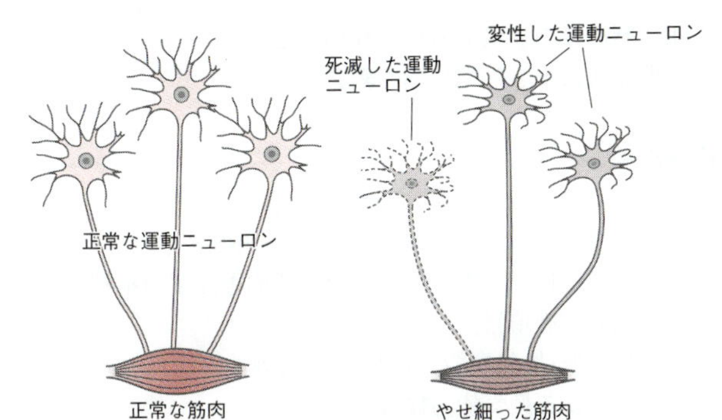

■図2　ALSの筋肉萎縮のイメージ図

■表1　上位・下位運動ニューロン障害の特徴

	上位運動ニューロン障害	下位運動ニューロン障害
筋緊張	亢進, 痙縮（折りたたみ現象）	低下，弛緩
筋萎縮	目立たない	著明
線維束性収縮	陰性	陽性
深部反射	亢進 足間代（ankle clonus） 膝蓋間代（patella clonus）	減弱・消失
病的反射	陽性 （バビンスキー反射など）	陰性
その他	偽性球麻痺 嚥下障害，構音障害，強制笑い，強制泣き，咽頭反射・角膜下顎反射亢進，舌萎縮なし	球麻痺 舌萎縮あり，咽頭反射減弱，構音障害，嚥下障害

文献1）より許諾を得て改変し転載

障害像

- 発病様式は，以下の例のように多様．
  ①上肢遠位筋に発症し，同側下肢に及ぶか，反対側に広がる．
  ②球症状で発症し，上下肢に及ぶ．
  ③下肢遠位側の筋萎縮，脱力で発症し，上行する．

④片麻痺様の症状で発症の経過をとる.

- 初期症状による病型分類を**表2**に記す.

評価法

- ALS患者の日常生活動作の機能評価.
  →ALS機能評価スケール改訂版(ALSFRS-R).
- 病態の進行状況の重症度分類→包括的重症度の指標.
- その他の評価項目.
  - ・呼吸状態(換気機能, 呼吸筋力, 胸郭伸張性), スパイロメーターによる換気能力検査.
  - ・身体機能(ROM, MMT, 姿勢評価).
  - ・発話摂食の評価(コミュニケーション方法, 構音器官可能性機能, 単音連続構音, 最大発生持続時間・発話明瞭度, 反復唾液嚥下検査・水飲みテスト, 改訂水飲みテスト・フードテスト).
- ADL, 生活環境, 人的環境, 福祉用具の選定.

表2　初期症状による病型分類

病型	症状
上肢型(普通型)	一側手指筋にはじまり母指球, 小指球, 骨間筋の萎縮・脱力がみられる. 下肢では腱反射亢進など上位運動ニューロン障害が優位になることが多い.
下肢型 (偽多発性神経炎型)	一側下肢の筋萎縮と筋力低下で発症し, 垂れ足となる. アキレス腱反射も初期から消失し, 下肢近位筋, 体幹, 呼吸筋へと進行する.
球麻痺型	構音障害で発症する. 舌音, 歯音が不明瞭となり, 舌萎縮, 嚥下障害, 流涎, 構音不能, 誤嚥性肺炎を起こしやすくなる. さらに四肢・体幹にも障害が及ぶ.

アプローチ

- プログラムは，予後予測を踏まえて構成する.
- ALSの進行過程では，呼吸機能管理が重要.
  - ・呼吸機能低下による呼吸困難や四肢筋力低下が加わりコミュニケーション能力の低下をきたす.
    →コミュニケーション手段を獲得し，能力維持を図る.
- 重症度によりアプローチが異なる.
  - ・移動能力訓練と呼吸療法を中心に介入.
    →運動量の過負荷に注意.
  - ・異常感覚としてしびれやかゆみが生じた場合.
    →ROM訓練やストレッチ，またマッサージが精神的に作用し効果的なこともある.
  - ・頚部の筋力低下による頭頚部前屈姿勢.
    →呼吸困難感の緩和や活動性維持を目的に，頚椎カラーを用いることもある.
  - ・介助が必要な時期も患者のニーズを引き出し実現.
    →福祉用具を導入，自助具を作製し，ADLを維持・拡大.

自施設での評価法やアプローチについて記載

コミュニケーション

- 書字，口型，文字盤，トーキングエイド，パソコン(意思伝達装置)，ナースコール，ADL表などがある．
  →患者の希望と残存能力により可能な手段を選択する．
- コミュニケーション障害がない場合．
  - ・早期からパソコンを操作し，機器に慣れたうえで導入する．
  - ・将来予測される要求に関する一覧表を作成する．

リスク管理

- 筋への過剰な運動負荷により筋力低下が進行(過用性筋力低下)，負荷が少ないと廃用性筋力低下が生じることがある．
  - ・筋力維持目的のトレーニングでは，局所的な筋群に最大筋力の30～40%の負荷が目安．
- 過剰な負荷とならない介入．
  - ・訓練翌日に疲労残存がないか聴取．
  - ・筋力過剰負荷の指標：クレアチンキナーゼ(CK)．

Memo

脊髄小脳変性症

疾患概要

脊髄小脳変性症(spinocerebellar degeneration：SCD)：運動失調を主症状とする原因不明の進行性神経変性疾患の総称.

- 1992年，厚生省特定疾患運動失調症調査研究班は，「SCDとは運動失調を主症候とし，小脳，脊髄に病変の主座をもつ原因不明の変性疾患の総称である」と概念化した.
  →診断基準と分類，SCDの重症度分類を提示(**図1**).

障害像

- 症状：主に小脳の障害.
  - 脳幹や脊髄の障害が加わり，錐体外路障害，錐体路障害，感覚障害，自律神経障害，末梢神経障害などが出現.
  - **表1**に，障害別の症状を示す.

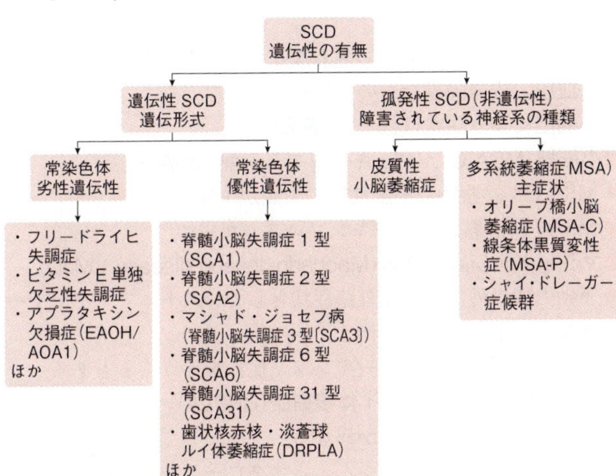

■図1　脊髄小脳変性症の分類

■表1　小脳の障害別症状

眼球運動障害	小脳片様小節の障害で生じる．半球の障害では注視眼振がみられることが多い．
構音障害	虫部の障害で，不明瞭言語（1語1語を区切る断綴性発語や全体が不明瞭）が生じやすい．
運動失調	小脳半球の障害による，測定障害（dysmetria），運動分解（decom position），目的に近づくと震えが強まる企図振戦（intention tremor），反復動作におけるリズムの崩れや四肢の筋緊張低下．
歩行障害	小脳虫部・半球の障害により出現する．足のスタンスが広いwide based歩行，歩幅は狭く，速度低下．
大脳基底核障害	不随意運動やパーキンソン症候群（姿勢反射障害，筋強剛，無動）．
錐体路障害	錐体路は，大脳・脊髄レベルで運動機能をつかさどる．痙縮，深部反射亢進．
感覚障害	大脳・脊髄レベルで触覚や痛覚が障害．異常感覚，表在感覚，深部感覚障害をきたすこともある．
自律神経障害	起立性低血圧，声帯外転障害に気道閉塞を伴う場面あり．
末梢神経障害	運動や感覚神経障害，筋力低下，深部反射低下を呈する．

病型による症状の差

■運動失調以外の症状

・筋強剛，パーキンソニズムなどの錐体外路徴候，起立性低血圧，排尿障害などの自律神経症状など．

・病型により症状は異なる（**表2**）．

●小脳型（MSA-C），パーキンソニズム型（MSA-P）

■MSA-C：診察時に小脳性運動失調が主体．

■MSA-P：診察時にパーキンソニズムが主体．

●マシャド・ジョセフ病（Machado-Joseph disease：MJD）

■運動失調以外に，錐体外路症状としてジストニア・アテトーゼなどの不随意運動を伴う．

・固縮，寡動などのパーキンソン症状を伴うこともある．

●歯状核赤核・淡蒼球ルイ体萎縮症（DRPLA）

■発症年齢によって病型が異なる．

・若年発症では，てんかん，ミオクローヌスが主体．

・遅発成人発症では，小脳失調やアテトーゼ様運動が主体．

■表2　脊髄小脳変性症の臨床的特徴

病型	症状(小脳症状以外で特徴的なもの)	発症
●孤発性		
皮質性小脳萎縮症	純粋な小脳症状	50代
多系統萎縮症	錐体外路症状，自律神経症状	50代
●常染色体優性遺伝性		
SCA1	錐体路徴候，嚥下障害，末梢神経障害	30代
SCA2	認知症，緩徐眼球運動，末梢神経障害	20～30代
MJD(SCA3)	びっくり眼，緩徐眼球運動，顔面線維束性収縮，錐体路徴候，錐体外路症状，末梢神経障害	30代
SCA6	純粋な小脳症状	40～50代
SCA7	視力障害，視神経萎縮，色素性網膜症，錐体路徴候	20～30代
SCA8	錐体路徴候，深部感覚障害	20～60代
DRPLA	認知症，進行性ミオクローヌス，てんかん発作	8～20歳 40～60歳
●常染色体劣性遺伝性		
眼球運動失行とアプラタキシン欠損症を伴う早発型脊髄小脳失調症	眼球運動失行，末梢神経障害，不随意運動，低アルブミン血症，脂質異常症，精神運動発達遅延	20歳以下
AVED	網膜色素変性症	20歳以下

●遺伝性痙性対麻痺

■脊髄錐体路の変性により両下肢の痙性麻痺が進行，深部反射亢進，バビンスキー反射陽性を示す．

・中年以降，内反尖足を伴う痙性歩行により歩行困難となることが多い．

◯ 眼球運動障害の特徴

■脳幹などにおける眼球運動障害が生じやすく，動揺視，複視を訴えることもある．

評価法

■運動失調のみではなく，さまざまな身体機能の評価により患者の全体像を把握(**表3**)，ADLに及ぼす影響を考える．

神経筋疾患

■表3　主な評価項目

- SCDの重症度分類
- SARA（scale for the assessment and rating of ataxia）
- ICARS（international cooperative ataxia rating scale）
- 筋力
- 関節可動域
- 運動失調（鼻指鼻試験，指鼻試験，回内外試験，踵膝試験）
- ヘッドアップ・ティルト試験
- バランス反応検査
- 重心動揺検査
- 機能的バランス尺度（functional balance scale：FBS）
- 動的バランス検査（functional rearch test：FRT）
- 下肢能力・バランス・歩行能力（Timed up & Go Test）
- 簡易上肢機能検査
（simple test for evaluating hand function：STEF）
- ADL（B.I，FIM）
- 構音・嚥下
- 各心理検査（WAIS-Ⅲ，HDS-R，MMSE）

運動失調

■四肢と体幹について評価する．

①振戦（tremor）

②測定障害（dysmetria）

③変換運動障害（dysdiadochokinesis）

④共同運動不能（asynegia）　など

・協調性障害の詳細→「協調性障害」（p.300-312）参照．

・体幹運動失調の評価：立位，坐位，歩行の静的・動的評価．

平衡機能障害，バランス障害

■平衡機能，バランス：ADLに影響を及ぼす重要な要素．

・詳細な評価方法→「平衡機能障害」（p.326-332）参照．

基本動作障害

■失調性歩行を呈し，wide baseで腕の振りが少なくなる．

・四つ這い移動ではリズミカルな四肢の交互運動が消失，四肢挙上と重心移動のタイミングや方向性などの異常がみられる．

・運動開始や停止の遅れにより四つ這い移動も困難となるこ

とがある．

ADL

■ 下肢体幹機能を必要とする入浴，更衣，排泄動作は障害が重く，上肢機能，構音機能を必要とする整容，食事，会話の順に障害が軽くなる．

ICARS

■ 小脳性運動失調の総合的な評価法のひとつ．
・Ⅰ．立位および歩行障害，Ⅱ．運動機能，Ⅲ．発語の障害，Ⅳ．眼球運動障害の4大項目それぞれの小項目（計19項目）により総合的な評価を行う．
・合計点数は0～100点で，高点数ほど失調症状が強い．

構音障害

■ 小脳病変を起因とする発話障害を，「失調性構音障害」という．
・舌や口唇などの口腔器官の動作調節が困難となり，発音障害となる．
・平坦な発話，爆発性発話（爆発が起こったかのように突発的に声の大きさが変動），断綴（だんてつ）性発話を認める．
・症状が重度になると口腔器官の動きが低下，発声困難となり，嚥下機能の低下をきたす．

自施設での評価法について記載

アプローチ

- **表4**に，失調症に対する代表的な運動療法を示す．
- 巧緻性低下，コミュニケーション障害，移動能力などの生活機能障害→自助具の作成や紹介，機能代償的かかわりが重要．

機能代償的なかかわり（表5）

- 入院中は，身体機能に応じた機能訓練，ADL訓練，生活と自主トレーニング指導，環境設定を行う．
  - ・在宅では，とくに訓練の継続が重要．

■表4　失調症に対する代表的な運動療法

固有受容性神経筋促通法（PNF）	1955年，Kabatが提唱した神経筋促通法．随意的な等尺性収縮と拮抗筋との同時収縮の訓練を行うことが，失調症の不均衡な拮抗筋の強化と持久力の改善につながるとした．
おもり負荷法	足関節上部，手関節上部あるいは腰部などにおもりをつける方法で，固有感覚入力の強化を図る．おもり負荷は下肢300～800g，上肢200～400gが適当といわれ，重垂バンドを用いることが一般的である．
弾性緊縛帯法	関節部を弾性包帯で縛ることで，バランスを保つ効果がある．
等速性収縮運動	自転車エルゴメーターを利用して訓練する方法．
フレンケル体操	フレンケルにより開発された，基本的な運動を規則正しく繰り返し行う運動．

■表5　機能代償的なかかわり

食事動作	自助具やクッションを利用した坐位姿勢の安定化など環境調整
整容動作	電動歯ブラシや電動髭剃りの利用
更衣動作	大きいかぶりシャツ，滑り止め靴下など衣服について情報提供
トイレ動作・入浴動作	手すりの設定は早期から行う． 温水洗浄便座の使用は便座横の操作スイッチが使いにくく，リモコン式のスイッチがよい．
コミュニケーション方法	書字障害に対して自助具や重錘バンド，弾性包帯の利用，パソコンユーザー補助機能を利用して誤操作を防いだり，キーボードガードの利用を検討

・病気の進行を予測し，ADL訓練や自主トレーニングを含めた生活指導を行う．

■家庭で行う運動のポイント

①簡単，②安全，③どんな姿勢でも行える，

④いつでもできる，⑤楽しい　など

・運動の意味を考え，目標をもって行えるようにする．

在宅における運動療法

■SCDのADL分類を基準に，症状の進行に伴った在宅における運動療法の目標と指導法を，**表6**に示す．

構音障害へのアプローチ

■一つひとつの音を区切り，正確にいう練習を行う．

・好きな短歌・詩や文章，新聞記事などを声に出して読む，歌を歌うなど．

・速度を落とし，ゆっくり話すように指導をする．

・患者自身だけでは意識されにくい，あるいは意識してもうまく調整することが困難なため，家族など第三者の補助が必要．

→その都度，声の調子(高さ，大きさ，長さ)，発話の速度について伝え，早期から意識を促す．

・適切な声を出すための呼吸筋の筋力やコントロール能力が必要．

■表6　在宅運動療法の目標・指導

ADL分類	移動障害	目標
ADL自立	歩行可能 起立時の開脚	立位，歩行動作の安定 例)歩行，バランス訓練，筋力強化
ADL 一部介助	歩行器使用 階段昇降困難 車椅子での移動	動作の繰り返しによる起居動作のパターンを身につけることで，安定した姿勢保持，移動を目標とする 例)移動訓練，バランス訓練，筋力維持・強化，呼吸訓練(深呼吸，歌を歌う)
ADL 全介助	ベッド上臥床	廃用予防 例)基本動作訓練，ROM訓練 端坐位訓練，呼吸・排痰訓練

自施設で可能なアプローチについて記載

リスク管理

■ 自律神経障害

・運動障害を増強しADL制限だけでなく，リハビリテーション制限の要因ともなる．

・なかでも起立性低血圧や食後性低血圧などの心血管系障害は，立ちくらみや失神を頻回にきたす．

■ 失調性歩行

・転倒しやすいので転倒骨折に注意．

多発性硬化症 / ギラン・バレー症候群

疾患概要

- 多発性硬化症(multiple sclerosis：MS), ギラン・バレー症候群(Guillain-Barré sindrome：GBS)
  - 免疫介在性の炎症機序による脱髄や軸索障害で発症.
  - 髄鞘が脱落することでインパルスの伝導が障害される(**図1**).

多発性硬化症

主に中枢神経の白質が障害される免疫介在性の炎症性脱髄性疾患.
自己免疫異常が考えられるが, 原因は不明.

- 増悪と寛解を繰り返す結果, 脳・脊髄の白質に脱髄巣が多数認められることが多い(時間的, 空間的多発).
- 症状は病変部位によって多彩.

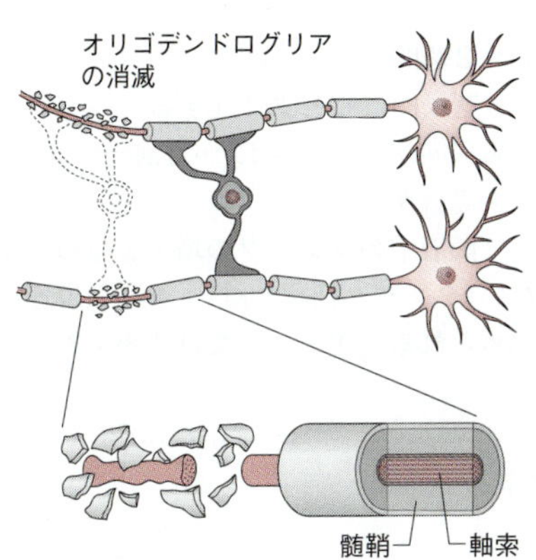

■図1　髄鞘の脱落
MS-中枢神経系-オリゴデンドログリア
GBS-末梢神経系-シュワン細胞
文献1), p.247より引用

■表1　ギラン・バレー症候群の分類

臨床的分類	障害タイプ	臨床的特徴
急性炎症性脱髄性ポリニューロパチー(AIDP)	末梢神経の脱髄障害 通常のギラン・バレー症候群	回復が早い 他覚的な感覚障害がある
急性運動性軸索性ニューロパチー(AMAN)	運動神経の軸索障害	比較的回復が早い 他覚的な感覚障害はない
急性運動感覚性軸索性ニューロパチー(AMSAN)	運動・感覚神経の軸索障害	回復が遅い 他覚的な感覚障害はない 後遺症を残す
フィッシャー症候群	ギラン・バレー症候群の亜型	外眼筋麻痺，運動失調，深部反射消失の３徴

ギラン・バレー症候群

運動麻痺，深部反射減弱あるいは消失を主症状とする免疫介在性の末梢神経疾患．
障害部位により軸索型と脱髄型に分類(**表1**)．

■臨床経過
- 先行感染1～2週間を経て発症．
- 症状は2～4週以内にピークに達する．
- その後，改善に向かい，6～12か月前後で軽快．
- 後遺症を残す場合がある．

■脳脊髄液検査で髄液中のタンパクの増加を認めるが，細胞の増加は認めない(タンパク細胞解離)．神経伝導速度検査や筋電図検査で認められる変化については成書を参照されたい．

治　療

多発性硬化症

■急性増悪期
- ステロイドパルス療法による早期の機能回復促進．
- その後のステロイド投与については，国際的なコンセンサスはない．

・軽症の再発症では自然経過で寛解することもある.

■再発予防と病状進行抑制期

・インターフェロン・ベータ(IFN-β), フィンゴリモド, グラチラマー酢酸塩, ナタリズマブの継続で, 再発回数減少, 長期予後の改善を期待.

ギラン・バレー症候群

■血液浄化療法：施行中は, 循環動態の変動, 留置カテーテルの血栓形成や感染に注意.

■免疫グロブリン療法(IVIG)：5日間連続で点滴静注.

・副作用：頭痛, 嘔気, 疲労感, 筋痛, 関節痛, 血圧変動(肺水腫や心不全, 無菌性髄膜炎などの副作用がより重大).

■ステロイド療法は効果がないとされる.

・血液浄化療法やγグロブリン点滴静注療法の直後に集中的なリハビリテーションを行う.

神経筋疾患

障害像

多発性硬化症

■視神経の障害：失明, 脳幹病変では複視や眼振, めまい, 構音障害, 三叉神経痛など.

脊髄の障害：四肢麻痺, 感覚障害, 膀胱直腸障害など.

小脳の病変：運動失調, 歩行障害など.

大脳萎縮を認める症例：高次脳機能障害や感情障害も起こりうる.

■ウートフ(Uhthoff)徴候：長風呂などでの体温上昇による神経症状の悪化.

レールミッテ(Lhermitte)徴候：頸部を前屈したときに背部から足にしびれが走る症状.

有痛性強直性痙攣：痛みとしびれの感覚が走った後, 1分ほど手足が突っ張る発作が特徴的(**表2**).

ギラン・バレー症候群

■四肢遠位部よりはじまる筋力低下.

・上行し, 顔面神経など脳神経領域の麻痺を伴うこともある.

■表2　重症度分類(Hughesらによるスコア)

グレード0	正常
グレード1	軽微な神経症候を認める
グレード2	歩行器，またはそれに相当する支持なしで5mの歩行が可能
グレード3	歩行器，または支持があれば5mの歩行が可能
グレード4	ベッド上あるいは車椅子(支持があっても5mの歩行が不可能)
グレード5	補助換気を要する
グレード6	死亡

・重症例では，呼吸筋麻痺による呼吸不全をきたす．

■前駆症状：下痢や上気道炎などの感冒様症状．

評価法

多発性硬化症

■障害部位によってさまざまな症状を呈すことから，症状や経過に応じて適切な評価項目を選択．

・運動機能検査：錐体路徴候，Brunstrom stage，MMT，運動失調．

・感覚検査：表在，深部脊髄病変の場合では解離現象が生じることがある．

・ADL(BI，FIM)

・眼症状：視力低下，視野狭窄の有無，複視の有無．

・その他の脳幹症状：構音障害，嚥下障害．

・精神機能：HDS-R，MMSE．必要に応じて高次脳機能の詳細評価を行う．

・疲労(ボルグ〔Borg〕スケール，CK値)．

・呼吸(呼吸機能評価，血液ガス分析，胸部X線検査)．

ギラン・バレー症候群

■急性期と回復期があり，症状・経過に応じて適切な評価項目を選択．

・筋力検査(MMT，握力測定，ピンチメーター).
・感覚検査.
・反射・筋緊張異常検査.
・脳神経検査.
・平衡機能・バランス検査.
・自律神経系検査.

自施設での評価法について記載

アプローチ

■両疾患とも，病期に応じたリハビリテーション介入を行う.

多発性硬化症

■リハビリテーションは，体調や精神状態を加味し，全体的な状況を理解をして行う.
■多彩な症状が出現→各症状に合わせた訓練を行う.
■進行性疾患→可能な限り身体機能の維持に努める.
■視力障害，運動障害，運動失調などADLを阻害する症状の重複→二次的合併症の予防に努める.
■急性期・寛解期などの経過パターンと，進行速度を踏まえたプログラム立案や自助具の導入，代償動作の指導，目標設定を行う.

ギラン・バレー症候群

筋力低下

- 弛緩性運動麻痺としての筋力低下であり，四肢の対象筋への運動療法と起居・移動動作訓練による複合的な運動を行う．
  - ・急性期や筋力低下が大きい重症例では，運動負荷が強いと過負荷(overwork)となり，筋力低下を悪化させるため注意．
- 筋力回復，耐久性・易疲労性の改善を目標とする．

感覚障害

- 感覚再教育，深部感覚障害に対するバランス訓練を行う．
- 疼痛を伴うこともあり，感覚異常，異常感覚，根性疼痛，筋痛，関節痛などさまざまな種類がある．
  - ・疼痛に対する有効的なアプローチは少なく，温熱などの物理療法は疼痛を悪化させることがあるので注意．
- 運動麻痺や感覚障害が残存し，ADL阻害因子となる場合
  →装具療法(短下肢装具，末梢神経障害で用いられる装具，良肢位保持目的のスプリント)や歩行器，杖などを用いてADL拡大を図る．

自施設でのアプローチについて記載

リスク管理

多発性硬化症

- 易疲労のため，過負荷，長時間の運動は禁忌.
- 精神的ストレスも再発の誘発因子となる.
- 体温上昇に伴い症状が悪化するため，長風呂，サウナ，炎天下での運動は禁忌.
- 薬物療法の副作用を確認.
- 視覚障害による転倒に注意.

ギラン・バレー症候群

- 筋力増強訓練に伴う過負荷は禁忌.
- Over stretching.
- 自律神経障害(とくに起立性低血圧).

Memo

パーキンソン病

疾患概要

原因・病態

パーキンソン病：中脳黒質に存在するドパミン作動性ニューロンが変性・消失することによって生じる疾患.

- 中脳黒質におけるドパミン作動性ニューロンの減少→線条体に存在する運動の調節にかかわるニューロンへのドパミンを介した信号伝達の障害→不随意運動や筋緊張亢進，運動減少（**図1**）.
- 50～65歳の発症が最も多い.
  - ・40歳以下で発症するものは若年性パーキンソン病という.

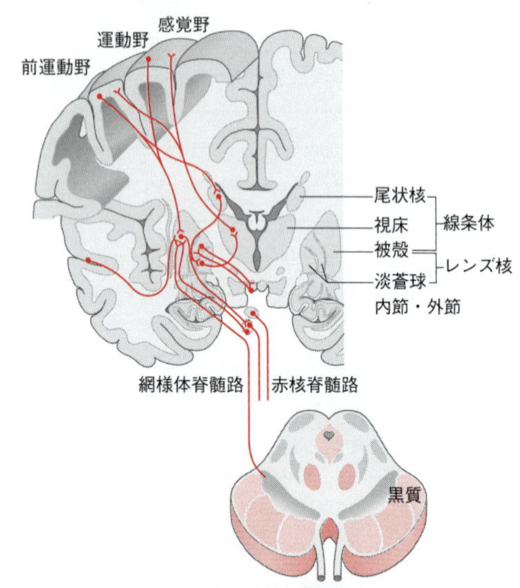

■図1　パーキンソン病での神経回路

■ パーキンソン病は，指定難病，特定疾患治療研究事業対象疾患に認定されている．
・厚生省(現・厚生労働省)の診断基準を，**表1**に示す．

症状

4大徴候：無動・筋強剛・振戦・姿勢反射障害．

■ 非運動症状：パーキンソン病の運動症状に先行して出現．
■ 初発症状：一側性の手・足の震え，手の巧緻性の障害，歩行の足の引きずりなど．
・症状は緩徐進行性で一側上肢または下肢からはじまる．
・進行して片側の上下肢が侵され，次いで両側性となる．
・症状が進行しても病初期からの症状の左右差は保たれる．

中核症状

①無動

■ 動作開始が困難となり，動作が緩慢となる．運動麻痺はないが速い動作が困難である．

■表1　パーキンソン病の診断基準
(1996年厚生省特定疾患・神経変性疾患調査研究班)

次の1～5のすべてを満たすものをパーキンソン病と診断する．
1. 経過は進行性である．
2. 自覚症状で以下のうちいずれか1つ以上がみられる．
   A：安静時の震え(四肢または顎に目立つ)
   B：動作がのろく拙劣
   C：歩行がのろく拙劣
3. 神経所見で以下のうちいずれか1つ以上がみられる．
   A：毎秒4～6回の安静時振戦
   B：無動・寡動(仮面様顔貌，低く単調な話し方，動作の緩徐・拙劣，姿勢変換の拙劣)
   C：歯車現象を伴う筋固縮
   D：姿勢・歩行障害：前傾姿勢(歩行時に手の振りが欠如，突進現象，小刻み歩行，立ち直り反射障害)
4. 抗パーキンソン病薬による治療で，自覚症状・神経所見に明らかな改善がみられる．
5. 鑑別診断で以下のものが除外できる．
   A：脳血管障害のもの
   B：薬物性のもの
   C：その他の脳変性疾患

・声が小さい，抑揚がないなど失調性の構音障害を伴う．
・小字症も無動の現れである．
・自動運動が減少，歩行時の腕の振りの消失，瞬きの減少，仮面様顔貌，流涎などが現れる．

②筋強剛

■筋強剛とは検者が他動的に患者の関節を伸展・屈曲して筋を伸張するときに反射として生じる抵抗をいう．
・「ガクガクガク」と細かい断続的な抵抗として感じる(歯車様強剛)．
・症初期にはADLを障害することは少ないが，進行期になると2次性の無動や関節拘縮を引き起こす．

③振戦

■安静時振戦
・4～6Hzの規則的な震え．
・片側または両側の手足に見られる．
・随意運動によって減弱・消失する．
・精神的緊張で悪化するため，リラックスすることが大切．

④姿勢反射障害

■歩き出すと途中から次第に小走りになったり，前方や後方に軽く押されただけで，姿勢を立て直せずに小走りになったり倒れたりする現象を指す(前方突進，後方突進)．
・前屈姿勢や小刻み歩行も姿勢反射障害の現れ．
・起立時や歩行時の立ち直り反射が障害され，バランスの回復が困難となり，転倒や転落の大きなリスクになる．

●進行期運動障害

■症状の日内変動(on-off現象，wearing-off現象，ジスキネジアなど)やすくみ現象が現れる．
・ジストニアは日内変動のさまざまな時期に出現,四肢の「つるような痛み」などとして自覚され，限局的な筋緊張異常など症状は多様．
・患者のon期，off期の時間帯や症状を把握する．
・嚥下障害として，咀嚼は比較的保たれるが，咽頭への送り込みや咽頭の動きが遅くなる．

●精神症状

■ 患者の40%にうつ傾向，約20%に認知機能低下がみられる．
  - ・認知機能低下が，初発症状として生じることはない．

■ 幻覚・妄想：特に進行期の患者ではレビー小体型認知症への移行，さらにパーキンソン病治療薬に関連した精神機能障害として現れる場合が多い．

■ 認知機能障害：皮質下病変や前頭葉の連絡障害の症状により，理解や認知の遅鈍化，注意力低下，記憶障害，思考転換障害，思考緩慢を認めることもある．

●自律神経障害

■ 消化管運動障害(主に便秘)，排尿障害，起立性低血圧，食後低血圧，発汗異常，体温調節障害，脂漏性顔貌など．

●薬剤関連症状

■ 悪性症候群はパーキンソン病治療薬の急激な減量や中断，反対の作用をもつ抗精神病薬の投与などで起こることが多い．
  - ・症状を悪化させる可能性のある主な薬剤を，**表2**に示す．
  - ・発熱や頻脈，発汗，固縮の悪化のほか，意識レベルの低下をきたし，生命にかかわることもある．

●加齢と合併症による障害

■ 誤嚥性肺炎の合併，変形性関節疾患と体幹筋や四肢筋のジストニアや固縮による姿勢異常との合併．
→四肢の痛みや腰痛の悪化．

神経筋疾患

■表2　パーキンソン症状を悪化させる可能性のある主な薬剤

抗精神薬	ハロペリドール(セレネース®)，クロルプロマジン(コントミン®)，ピモジド(オーラップ®)など
抗うつ薬	スルピリド(ドグマチール®)
脳血管障害治療薬	チアプリド(グラマリール®)，フルナリジン(フルナール®)
消化器用薬	メトクロプラミド(プリンペラン®)，イトプリド(ガナトン®)

❍ 治療法

- 根治的治療はなく，薬物療法と非薬物療法に大別される．

●薬物療法

①ドパミン代謝異常に対する薬物療法

- ドパミン代謝異常に対する薬物療法を，**表3**に示す．
  - ・患者の症状・年齢・生活状況などに応じて薬剤を選択．
  - ・副作用の発現が少なく，長期にわたる効果が得られること．
  - ・L-dopaの使用量はできるだけ少なくし，他剤を併用．

②随伴症状に対する薬物療法

■表3　ドパミン代謝異常に対する薬物療法

ドパミン補充療法	L-dopa（レボドパ含有製剤：ネオドパストン®，マドパー®，イーシー・ドパール®など） ドパミンそのものを服用しても，血液-脳関門を通過して脳内に移行できないため脳内に移行できるドパミン前駆体のL-dopaを服用する．L-dopaの長期服用では作用時間が短縮しwearing off現象やon-off現象が出現する．また，L-dopaの高用量の服用ではジスキネジアやジストニア，幻覚，妄想などの副作用が出現する．
	ドパミン遊離促進剤（アマンタジン塩酸塩：シンメトレル®） 黒質の神経終末（ドパミンニューロン終末）からのドパミン放出を促す．
	ドパミン分解抑制剤（モノアミン酸化酵素阻害薬：セレルギン塩酸塩：エフピー®） ドパミンの分解を抑制することで，L-dopaの効果を高める．L-dopaと併用して服用する．
ドパミン受容体刺激作用薬：ドパミンアゴニスト	ドパミン受容体を刺激し，ドパミンと同様の作用を与える．麦角系製剤（パーロデル®，ペルマックス®など）と非麦角系製剤（ビ・シフロール®など）がある． 若年者では，まずはこれらのドパミンアゴニストから開始し，改善が不十分なときにL-dopaを使用することが推奨されている．高齢者やがんの患者などでは余命との関連から，その時点のADLやQOLを高めるうえで当初よりL-dopaを使用することがある．
抗コリン薬	パーキンソン病で亢進しているアセチルコリン系のニューロンの活動を抑制し，ドパミンの作用を高めるもの． 緑内障や尿路の閉塞性疾患には禁忌．認知症を悪化させることもあるので使用には注意が必要．
ノルアドレナリン前駆物質補充療法	パーキンソン病の進行により脳内のノルアドレナリンが低下するので，これを補充する目的で前駆物質のドロキシドパ（ドプス®）を投与する．すくみ足や起立性低血圧に有効である．緑内障には禁忌．重症の末梢循環不全の患者には要注意である．

■パーキンソン病の臨床経過中の随伴症状に対して薬物が使用される.
→随伴症状が服用薬物による副作用ではないか十分に検討.
・ジスキネジア→チアプリド,アマンタジン,ボツリヌス毒素.
・せん妄,幻覚,妄想などの精神症状→クエチアピン,オランザピン,リスペリドン.
・抑うつ症状→抗コリン作用も有する三環系抗うつ薬.

●非薬物療法

■非薬物療法を,**表4**に示す.

●リハビリテーション

■リハビリテーションは薬物療法と併用することで身体能力を維持・改善させ,日常生活動作(ADL),生活の質(QOL)を保つための有効手段となりうる[1,2] (**表5**).

障害像

運動障害

■4大徴候:振戦,筋強剛,無動,姿勢反射障害.
■運動症状→しばしば左右差が明らか,緩徐進行性に経過,進行期には無動と姿勢反射障害が顕著.

●無動・寡動

■無動:運動開始までに時間がかかり,運動開始後も動作の遂行に時間がかかる(動作緩慢).

■表4 パーキンソン病の非薬物療法

外科的療法	脳深部刺激療法:視床下核などの判定の部位を持続的に刺激する.慢性刺激電極を留置.
	細胞移植手術:種々の細胞を脳内に移植する治療法は研究段階である.
磁気刺激療法	反復経頭蓋磁気刺激療法(TMS)を用いて,非侵襲的に大脳皮質を電気刺激する. 運動症状に一定の効果が示されている.
電気痙攣療法	電気痙攣療法(ECT):うつや無動,on-off現象に有効との報告もあるが,一般的ではない.
心理カウンセリング療法	患者のQOLを高めるため,疾病情報の提供,教育や栄養指導,身体的・精神的支援が必要である.

■表5　パーキンソン病のリハビリテーション

理学療法	運動訓練	転倒の予防や廃用症候群の予防は非常に重要．歩行・階段昇降・エルゴメーターでの運動などで体力を維持する．ストレッチや関節可動域訓練・バランス訓練・呼吸療法・嚥下訓練なども重要． 日常の生活行為のなかに運動の要素を取り入れる．
	装具・補装具	無動とすくみ足に対するL字型の杖やリズム発生装置などを使用する．
作業療法	基本動作・ADL動作	体幹での寝返り動作，巧緻動作，ADL動作訓練
	生活指導・住宅改修	家族も含めて，認知機能に合わせた生活指導，環境調整
言語療法	言語訓練	構音障害，コミュニケーション障害に対して言語訓練が有用． 呼吸訓練を組み合わせるとより効果的である．
	嚥下訓練	舌・声帯・頸部・肩・体幹の運動訓練や食形態の工夫

・動作開始遅延，仮面様顔貌，小字症，小刻み歩行，腕の振り欠如，小声，単調発語などは無動のあらわれ．

●筋強剛

■鉛管様固縮：筋を伸張するときに持続的な抵抗．
・歯車様固縮：伸張途中でのガクガクとした断続的な抵抗．
→歯車様固縮が特徴的である．
・初期には手・肘関節に認めやすい．

●振戦（安静時振戦）

■秒間に4～6回の頻度でみられる規則的な震え．
・安静時に強く，運動により減弱・消失する．
・丸薬丸め運動（pill-rolling-tremor）がみられる．
・初発症状として最も多い症候であり，左右差がある．

●姿勢反射障害

■病態が進行してから出現し，易転倒性となる．
・前方・後方突進現象がある．

❍自律神経障害

■便秘，頻尿が多く，そのほか脂漏性顔貌や低血圧など．

精神障害

■情動や情緒の障害：無関心，意欲の低下，うつ状態．
思考緩慢や記憶障害，認知機能障害，精神症状：幻覚，妄想，せん妄．
・不眠や頭痛，食欲低下，性欲低下などはうつ症状から現れると見落とす可能性がある．
・仮面様顔貌や不活発さなど外観を重視すると過大診断となる可能性がある．

評価法

■パーキンソン病の評価を，**表6**に示す．

観察・面接・情報収集

■家族構成，職業，経済，趣味，性格傾向，家庭での役割など心理・社会面について問診する．
→面接時の姿勢や薬物治療の内容，症状の日内変動，不随意運動，幻覚，幻視など精神症状および自律神経症状にも注意．

関節可動域

■四肢，頸部，体幹に留意する．
・病気が進行すると筋強剛から屈曲優位の肢位になりやすく，屈曲・内転拘縮を起こしやすい．
・手指では特徴的な手内筋優位肢位になりやすい．

表6 パーキンソン病の評価

・重症度（ホーエン・ヤール分類：Hoehn & Yahr stage）（**表7**）
・パーキンソン病統一スケール（Unified Parkinson's rating scale：UPDRS）
・筋力
・関節可動域
・筋強剛（筋固縮）
・振戦
・姿勢反射（立ち直り反応，平行反応）
・姿勢（前傾姿勢，頸部前屈，上肢軽度屈曲位，股・膝関節屈曲位）
・起居動作能力
・歩容（小刻み，すくみ足，姿勢，歩幅，ケイデンス，歩行距離，上肢の振り）
・歩行能力（Timed Up & Go test）
・ADL（B.I，FIM）
・QOL（SF-36，PDQ-39）
・精神機能（抑うつ状態，認知機能）
・呼吸機能（呼吸筋の機能低下，胸郭・脊椎変形による呼吸機能低下）

■表7　ホーエン・ヤールの重症度分類

Ⅰ度 身体の片側だけの振戦．筋強剛を示す．軽症 	Ⅱ度 振戦，筋強剛などが両側にあるため，日常生活がやや不便になる． 
Ⅲ度 明らかな歩行障害，方向変換の不安定などの立ち直り反射障害がある．生活は自立 	Ⅳ度 起立や歩行など日常生活動作の低下が著しく，日常生活で介助が必要．労働能力(－) 
Ⅴ度 自立生活が困難．車椅子による移動，または寝たきり，全面的な介助が必要 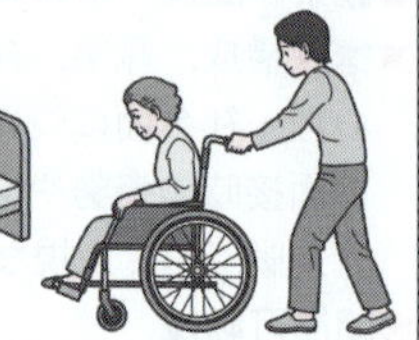	

●上肢機能

■簡易上肢機能検査(STEF)で，補助手機能，手指の分離動作，反復動作困難，易疲労，無動によるリズムの崩れ，両上肢機能低下を認めることが多い．

●すくみ評価

■すくみ足の評価表を，**表8**に示す．

●ADL

■ホーエン・ヤールStage3までの日常生活動作は，時間をかければ遂行できることが多い．
- ・低下しやすい機能：書字(小字症)，コミュニケーション，寝返り，起居，靴や靴下の着脱，ボタン操作，下衣着脱，身体清拭がある．

■家屋構造，職業上の動作内容，生活パターンなどを評価．

■QOLの観点に置き換えた客観的な評価尺度→SF-36を利用．
- ・パーキンソン病に対して治療効果がみられていたとしても，患者の満足度は必ずしも高いとはいえない．

■表8　すくみ足の評価

・どのようなときに起こるか，on期かoff期かを評価 ・どのような状況下でどのような動作で起こるかを評価(歩き始め，方向転換，目標物付近など) ・出現場所はどのようなところか(玄関口，多くの人通りがあるところ，床の上が片づいていないところ，狭いところ，屋外) ・何を意識して歩いているか　など

■ On-Off現象や日内変動のある患者では，生活行為，活動に応じて内服薬の微妙な調整が必要.

●嚥下機能評価

■ 空嚥下と水飲み検査で評価.

■ ビデオX線検査(VF)，嚥下から呼吸の協調性を評価.

■ 摂食・嚥下機能の活性には抑うつや無気力などの精神機能と身体機能の両方が関与.
→どちらの影響かを見極める.

●知的・心理面

■ 認知機能スクリーニング：MMSE，HDS-R.

■ 抑うつ評価：HAMD，SDS.

■ 前頭葉機能評価：FAB，WCST，TMT.

■ 簡易なQOL評価：VAS.

■ 多面的パーキンソン病におけるQOLを評価：PDQ-39.

自施設での評価法について記載

アプローチ

機能障害に対するアプローチ

●歩行訓練：すくみ足，方向転換

■歩幅の狭小化，小刻み歩行から加速歩行，突進様歩行となる．
・随意的な目的動作を患者に促す．
→視覚的刺激：障害物や目印を均等な間隔に設置する．
聴覚的刺激：号令やメトロノームなどでリズムを整える．

■精神的ストレスや認知障害を伴い実用性・持続性に欠ける．
→声かけをし，リラックスした状態を心がけさせる．

●前傾姿勢

■前傾姿勢・斜め徴候(**図2**)になりやすい．
→予防・改善に向けた姿勢矯正運動．

●嚥下・言語訓練

■自動運動を主体に，不十分な点を他動的方法により補充する．摂食・嚥下に関与する諸機能の維持・改善を目的に嚥下体操を取り入れる．

■小声，早口によって第三者に言葉が伝わりにくくなる．
→大きな声で語尾をはっきりと発声するように促す．
深呼吸や長く発声するなど，肺活量の維持・改善を図る．
口周囲筋の緊張を緩和する顔面のマッサージも有効．

■図2　前傾姿勢・斜め徴候
すくみ足，小刻み歩行による前傾姿勢

日常生活におけるアプローチ

●ADL訓練・指導

- 認知機能が保たれている初期段階での動作指導が重要.
  →運動要素として粗大動作, 重心移動, リズミカルな交互反復運動を取り入れ, 手指巧緻性や集中力を高め手順が簡単になるよう動作指導.
  ADL指導は具体的に提示し, 反復練習を行う.

精神面へのアプローチ

- 達成感が得られるような活動をすすめる.
  →抑うつ傾向を伴うことも多く, 失敗体験にいたらないよう配慮.
  ・認知機能障害へのアプローチ：ADL動作の要素や手順の活用, 知的ゲーム, グループ練習, 慣れ親しんでいる遊びや施設を活用した地理課題など.
- 心理面では抑うつ症状や身体的愁訴, ときに精神症状(幻覚, 妄想, 不穏など)を示すことが多い.
  →患者や家族に対して支持的にかかわる.

自施設でのアプローチを記載

リスク管理

- 姿勢反射障害，歩行障害による転倒防止．
- 薬物療法によるon-off現象やwearing-off現象によって活動変化が生じるため，on-off期に留意．
- 自律神経障害によるバイタル変動に留意，シェロング起立試験で起立性低血圧の有無を確認する．
- 同一姿勢の作業では姿勢の自己修正が困難になりやすい．
  →適宜姿勢を変え，同一姿勢での作業時間を短縮するように配慮．

パーキンソニズムとは

- パーキンソン病およびパーキンソン病症状を呈する疾患を総称してパーキンソニズムという．
- パーキンソニズムは振戦，筋肉の固縮，動作緩慢，麻痺に関連付けられない歩行障害などの症状のうち，２つ以上の症候を呈している．したがって，パーキンソン病もパーキンソニズムの１つに分類される．
- パーキンソン病以外でパーキンソニズムを呈する疾患に脊髄小脳変性症やレビー小体型認知症などがある．その他，薬の副作用による薬剤性パーキンソニズム，多発性脳梗塞などでみられる脳血管性パーキソニズムもある．

Memo

骨折（高齢者）

疾患概要

高齢者に多くみられる骨折.
大腿骨頸部骨折・脊椎椎体圧迫骨折・上腕骨頸部骨折・橈骨遠位端骨折（コーレス〔Colles〕骨折）（**図1**）.

大腿骨頸部骨折

- 股関節関節内骨折である大腿骨頸部骨折と関節外の転子部骨折に分類される.
- 骨折の形態は，主に以下の分類法により判定される.
  - ・頸部(内側)骨折：ガーデン(Garden)のステージ分類(**表1**).

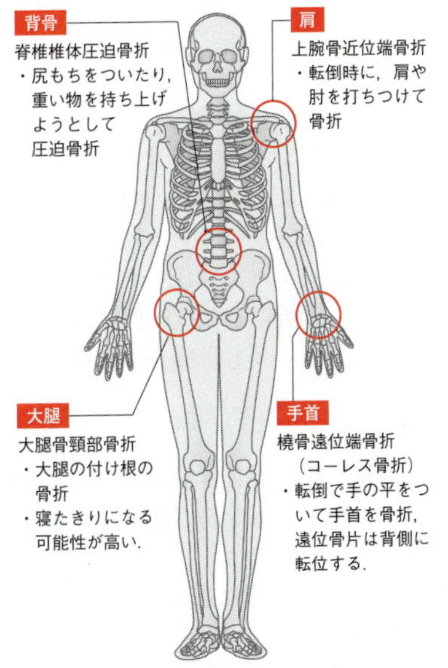

■図1　高齢者が骨折しやすい部位

■表1　Gardenのステージ分類(内側骨折)

ステージⅠ	ステージⅡ	ステージⅢ	ステージⅣ
・不完全骨折 ・内側の骨性連続が残存し，外反型	・完全嵌合骨折 ・転位なし・骨頭転位がない ・軟部組織の連続性は残存し，骨折部は嵌合	・完全骨折 ・回転転位あり ・頸部皮膜(Weitbrechtの支帯)の連続性が残存	・完全骨折 ・すべての軟部組織の連続性なし ・回転転位あり
〈治療法〉 ・保存的療法可能	〈治療法〉 ・保存的療法可能 ・転位が小さいか，なければmultiple pinning法など	〈治療法〉 ・整復可能であれば骨接合術 ・転位が大きい場合は人工骨頭置換術	〈治療法〉 ・転位が大きい完全転位は，人工骨頭置換術

文献1)より改変

→頸部骨折は，骨折部に外骨膜がないので骨膜性仮骨が形成されず，骨折によって大腿骨骨頭への血流が阻害されるため虚血状態となる．また，関節液の骨折部への流入により骨癒合が障害される．

・転子部(外側)骨折：エバンス(Evans)のタイプ分類(**表2**)

→転子部骨折は，骨折部が血流の豊富な海綿骨からなることから，頸部骨折よりも骨癒合の条件がよい．

脊椎椎体圧迫骨折

■高齢者には，骨粗鬆症による骨量減少，骨組織破錠に伴う骨脆弱化，脊柱を支持する体幹筋力低下などがみられる．

→骨折しやすい状態にある．

・発症部位：胸腰椎移行部に起こりやすく，第12胸椎，第1腰椎が最も多い．

・多発的な椎体圧迫：後彎変形や円背のような脊柱変形など

■表2　Evansのタイプ分類（外側骨折）

	受傷時	整復時	分類
タイプ1　骨折線が小転子付近から大転子付近（外側遠位）へ向かう			
転位なし（内側皮質の粉砕なし）	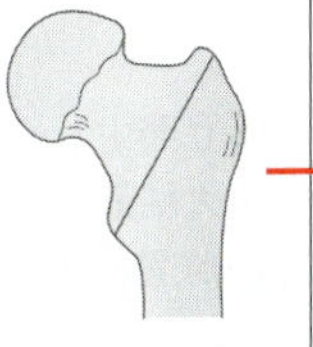	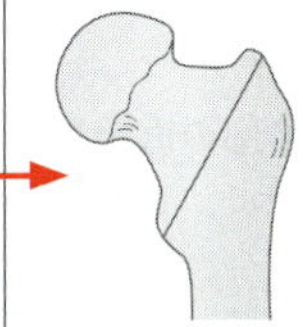	安定型骨折
転位あり（内側皮質の粉砕が軽度）	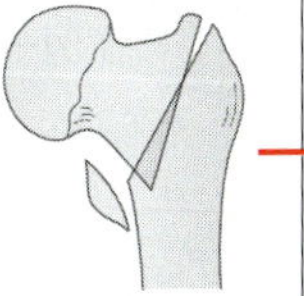	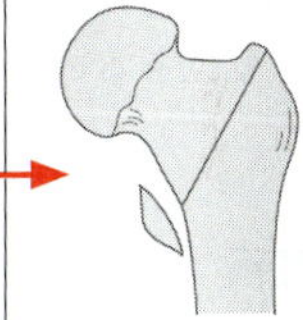	安定型骨折 整復可能
転位あり（内側皮質が粉砕）	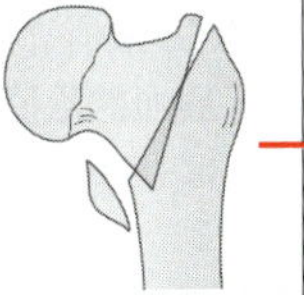	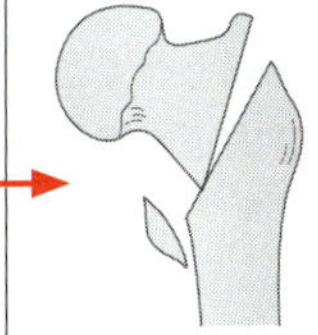	不安定型骨折 整復位の維持困難
粉砕骨折（内側皮質の粉砕が高度）	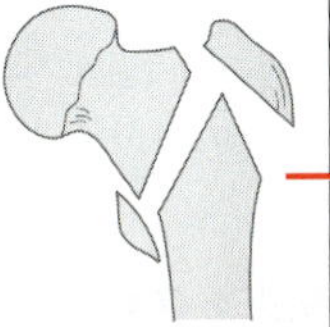	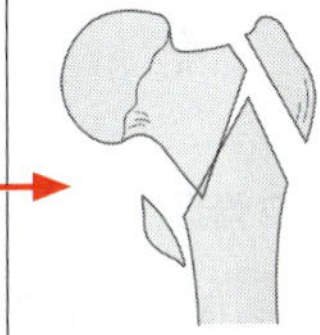	不安定型骨折 内反変形を生じやすい.
タイプ2　骨折線が小転子付近から外側遠位へ向かう			
逆斜骨折	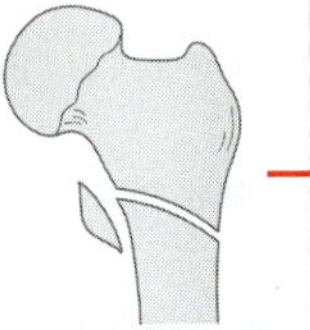	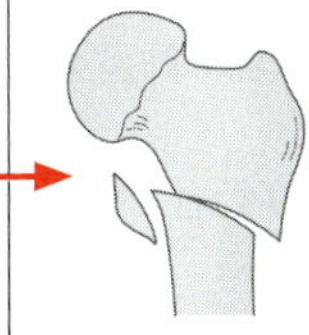	不安定型骨折 整復位の保持困難

文献2）より改変

の二次的障害を引き起こす.
・保存的療法：第一の推奨はコルセットの装着.
・手術療法：神経麻痺が生じた症例に一般的に適応.

上腕骨頸部骨折

■転倒時の肩関節部の直接打撲により発生しやすい.

■上腕骨近位端骨折：骨頭・骨幹・大結節・小結節の各部の回旋と転位により分類され，治療法が選択される.
・約80%は転位がないかわずかな転位→三角巾と体幹固定(バストバンドなど)による保存的療法が中心.
・骨片が大きく転位あるいは粉砕した症例→徒手的整復または観血的整復.

橈骨遠位端骨折

■骨粗鬆症を有する高齢女性に多く，発生原因の約90%は転倒である.
・転倒時に手掌部をつくことが多く，末梢骨片が背側へ転位.
・治療：ギプス固定・創外固定・観血的治療.
・4～5週間のギプス固定中，しばしばギプス内で転位を生じる.
・整復が不十分あるいは骨癒合が遷延する場合は観血的治療を適応.

障害像

術前後のリスク管理

高齢者は術前から既往に全身疾患を有する場合が多く，術後合併症を引き起こしやすい.

■肺機能障害
・術前後に無気肺・肺炎を合併しやすく，呼吸療法も並行して行う.
・80歳以上の高齢者では誤嚥性肺炎のリスクが高い.

■せん妄
・術後の疼痛，身体拘束，生活環境の急激的な変化，臥床によるストレスなどで一過性に生じ，認知機能や精神症状の障害によりリハビリテーションの妨げになり，転倒や転落のリスクが高くなる.
→睡眠・覚醒のリズムをつけ，早期離床を促す.

骨折による障害

- 局所症状：腫脹・皮下出血・疼痛・感覚障害・機能障害・変形・異常可動性.
- 早期の仮骨形成を促進：整復や固定が原則.
  - 仮骨形成の遅延，偽関節，変形癒合などの可能性がある.

固定・安静による二次的障害

- 関節拘縮
  - 骨折周囲の関節を含む長期間の外固定により発生.
    →過度な関節固定を避け，早期から関節運動を行い予防.
- 筋力低下
  - 骨折後の治療過程で生じる.
  - 骨折に伴う筋組織の形態的変化による一次的なもの，骨癒合の促通に必要な安静に伴う活動性低下による二次的なものがある.
- 廃用症候群
  - 過度な安静や長期臥床によって生じる.
  - 高齢者の骨折でも合併する症例は多く，運動機能・精神や認知機能が低下.
  - 心肺や筋の持久力が低下するため，運動頻度や強度，運動の持続時間などを考慮.

骨粗鬆症

- 骨量の減少とそれに伴う骨強度の低下および易骨折性と定義される.
  - 骨量減少のリスク因子：加齢・閉経後のエストロゲンの減少・長期臥床・ステロイド薬の使用・カルシウム摂取不足・多量の喫煙やアルコール摂取など.
  - 身体機能面の特徴：胸背部や腰背部の疼痛や円背，脊柱の変形や身長短縮.

評価法

画像読影
- 術前後の骨折部の骨癒合・偽関節・転位・骨萎縮(骨粗鬆症)などについて理解しておく.

手術所見の確認
- X線画像により確認する.

問診
- 再発予防のため, 骨折の受傷機転を把握する.
- 目標設定の目安として骨折前の生活状況や職業を把握する.

関節可動域(ROM)テスト
- 固定期は固定部以外, 固定除去後は骨折部およびその中枢側と末梢側の他動・自動ROMを最低限計測しておく.

MMT/握力/ピンチ力
- 固定期や固定除去直後は, 自動運動の範囲で筋力を把握する. 測定は骨癒合が確認されてから行う.

感覚検査
- 神経損傷, 異常感覚の有無を確認する.

疼痛
- 安静時疼痛・圧痛・運動時痛など, 痛みの出現する肢位や部位, 程度, 持続性について確認する.
  - ・訓練方法や負荷検討の指標として, 原因の見極めが重要.
  - ・痛みが強く, 長期化する場合は, 反射性交感神経性ジストロフィー(RSD)を疑う.

周径
- 浮腫や腫脹の状態を確認するために周径を計測する.

バランス能力・歩行

■「歩行障害」(p.360–367)参照.

認知機能評価

■安静指示や禁忌肢位が守れるか，自己管理を正しく行えるかを評価するため認知機能を把握する.

ADL/QOL

■問診で聴取した骨折前の生活自立度と現状のADL評価を比較し，阻害因子を特定する.

自施設での評価法について記載

アプローチ

安静期の呼吸練習・早期坐位

■術後の臥床によって呼吸・循環機能が低下するため，早期からベッド上での坐位時間を確保，呼吸練習を行う.

関節可動域練習

■可動域の改善を図るため，自動介助運動や自動運動，愛護的な他動運動を組み合わせて行う.

・短縮筋のストレッチや軟部組織のモビライゼーションを併用すると効果的.
・上腕骨頸部骨折では振り子運動を行う.

筋力増強運動

- 骨折後固定初期
  - ・固定部保護のため等尺節可動性運動から開始.
  - ・等張性求心性運動や徒手抵抗運動の並行により筋力強化.

疼痛・浮腫予防

- 廃用性筋力低下の改善や疼痛緩和→電気刺激療法.
- 骨折部の疼痛，腫脹軽減→寒冷療法でアイシング.
- 組織伸張性向上や炎症治癒促通，浮腫の軽減→超音波療法.

バランス練習

- 高齢者は，急激な状況や環境の変化に対応できずバランスを崩し，転倒しやすい.
  →日常活動性や筋力の低下，平衡機能の低下などの改善を目的にバランス練習を行う.

ADL 練習

- 可能な限り早期より，排泄，整容，更衣などの生活動作を促す.
- 適切な負荷を行い，立位や歩行を促す.
  →歩行障害(p.360-367)参照

社会環境の整備

- 家庭環境の整備，段差の解消や手すりの取り付けなどについて具体的に指導する.
- ポータブルトイレや介護用ベッドなど，福祉用具の紹介を並行して行う.

歩行練習

- 運動療法や装具療法に加え，杖・歩行器など自助具を併用.

・患者個人のもちうる能力を最大限に引き出し，歩行の安定性，効率性，実用性を向上させる治療方針を考える．

リスク管理

大腿骨頸部骨折

■深部静脈血栓症（DVT）

・肺塞栓を併発させるリスク因子であるため，とくに注意．

■奇異性脳塞栓症の発症にも注意する．

→臥床時の下肢挙上，弾性包帯や弾性ストッキングの着用によるリンパ還流の促通などにより予防する．
間欠的空気圧迫法や足関節底背屈の自動運動も有効．

■起立性低血圧

・車椅子への移乗時や運動療法初日には，血圧をチェック，自覚症状や顔色の変化を観察する．

・起立性低血圧が起こりやすい症例では，弾性ストッキングや弾性包帯の使用を検討する．

■脱臼

・人工骨頭置換術では脱臼肢位に注意する．

・深くしゃがみ込むような動作は脱臼のリスクが高く，とくに認知症の患者では注意する．

脊椎椎体圧迫骨折

■骨粗鬆症による椎体骨折

・神経症状が出現する割合は少ないが，椎体後壁が破綻した場合，骨片が脊柱管内に押し出され，脊髄や馬尾を圧迫することがある．

→数か月後に歩行障害や尿失禁，麻痺が発生することがあり，注意が必要．

■圧迫骨折

・仮骨形成による修復に2～3か月かかる．

・その期間，体幹装具を着用する．

→長期使用により体幹筋の筋力低下や脊柱の可動性制限などの二次的障害が起こらないよう，医師が可と診断すれば装具を除去．

橈骨遠位端骨折

■ 回内外制限

・手関節の背屈掌屈制限と併せて注意する.

■ 正中神経損傷

・圧迫・牽引により正中神経の損傷を生じることがあるが, 多くは経時的に回復.

■ 手根幹症候群

・骨折後, 手関節周囲の腫脹により手根管内圧が上昇して引き起こされることがある.

骨粗鬆症

■ 治療法には薬物療法, 食事療法, 運動療法がある.

・薬物療法：過剰な骨溶解を抑制する薬剤や骨形成を促進する薬剤を使用. カルシウム製剤やビタミンD製剤, エストロゲン製剤なども用いる.

・食事療法：カルシウムの十分な摂取が重要. 過度なカフェインやアルコールの摂取はリスク因子となる.

・運動療法：転倒予防・骨量増加に効果. 背筋・腹筋の強化, 脊柱の可動域改善, 異常筋緊張の改善, 装具療法(コルセットの併用)など.

自施設でのアプローチについて記載

靭帯損傷・腱損傷・腱板断裂・半月板損傷・アキレス腱断裂

靭帯損傷・腱損傷

疾患概要

■関節

相対する2つ以上の骨を連結する構造体(**図1**).

・連結した骨の運動，筋収縮の支点，荷重の緩衝，身体バランスを司る固有感覚のセンサー機能もある.
・相対する骨端が硝子軟骨で覆われている.
・関節包と呼ばれる線維性の袋に包まれている.

靭帯，腱の解剖学

■靭帯

・関節包とともに関節の安定性を保持する.
・線維性組織で，骨と骨とを連結する.

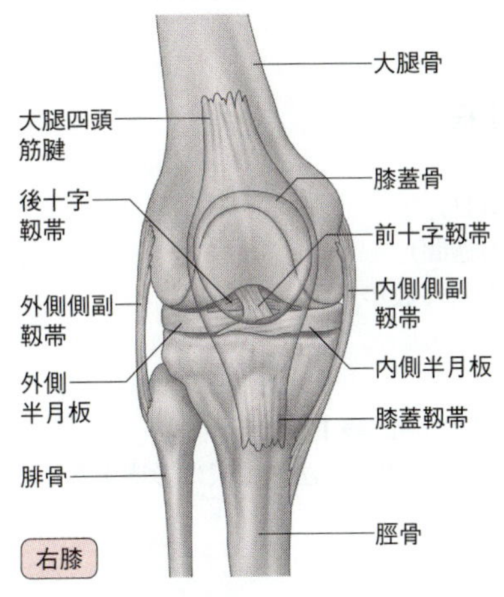

■図1　膝関節の構造

文献1)，p.83より

- 関節の過度の動きを制限する機能をもつ.
- 組織学的にコラーゲン線維束と線維芽細胞からなる.
- これらの組織には有髄・無髄の神経終末がある.
- 神経終末から痛覚・固有感覚に関する情報が中枢に伝達される.

■腱
- 筋と骨を連結する結合組織である.
- 両端は筋と骨に付着している.
- 筋の収縮運動を骨に伝達する働きがある.
- 筋腱移行部には腱紡錘と呼ばれる感覚器が存在する.
- 緊張に反応して反射的に筋収縮を抑制する.

靭帯損傷

■関節に生理可動域を超えた運動が加えられることで生じる.
- 外傷によって生じる場合, 脱臼や骨折を伴う場合がある.

腱損傷

■急激な筋収縮によって腱組織が引き伸ばされて生じる.
- 炎症と断裂がある.
- 外傷によって生じる場合, 加齢による退行変性が関与することがある.

靭帯・腱組織の修復過程

■以下の3期に分類[1].
- 炎症期(受傷後2～3日).
- 増殖期(受傷後2～6週間).
- 再構築期(受傷後数か月～数年).

靭帯損傷の分類

■損傷の程度により3段階に分類(**表1**).
→損傷の程度は, 保存療法か手術療法の選択に影響する.

前十字靭帯損傷

■前十字靭帯(ACL)(**図2**)

■表1　靱帯損傷の分類

重症度分類	異常可動性（不安定性）	ストレスX線撮影 関節裂隙開大
第1度靱帯損傷（最小限度の断裂）	－	－
第2度靱帯損傷（部分断裂）	＋	＋
第3度靱帯損傷（完全断裂）	＋＋	＋＋

文献2），p.382より引用

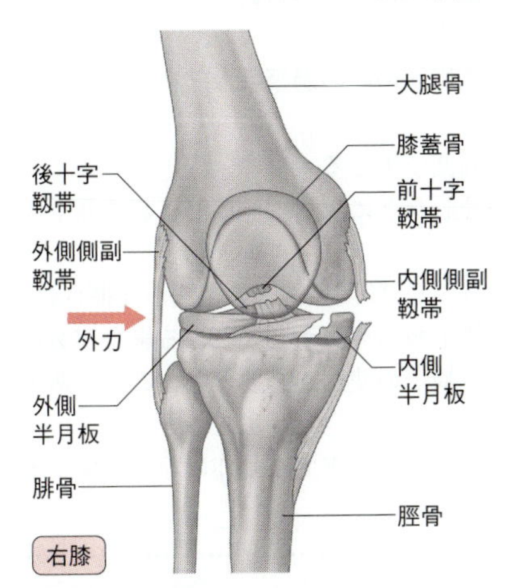

■図2　前十字靱帯（ACL）損傷
図は内側側副靱帯の断裂と内側半月板の損傷を伴っている（図1と比較）　文献1），p.86より

・大腿骨外顆側面後面から脛骨顆間結節前方やや内側に付着する2，3束からなるひも状の靱帯．
・膝関節の前方剪断と回旋の安定性を保持する．

■受傷機転
・方向転換，ジャンプ後の着地，走行からのストップなどスポーツ動作時に起こることが多い．

■症状
・受傷時に激痛と断裂音を体感することが多い．
・数時間以内に関節が腫れ，関節内血腫を認めることが多い．

・膝関節の可動域制限，筋力低下などの機能低下が生じる．
・半月板損傷を合併することがある．
・陳旧例→階段昇降や方向転換時に膝崩れを起こしやすい．
・適切な処置が施されない症例→関節軟骨変性から変形性膝関節症に発展することがある．

障害像

■痛み
・受傷後や術後急性期にみられる．

■関節可動域障害
・痛みや大腿周囲の筋の過緊張などによって生じる．

■筋力低下
・受傷部位周囲で生じる．
・関節内の腫脹などにより内側広筋に起こりやすい．

■歩行障害
・痛みにより生じ，膝関節本来の機能が発揮されにくくなる．
・術後，患側下肢の免荷が必要となる場合がある．
・松葉杖や車椅子の使用が必要となることがある．

■ADL低下
・移動，階段昇降，下衣更衣動作に障害が生じる．

評価法

■X線画像
・異常がみられないことが多い．

■MR画像
・靭帯実質部の断裂である靭帯部分の膨らみ，輝度変化，半月板断裂などが観察される．

■徒手テスト
・ラックマン（Lachman）テストが行われる（**図3**）．

治療・アプローチ

保存療法

■スポーツ活動を望まない中高年者などでは保存療法で経過をみる場合が多い．

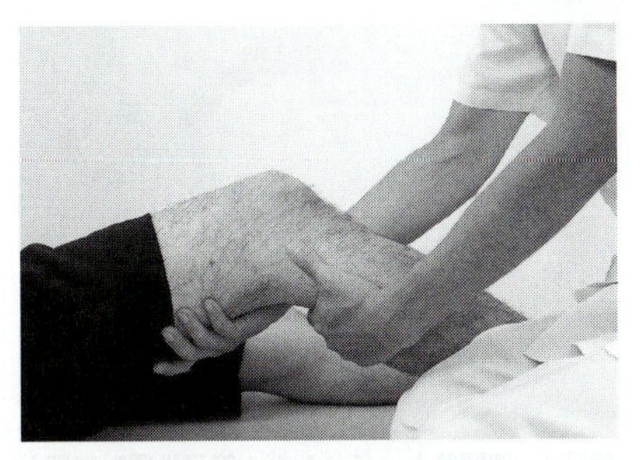

■図3　ラックマン(Lachman)テスト
背臥位で膝関節を20～30°屈曲させてやや下腿を内旋させながら行う．膝関節の上部(大腿骨)と脛骨を押さえながら前後に動かし，靱帯による制動の有無を検査する．前方への動きの拡大や痛みがある場合は，ACL損傷の疑いがある．ACLの断裂がある場合，脛骨が前方に移動したときに正常では停止するときの感覚(hard end-point)を得るか，断裂した患者では停止を触れない(soft end-point)．同時にPCL(後十字靱帯)損傷も検査できる．

運動器疾患

→装具装着や筋力増強が中心．

手術療法

■スポーツ活動を望む若年者や日常生活で膝崩れを起こす場合など→手術療法の適応．

■靱帯再建術

・自家腱：骨付き膝蓋腱(BTB)，半腱様筋腱や薄筋腱(STG)を用いる．

・人工靱帯：自家組織が犠牲にならないため術後の回復が早いが，再断裂が問題となる．

リハビリテーション

■術後，再建靱帯の保護および骨孔と再建靱帯の癒合に過負荷とならないよう関節可動域，筋力増強練習を行う．

■再建靱帯：血行再開(術後4～6週間)→表層が滑膜で覆われる(6～8週間)．
→再建靱帯が徐々に成熟し，靱帯としての強度が高まる[3)]．

●関節可動域

■術創部の瘢痕化や周囲組織との癒着，筋力低下の慢性化．

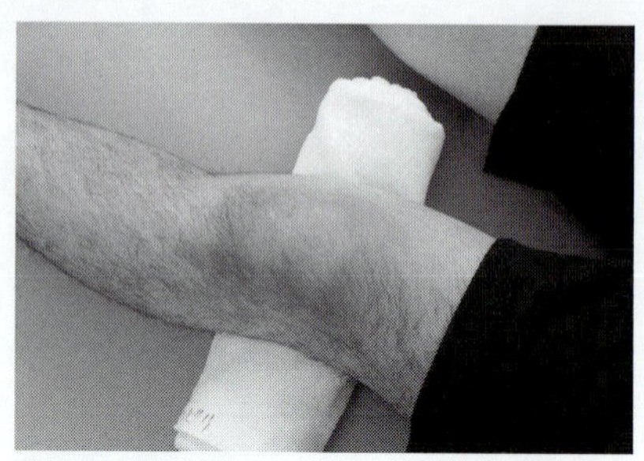

■図4　四頭筋セッティング：等尺性運動練習

→膝関節可動域制限をきたし，また炎症症状の長期化により関節鏡刺入部が線維化して癒着が起こりやすくなる．

■ 関節可動域の拡大
・術創部の炎症緩和や皮膚の柔軟性の回復を図る．
・膝蓋骨の可動性を再獲得，膝関節の屈曲・伸展可動域を拡大する．

■ 筋の過緊張がある場合
・徒手的なアプローチや物理療法を併せて行い，正常な膝関節の運動の再獲得を図る．

●筋力

■ 内側広筋が弱化しやすいため大腿四頭筋の筋力強化を行う．
・膝関節屈曲70°～0°では前方剪断力が働くことを考慮[4]．

■ 筋力強化練習
・内側広筋群強化，四頭筋セッティング（**図4**），SLRから開始．
・代償動作が出現しないように注意．
・筋収縮（遠心性，求心性，等尺性収縮）やタイミング（速く，ゆっくりなど）を再学習する．
・荷重制限がない場合にはスクワットを実施．
→膝関節屈曲角度と前方剪断力を抑えることを考慮．
・患側への荷重を抑えるために骨盤帯のねじれなどの代償動作がみられる場合，正しい動作を身につけるよう指導．
→鏡を使用して視覚から姿勢修正を行う，セラピストがねじれのない位置を徒手的に伝える，など．

●歩行

■「歩行障害」(p.360–367)参照.

●ADL

■再建靭帯の成熟を阻害しない範囲で段階的に動作を獲得.

リスク管理

■術後は患部のアイシングを行う.
・リハビリテーションによって生じる炎症を抑えるため，リハビリテーションの合間や終了後にも実施.

■リハビリテーションは，医師と連携をとり患者の術後の状態を把握して適切な内容・負荷量で行う.
→炎症症状は適切な内容・負荷量であるか判断する指標.
・治癒過程について説明し，術後の再断裂を防止.

Memo

腱板断裂

疾患概要

腱板断裂

■腱板

棘上筋，棘下筋，小円筋，肩甲下筋から構成される筋群と，関節包，関節上腕靭帯の総称．

・肩甲上腕関節の安定性を保持する働きがある．

■腱板断裂が起こると，肩甲上腕関節が不安定化，肩甲上腕リズム(scaplo-humeral rhythm)が乱れ，二次的な肩関節機能障害の原因となる．

受傷機転

■加齢による腱の変性，肩峰との機械的衝突，投球のような繰り返しの動作，外傷など，さまざまな要因により発症．

・程度により完全断裂と不全断裂に分類．

・不全断裂はさらに，関節面断裂，腱内断裂，滑液包断裂に分類(**図5**)．

・腱板構成帯の中では棘上筋腱の断裂が多い．

・断裂は棘上筋腱終末部の大結節側停止部付近に起こることが多い．

→筋・骨の脈管が吻合していることに加え，肩峰や骨頭の圧迫を受けることが多く変性や断裂が起こりやすい[6]．

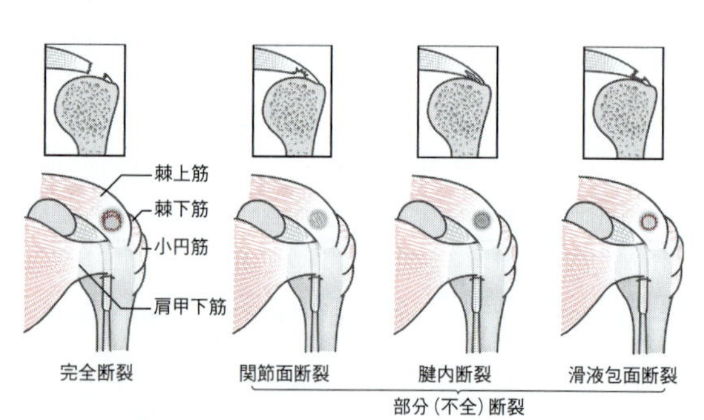

■図5　回旋筋腱板断裂　　文献 1)，p.85 より

症状

- 動作時痛，安静時痛，夜間時痛が多い．
  - 夜間時痛は，皮膚温の低下，疼痛閾値の低下，臥位姿勢などが影響．
- 腱断裂による筋力低下，収縮時痛
  - 棘上筋腱断裂では外転筋筋力低下．
  - 棘下筋腱断裂では外旋筋力低下．
  - 肩甲下筋腱断裂では内旋筋力低下．

障害像

- 痛み
  - 受傷後，術後早期に生じる．
- 関節可動域障害
  - 痛みによって生じる．
- 筋力低下
  - 受傷部位周囲に生じる．
- ADL低下
  - 食事，整容，更衣などの障害．

評価法

- X線画像
  - 大断裂の長期的存在による骨頭上方化，肩峰骨頭距離の短縮を観察する．
- 超音波・MR画像
  - 腱断裂を診断する．
- 断裂腱断端が肩峰と衝突することで有痛弧（肩峰を通過する60～120°範囲での痛み）やインピンジメント徴候が起こる．
  →インピンジメントテスト（**図6a**），ドロップアームテスト（**図6b**）陽性となる．
- 徒手テスト
  - 棘上筋テスト（**図6c**）：棘上筋腱断裂の診断．
  - 外旋筋力テスト（棘下筋テスト）：棘下筋．
  - lift-offテスト：肩甲下筋断裂の診断．
- 視診・触診

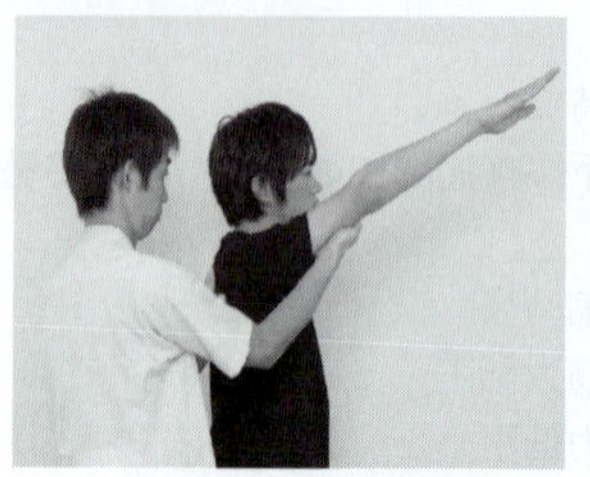
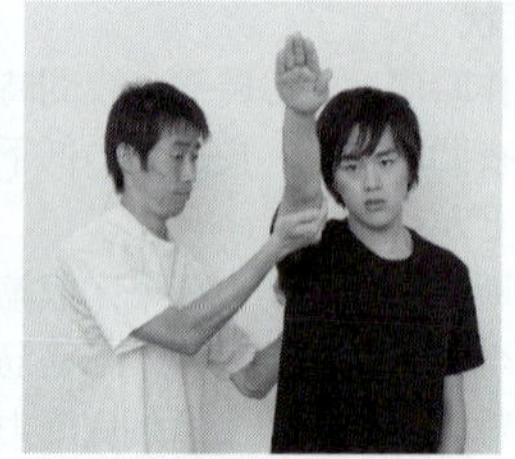

a. インピンジメントテスト(NeeR'sインピンジメントテスト)

b. ドロップアームテスト

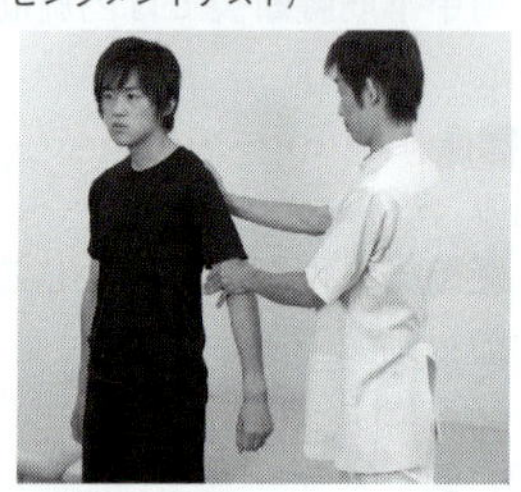

c. 棘上筋テスト

■図6 主な評価法

・断裂した部位の萎縮を視診により，陥没を触診により確認できることがある.

治療・アプローチ

保存療法

■ 薬物療法

・非ステロイド性抗炎症薬(NSAIDs)の内服・外用.

・副腎皮質ステロイド薬やヒアルロン酸の関節内注入など.

■ 理学療法

・温熱・ストレッチ・可動域練習・筋力強化練習など

■ 3～6か月ほどの経過で70%の患者に症状緩和，ADL障害の改善がみられることが多い.

→改善がみられない場合や外傷性断裂，スポーツによる断裂には，手術療法を適用[7].

手術療法

■ 腱板修復術を行う.

リハビリテーション

■保存療法

・受傷直後は，損傷部位の腫脹，充血による腱板や肩峰下滑液包の炎症によって痛みが生じやすい．
→早期の炎症軽減のため，アイシングや安楽姿勢の確保，患部の安静を図る．

・損傷部位の拡大を防ぎ，残存機能による代償作用を引き出して肩甲上腕リズムを再構築する．

・生活環境を把握，損傷部位に負担の少ない生活動作を指導．

・損傷部位の痛み，炎症症状の軽減→徐々に他動運動を行い二次的な拘縮を予防．

■手術療法後

・縫合腱の再断裂を防ぐため関節可動域の拡大を図る．
→縫合腱板に加わる伸張ストレスと収縮ストレスインピンジメントによる圧迫ストレスを考慮．

・術後3週間頃より組織の癒合開始，徐々に抗張力亢進．
→縫合腱に加わる伸張ストレスを抑制する．

・術創部の瘢痕化や周囲組織との癒着は可動域制限の要因となりやすい．
→術創部の炎症緩和や皮膚の柔軟性の回復を図る．

・術後の痛みや装具などの影響で体幹や肩甲骨の可動域制限が起こりやすい．
→肩関節の可動域を広げる前に体幹や肩甲骨の可動性を確保し，肩関節の可動域を広げる（「関節可動域障害」p.266-277参照）．

・縫合腱板の癒合状況により腱板トレーニングを行う．
→代償動作が出ないよう筋収縮，タイミングを再学習する．

リスク管理

■術後の炎症を落ち着かせて癒着を防止．
→修復した腱板に過度のストレスを与えないよう，ベッド上では安楽姿勢，移動時にはアームレストを用いる．

半月板損傷

疾患概要

半月板

大腿骨と脛骨の間にある線維軟骨の板で，脛骨内側のC字状のもの，外側のO字状のものがある(**図7**).

- 内側・外側半月板とも関節包内に付着，周縁は厚く，脛骨の顆間部以外では骨との接触はない.
  - ・内側半月板：内側側副靭帯に付着し，可動性が少ない.
  - ・外側半月板：外側側副靭帯との付着はないため可動性が大きく，膝関節屈曲位で12mm後退する.
  - ・大腿骨と脛骨の適合性を増し，大きな接触面を得ることができる.
    →関節の安定性，衝撃吸収，荷重の分散，関節の潤滑な機能，力の伝達作用などを有する.
  - ・内・外側の半月板の血管構造は，外縁の10～30%に保有されており，治癒に有利である．血管に乏しい内側部位は，神経支配も乏しく修復の可能性も低い.

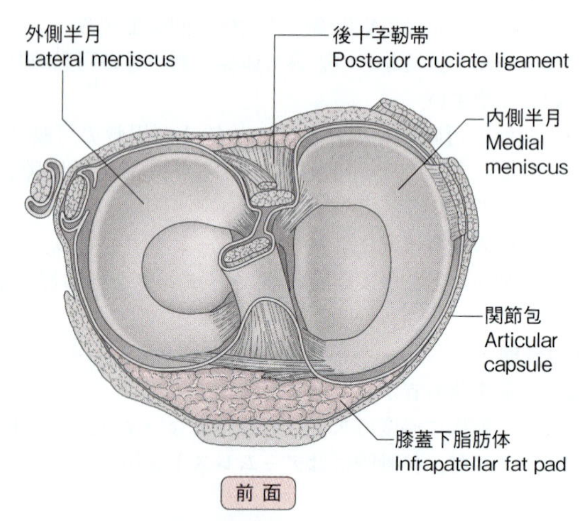

■図7　後十字靭帯の構造

半月板損傷

■一般的にスポーツでの受傷が多く，中高年では変形性膝関節症などの退行変性に伴う損傷もみられる.

・スポーツによる受傷では靭帯損傷に伴うものと伴わないものがある.
・靭帯損傷に伴う場合，多くはACLの損傷を合併.
・ACLが断裂した膝→内側半月板が前方移動の抑制因子.

障害像

■自覚症状：膝関節の痛み，動作時のひっかかりやロッキングなど.

■断裂の形態：縦断裂，横断裂，水平断裂.
→MRIが最も有用な診断法.

評価法

■主に，問診(受傷機転)，視診，触診，関節可動域，徒手テストにより評価.

■問診

・運動中の受傷の場合，運動が続行不可能であれば重症膝外傷として靭帯損傷や半月板損傷の可能性を疑う.
・軽微な外傷，外傷歴のない場合は退行変性による受傷を考える.

■視診

・下肢全体のアライメントや膝関節周囲の筋萎縮，左右差などをみる.

■触診

・圧痛や熱感，関節水腫(膝蓋跳動)，腫瘤の有無などを確認.

■関節可動域

・疼痛による筋緊張亢進やロッキングによる可動域制限などがあり，屈曲以外に伸展制限もみられる.
・伸展制限は，腹臥位で踵の高さの差を観察するHHD(heel height difference)が有用(**図8**).

■徒手テスト

・McMurrayテスト，Applyテストなど.

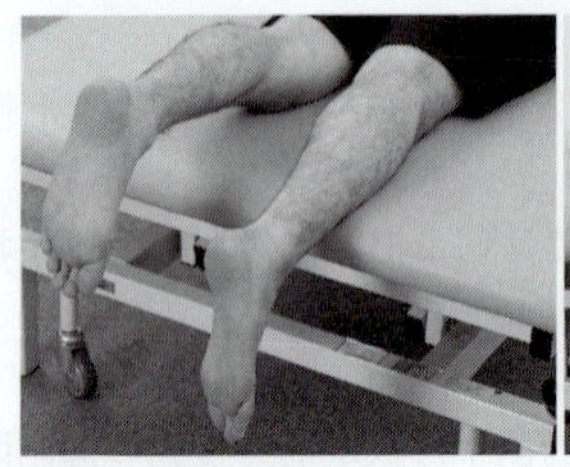
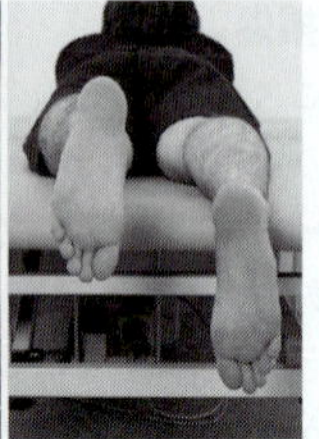

■図8　半月板HHD

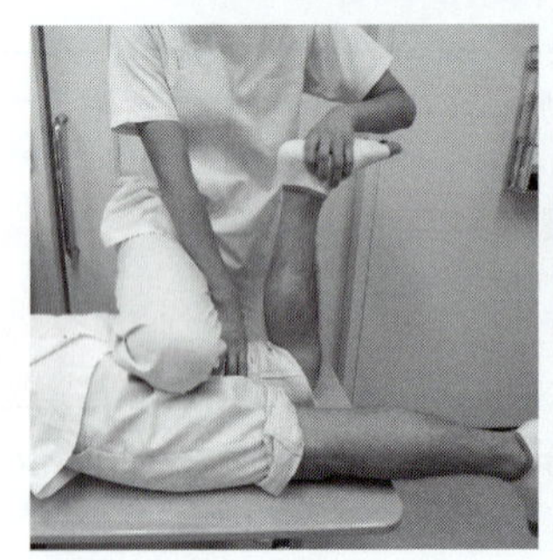

■図9　半月板Applyテスト

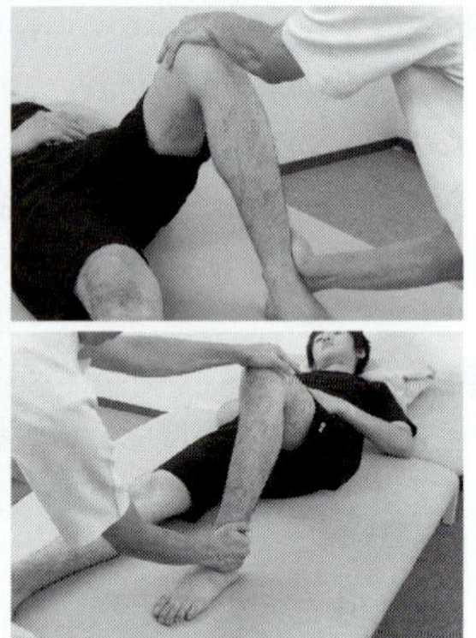

■図10　McMurrayテスト

→回旋ストレスを加えることで症状を悪化させる危険性もあるため注意.

・これらのテストは単一では診断率が低いため，他のテストやMRIなどの画像診断と合わせて評価する.

■ 半月板Applyテスト(**図9**)

・腹臥位，膝関節屈曲90°で大腿部を検者の下肢で固定し，下肢を回旋しながら持ち上げると患部の痛みが出現する(destraction test).
次に膝を圧迫しながら下腿を回旋させると痛みが出現する(compress test).

■ McMurrayテスト(**図10**)

・膝関節を最大屈曲位とし，内外関節裂隙に手指を当て，下腿に回旋のストレスを加えながら膝関節を伸展する.

- 下腿を内旋しながらの膝関節伸展で痛みが誘発される．
  →外側半月板損傷．
- 下腿を外旋しながらの膝関節伸展で痛みが誘発される．
  →内側半月板損傷．
- 膝関節裂隙に当てた手に半月板の動きやクリックを触知することもある．

治療･アプローチ

保存療法

■痛みはあるが可動域制限が少なく日常生活への支障が少ない場合に，数週間，痛みを生じる動作は避けて行う．
- 等尺性収縮や疼痛のない範囲での可動域訓練，筋力訓練などを行い，膝関節周囲筋萎縮を予防．

手術療法と術後のアプローチ

■半月板部分切除術，半月板縫合術など．
- 切除術では，術後1～2週間は部分荷重とし，1～2か月は運動を控えるよう指導．
- 縫合術では，術後1～2週間の外固定と免荷，徐々に可動域制限の解除や荷重訓練を行う．

■膝関節屈曲60°を超えると変位・変形が大きくなる．
→術後早期の深屈曲は避ける．
- 損傷形態によって異なるが，全荷重は3～6週後，スポーツ復帰は6か月後以降．

■姿勢や動作などを評価
→動作による痛みの変化や損傷にいたった原因を探る．

リスク管理

■術後，軟骨損傷合併例では慎重に観察．
→水腫がみられる場合は負荷軽減を指導する．

■術後2日～1週間ほどで退院，外来リハビリテーションや自主トレーニングとなる．
→松葉杖の指導やトレーニングメニューの理解などが必要(松葉杖歩行，階段・段差昇降・立ち上がり・着座動作など)．

アキレス腱断裂

疾患概要

- 20代前半と30～40代に多く発生．
  - ・20代：over use(使いすぎ症候群)による炎症
  - ・30～40代：加齢による腱の変性

  が原因となることが多い．
- 前駆症状としてアキレス腱痛を自覚することがある．
- 約9割がスポーツ中の発生で，その他は転倒や転落による．
  - ・受傷しやすいスポーツ：バレーボール，バスケットボール，テニス，バドミントン，剣道など．

障害像

しばしば，「後ろから蹴られたような」，「バットで叩かれたような」衝撃を感じる．
断裂したときの音を自覚することもある．

- 断裂部位
  - ・血流が少ない踵骨の腱付着部から2～6cmの間に多い．
  - ・自発痛や圧痛がない場合がある．
- ダッシュやジャンプなどに伴う下腿三頭筋の収縮や，着地などに伴う急激な伸張により受傷．
  - ・断裂部に触れると凹みがあり，圧痛がみられる(**図11**)．

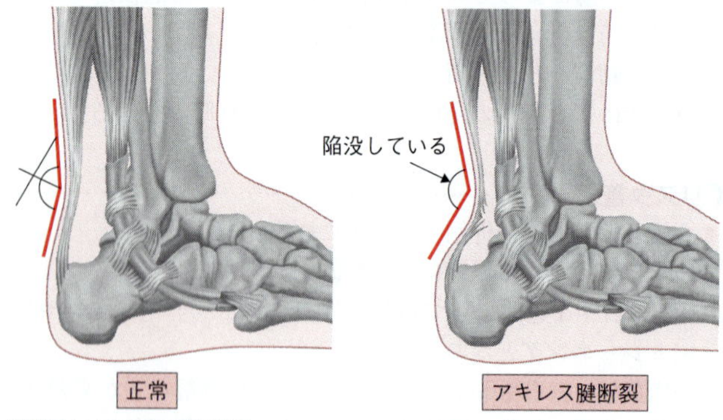

■図11　アキレス腱断裂　　文献5)，p.87より引用

- 時間をおくと歩行可能となることがあるが，爪先立ちが困難で，トンプソンテストは陽性となる.
- ある程度の休止期間後の運動の再開時や準備運動を行わないでの運動開始時，また急激に体重が増加したときに断裂しやすい.
- スポーツ競技への復帰は5～6か月が目安，身体機能は片足での爪先立ちが可能か否かが目安.

術後の障害像

■疼痛

- 手術の侵襲によって出現する.

■関節可動域

- 術後ギプス固定により足関節可動域制限が生じる.
- 足関節可動域訓練開始後，下腿三頭筋の伸張痛や関節運動に対する恐怖心があると防御性収縮により足関節背屈制限が出現しやすい.
- 術創部皮膚伸張性低下により足関節可動域制限が生じる.

■筋力低下・筋萎縮

- 足関節底屈筋の筋力低下や下腿三頭筋の筋萎縮など.
- ハムストリングスや大腿四頭筋，殿部周囲筋，足部の筋などに不動による筋力低下が起こりうる.

■歩行障害

- 通常，患側下肢の免荷を遵守する.
- 術後プロトコールに従い，装具や松葉杖，車椅子を使用，免荷・荷重をコントロールした状態でADLを拡大する.

■ADL低下

- 下衣更衣動作や歩行動作，階段昇降など下肢を使用する動作が制限されやすい.

■スポーツ活動の制限

- スポーツ選手や運動が趣味の患者の場合，目標の喪失や意欲低下などによりQOLが低下.

評価法

■トンプソンテスト

・下腿三頭筋を圧迫，通常は足関節底屈がみられるが，断裂しているとみられない(**図12**).

■視診

・腹臥位で膝屈曲位にし，下腿三頭筋を握っても背屈しない.

・断裂部はへこむ(**図12**).

リハビリテーション開始後の理学療法評価

■問診

・年齢，性別，疼痛部位，疼痛の程度，受傷機転，運動習慣，スポーツをしている場合は種目，ポジション，役割などを聴取.

■視診

・運動麻痺の有無，腫脹の有無を確認.

■周径

・筋萎縮や腫脹の程度を評価.

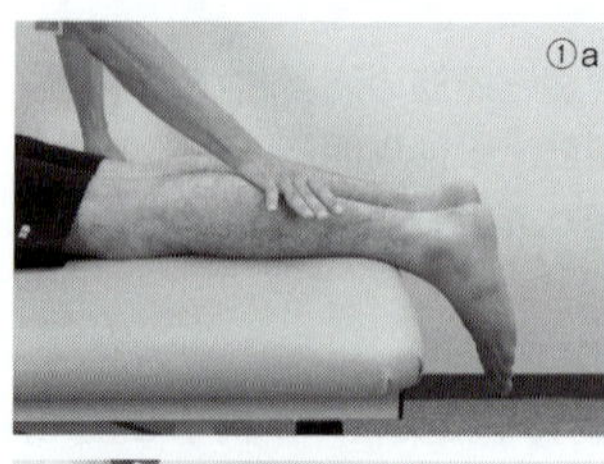

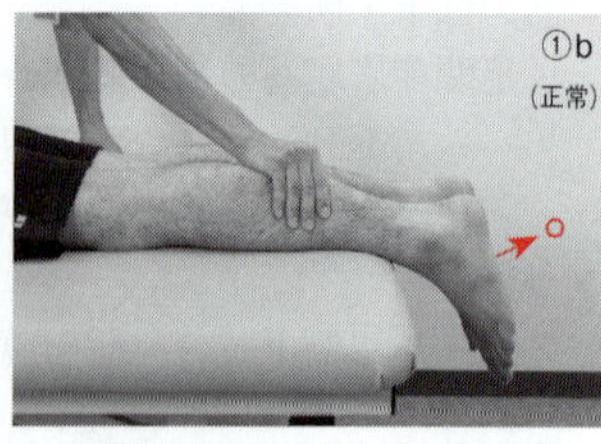

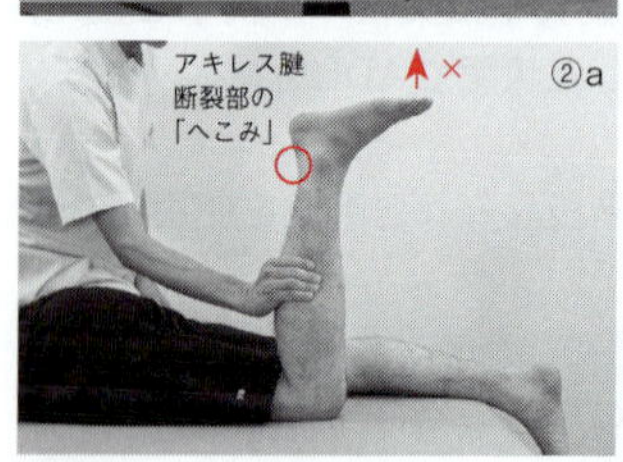

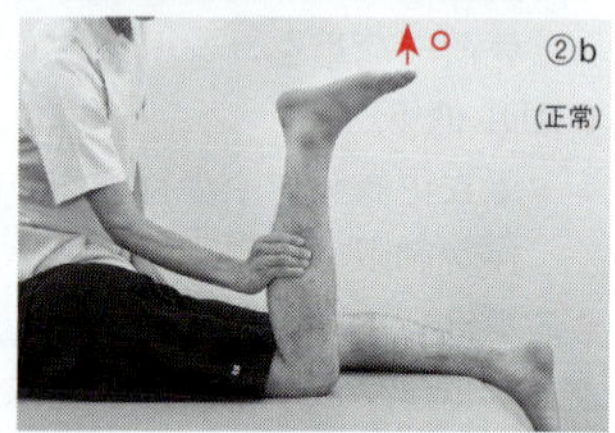

■図12　トンプソンテスト

①腹臥位で下腿三頭筋を握ると，正常では足関節が底屈する(b)が，断裂しているとそれがみられない.

②腹臥位で膝を90°くらいに屈曲した肢位で，下腿三頭筋を握っても，足関節は底屈しない(a).

・大腿周径：一般的に，膝蓋骨底（膝蓋骨上縁）から5cm，10cm，15cmの近位部を計測．
・下腿周径：腓腹部の最大膨隆部と下腿の最小部位で計測．

■関節可動域（ROM）検査
・受傷部位は術後疼痛を考慮して愛護的に行う．
・最初に，自動運動の評価を行うことが望ましい．
・車椅子や松葉杖を使用するために，上肢，肩甲骨を評価．

■皮膚の柔軟性
・足関節可動域に影響するため術創部の柔軟性の評価が必要．
→術創部が離開しないように両側から皮膚をたぐり寄せ，上下左右方向の柔軟性を確認する．

■徒手筋力検査（MMT）
・下肢は疼痛を伴う可能性があるため愛護的に行う．
・患側だけでなく健側の評価も実施する．
・車椅子や松葉杖使用に関係するため，ROM検査同様，上肢の評価が必要．

■基本動作
・寝返り，起き上がり，坐位保持，車椅子移乗，車椅子自走，歩行を，疼痛の有無と合わせて評価．

■ADL評価（セルフケア）
・基本動作機能や患側下肢機能，荷重量に合わせてADLの変化を評価．

自施設での評価法について記載

治療・アプローチ

保存療法

- 治療期間が長く，再断裂のリスクが高い．
  - 感染リスクはない．

手術療法

- 再断裂率が低く，職場やスポーツ復帰までの期間が短い．
  - 感染や瘢痕化や皮膚の縫合不全などのリスクがある．

機能訓練

- 装具固定中のアプローチ
  - 運動可能な部位の筋力低下予防→体幹機能訓練，股関節・膝関節抵抗運動，足趾自動運動．
- 関節可動域訓練
  - 装具除去後に足関節背屈訓練．
  - 疼痛を伴うことが多く，愛護的に実施．
  - 下腿三頭筋のリリースや術創部の皮膚伸張を行った後の可動域訓練により背屈可動域が向上することがある．
- 筋力増強訓練
  - 足関節底屈運動：自動運動から開始し，荷重量や機能改善に合わせてゴムバンドなどを利用した抵抗運動，カーフレイズへと負荷量を調整．

動作訓練

- 未経験の患者が多いため，車椅子駆動練習，松葉杖歩行練習，松葉杖での階段昇降練習が必要．
- 荷重練習
  - 荷重可能となったら荷重量を体重計で確認しながら実施．
  - 過荷重とならないように注意．

自施設でのアプローチについて記載

リスク管理

- 手術療法，保存療法ともに再断裂に注意が必要．
  - 再断裂の要因：転倒や階段の踏み外しなどによる過荷重．
    →これらは日常生活における不注意によることが多いが，活動量の増加にも伴う．

Memo

変形性関節症

疾患概要

変形性関節症

関節軟骨の変性・破壊，骨・軟骨の新生増殖，および二次的な滑膜炎を伴う退行変性疾患

- 関節の機能：荷重支持，運動
  - ・関節症：形態的変化と機能的要請との平衡が崩れた状態.
    →変形性関節症は，この平衡の破綻がさらに形態的変化を促進，慢性に進行したもの.
  - ・一次性関節症：基礎疾患がないもの.
  - ・二次性関節症：基礎疾患に続いて発症するもの.
  - ・変形性関節症は，荷重関節である膝関節と股関節で起こりやすい．以下，変形性膝関節症と変形性股関節症について取り上げる.

原因

- 全身的要因
  - ・肥満，性ホルモン，血流障害などが，全身の軟骨の加齢促進因子と考えられている.
- 局所的要因
  - ・関節に加わる機械的ストレス，および関節を動かさないこと.
- すべての関節疾患と関節周囲疾患
  →関節のメカニカルな機構を障害→二次性関節症の原因.

症状の進み方

- 一般的に中高年以降から徐々に始まる.
  - ・初期：軽い関節痛やこわばり感，重だるさなど.
  - ・進行期：疼痛，運動制限，変形，関節液貯留・腫脹，異常歩行など.

■**表1**にX線所見による変形性膝関節症の病期分類，**表2**に変形性股関節症の病期分類を示す．

治療法

■非薬物療法

・生活指導，運動療法，物理療法，装具療法．

■薬物療法

・非ステロイド性抗炎症薬(NSAIDs)の服用，関節内注入療法(副腎皮質ステロイド薬，ヒアルロン酸)．

■手術療法

・変形性股関節症：棚形成術，骨切り術(**図1**)，人工股関節置換術(THA)（**図2**)，関節固定術など．

・変形性膝関節症：骨切り術，人工関節置換術(TKA)，人工関節片側置換術(UKA)，関節鏡視下手術，高位脛骨骨切り術(HTO)など．

■表1　変形性膝関節症のX線所見による病期分類
(ケルグレン・ローレンス〔Kellgren-Lawrence〕分類)

グレード0	正常
グレードⅠ	骨硬化あるいは骨棘を認めるが，関節裂隙の狭小化はない．
グレードⅡ	関節裂隙の狭小化はあるが，1/2以上残存しているもの．
グレードⅢ	関節裂隙が1/2以下のもの．
グレードⅣ	関節裂隙が消失したもの．

■表2　変形性股関節症のX線所見による病期分類

前股関節症	臼蓋形成不全(股関節の屋根の部分の発育障害)があるが，骨硬化や関節の隙間の狭小化がない．
初期	臼蓋(股関節の骨盤側)の体重がかかる部分の骨硬化や，関節の隙間のわずかな狭小化がみられる．
進行期	関節の隙間が明らかに減り，骨頭や臼蓋の骨棘，骨嚢胞(骨に穴が開いた状態)を認める．
末期	関節の隙間がなくなり，著明な骨破壊や骨棘を認める．

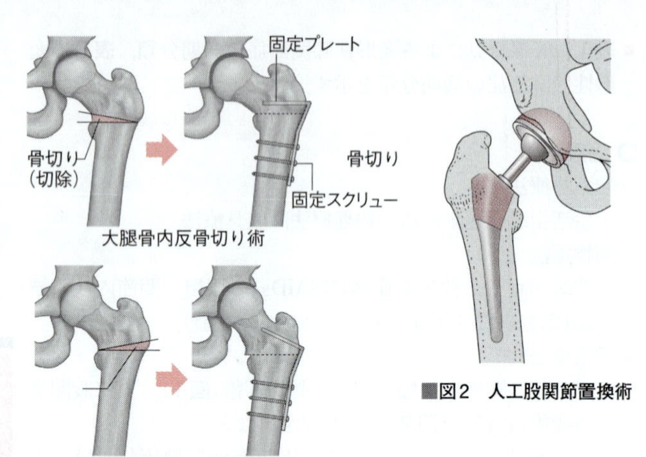

■図1　骨切り術

■図2　人工股関節置換術

障害像

疼痛

■骨内
・関節の骨端部における静脈のうっ血が関与している.

■滑膜・関節包
・滑膜そのものはあまり激しい痛みを生じない.
・滑膜繊毛の発達した関節包の付着部や折り返し部の炎症.
→関節包に異常な緊張が加わる→変形突出した骨・軟骨表面と滑膜に摩擦が起こり，疼痛を訴える.

■関節周囲の靱帯・腱
・関節包と同様，関節の適合不良により腱や靱帯が異常緊張を起こすと疼痛を誘発.
→関節周囲の関節包にも炎症を引き起こす.

■筋
・痛みに対する反応性筋緊張が起こり，障害の原因となる.

関節軟骨の変形による運動制限

■関節軟骨の変性・破壊による関節構造の変形.
・外観の変化に加え，関節拘縮に伴う姿勢の異常が出現.

・X線検査で，関節裂隙の狭小化や消失，骨棘，関節面の不適合が確認できる．
・変形が強くなると運動に伴い軋轢音が生じる．

■変形が軽度の時期
・関節周囲の筋緊張や軟部組織(関節包の肥厚・線維化)などにより運動制限を受けやすい．

■変形の進行期
・骨が増殖して飛び出した骨棘にぶつかり可動域が大きく制限される．

異常歩行

■荷重関節では変形や拘縮，筋力低下，疼痛などの影響で異常歩行(跛行)になることがある(「歩行障害」p.363参照)．

評価法

■理学的所見，日常生活動作(ADL)の障害度，画像所見．
・理学的所見：主に疼痛，可動域，歩行，筋力について評価．

股関節検査

■トーマステスト(Thomas test) (**図3**)
・腸腰筋や大腿直筋の短縮，股関節の屈曲拘縮の有無を判断する検査法．
・患者は背臥位で，一方の膝を屈曲させ胸に近づける(トーマス肢位)．
→反対側の下肢が持ち上がれば(↑)陽性．

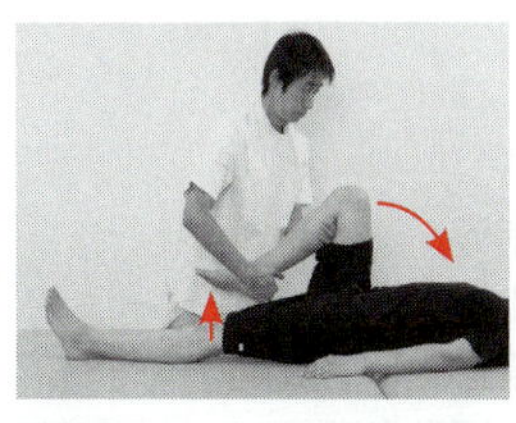

■図3　トーマステスト

①患者は背臥位で，検者は患者の側方に立つ．
②患者の片側の膝と足首を保持して膝を屈曲させて，胸に近づけるようにする．
③反対側の股関節が屈曲し膝が持ち上がれば，持ち上がった側の股関節に屈曲拘縮があることを示す．
・トーマスの変法は図の進展させたほうの下腿をベッドから垂らして行う方法で，大腿部から持ち上がれば腸腰筋の短縮．膝が伸びれば大腿直筋の短縮と見分けることができる．

自施設での評価法について記載

アプローチ

運動療法

関節可動域練習

- 適応
  - ・変形や拘縮に伴う運動制限など.
  - ・拘縮の起こりやすい運動方向や短縮筋(ハムストリングス, 大腿四頭筋など).

筋力強化

- 変形や疼痛のために筋力が発揮できず, 廃用性の筋力低下を起こすという悪循環を避ける.
- 隣接関節の筋力低下も大きな影響がある.
  →徒手筋力検査(MMT), 歩行・姿勢分析などにより問題となる筋力低下筋をみつける.

有酸素運動

- 関節に負担をかける体重増加を抑制.
  - ・長時間運動ができる体力が減少していることが多いため, 有酸素運動が推奨される.

その他の治療法

生活指導

- 日常生活の活動性を維持するよう指導.
  →疼痛に伴う骨・筋肉の廃用性変化を防ぐ.
  - ・疼痛を増強させる階段昇降・正座などは制限.
  - ・減量のため肥満者への栄養指導・運動指導.

■杖の使用法指導
・杖の使用により荷重を分散，関節の負担を軽減する．

物理療法
■超音波，赤外線，レーザーなど．
・エビデンスは乏しい．

装具療法
■膝関節
・保温と安定性のため，軟性サポーターや硬性膝装具．
■O脚の内側荷重の軽減
・外側楔状足底(挿)板が繁用されるが，長期的効果は不明．

自施設でのアプローチについて記載

リスク管理
肺血栓塞栓症(PTE)，深部静脈血栓症(DVT)
■**表3**に，肺血栓塞栓症，深部静脈血栓症の主な症状を示す．
■人工関節手術における静脈血栓の誘発因子．

■表3　肺血栓塞栓症および深部静脈血栓症の主な症状

肺血栓塞栓症	突然の呼吸困難，冷汗，胸痛，失神，血圧低下，動脈血酸素飽和度(SpO_2)の低下など
深部静脈血栓症	下肢の色調変化，浮腫，腫脹，疼痛．足関節の強制背屈時の非骨筋疼痛など．非腹筋部の把持痛が増強してくる場合は注意する．

①血流の停滞
②静脈内皮傷害
③血液凝固能の亢進
・肺血栓塞栓症，深部静脈血栓症では上記の3症状が起こりやすいため十分注意する．

感染

■ 感染徴候
・発熱，局所疼痛，腫脹，熱感などに注意．
・局所の発赤や関節液の貯留は体表に近い膝関節で観察される．

脱臼

■ THA後，TKA後の脱臼に注意．
■ THA後の脱臼の原因．
・人工関節部品の設置位置・角度．
・骨や人工関節部位の衝突(インピンジメント)．
・股関節周囲軟部組織の弛緩．
・筋緊張バランスの不均衡．
・術後肢位．
■ TKA後の膝蓋大腿関節での亜脱臼を含めた不安定性の原因．
・外側支帯の過緊張．
・大腿骨・脛骨コンポーネントの回旋を主とした設置位置の問題．

術後骨折

■ 骨折の原因
・加齢(高齢者)．
・骨粗鬆症．
・副腎皮質ステロイド薬使用(リウマチ患者など)．
・脊椎脊髄疾患．
・パーキンソン病などによる易転倒性．
・人工関節術後，THAのステム(軸)周辺やTKAの大腿骨・脛骨・膝蓋骨コンポーネント近傍で骨折が生じることがある．
・不適切な骨切り術や人工関節部品の設置位置の異常による

アライメント異常など．

■基礎疾患や骨強度などの患者情報とともに，術中所見について術者との情報共有が必要．

ポリエチレン摩耗と人工関節のゆるみ

■ポリエチレンの摩耗の原因

・ポリエチレンの劣化や人工関節のデザインの問題．

・人工関節の設置位置・角度の異常．

・関節周囲軟部組織の弛緩または緊張によるポリエチレンの一部への負荷の集中．

■術後，徐々に人工関節と骨との固定性が低下，人工関節のゆるみをきたす場合がある．

・歩行時や運動時に疼痛が出現するので，自覚するようになる．

・ゆるみの多くは年単位でゆるやかに進行する．

・短期間にゆるみが進行し疼痛が持続する場合は，感染の可能性を考慮する．

術後に避けるべき動作

■和式トイレ

・低位置からの立ち上がりは関節への負担が大きい．

■足を組む

・人工股関節では脱臼のリスクがある．

■正座

・膝関節への負担がかかるため避けるべきであるが，人工股関節では方法さえ指導すれば禁忌とはならない．

(注)人工股関節置換術においては，手術手技によって術後の禁忌肢位がある．後方アプローチの手術では股関節の屈曲＋内転＋内旋を伴う動きは禁忌．例えば，椅子に座って足を組む動作，女性が椅子に座って靴に踵を入れるときの動作などは禁忌．

Memo

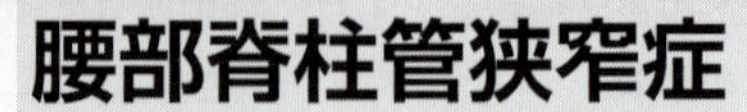

腰部脊柱管狭窄症

疾患概要

■腰部脊柱管狭窄症

> 脊柱管内を走行している馬尾，神経根などの神経組織と骨，軟部組織などの周囲組織との相互関係がなんらかの理由で破綻し，神経症状が惹起された状態をいう．

・破綻の主な原因は，神経組織に対する周囲組織の機械的圧迫．
・多くは腰椎の退行性の変化に起因．

分類

■腰部脊柱管狭窄症の解剖学的にみた病型
→腰部脊柱管狭窄症の国際分類(**表1**)

治療

●保存的治療

■薬物療法(プロスタグランジンE1製剤の使用)

■表1　腰部脊柱管狭窄症の国際分類(Arnoldi ら，1976)

1.	先天性(発育性)狭窄	
	1)特発性	
	2)軟骨形成不全性	
2.	後天性狭窄	
	1)変性性	Ⅰ)中心性
		Ⅱ)外側性
		Ⅲ)変性すべり症性
	2)混合性	先天性，発育性，変性性とヘルニアの組み合わせ
	3)分離すべり症	
	4)医原性	Ⅰ)椎弓切除術後
		Ⅱ)固定術後
		Ⅲ)化学的髄核摘出術後
	5)外傷後	

- ■物理療法
- ■運動療法(腸腰筋・ハムストリング筋のストレッチ)
- ■装具療法(コルセット)
- ■神経ブロック療法(仙骨部硬膜外ブロック，神経根ブロック)など
- ■神経根型：自然治癒や保存的治療で改善する場合がある.

●外科的治療

- ■保存的治療が奏効しない場合，手術療法が必要.
  - ・狭窄に対する除圧術，安定のための固定術など.
- ■馬尾型：自然治癒が期待できないため，手術療法を考える.

障害像

臨床症状(障害像)による脊柱管狭窄症分類.
馬尾型，神経根型，混合型.

○馬尾型間欠跛行

- ■多くの症例で安静時にアキレス腱反射が消失
  - ・アキレス腱反射が認められても歩行により消失することが多い.
- ■膀胱直腸障害
  - ・排尿・排便異常，会陰部の異常感覚(しびれ，灼熱感，ほてり)，意図しない勃起など.
- ■筋力低下
  - ・神経の圧迫による神経支配を受けている筋の筋力低下.
  - ・支配領域の下肢痛，しびれ，冷感，脱力感.

○神経根型間欠跛行

- ■神経根の障害により下肢や殿部に疼痛
  →腰部脊柱管狭窄症に特徴的.
  - ・片側性疼痛が多いが，両側性疼痛を呈する例もある.
  - ・姿勢が大きく影響→姿勢を変えること(体幹屈曲，しゃがみ込み)で下肢の症状がすみやかに消失，再び歩き始めることができる(**図1**).

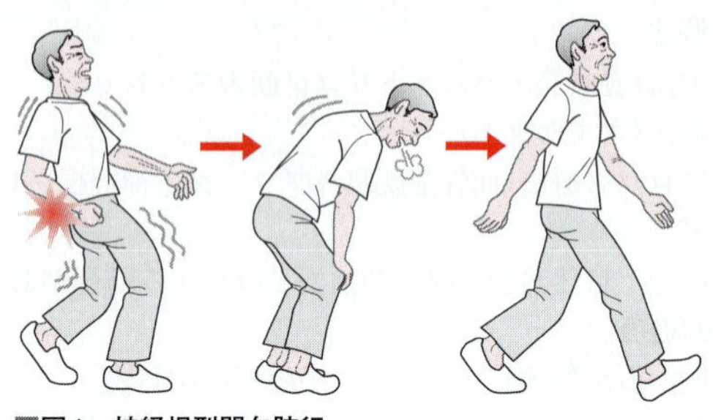

■図1　神経根型間欠跛行

■ 間欠跛行：下肢の末梢動脈疾患(PAD)の代表的な症状
→足部動脈の触知を確認, 足関節上腕血圧比(ABI)検査を行う.

混合型間欠跛行

■ 馬尾型と神経根型を合わせもったタイプ.

評価法

問診

■ 現病歴の聴取：主訴, 疼痛内容, 疼痛評価.

関節可動域テスト

■ 四肢・体幹の可動域測定.
・動作時痛が多く, 体幹伸展制限をきたす.

■ 下肢の筋の伸張性評価.

徒手筋力テスト

■ 圧迫されている神経根の推測.

■ 筋萎縮の有無も確認する.

感覚テスト

■ 表在知覚, しびれなどの異常感覚の有無.
→ある場合は, 支配を受ける知覚レベルの推測.

❍ 腱反射

■ 圧迫されている障害部位の推測.
・L4では膝蓋腱反射，S1ではアキレス腱反射が低下.

❍ 筋緊張

■ 安静時・動作時の左右差，硬さの確認.
→脊柱起立筋のスパズム・筋の膨隆の有無，左右差をみる.

❍ 姿勢観察

■ 背臥位・坐位・立位での前額面・矢状面のアライメント評価.

❍ 動作分析

■ 動作と疼痛部位やしびれとの関連を確認.
■ 歩行：歩行観察，連続歩行距離・速度の評価.

❍ ケンプ(Kemp)テスト(p.148 図4参照)

■ 立位で，膝を伸展したまま腰椎を後側屈させる.
→腰椎神経の圧迫を確認する.
・同側の殿部から下肢後面に放散痛があれば陽性.

❍ 日常生活活動(ADL)

■ バーセルインデックス(BI)や機能的自立度評価法(FIM)などにより評価.
・職業内容なども確認.

❍ 鑑別点(評価時は疼痛に注意して実施)

■ 間欠性跛行の有無
腰椎伸展による疼痛出現
連続歩行距離の延長
■ 自転車や歩行器，シルバーカー歩行などで腰椎前彎が減少.
→下肢痛がない.

自施設での評価法について記載

アプローチ

- 呼吸運動
- 関節可動域練習
- 筋力増強運動(下肢筋力, 体幹筋力)
- 姿勢再教育(腰部に負担のかからない姿勢の獲得) など
- ADLにおける負担の少ない動作の練習.
  ①腰部への負担を少なくした姿勢や動作
  ②重いものを持ち上げる姿勢
    ・腰椎を過度に屈曲しないよう膝を曲げてしゃがむ.
  ③料理をする姿勢
    ・腰椎を屈曲せずに実施できるように作業台を調整する.
    ・長時間の立位が困難な場合は, 片足を交互に台に乗せる.
  ④掃除機を持つ姿勢
    ・体幹を過度に屈曲しない.

術後リハビリテーション

- 手術により脊柱に多方向への不安定性が発生.
  →脊柱にかかる負担を最低限に抑える.
- 術後の合併症に留意
  →症状の増悪がみられた場合はすぐに主治医に報告.

■術後合併症
- 深部静脈血栓症(DVT)，血腫による神経障害，感染など．
- DVT予防：等尺性筋収縮訓練などで静脈のうっ滞をなくす．
- 膝や腰関節が動かせないとき→足関節底背屈運動．

■早期離床
- 廃用性筋萎縮防止のため，早期から立位・歩行練習を開始．→DVT予防にもなる．

■コルセット装着
- 脊柱の安定性を保つ
- 過度な腰椎・仙骨部の動きを制限，術創部・腰部を保護．

■ADL
- コルセット装着後，過度の体幹屈曲・伸展・回旋やすばやい動作を避けて，腰部への負担を軽減した動作を指導．

自施設でのアプローチについて記載

Memo

疾患概要

椎間板：上下の椎体の間にある線維輪と髄核からなる組織.
椎間板内の髄核が膨隆あるいは線維輪を破り後方に突出,
または脱出した状態が椎間板ヘルニア(**図1**).

- 退行変性疾患である.
- 20代が最も多く，30～40代が続く.
- 10代では11～12歳頃に多く発症，まれに50～60代でも発症.
- 活動性の高い男性に多い.

■椎間板は，10代後半から髄核内の変性が始まる.
- 個人差が最も大きく関与，後天的な環境因子も変性の程度と速さを左右する.

■主な因子
- 家族集積性(遺伝など).
- 力学的負荷(重量物の挙上，スポーツなど).
- 精神社会学的側面(不安・抑うつ・自制心・結婚生活など).
- 仕事による要因(仕事のストレス・仕事への集中力や満足度・失職など).

■好発部位

①L4/L5

②L5/S1

③L3/L4

④まれに上位腰椎

- 複数のヘルニアが同時に症状を起こすこともある.

■分類(**図1**)
- 膨隆(若年層に多い)(**図1a**).
- 突出(**図1b**).
- 脱出(**図1c**).

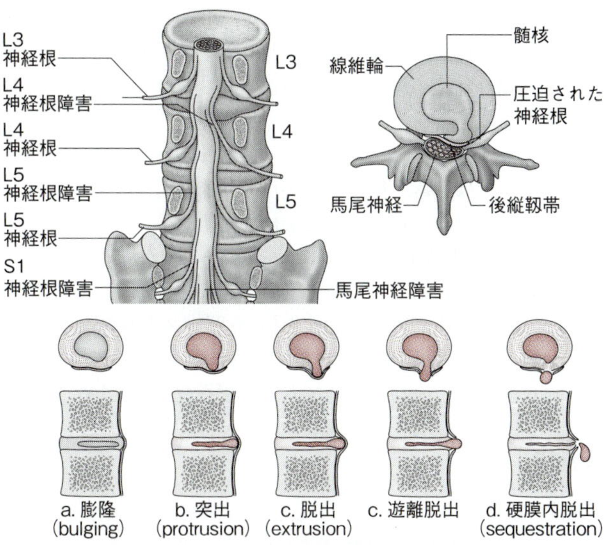

■図1 腰椎椎間板ヘルニアの好発部位と分類 文献1), p.105, 106より引用

・遊離脱出(**図1c**).

・硬膜内脱出(まれに起こる)(**図1d**).

障害像

機序

髄核の変性に呼応して周りの線維輪に様々の亀裂が入る.

↓

脱出した椎間板の腫瘤は感覚終末の多い後縦靱帯を押し上げ(膨隆), あるいは貫通して(脱出)神経根を圧迫.

↓

腰痛・下肢痛を発症.

突出したヘルニアが下肢や陰部に向かう神経を圧迫.

↓

下肢痛やしびれ, 麻痺症状が出現.

椎間板組織自体による神経局所の炎症, 機能的・解剖学的変化.

■ 突出・脱出の起こる方向

・線維輪の構造上，最も脆弱な後方，とくに後外側．

・線維輪や髄核の加齢変化の特徴に伴い年齢によってタイプが異なる．

■ 外側ヘルニア

・ヘルニアは通常，後外側に突出して脊柱管内で神経を圧迫するのに対し，脊柱管外で突出するものをいう．

● 好発の理由(構造上から)

■ 腰椎の屈伸可動域

・L4/L5, L5/S1が広い可動性を担い，回旋ストレスがかかる．
→構造上，ADL動作において椎間板に反復して力が加わりやすく，流動メカニズムの影響を受けやすい．

症状

主訴：腰痛と片側の下肢痛やしびれ．
体動によって増悪，安静で軽快(両側性の場合もある)．

■ 急性発症の多くは重量物挙上などが誘因．

・発症当初，腰痛がひどく体動もままならない場合がある．

・1～2日後，腰痛が軽快，代わって圧迫された神経根支配領域に放散する下肢痛としびれが主訴となる．

・下肢痛は咳やクシャミで増悪〔デジュリン(Dejerine)徴候〕．

・ヘルニアの腫瘤が神経根を圧迫しても疼痛を起こすとは限らない．

評価法

神経脱落所見

■ 片側の単一神経根障害を呈することが多い．

・中心性巨大ヘルニアによる馬尾障害や多根障害を呈した場合を除く．

■ 深部腱反射の低下・消失・感覚障害・筋力低下

・障害神経根に対応して，単独ないし重複して出現．

■ 若年者では，多くは腰痛のみで下肢痛がほとんどない．

・10代では下肢伸展挙上(SLR)であまり痛みを訴えないこ

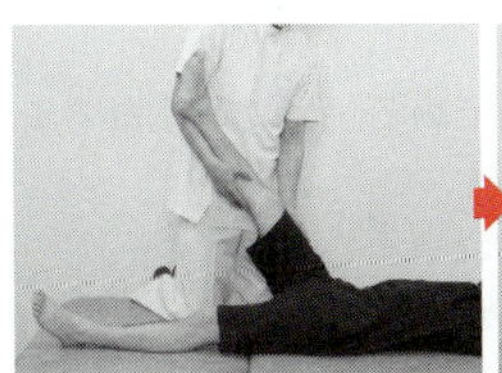
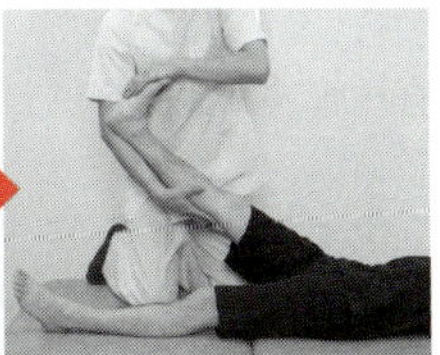

■図2　下肢伸展挙上(SLR)テスト

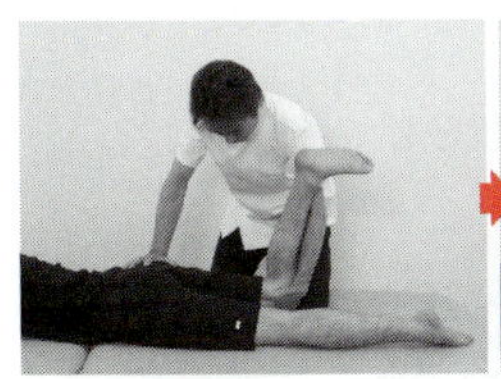
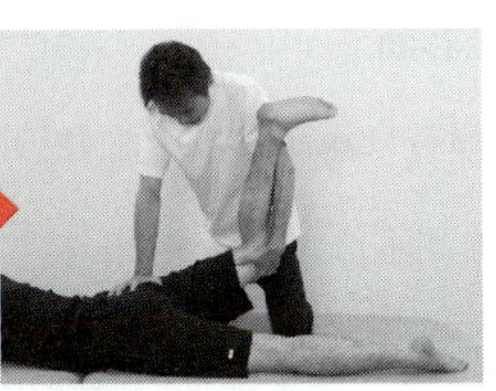

■図3　大腿神経伸展(FNS)テスト

運動器疾患

とが多い．

- 高齢者の場合，SLRが必ずしも陽性を示すとは限らない．
- 中高年者は腰部脊柱管狭窄症やすべり症を伴うことがある．
- 疼痛が起こる部位によって判断する．

理学検査

- SLRテスト(**図2**)：坐骨神経を刺激し，疼痛を誘発させる．
- 大腿神経伸展(FNS)テスト(**図3**)：大腿神経の疼痛を誘発させる．

視診触診

- 障害神経根に支配されている殿筋や下肢筋の限局性筋萎縮が認められることがある．

ADL所見

- 疼痛性跛行(症状の激しい急性期での歩容)
  - かばうように手を腰にあてたり，上体をかがめ片膝を曲げたりして歩く．

■ 間欠性跛行

・腰部脊柱管狭窄症を合併している患者でみられることがある.

■ 痛みは立位より坐位で増強されやすい.

■ 疼痛回避性の脊柱側彎がみられる場合がある.

→側彎を矯正すると下肢痛が誘発される.

画像診断

MRI検査はヘルニアの画像診断として最も有効.

■ T2強調画像

・髄核の脱失や硬膜・神経根の圧迫が描出され,ヘルニアの大きさや発生部位の詳細がわかる.

■ 脊髄造影,椎間板造影

・手術療法を前提として行われる.

■ 神経根造影

・椎間孔外のヘルニア診断に有効.

画像所見と下肢症状の関連

■ ヘルニアが縮小しなくても症状が改善する例は多い.

・症状が改善する時期は,ヘルニアが縮小する時点よりも以前に得られることが多い.

禁忌・注意点

■ 急性期の体幹のねじれ(回旋運動)

・ADL動作としては,パソコンを見る際に肘をついて足を組むような姿勢など.

・回復期でも不用意な体幹のねじれは避ける.

■ 急性期の温熱療法

・主治医の指示に従う.

■ 腰部脊柱管狭窄症を合併している場合,運動療法を含む保存療法は無効.

→手術療法が必要となる場合が多い.

自施設での評価法について記載

リスク管理とアプローチ

治療

薬物療法

■ヘルニア自体の形状を治す薬剤はない.
- 一般的に，非ステロイド抗炎症薬(NSAIDs)・その他の解熱鎮痛薬・筋緊張弛緩薬などを使用.
- 急性期で痛みが強い場合→ブロック療法(硬膜外ブロック・神経ブロック)が行われることがある.

保存療法

■第1選択肢となる.
- ほとんどの患者が保存療法で3か月以内に軽快.
- すべての症例で症状が軽快するとはいえないものの，ヘルニアの自然縮小がみられた症例では神経根性疼痛が軽減，神経脱落症状が改善する症例も多い.

①安静：とくに急性期

■臥床安静
- 安静により神経根の炎症の緩和.
- 安静の程度は，症状の程度による.
- 日常生活や仕事で必要な作業行動は許可.
- 4日以上の臥床は廃用を引き起こすため推奨されない.

■安静におけるベッド上のポジショニング
・椎間板内圧や腰部・殿部筋群の筋緊張を低下させる肢位.
・屈曲肢位が良いとは限らず, 患者が最も安楽な姿勢を選ぶ.

②コルセット

■腰部の安静と腹圧の上昇, 免荷効果による鎮静効果.
・簡易的な腰痛ベルトからオーダーメードの軟性コルセットまで種類はさまざま.

③牽引療法

■安静による鎮痛効果はあるが, ヘルニアを治す目的ではなく, 優先度は低い.
→間欠牽引は禁忌.

④運動療法

■保存療法の急性期から亜急性期, 術後の急性期以降.
・医師の指示に従って, 開始時期を判断.
・新たな痛みや神経症状の出現などに注意.

■股関節・膝関節を利用した坐骨神経の伸張性および滑走性の改善と, 生理的腰椎前彎の段階的な獲得.

■腰痛体操
・急性期で痛みが強い場合は安静が必要.
→無理に体操を行うことで症状が悪化することもある.
・発症後2～3週間は積極的な運動療法は避ける.
・慢性期には腹筋を主とする体幹筋の筋力強化や腰痛体操が有効.
・ウィリアムス体操.
・マッケンジーの伸展運動：体幹伸展で腰痛が軽減する場合実施.
→この体勢で下肢末梢まで伸びる放散痛が消失する場合は姿勢の維持を図る(**図4**).
・白土修氏による腰痛体操　など.

■ストレッチング
・軟部組織の柔軟性および関節可動域の向上を図る.
・腰椎の狭い範囲での体幹屈曲→屈曲の起こっているレベルの腰椎への後方伸展ストレスが増強.
→脊柱全体でバランスよく屈曲動作を行えるようにする.

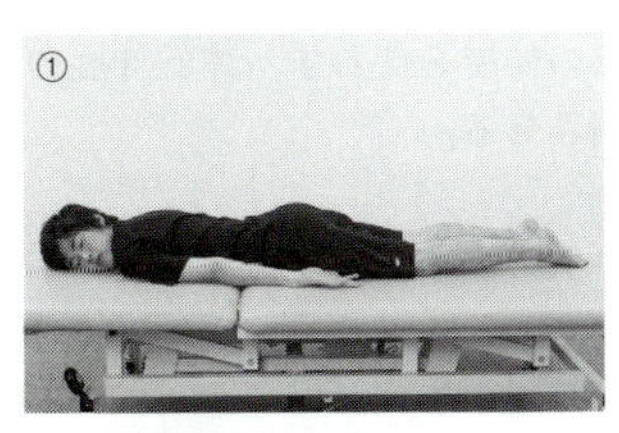

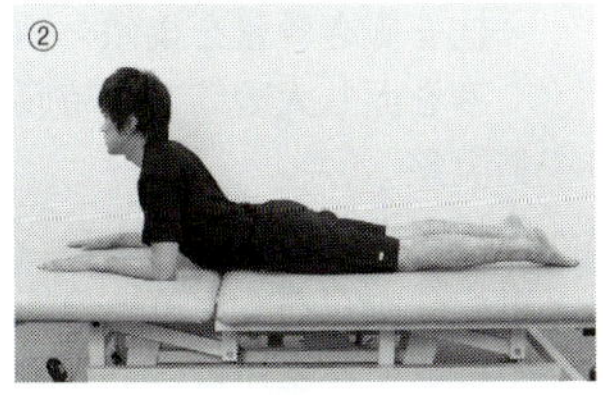

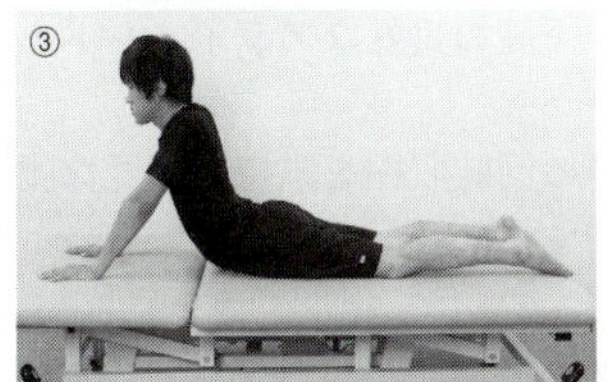

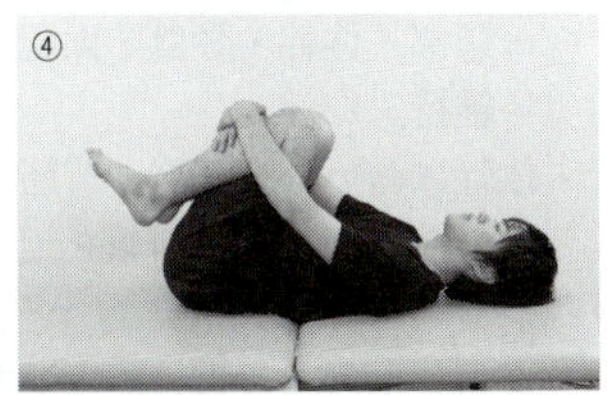

■図4　腰椎体操の一例（マッケンジーの伸展運動）

■ 他動的ストレッチング
- 痛みによる筋の緊張をほぐす→軽いものから始める．
- 脊柱・骨盤・下腿のアラインメントを改善→腸腰筋，ハムストリング，四頭筋，下腿三頭筋などのストレッチ．

■ 自己ストレッチング
- 上記のストレッチを自分で行えるよう指導する．
  反動をつけずに行うスタティックストレッチ．
  反動をつけて行うバリスティックストレッチ．
  個別的筋ストレッチ（IDストレッチ）　など．

●筋力強化

■ 身体のアラインメントを良好に保つ．
- 上述のストレッチとともに，必要な筋を強化．
- よく使う筋と使わない筋とのアラインメントの改善．

■ 腹筋野と背筋野の強化
- 骨盤の過度な前傾，腰椎の過度な前彎を改善する．
- 腹筋群の強化は腹腔内圧を高める腰椎に加わるストレスを緩和する．
  →等尺性腹筋群強化が基本．
- バランスのとれた脊柱を維持するため背筋群を強化する．
  →腹臥位にし，腰椎の過度な前彎を減少させるため腹部に枕を置き骨盤を後傾→頸部の伸展を伴わず，体幹伸展のみを促し大殿筋も同時収縮させる．

■姿勢調整
- 静的および動的な側面から姿勢の調整を行う．
- 重心線から遠くなる体の部位をできるだけ重心線に近づけることで体全体のストレスを軽減する．
  →頭部・体幹・骨盤・大腿・下腿の良好なアライメントを維持．
- 体幹において腹筋群と背筋群の同時収縮を維持，適度な腰椎の前彎や骨盤の前傾を維持する．

■四つ這い位
- 安定した無理のない静止姿勢を指導．
- その姿勢を保ちながら四肢の運動を加える．

■膝立ち位
- 無理のない安定した静止姿勢を指導．
- 姿勢がくずれないようにしながら圧上肢の運動を行う．
- 安定した運動ができれば，床から物を拾って持ち上げたり，左右に物を動かすなどの応用動作を取り入れる．

■立位の運動としては，腰部がぶれない安定した歩行をめざす．
- モンキーウォークなどを行うこともある．

●ADL動作指導（図5）

■前述の運動療法などがADL動作につながるよう指導．
- 痛みの緩和が図れる姿勢を保ち，できるだけ椎間板に負荷のかかる姿勢をとらないようにする．

■図5　正しいADL動作の例

・再発防止のための患者教育が必須である.
・坐位をとる際は，長坐位やあぐらは椎間板に負担がかかりやすい.
→正座が望ましいが，膝関節に負荷がかかるので要注意.

■臥位
・良好な立位姿勢を臥位にしたような姿勢をとるよう指導.
・側臥位で膝を屈曲し，身体を丸めたいわゆるエビ姿勢が痛みを緩和する.
・日常使う寝具の影響は大きい.

■起き上がり
・痛みの出ない方法を指導.
・体位変換時に回旋など体幹ストレスがなるべく加わらないようにする.
・介助方法，環境設定について家族指導を行う.

●手術

■手術適応
→ヘルニアの種類や大きさではなく障害によって判断.

■大きな正中ヘルニア：硬膜管内にある馬尾神経全体を圧迫.
→下肢の高度な感覚・運動障害，排尿障害(尿閉・残尿・力みによる漏れ)などが出現した場合，早急に手術.
・保存療法によって症状が軽減しない，あるいは反復する場合も手術が必要.
・高度の疼痛または患者の個人的・社会的背景を考慮して手術が必要な場合もある.

■手術療法
・LOVE法：腰部の皮膚を切開しヘルニアを除去.
→顕微鏡視下椎間板ヘルニア切除術(Micro Love法)もある.
・脊椎固定術などの術式もある.
・医師の指示に従って術後理学療法を行う.
・離床後は，痛みに応じて正しいADL動作指導を目的としたストレッチ，マッサージ，筋力維持強化運動を行う.
→床上から行い，徐々に運動範囲を拡大する.

■一般的な社会復帰までのスケジュール

・離床：手術当日～3日程度.
・コルセット：術直後から3か月(不要な場合もある).
・就業再開：術後2～4週間.
・重労働開始：個人差があるが，術後6週～6か月.

■ストレッチや腰痛体操，筋力強化などを十分に行った患者では社会復帰・職業復帰をより容易に行うために有酸素運動が推奨される.
→早期は歩行練習から行い，徐々に自転車や水泳などに発展させる.

自施設でのリスク管理とアプローチについて記載

Memo

頸椎症

疾患概要

頸椎症とは

椎間板の変性とその後に生じる椎体の骨棘形成と定義され，加齢に伴う脊椎の変性疾患．

- **図1**に，頸椎の構造を示す．
  - ・頸椎は7個の椎体からなる．
  - ・上方に重い頭部を乗せて前屈，後屈，側屈そして回旋など複雑な動きをするため，そのストレスは大きい．
  - ・加齢に伴い，椎体や椎間板に変化が起こりやすい．
- 頸椎症は以下のように大別される(**図2**)．
  ①神経症状を伴わない頸椎症
  ②神経根症状を伴う頸椎症性神経根症
  ③脊髄症状を伴う頸椎症性脊髄症
  ④神経根症状と脊髄症状を伴う頸椎症
- 好発年齢は50代．
- 主症状：頸部の限局した疼痛，上肢への放散痛やしびれ感，

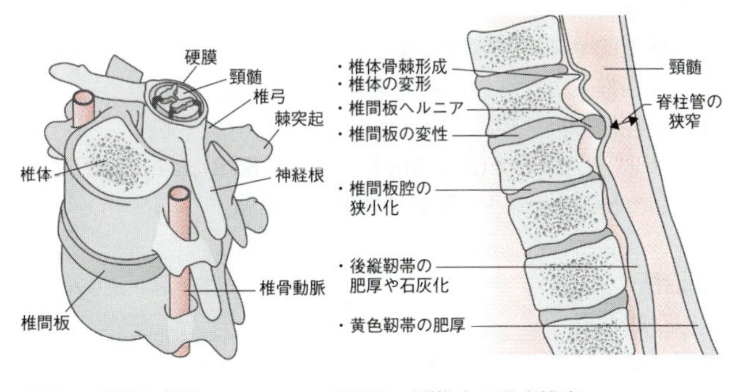

■図1　頸椎の構造

■図2　頸椎症の発症機序

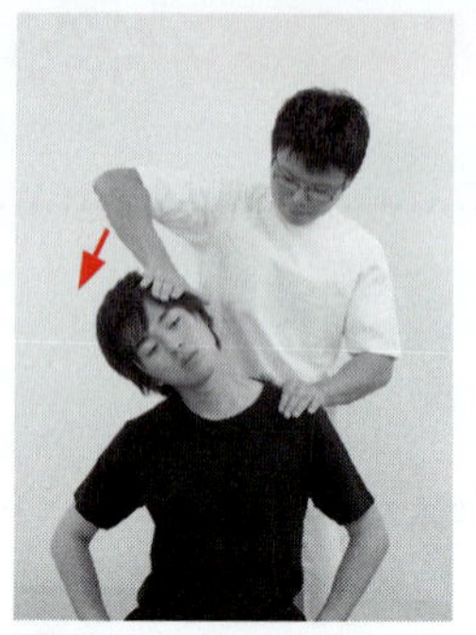

■図3　スパーリングテスト
頭を傾け一側に押さえつける.

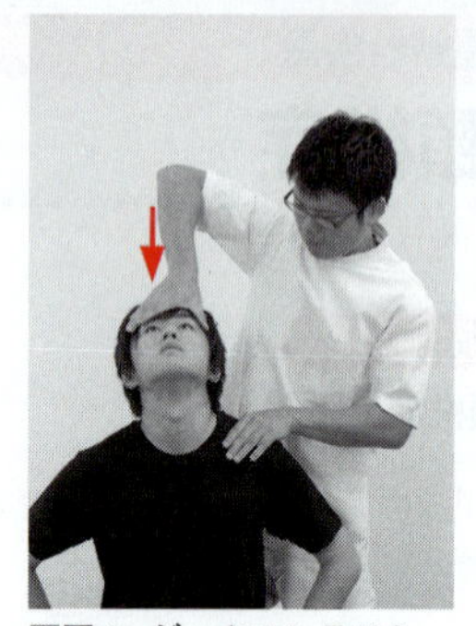

■図4　ジャクソンテスト
頭をそらせ，さらに下へ押さえつける.

手指の巧緻動作障害，下肢のしびれ感，歩行障害，排尿障害など.

- 増悪に伴い椎体の配列異常に発展して脊柱管狭窄，椎間狭窄を生じ，脊髄や神経根の圧排により神経症状を合併(**図2**).

診断

- 問診

  理学的検査：反射・知覚・運動など.

  画像検査：X線，MRI，CT，脊髄造影など.

  →責任病巣を決定する.

- 2か所以上の椎体レベルに病変があり，責任病巣の決定が困難な場合.

  →筋電図や神経伝導速度などの電気生理学的検査，安静臥床や頸椎牽引などの治療効果を参考にする.

- 頸椎症性神経根症

  →スパーリング(Spurling)テスト(**図3**)，ジャクソン(Jackson)テスト(**図4**)で放散痛が増強.

治療

保存的治療

- 安静の保持

  →頸椎カラー装着，頸椎後屈の制限を指示.

■疼痛に対する薬物投与
・消炎鎮痛薬，ビタミンB製剤，筋弛緩薬など．
■理学療法
・頸椎牽引や温熱療法，経皮的神経電気刺激(TENS)．
■神経根症状に対する保存治療の効果は大きい．
・脊髄症状への効果は一過性のことが多い．

●外科的治療

■保存治療で症状が軽快せず，悪化傾向．
→手術治療を考慮．
・手術の目的：神経系の除圧，脊柱固定．

障害像

○神経症状を伴わない頸椎症

■症状

後頸部・肩甲部・背部周辺の疼痛やこり，不快感，重圧感，こりなど．

→寛解と増悪を繰り返し慢性化．
・頸部の可動域制限，軋音，不良姿勢なども認められる．

○頸椎症性神経根症

■好発部位：C7，C6，C8の順．
■症状

頸部から肩甲帯の疼痛と一側の上肢の放散痛．

・頸椎後屈位で増悪，前屈位で軽減する傾向がある．
・前根(運動神経)刺激で筋肉痛様の痛み，後根(知覚神経)刺激で刺されるような痛みが出現．
・上肢の易疲労感，倦怠感や手指のしびれ，デルマトームに一致した感覚障害，ミオトームに一致した運動麻痺が生じる．
■動作障害
・主に巧緻動作(例えば，食事，書字，ボタンかけ)の困難など，神経根性の運動麻痺による筋力低下に起因するもの．

頸椎症性脊髄症

- 好発部位：C3～6.
- 症状

両側上肢のしびれで発症することが多い.

・多椎間にわたり障害が起こりやすい.
・知覚異常は分節的な分布を示さず，手指全体にわたるしびれを訴える.
・上肢の運動障害(myelopathy hand)がみられる.
・体幹や下肢のしびれ，痙性麻痺が認められる.

- 動作障害

・痙性歩行，階段昇降の拙劣さ，走行・跳躍困難など，主に痙性麻痺による協調性低下に起因する.
・進行例では，膀胱直腸障害(排尿不全や頻尿など)を伴う.

椎骨脳底動脈循環不全症状

- 側方骨棘などによる椎骨動脈の圧迫により，振り返りのような回旋動作でまれに一過性のめまい，気が遠くなるような瞬時性の意識障害が出現.

評価法

- **表1**に，頸椎症の評価法を示す.

自施設での評価法について記載

■表1　頸椎・頸髄疾患の評価法一覧

	障害	評価方法	評価項目と評価目的
機能障害	上下肢筋力低下 感覚障害 痙性亢進	MMT，握力 感覚検査 深部腱反射，病的反射 筋電図，神経伝導速度 SEP，MEP 治療に対する反応性	筋力評価 感覚評価 痙性評価 脊髄・末梢神経・筋の電気生理学的評価 神経障害が可逆性か否か
	疼痛（後頭部・肩・上肢・頸部・体幹・下肢）	VAS，異常感	症状の強さ，重症度
	関節可動域制限 脊柱可撓性障害	ROM	動作制限の分析
	脊椎・脊髄の形態異常	単純X線写真 MRI，CT，脊髄造影	変形性変化・不安定性・亜脱臼の程度 脊髄・神経根の圧迫の部位・程度・広がり（解剖学的評価） 診断，病期判定
	排尿障害	排泄性尿路造影 排尿時膀胱造影 尿流動態検査 日本整形外科学会判定基準（JOAスコア）	上部尿路への負荷 尿道閉鎖機能 排尿効率・蓄尿機能・排出機能 重症度判定
	排便障害	便秘の程度	薬剤・浣腸の使用の検討
能力低下	ADL能力低下 EADL能力低下	バーセルインデックス 拡大ADL尺度	基本的日常生活活動 手段的日常生活活動
	上肢動作能力低下	握力計，動作分析，書字 脳卒中上肢機能検査 日本整形外科学会判定基準（JOAスコア），AMR	握力，ピンチ力，巧緻性動作 動作の速さ，変換動作
	歩行障害	歩容観察，歩行分析 日本整形外科学会判定基準（JOAスコア） 歩行補助具の有無	歩行速度，バランス，歩行耐久力，階段昇降能力 杖・装具の検討

文献1）より改変

アプローチ

保存的治療

急性期

■頸椎に負担のかかる動作を避け，安静にする．
→安静時は頸椎カラーを使用．

①牽引療法

・急性期の痛み：持続牽引．
・慢性的な痛み：間欠牽引．

②運動療法

・呼吸運動：リラクセーション，脊柱安定化．
・関節可動域練習：痙性筋のストレッチング．
・神経筋再教育：除圧により回復が予測される筋へのアプローチ，廃用性筋力低下予防．
・姿勢再教育：頭部前方位姿勢の修正．
・手指の巧緻動作練習：手指巧緻動作の評価法を動作練習として使用．
→ステフ，オコナー巧緻性テスト，パーデューペグボードなど(**図5**)．
・バランス練習：固有覚・表在覚による運動制御訓練．
・歩行練習，階段昇降練習，ADL練習など．

③生活指導

・必要に応じて自助具や歩行補助具を選定．
・頸部に負担のかからないよう，頭部-頸部-上部体幹の位置関係を変化させないような動作方法を指導．

外科的治療

■急性期

・術部は安静を保持．
・他部位はベッドサイドで早期から運動を開始，廃用を予防．

■離床

・全身状態に注意して早期から離床を開始，深部静脈血栓症(DVT)を予防．

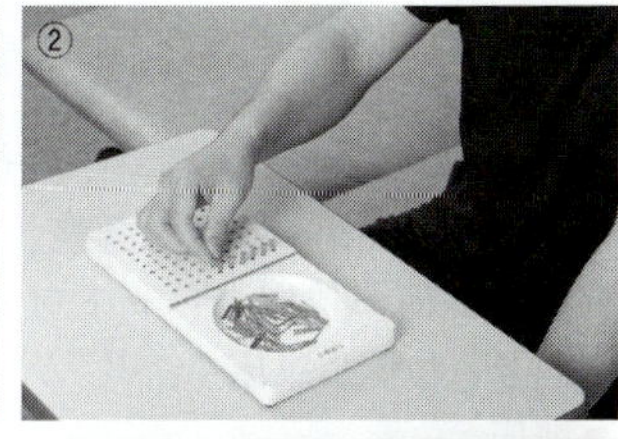

■図5　巧緻性の評価法

①ステフ：形状や重さ，材質の異なる10種類のパーツを把持・移動・離すという一連の動作を左右の手で個別に行い，それぞれにかかる時間を点数化する．健常者の年齢別の正常域が基準値となっているので，現時点での機能レベルがわかる．

②オコナー巧緻テスト：片手で小さな3本のピンをつまみ，ボードの穴に右上から水平方向に挿していく．

③パーデューペグボード：右手で穴にピンを挿し，左手でワッシャーをピンに被せる，さらに右手でカラーを乗せたら左手でワッシャーを被せるという作業を行う．1分間で完成した数を点数化し，評価基準値と比較する．

自施設でのアプローチについて記載

リスク管理

保存的治療時

- 上を向いた姿勢を長時間保持しない．
  →頸部伸展位で脊柱管はより狭小化される．
- 上肢で物を持ち上げる動作をしない．
  ヘルメットなど，頸部に負荷がかかるものを装着しない．

外科的治療後

■ 安静臥床中

・頸部の過度な屈曲・伸展が生じないよう枕の高さを調整.

・股関節の位置でベッドアップできる位置に臥床.

■ 離床

・バイタルサインをチェックし，起立性低血圧症状に留意.

■ 訓練中

・移植骨の脱転や折損などが生じることがある.

→しびれや運動麻痺などの神経症状の悪化に注意.

■ 頸椎装具の装着

・足元の注視が困難に，また頸部の運動制限でバランスが悪くなる.

→歩行や階段昇降時は杖や手すり・壁伝いで昇降する.

階段の段数を数えておくなど，工夫する.

・胸郭の運動制限で，拘束性呼吸障害をきたすこともある.

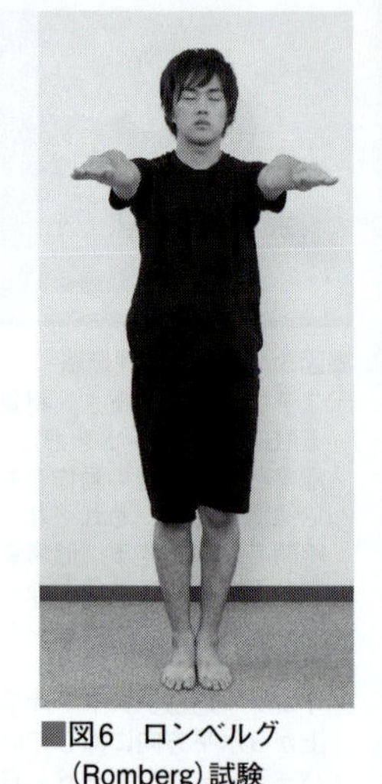

■図6　ロンベルグ(Romberg)試験

開眼したまま両足をそろえ，つま先を閉じ，身体の動揺を確認する.
次に閉眼させ，両手を前方に挙上させる．閉眼によって身体の動揺が顕著になり，倒れればロンベルグ徴候，陽性とする.

■ 深部感覚障害がある場合

・視覚や聴覚による代償が必要で，洗顔時の閉眼や暗い場所では転倒のリスクがある.

→転倒のリスク：ロンベルグ(Romberg)試験(**図6**)などで把握.

Memo

腰椎分離症・腰椎すべり症

疾患概要

腰椎分離症(図 1)

腰椎椎弓の上関節突起と下関節突起の間の関節突起間部にひびや骨折を生じ骨性連絡が絶たれた状態.

・重量負荷の大きいL5に好発.

■ 少年期

・骨成熟が完成していない.

・過度のスポーツ(とくに体幹伸展・腰椎回旋を伴うもの)で関節突起間部やその周辺に繰り返し負荷がかかることによる疲労骨折が原因となることが多い.

・発育期の運動選手における腰椎分離症の発症率は8～15%である[1)～4)].

■ 体幹の伸展, 回旋運動→関節突起間部へのストレスが増大.

・とくに回旋運動では対側の関節突起間部への負担が増す.

・腰の運動を繰り返すことで構造上脆弱な関節突起間部にストレスが集中, 疲労骨折が起こる.

・疲労骨折が癒合しないと偽関節となり分離症となる.

腰椎すべり症(図 1)

下位椎骨との連絡性が途絶えた不安定な状態が, 成人期の経年変化で徐々に前方にずれて起こる.

■ 両側に腰椎分離症発症→成長軟骨板に過度なストレス.

・成長軟骨板が成長しないため時に破損をきたす.
→椎体に過度な運動が生じ, 腰椎すべり症に移行.

・椎体の成長終了後は, 腰椎すべり症には移行しない.

■ 腰椎変性すべり症はL4, 腰椎分離すべり症はL5に多発.

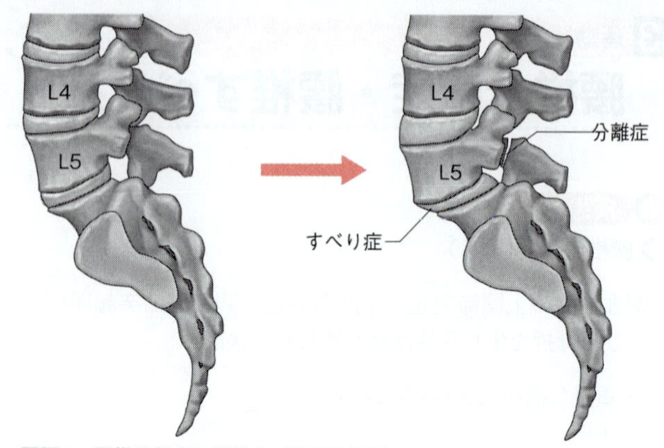

■図1　腰椎分離症と腰椎すべり症の原因

❍ 症状

■ 腰椎分離症：少年期では強い腰痛発生→疲労骨折による.
  ・少年期には下肢痛の訴えは少ない.
■ 中高年：腰椎の退行変性が進む.
  ・分離部に骨棘を形成，神経根を圧迫することで坐骨神経痛を呈し下肢の疼痛や腰痛を訴えることがある.
■ すべりを食い止めようとする生体反応→分離部分に線維性軟骨の増加亢進.
  ・線維性軟骨により分離部分で神経根が絞扼されるとすべりを伴わない初期段階でも,神経根症状をきたすことがある.
  ・すべりが生じると，分離部分での神経根の絞扼に加え，すべり部分でも硬膜嚢，神経根の絞扼が加わる.
■ 変性すべり症：脊柱管の狭小化が起こり，圧迫されることで馬尾神経症状が出る.
分離すべり症：椎弓が後方に残っているため馬尾神経症状はみられない.

❍ 診断

■ 分離症：単純X線斜位像により判定.
■ すべりの程度：単純X線側方像による計測判定.

→Meyerding分類(**図2**)

・椎体すべりの数値計測はMarique-tailard法を使用(**図3**).

■ CTによる病期とMRIでの椎弓根浮腫所見の有無により骨癒合の可能性を判断.

・CT上初期，進行期で，MRI上椎弓根浮腫所見がある場合，骨癒合の可能性がある.

・MRI上椎弓根浮腫所見がない場合，CT上終末期のときは骨癒合の可能性が低い.

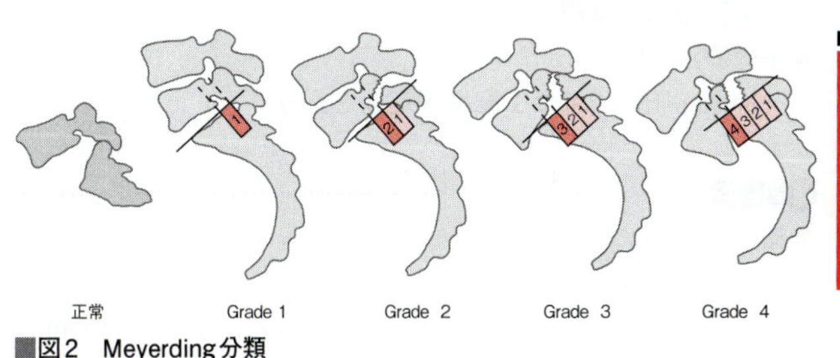

図2 Meyerding分類

文献5)より引用

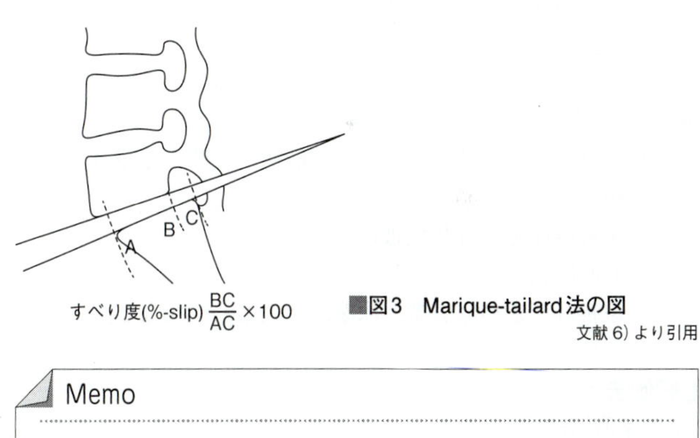

図3 Marique-tailard法の図

文献6)より引用

Memo

治療

- **骨癒合が期待できる時期**
  - 最低3か月間スポーツを禁止.
  - 硬性コルセットを着用し，安静にする.
  - 骨癒合がみられてくればスポーツ復帰は可能.
  - 早期発見が重要.
- **骨癒合が期待できない時期**
  - 理学療法による機能改善を実施.
  - 薬物療法を併用.
- **手術療法**
  - 神経除圧術ではなく脊椎固定術を行う.

障害像

- **痛み**
  - 腰痛，殿部痛，大腿後面，下肢痛など.
  - 長時間の立ち仕事や，同じ姿勢を続ける，重いものを持つなどで鈍痛が強くなる.
  - 体幹の後屈により疼痛増悪.
- **関節可動域障害**
  - 体幹の後屈により痛みが増悪される→体幹の後屈制限.
- **感覚障害**
  - 馬尾神経圧迫→サドル型の感覚麻痺，下肢のしびれ.
- **歩行障害**
  - 馬尾神経圧迫→間欠性跛行.
- **膀胱直腸障害**
  - 馬尾神経圧迫→尿失禁，尿閉，便失禁，便秘など.

評価法

理学療法評価

- 筋力，関節可動域，感覚，腱反射の評価.
- ケンプ(Kemp)テスト(**図4**)
  - 下肢の放散痛を確認し，痛みがあれば陽性.
- 腰部と骨盤のスタビリティ評価.
- 腰椎分離症の原因について，股関節・胸郭の硬さ，体幹の機能不全など腰部以外の問題点を評価.

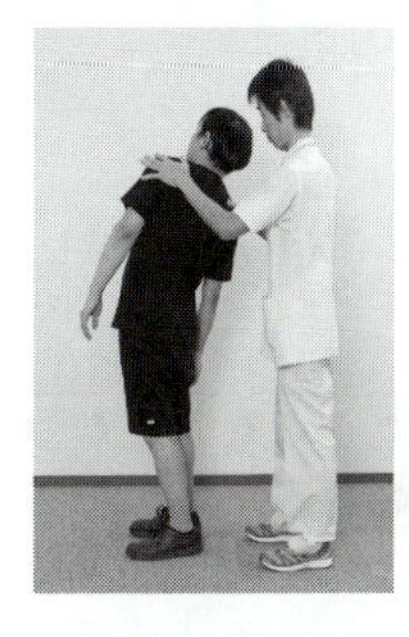

■図4　ケンプテスト
立位で膝を伸展したまま腰椎を後側屈させる.

自施設での評価法について記載

アプローチ

- 牽引は禁忌.
- 骨癒合が期待できる時期
  - ・硬性装具を着用, 腰椎の伸展, 回旋をしっかりと防止.
    →L5に好発. 殿部までかかるコルセットが望ましい.
- 股関節の可動域を改善するROM運動
  - ・胸郭の可動性の改善.
  - ・腰椎・骨盤のスタビリティの向上.

リスク管理

- 骨癒合が期待できる時期のスポーツは禁止.
  腰椎の動きを硬性コルセットで制限.
  →早期発見が重要.
- 同一肢位を長時間とらないように指導.
  重いものを持つ際は脊柱のアライメントを保持し，下肢を使用して持ち上げるよう指導.

自施設でのアプローチについて記載

Memo

関節リウマチ

疾患概要

関節リウマチ(RA)とは

慢性，持続性，多発性，骨破壊性の関節炎を特徴とする全身性自己免疫疾患.

■ 発症原因
- ・特定されていない.
- ・遺伝的素因と環境因子(ウイルスや細菌)の関与が考えられる.

■ 女性の罹患率は男性より3～4倍高い.
すべての年代で発症．とくに30～50代での発病が多い.

診断

■ RAの診断基準
- ・米国リウマチ学会(ACR)の1987年改訂分類基準.
- ・米国リウマチ学会/欧州リウマチ学会(ACR/EURAL)診断基準(2010年).
  →近年は，後者が用いられている.
- ・局所の関節の腫脹や疼痛などの臨床症状や関節の所見，リウマトイド因子(RF)，抗環状シトルリン化ペプチド(CCP)抗体，MMP-3，血沈，CRP，X線，関節超音波，関節液検査などで総合的に判断.

症状

■ 単関節から多発性に関節が障害され，個人差がきわめて大.
初期症状では，短関節性の滑膜炎が短期間に出現.

■ RAの経過
- ・多周期型：寛解と再燃を繰り返す.
- ・単周期型：発症後一時増悪するものの，次第に軽減し再燃しない.

・進行型：増悪傾向のみ示す.

■症状の分類

・関節内症状

→朝のこわばり現象，関節腫脹，関節痛，関節の不安定性，関節可動域制限，変形・拘縮，筋力低下など.

・関節外症状

→合併する関節外病変：皮下結節，血管炎，心膜炎，肺リウマトイド結節，肺線維症，多発性単神経炎，上強膜炎など.

◯治療

■近年のメトトレキサート(MTX)や生物学的製剤などの開発.

→従来のステロイド薬や非ステロイド性抗炎症薬(NSAIDs)などを用いた「痛みを抑えること」から「寛解導入」へ治療目標が変化.

・2010年，「目標達成に向けた治療(T2T)」というRAの新しい治療法が国際的な組織により提示.

・T2Tは，長期にわたり生活の質(QOL)を高い状態に維持することを最重要視.

■RAの治療

・基礎療法，薬物療法，リハビリテーション，外科的治療の4本柱で展開.

●基礎療法

■4本柱の中で最も重要で，患者教育ともいえる.

・生活上の注意点を理解し，RAに必要な知識を得る.

・適度な運動と安静の維持.

・規則正しい生活.

・栄養のとれる食事　など.

●薬物療法

■抗リウマチ薬：免疫異常や，関節の炎症・活動性を抑制.

非ステロイド性抗炎症薬(NSAIDs)：疼痛緩和.

これらを併用して治療から，MTXや生物学的製剤によるRAのコントロールへ導く.

→ステロイド薬は必要最小限とし，なるべく早期に中止．

■生物学的製剤

・TNF-α阻害薬：インフリキシマブ（レミケード®），エタネルセプト（エンブレル®），アダリムマブ（ヒュミラ®），ゴリマブ（シンポニー®）

・IR-6阻害薬：トシリズマブ（アクテムラ®）

・T細胞調整薬：アバセプト（オレンシア®）

●リハビリテーション

■物理療法

・強度の炎症には寒冷療法を施行．

→全身が衰弱している場合は禁忌．

・疼痛に対してはパラフィン浴やホットパックなどの温熱療法．

■運動療法

・関節の可動域を保ち筋力を維持することを目的とする．

→過負荷に注意．

■装具・スプリント療法

・疼痛の軽減，変形の予防，手術後の機能回復など，RAの経過と各関節の病期に応じた目的．

●外科的治療

■近年，鏡視下滑膜切除の適応は限定的に．

→MTXや生物学的製剤により炎症性滑膜をコントロール．

・関節破壊が進行した例には人工関節全置換術が行われる．

障害像

朝のこわばり

■起床時に関節がこわばり，指が動かしにくい．

→身体を動かし始めると多くは消退．

■こわばりの持続時間はRAの活動指標．

・健常者：10分以内

・RA患者：1時間以上　が多い

疼痛

■関節の自発痛，圧痛，運動時痛．

・天候の影響を受けることがある.
・自発痛や圧痛は炎症がある時期に多い.
・運動時痛は, 炎症に加えて関節破壊による構造的変化が起こっていることが多い.

腫脹

■炎症性の滑膜肥厚, 関節包の肥厚, 関節液の貯留.
・手指PIP関節では紡錘状の腫脹をきたす.
・膝関節膝窩部に滑液包炎を生じ, 膝窩嚢胞となりうる.

関節動揺性

■関節周囲の支持組織の弛緩, 関節破壊により進行.
・関節端が著しく吸収され消失, 骨欠損を生じるRAをムチランス変形と呼ぶ.
・最終的には関節外症状を合併, 手足切断など予後不良である(**表1**).

■関節可動域制限
・疼痛を軽減させようとする疼痛回避性による影響が強い.

関節外徴候

■全身症状
・発熱, 易疲労, 全身倦怠感, 食欲不振, 体重減少など.

■呼吸症状
・関節外病変として最も頻度が高い.
・薬剤性肺障害が多く, 間質性肺炎を生じることが多い.
・感染症による肺障害の頻度が高い.

■骨粗鬆症
・加齢, 骨代謝, 運動量低下に加え, 副腎皮質ステロイド薬が骨密度を低下させ, 骨折リスクを高める.

■神経症状
・多発神経炎, 環軸関節亜脱臼による神経根症状, 手根管症候群による正中神経圧迫, 足根管症候群による後脛骨神経圧迫などの圧迫神経障害.

■皮下結節

■表1　手指に生じる変形例

a. 尺側変形	b. スワンネック状変形 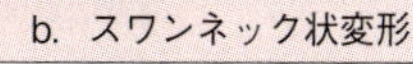
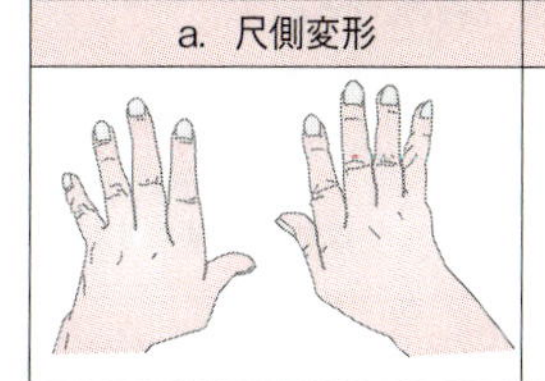	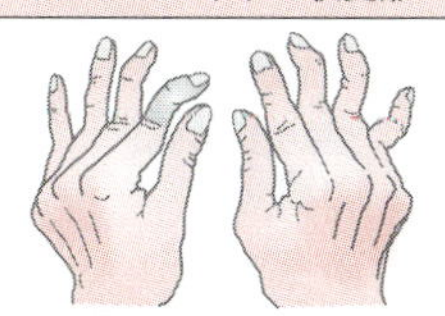
MP関節の弛緩と伸筋腱の尺側脱臼により関節に亜脱臼が生じ，尺側に偏位する．変形が高度になると把持機能が著しく制限される．	PIP関節が過伸展，DIP*関節が過屈曲する．PIPの屈曲が不能，ピンチ動作に制限 *DIP：指の先端に近い関節
c. ボタンホール変形	**d. オペラグラス状変形** 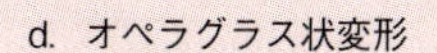
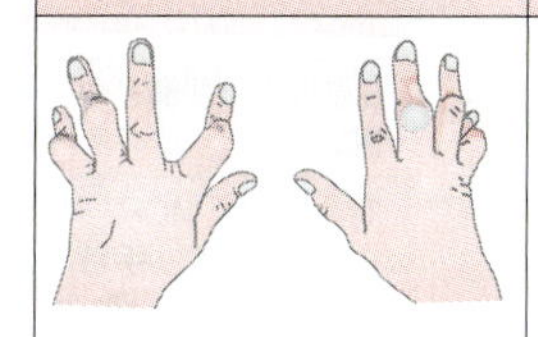	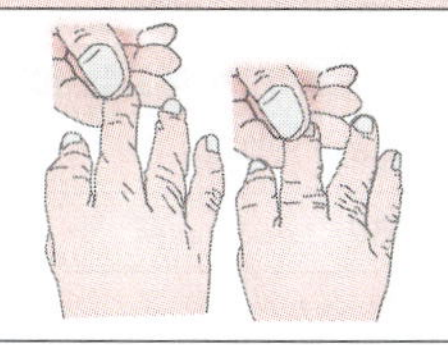
PIP関節が過屈曲，DIP関節が過伸展する．基節骨頭が側索のあいだからボタン穴に入るように変形．	ムチランス型リウマチの変形．手指の支持性を失い，他動的に伸縮する．疼痛は軽度であることが多い．

・外力を受けやすい部位に好発し無痛性．
・関節周囲，尺側背側中枢部，後頭部，仙骨部，脛骨前面などに多い．

評価法

RAの診断基準

■ ACR/EURAL診断基準
・早期診断に優れており，計6点以上でRAと診断する（**図1**）．

■ ACR改訂分類基準
・1987年改訂が用いられており，7項目のうち4項目以上でRAと診断する（**表2**）．

■ Larsen分類
・単純X線を用いたgrade分類である（**表3**）．

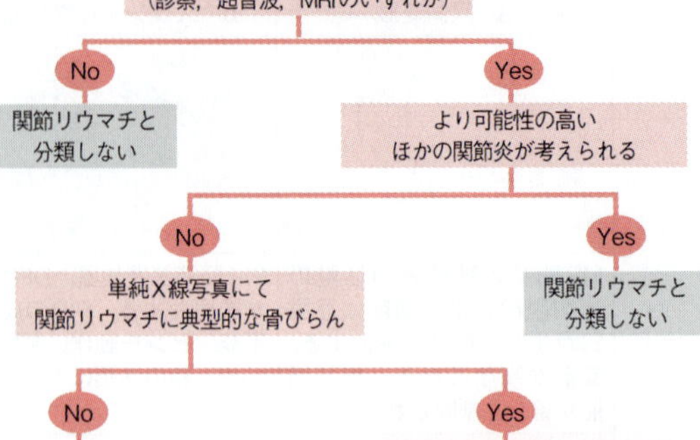

分類基準に当てはまるか検討

関節リウマチ

腫脹または圧痛のある関節数（診察）	
中，大関節の1か所	0
中，大関節の2～10か所	1
小関節の1～3か所	2
小関節の4～10か所	3
最低1つの小関節を含む11か所以上	5
血清反応	
リウマトイド因子，抗CCP抗体の両方が陰性	0
リウマトイド因子，抗CCP抗体のいずれかが低値陽性	2
リウマトイド因子，抗CCP抗体のいずれかが高値陽性	3
罹患期間	
6週未満	0
6周以上	1
炎症反応	
CRP，ESRの両方が正常	0
CRPもしくはERPのいずれかが異常高値	1

6点以上で関節リウマチ診断確定

1）小関節：MCP，PIP，1stIP 2～5MTP，手首
中，大関節：肩，肘，膝，股，足首
OAとの鑑別のためDIP，1stCMC，1stMTPは除外

2）陽性基準は施設ごとの正常値を超える場合
低値陽性は正常上限から正常上限の3倍まで
高値陽性は正常上限の3倍を超える場合
国際基準ユニットができれば変更予定

3）評価時に腫脹または圧痛関節のうちで，患者が申告する罹患期間

4）陽性基準は施設ごとの正常値を超える場合
スコアリングには最低1つの血清反応と最低1つの炎症反応の測定が必要

■図1　RA分類基準（ACR/EULAR 2010）

■表2　関節リウマチの分類基準(米国リウマチ学会，1987年)

1	1時間以上の「朝のこわばり」が6週以上継続する.
2	3か所以上の関節腫脹が6週以上継続する.
3	手指・手関節の主張がが6週以上継続する.
4	左右対称の関節腫脹がが6週以上継続する.
5	リウマトイド結節が存在する.
6	血液検査でリウマチ反応陽性になる.
7	X線にて，手指・手関節に関節リウマチの特異的な変性がある.

以上7項目のうち少なくとも4項目を満たすこと.

■表3　Larsenのgrade分類

grade	評価基準	
0	正常	関節炎とは関係ない骨変化，たとえば辺縁部の骨化などはあってもよい.
I	軽度の異常	①関節周囲の軟部組織の腫脹 ②関節近傍の骨萎縮 ③軽度の関節裂隙狭小化 ＊少なくともどれかが1つ以上みられる.
II	初期変化	骨びらんおよび関節裂隙狭小化(骨びらんは非荷重関節では必須)
III	中等度の破壊	骨びらんおよび関節裂隙狭小化(骨びらんはすべての関節において必須)
IV	高度の破壊	骨びらんおよび関節裂隙狭小化(荷重関節では骨の変形を伴う)
V	ムチランス変形	本来の関節面は消失(荷重関節では著しい骨の変形を伴う)

RAの重症度評価

■ DAS28

・全身の28関節における，以下の4項目を評価指標とする.

①腫脹関節数(SJC)

②圧痛関数(TJC)

③患者による全般的評価(GH)

④赤血球沈降速度(ESR)またはCRP

・スコア5.1＜：疾患活動性が高い.

3.2～5.1：疾患活動性が中程度.

＜3.2：活動性が低い.

＜2.6：寛解.

■ Steinbrockerの病期(stage)分類
・RAの器質的障害を評価.
■ Steinbrockerの機能(class)分類
・RAの日常生活活動能力を評価.

身体機能評価

■ HAQ
・アンケート方式に記入し評価する.

①衣服着脱および身支度, ②起床, ③食事, ④歩行, ⑤衛生, ⑥伸展, ⑦握力, ⑧活動

・上記8つのカテゴリーにそれぞれ2～3項目の質問があり, 合計20項目から構成.
・障害指数を算出し, 身体機能評価に用いる.
・各カテゴリーの最高得点を回答カテゴリー数で除した値を機能障害指数(HAQ-DI)として算出, 身体機能障害の評価に用いる.
・疼痛や視診による変形・アライメントの確認, 関節可動域測定, 徒手筋力検査, 握力, 手指巧緻性検査, 基本動作, 歩行などを評価.

QOL評価

■ SF-36(MOS-Short Form 36):健康関連のQOL評価尺度
AIMSおよびAIMS2:関節疾患のQOL評価尺度.
EQ-5D:質調整生存年算出に用いられるQOL値の評価.

自施設での評価法について記載

....

....

....

....

....

....

アプローチ

物理療法

- 運動療法の補助→局所の循環改善，軟部組織の拘縮除去
  運動療法時の補助.
- 急性期の炎症や疼痛が強い時期
  →アイスマッサージなどの寒冷療法.
- 疼痛
  →ホットパックやパラフィン浴，超短波，極超短波など.
  - 人工関節の場合，超短波や極超短波は金属の過熱により熱傷の危険性があり禁忌.
- 渦流浴・気泡浴，温泉療法
  →血流を促して鎮痛効果を得，運動療法へつなげる.

運動療法

- 筋力増強
  - 主に等尺性運動を用いる.
    →ベッド上で患者が1人で行え，疼痛やギプス固定時にも使用できる.
  - 等張性抵抗運動や等速性運動も取り入れる.
    →過大負荷となりやすいため負荷量には注意が必要.

補装具

- 従来，変形の矯正や関節の固定が目的.
  →薬物療法の進歩により，変形予防，残存機能促進，過活動抑制の目的で使用されるようになった.
- 体幹補装具
  - 環軸椎の亜脱臼や頸椎の不安定性，亜脱臼による後頭部痛のある患者に処方.
  - カラーの装着で前屈位が禁忌肢位であることを意識づける.
  - 病態に応じてソフトカラーやポリネックカラー，またすでに脊髄症状が出現している患者にはより固定性に優れたフィラデルフィアカラーを処方.
  - 不安定性に対する固定方法としてハローベストもある.

■ 上肢補装具

①肘関節

・疼痛や腫脹，軽度の関節動揺の場合は弾性包帯で対応.
　→伸縮性のあるサポーターは支持性を欠くが,着脱が容易.
・関節動揺による疼痛が強い患者は装具処方の適応となる.

■ 下肢装具

①膝関節

・関節の動揺性や着脱する上肢の機能により選択.
・関節裂隙外内側の遍在性を認める→軸付装具が望ましい.

②足関節·足部

・アンクルクロスや足底板などで対応.
・アーチサポートで症状が改善する場合もある.
・変形の進行→市販の靴着用が困難，靴型装具の処方.

自助具・福祉用具

■ 自助具の必要性が高い患者

・関節の破壊や変形で機能障害をきたした慢性期の患者.
・頸椎障害などで重度の障害を有する患者.
・発症初期の腫脹や疼痛により機能が発揮できない患者.

■ 自助具の例

リーチャー(マジックハンド)(**図1a**),瓶やペットボトルオープナー，整髪用長柄ブラシ(**図1b**)，足洗用長柄ブラシ，ソックスエイド(**図1c**)など.

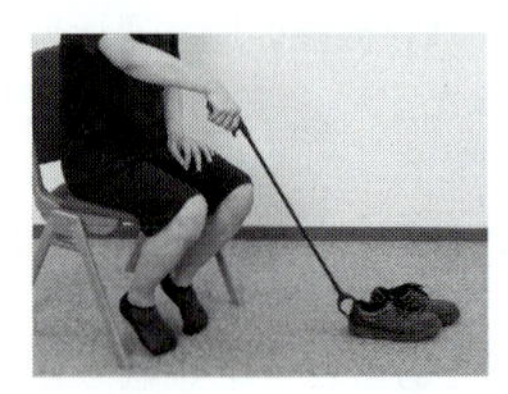

a. リーチャー

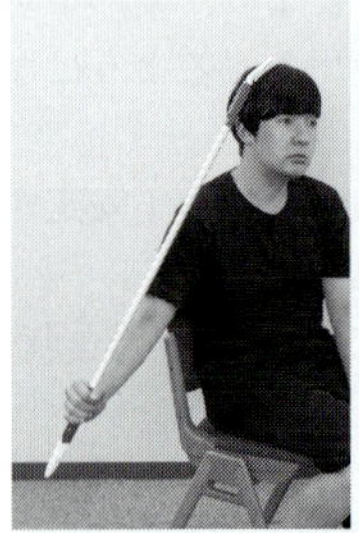

b. 長柄ブラシ

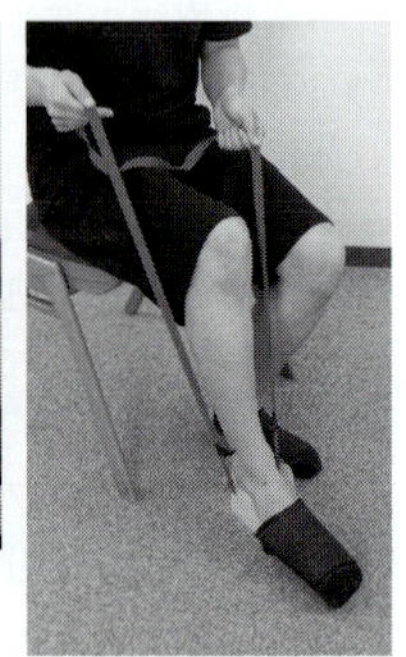

c. ソックスエイド

■図1　自助具の例

自施設でのアプローチについて記載

リスク管理

- 関節外症状である炎症性，薬物性，加齢性病変についても十分に理解する．
- 基本は，関節の保護
  →疼痛が生じるような無理な矯正，過大な負荷はしない．
- 易疲労を呈する疾患であることを理解．
  - ・負荷量・運動量については方法を考慮する．
  - ・赤沈値を指標とする．
    1時間に60mm以上：軽度の運動→必要ならば安静を指示．
    1時間に30～60mm：中等度の運動量．
    1時間に30mm以下：積極的に運動．
    →変形や疼痛の程度に見合った運動量を設定．

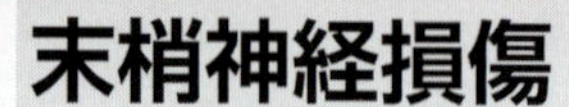

末梢神経損傷

疾患概要

- 末梢神経損傷の原因
  - ・主に機械的損傷と疾病による損傷に分けられる.
- **図1**に，機械的損傷を受けやすい神経と部位を示す.

障害像

運動麻痺

- 運動麻痺の程度は損傷の程度による.

知覚障害

- 四肢の皮膚感覚には4種類がある.

触覚，圧覚，温度覚，痛覚

  - ・損傷を受けた神経の支配領域に皮膚感覚の異常発生.
- 損傷の程度により，以下の3つに分類される.

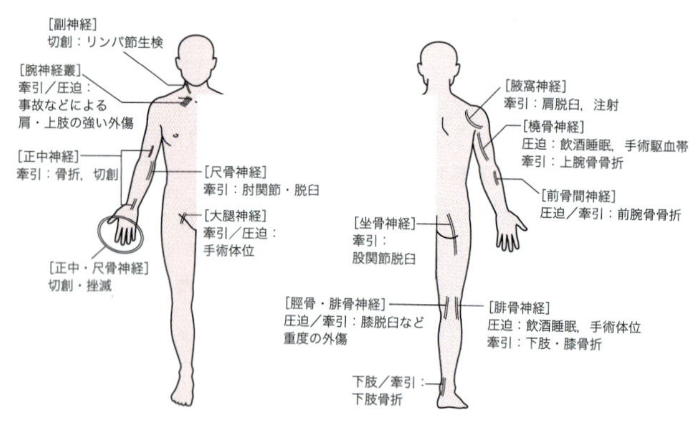

■図1　機械的損傷の好発部位と要因　　文献1)，p.178より転載

①感覚消失

外部からの刺激を全く感じない状態.

②知覚過敏・感覚鈍麻

過敏は外部から実際に受けた刺激よりも強く感じる状態.
鈍麻は逆に弱く感じる状態.

③異常感覚

外部刺激に関係なく痛みなどが出現する状態.

自律神経障害

■発汗障害

- 交感神経の障害により皮膚の汗腺からの発汗が障害される.

■血管運動障害

- 損傷された支配領域の血管が拡張し，血流が増大して皮膚温が上昇する.
  →慢性化すると皮膚温が低下.

■栄養障害

- 皮膚や皮下の脂肪・結合組織，爪や骨が萎縮する.

評価法

神経機能

■ティネル(Tinel)徴候(**図2**)

- 神経再生の有無や再生部位を同定する検査.
- 被検神経の末梢から中枢に向かって行う.
- 髄鞘に被覆されない軸索の先端は機械的刺激に過敏なため，神経障害部(再生部先端)を叩くと，支配領域に放散痛が走る.

■電気生理学的検査

- 筋電図検査，神経伝導速度を測定する.

運動機能

■損傷肢だけでなく必ず両側を測定して比較.

■関節可動域(ROM)

- 両側ともに障害が存在する場合，専門書を参考のうえ，正常の可動域と比較する.

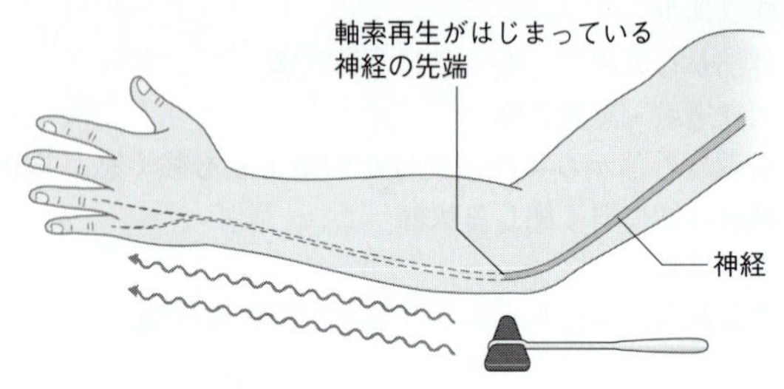

■図2　ティネル徴候
末梢神経損傷で損傷部位を叩打するとその支配領域にしびれ感（放散痛）

■ 周経
・麻痺筋の筋萎縮の程度を経時的に把握する．

■ 筋力
・徒手筋力検査（MMT）で6段階評価を行う（p.319参照）．

■ 握力・ピンチ力（上肢の場合）
・握力測定（握力計），ピンチ力測定（ピンチ力計）．
・握力計の握り幅：被検者の母指基根部～手指先端の1/2．
・両側ともに2回ずつ測定し，良値を採用する．

知覚機能（「感覚障害」p.290 参照）

■ 防御知覚（痛覚・温度覚）
①痛覚検査（定量的知針計，ルーレット知覚計など）
②温度覚検査（温覚計）

Memo

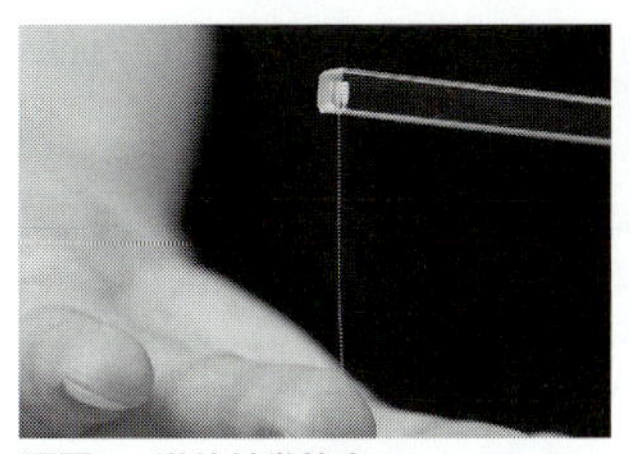
■図3　動的触覚検査
（モノフィラメント圧痛覚計による）

■図4　2点識別検査
（ディスククリミネーターによる）

- 閾値（静的触覚・動的触覚）
  ①静的触覚検査（SW知覚テスター）
  ②動的触覚検査（モノフィラメント圧痛覚計，音叉）（**図3**）
- 知覚機能（動的2点識別覚・静的2点識別覚）（**図4**）
  ・ディスククリミネーターを使用した2点識別覚検査.

自律神経機能

- 皮膚の萎縮，指尖や爪の変化，骨萎縮，立毛不能，発汗異常，皮膚温の上昇（または低下），浮腫など.

損傷肢機能

- 簡易上肢機能検査：ステフ（上肢の場合）
- 損傷肢の動き・協調性の観察

対象者の評価

- 末梢神経損傷による障害が，日常生活にどのような影響を及ぼしているかを評価.
  ①日常生活機能
  ・機能的自立度評価法（FIM），バーセルインデックス（BI）を用いる.
  ・その他，日常生活で困っていることを聴取する.
  ②心理・精神面：不安，ストレス
  ③社会・環境面・社会的役割（主婦，学生，会社員など）
  ・生活環境（家の構造〔階段や手すり，段差の有無など〕）や家庭環境（同居人の有無と生活状況，健康状態など）.

・仕事をしている場合：通勤の手段や所要時間，業務内容，勤務時間など．

自施設での評価法について記載

リスク管理とアプローチ

■**表1**に，リハビリテーションの目的と内容を示す．

自施設でのアプローチについて記載

■表1　リハビリテーションの目的と内容

目的	訓練内容
関節拘縮の予防 開始目安 麻痺筋MMT0～	・浮腫コントロール(弾性包帯による局所の圧迫，患肢の挙上，マッサージ) ・関節可動域練習(ROM) 不動による，または拮抗筋の作用による関節拘縮予防のほか，腱・神経の滑走保持，拮抗筋の筋短縮性拘縮の予防に有用とされている．
麻痺筋の萎縮予防 MMT0～	・低・中周波電気刺激 筋の廃用性萎縮を直接的に防ぐことはできないが，筋収縮をさせることにより筋拘縮の予防や血行改善の効果があるとされている．
麻痺筋の収縮力の維持 MMT0～	・装具療法(スプリントなど) 麻痺筋は重力や拮抗筋の張力により過伸張され，その状態が続くと麻痺筋は収縮力を失い，収縮不全をきたす．そのため，麻痺筋をある程度弛緩させた状態におくための装具が必要となる．
再生途上にあるNMU(神経筋単位)の促通 MMT1～	・筋電図バイオフィードバッグ 損傷後，損傷神経自体の再生や残存神経の側芽形成により筋力は回復していくが，表在・深部感覚神経麻痺による運動のフィードバック低下によりその回復を阻害してしまうと考えられている．そのため，筋電計で筋収縮時の音を聴かせて自動収縮の感覚を覚えてもらい，より効果的な筋収縮を促すことで，神経運動単位の再生・成熟化を図る．
麻痺筋の筋力増強	・自動運動MMT2～ ・抵抗運動MMT3～
知覚機能の再教育 MMT0～	・防御知覚(痛覚・温度覚)の再教育 ・識別能の再教育
ADLの改善	・損傷の程度の把握 損傷の程度によっては長期にわたりADLに支障をきたす場合がある．そのため，残存機能を最大限に利用しつつ動作が円滑に行えるように，自助具の導入などを検討する(第3章p.441-448「ADL障害」を参照)．

Memo

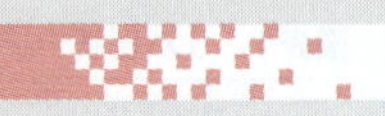

肩関節周囲炎

疾患概要

- 肩関節は多数の靭帯に囲まれた複雑な構造をしている.
- 肩関節周囲炎
  - ・単一疾患ではなく，その定義や概念は一様ではない.
  - ・病態：肩峰下滑液包，肩関節包，上腕二頭筋，腱板(**図1**)に及ぶ病変が複雑に絡み合って形成される.
- 五十肩
  - ・50代ごろに好発する肩関節の疼痛と運動障害を主訴とする肩関節疾患の俗称.
  - ・腱板断裂，石灰沈着性腱板炎などが含まれることが判明.
    →原因が特定できる場合はその疾患名で呼び，肩関節周囲炎から除外する傾向にある.
- 症状

上肢動作時痛，夜間痛，関節可動域制限など

・上肢の可動域制限
肩関節屈曲，伸展，外転，内旋，外旋などすべての方向.

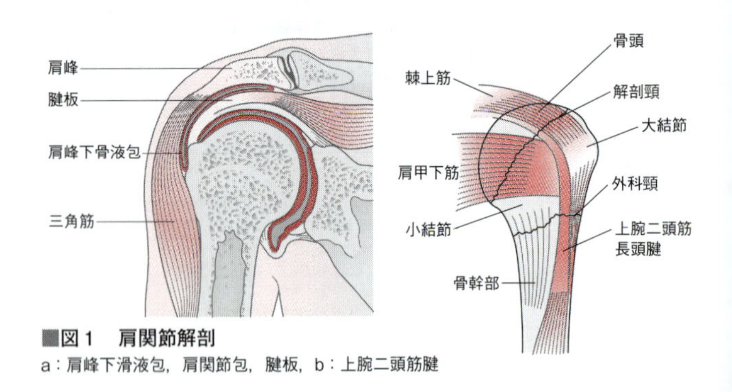

■図1　肩関節解剖
a：肩峰下滑液包，肩関節包，腱板，b：上腕二頭筋腱

・生活活動の制限

洗濯物を干す，シャツに袖を通す，洗体動作，尻ポケットから物を取り出す，結髪動作，エプロンを結ぶなど．

障害像

■典型的な肩関節周囲炎で観察される3つの病期

①急性期(10～36週)

- 可動域制限は著明ではない．
- 強い疼痛のために日常生活動作が制限される．
- 炎症の強い時期で，安静時痛や夜間痛もみられる．

②拘縮期(4～12か月)

- 安静時や就寝時の痛みは減少．
- 運動時に痛みが生じる．
- 徐々に可動域制限が進行，最大となる．
  →拘縮による生活活動の制限を受ける．

③回復期(5～26か月)

- 疼痛はほとんど消失，関節可動域も徐々に改善．

評価法

①画像診断

単純X線，CT，MRI

②夜間痛

夜間痛の有無を確認

→夜間痛のために睡眠障害を呈する場合がある．

③関節可動域測定

肩関節屈曲，伸展，外転，外旋，内旋の可動域測定．

→継時的に評価する．

④上肢障害評価表(DASH)や患者立脚肩関節評価法(Shoulder36)があり，日本手外科学会と日本整形外科学会・日本肩関節学会により，公開されている．

運動器疾患

自施設での評価法について記載

リスク管理とアプローチ

急性期

- 主に関節内の炎症の沈静化を図る．
  - ・疼痛の強い時期の運動療法は疼痛を増強する場合がある．
  - ・重いものは持たず，疼痛を伴うような動作を避ける．
  - ・おじぎ体操，振り子運動（**図2**）を行う．

慢性期

- 日常生活ではできる限り肩痛の生じない動作を行う．
  - ・自主練習訓練：挙上介助運動（**図3**），外旋介助運動，内旋介助運動（**図4**），棒体操など．

回復期

- 可動域の改善と筋力強化，日常生活活動の改善を図る．

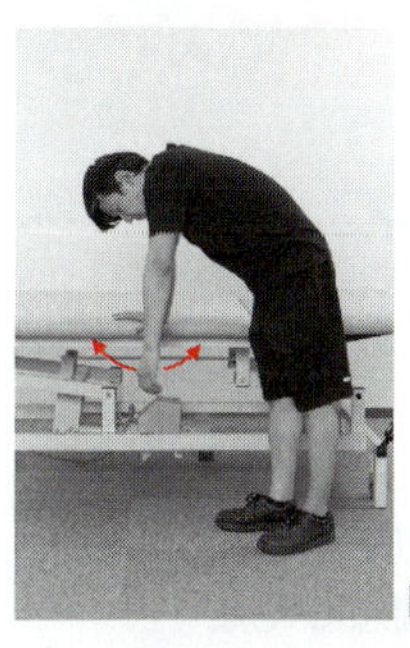
■図2　振り子運動

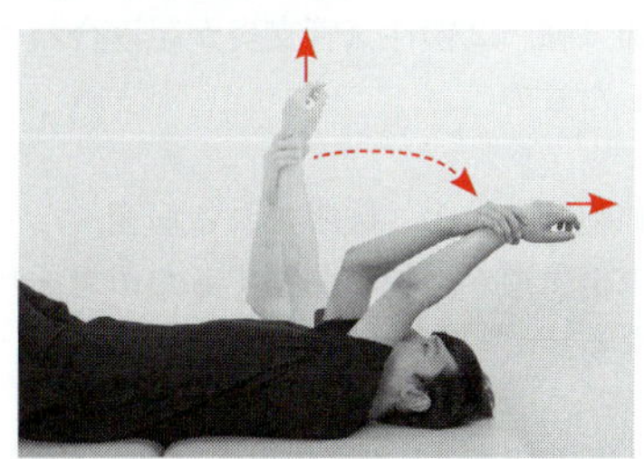
■図3　挙上介助運動

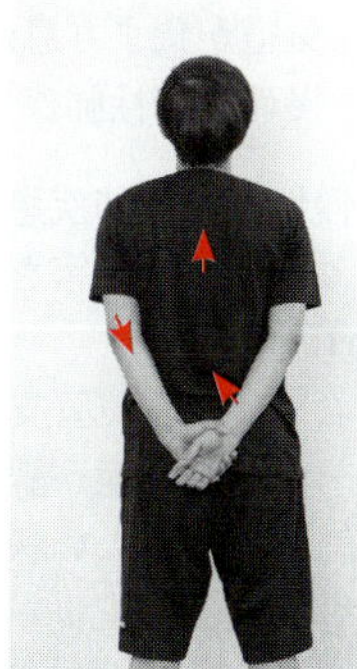
■図4　内旋介助運動

自施設でのアプローチを記載

呼吸器疾患

疾患概要

閉塞性肺疾患

気道が狭まり息が吐きにくく，換気効率が低下した状態．
慢性閉塞性肺疾患(COPD)，気管支喘息に大別．

■慢性閉塞性肺疾患：①肺気腫，②慢性気管支炎が組み合わさり，閉塞性障害を惹起したもの．

①肺気腫

・終末細気管支から肺胞壁が拡張，破壊される病変．
・拡張状態が続き，末梢気道が虚脱し閉塞するため息を吐ききれない状態となる．

②慢性気管支炎

・痰・咳が毎年3か月以上続き，かつ2年以上に及ぶ状態．
・中枢から末梢気道の狭小化(気道壁の肥厚，分泌物の貯留)が起こる．

■気管支喘息

・気道の慢性炎症により気道過敏性が上昇，気道が閉塞する状態．

拘束性肺疾患

肺・胸部が広がりにくく，肺活量が低下した状態．
間質性肺炎，肺結核後遺症など．

■拘束性肺疾患は，以下の3つに大別される．

①肺の間質の障害

・肺線維症(間質性肺炎)，器質化肺炎，肺結核(石灰化)など．

②胸郭の拡張制限

・肺実質の減少(肺切除術後)，肺結核後遺症，肺がんなど．

③呼吸筋力低下
・筋萎縮性側索硬化症(ALS)，重症筋無力症などの神経筋疾患.

肺の間質の障害で代表的な疾患

■間質性肺炎(肺線維症)
・マクロファージの活性化などにより，肺の間質に炎症が起こり，肺間質の線維化(肺が膨らまない)，拡散障害を生じる.

■器質化肺炎
・微生物の感染により肺胞腔内に炎症が起こる状態.
・一般的に「肺炎」といわれる.

■肺結核
・結核菌による呼吸器感染症．全結核症の約80%を占める.
・初感染結核症(一次結核)：初感染後，比較的早期に発症.
・既感染発症(二次結核)：初感染後長期間経ってから発症.
→多くは既感染発症であり，そのほとんどが成人である.

障害像

閉塞性肺疾患

■長期喫煙などによって炎症性変化や過剰な分泌物，呼気時の胸腔内圧上昇によって末梢気道の閉塞を生じ，空気を押し出す駆動圧が低下して息が吐きにくくなる.
→慢性的な咳嗽や痰が出現，労作時呼吸困難(吐きにくい)により，呼気が延長する.

拘束性肺疾患

■肺間質の線維化などによってコンプライアンスが低下し，肺の容量が低下して息が吸いにくくなる.
→息切れ，呼吸困難，乾性咳嗽が出現する.

共通する障害像

■徐々に階段昇降や歩行(距離・速度低下)が難しくなり，身辺動作も介助が必要となる.
■呼吸状態により疲労しやすくなる.

- 食事摂取も少なくなり，体動の減少により運動耐容能(筋力，持久力)が低下していく．
- ADL，QOLの低下・制限をまねき，うつ症状が出現する場合もある．

評価法

物理的評価(フィジカルアセスメント)

- 視診，触診，打診(**図1**)

右肺

葉	区域	名称
右上葉	S^{1}	肺尖区
	S^{2}	後上葉区
	S^{3}	前上葉区
右中葉	S^{4}	外側中葉区
	S^{5}	内側中葉区
右下葉	S^{6}	上―下葉区
	S^{7}	内側肺底区
	S^{8}	前肺底区
	S^{9}	外側肺底区
	S^{10}	肺底部後方

左肺

葉	区域	名称
左上葉	S^{1+2}	肺尖後区
	S^{3}	前上葉区
	S^{4}	上舌区
	S^{5}	下舌区
左下葉	S^{6}	上―下葉区
	S^{8}	前肺底区
	S^{9}	外側肺底区
	S^{10}	後肺底区

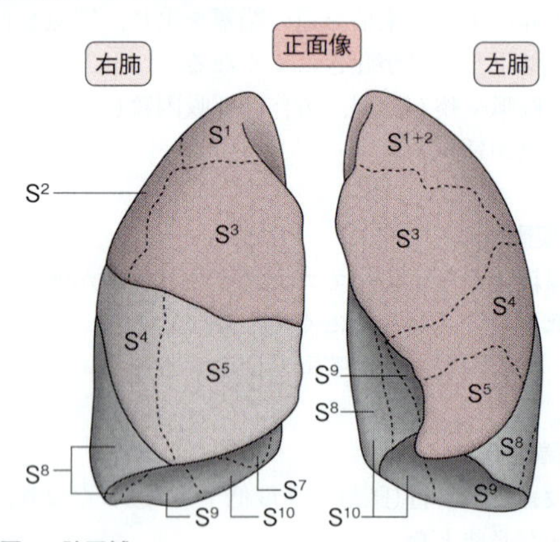

図1　肺区域

肺のS^{6}，S^{10}において無気肺や誤嚥性肺炎，下側肺障害を合併しやすい．

・吸数と呼吸リズム(頻呼吸，徐呼吸)
・正常呼吸数
成人14～20回/分.
幼児～44回/分.
・異常呼吸数
頻呼吸20回/分以上.
緩徐呼吸10回/分以下.
・正常呼吸リズム
吸気：呼気＝1：2.

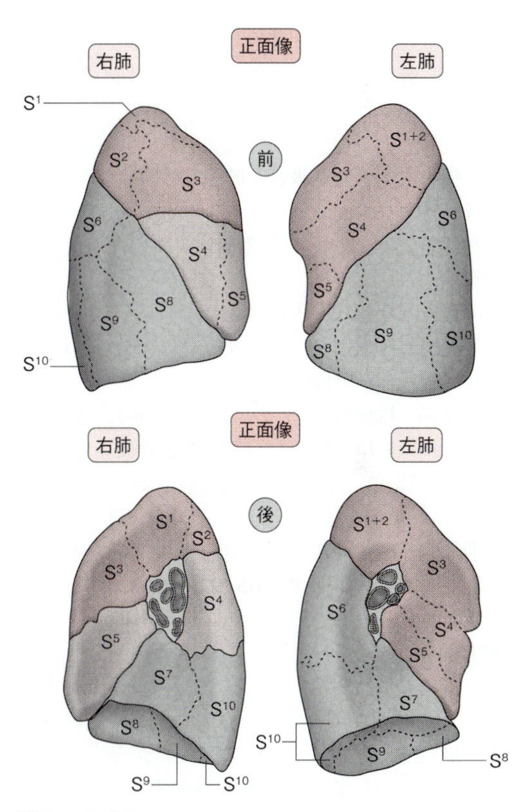

■図1　つづき

・異常呼吸リズム
ため息呼吸，過呼吸・過換気，閉塞性呼吸，チェーン・ストークス呼吸，ビオー呼吸．
・正常呼吸パターン
腹式(横隔膜式)，胸式呼吸．
・異常呼吸パターン
フーバーズサイン(吸気時に胸郭下部の肋骨が正常とは逆に内方へ移動する)，呼吸補助筋(斜角筋，胸鎖乳突筋)の過活動．
・身体所見
胸郭の変形(樽状胸郭〔閉塞性〕)，体重減少，口すぼめ呼吸，筋力低下，貧血，うつ，骨粗鬆症，虚血性心疾患など．

■聴診
・部位
気管呼吸音，気管支呼吸音，肺胞呼吸音．
・異常音
連続性ラ音(笛様音)，いびき様音，断続性ラ音(捻髪音)，水泡音．
・慢性閉塞性肺疾患(COPD)
呼吸音減弱，呼気延長，努力呼出時に喘鳴が出現．
・拘束性肺疾患(間質性肺炎など)
連続性ラ音：捻髪音(ファインクラックル)，吸気終末に出現，高音，「バリバリ，パチパチ」などの硬い音．

■血圧

■脈拍
・年齢別最大心拍数の85%を超えないようにする．
→肺性心を伴うCOPDでは65～70%以下．

呼吸機能検査

■換気機能
・スパイロメータを用いて肺に出入りする空気の量(肺活量や換気量)を測定(スパイロ検査)．
→肺容積が減少しているか(拘束性障害)，息が吐きにくくなっているか(閉塞性障害)が判別できる(**図2**)．

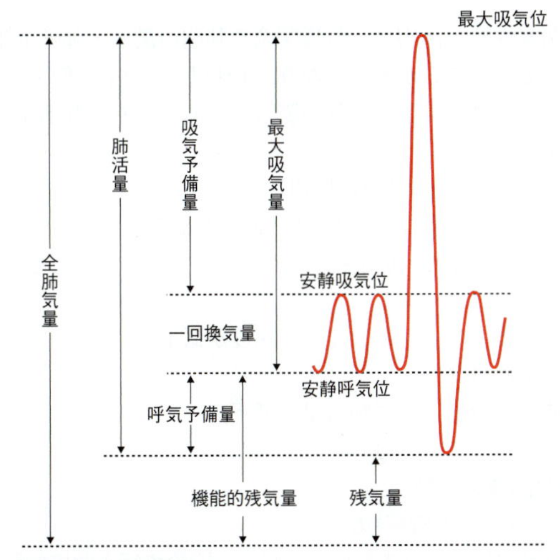

■図2　肺気量分画

①肺活量(VC)

・最大吸気位(最も深く吸気させたところ)から最大呼気位(最も強く呼出させた)まで，ゆっくりと最大限に息を吐かせた呼出量.

②努力性肺活量(FVC)

・最大吸気位からできるだけ速く息を吐き，最大呼気位まで吐ききったときの呼出量.

③%肺活量(%VC)

・実測肺活量が予測肺活量(男性：〔27.63－0.112×年齢〕×身長〔cm〕，女性：〔27.78－0.101×年齢〕×身長〔cm〕)の何%にあたるかを計算して求めた値.

→肺活量が正常範囲内かどうかわかる.

%肺活量＝実測肺活量/予測肺活量×100(%).

④1秒量(FEV_1)

・FVC測定の際，1秒間で吐いた呼出量.

⑤1秒率($FEV_{1\%}$)

・FVCに対する1秒量の割合.

$FEV_{1\%} = (FEV_1/FVC) \times 100$.

・閉塞性換気障害は，気道閉塞や肺胞の破壊・弾性低下で空気を吐くことが難しくなり，1秒量，1秒率が低下する．
・拘束性換気障害は，肺が膨らみにくくなり，肺活量が低下する．

⑥フローボリューム曲線(IVPF)
・FVC測定で努力呼気曲線を記録する際に，縦軸の気速(吐く息の速さ)，横軸を肺気量として曲線を示したもの．
・閉塞性パターン
吐き出すことが難しく気流速度が低下．
・拘束性パターン
肺が十分膨らまず肺気量が低下．

呼吸困難の分類

■息切れ(呼吸困難感)の分類
・日常生活における息切れの状態を問診で行う間接的評価法．
・患者自身が息切れの度合いを直接示す直接的評価法．

■間接的評価法
①ヒュー・ジョーンズ(Hugh-Jones)分類(**表1**)
呼吸器疾患患者の運動機能と呼吸困難の程度から重症度を評価．
主に日本で用いられている．
②英国医学研究協議会(MRC)の「息切れの指標(dyspnea scale)」(**表2**)
世界的に用いられている呼吸困難感を客観的に表す質問票．

■直接的評価法
・労作時の息切れを測定する修正ボルグスケール(**表3**)．

酸素化能

■血液ガス分析の基準値(動脈血酸素分圧：PaO_2と動脈血二酸化炭素分圧：$PaCO_2$)
・PaO_2：80～100mmHg，$PaCO_2$：45±5mmHg，pH7.35～7.45．

■パルスオキシメータの基準値
・SpO_2：96％以上，SpO_2 90％≒PaO260mmHg．

■表1　ヒュー・ジョーンズ(Hugh-Jones)分類

Ⅰ度(正常)	同年齢の健常者と同様に歩行・階段昇降ができる.
Ⅱ度(軽度息切れ)	平地では同年齢の健常者と同様に歩行できるが, 坂や階段は健常者同様には昇れない.
Ⅲ度(中等度息切れ)	平地でさえ健常者並みには歩けないが, 自分のペースでならば1.6km以上歩ける.
Ⅳ度(高度息切れ)	休み休みでなければ45m以上は歩けない.
Ⅴ度(最高度息切れ)	話をしたり, 衣服を脱いだり, 身の回りのことをするにも息切れがする.

呼吸器疾患

■表2　MRCの「息切れの指標」

grade0	息切れを感じない.
grade1	強い労作で息切れを感じる.
grade2	平地を急ぎ足で移動する. またはゆるやかな坂を歩いて登るとき息切れを感じる.
grade3	平地歩行でも同年齢の人より歩くのが遅い. または自分のペースで平地歩行をしていても息継ぎのため休む.
grade4	約91.4m歩行したあと, 息継ぎのため休む, または数分間平地歩行したあと息継ぎのため休む.
grade5	息切れがひどく外出ができない, または衣服の着脱でも息切れがする.

■表3　修正ボルグスケール(Borg scale)

スコア	最大酸素摂取量($\dot{V}O_{2max}$)	%
10	非常に強い(very very strong)	90
9		
8		80
7	とても強い(very strong)	
6		70
5	強い(strong)	
4	多少強い(some what strong)	60
3		
2	弱い(weak)	50
1	やや弱い(very weak)	
0.5	非常に弱い(very very weak)	40
0	感じない(nothing at all)	

運動耐容能評価

①6分間歩行試験(6MWT)

・6分間で，できるだけたくさん歩いてもらい，そのときの最大歩行距離を記録するテスト．

→どの程度の歩行で酸素飽和度が低下するか，息切れの程度などを評価できる．

②シャトル歩行試験(shuttle walking test)

・10m離したコーンのあいだを往復して歩行する試験．

・1分ごとに歩行ペースを上げるように指示する．

・ペースアップについて来られなくなった時点で試験終了とする．

→6MWTに比べ客観性・再現性に優れているが，呼吸器疾患ではペースアップについていくのが難しいことが多く，6MWTが用いられることが多い．

③その他

・ラボデータ(生理検査)，画像検査(X線，MRIなど)．

自施設での評価法について記載

アプローチ

呼吸リハビリテーション

呼吸器疾患により生じた障害をもつ患者が，可能な限り身体機能を回復・維持し，自立できるように継続的に支援していくための医療.

■慢性呼吸器疾患を有する患者の悪循環
- 長い経過の中で，息切れ(呼吸機能低下)→活動性低下(ADL・QOL低下)→うつ状態(精神機能低下).
- 活動性低下→食欲が低下→栄養低下(体重減少)，筋力低下(筋萎縮)の促進，労作時の呼吸困難の増悪.
  →この悪循環を断ち切る1つの手段として呼吸リハビリテーションが重要.

■呼吸リハビリテーション
- 関連する多くの職種の連携により包括的に実施.
- 酸素療法，薬物療法，食事療法などを併用，包括的で予防的なアプローチが重要.

■呼吸理学療法・ADLトレーニングの呼吸器関連疾患における現在のエビデンスは呼吸障害理学療法ガイドラインに示されている.

理学療法アプローチ

運動療法，リラクセーション，呼吸練習，胸郭可動域練習，排痰法，ADLトレーニングなどから構成(**図3，4，5**).
息切れのある慢性呼吸器疾患を有し，病状が安定している患者が適応.

■運動療法中
- 運動時ターゲットSpO_2を90%以上に保つため，必要に応じて酸素療法を施行，または流量を増量.
- 効率よく実施するためのコンディショニング(調整)として，導入プログラム開始時はリラクセーション，呼吸練習，胸郭可動域練習が行われることが多い.
- 徐々に全身持久力，筋力トレーニングの割合を増していく.

上葉の場合(背臥位)　　下葉の場合(側臥位)

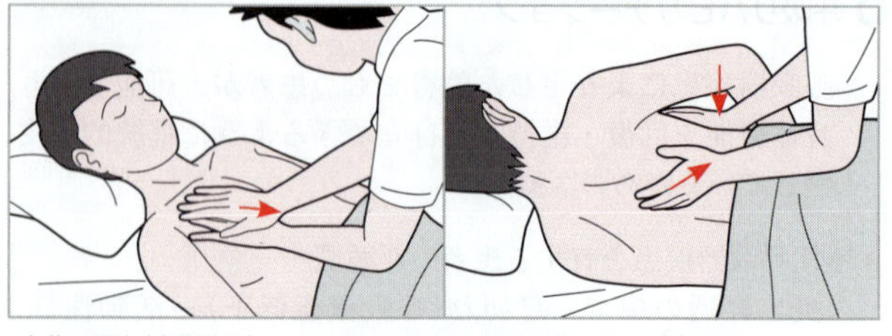

中葉の場合(半側臥位)　　後部肺低位の場合(腹臥位)

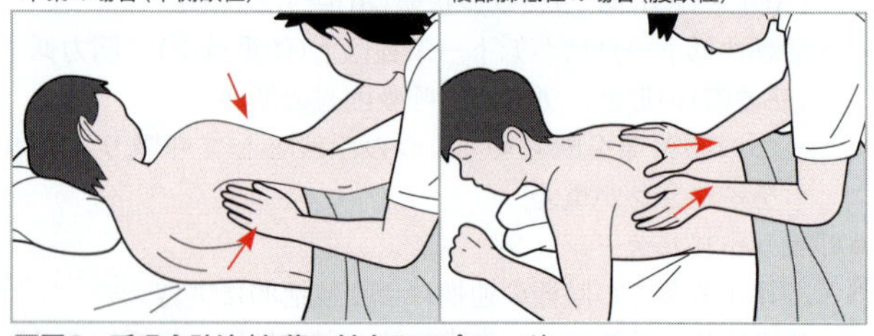

■図3　呼吸介助法(各葉に対するアプローチ)

呼気を助けることで，各葉の肺胞にある痰を気管に移動させ，排痰を促す．

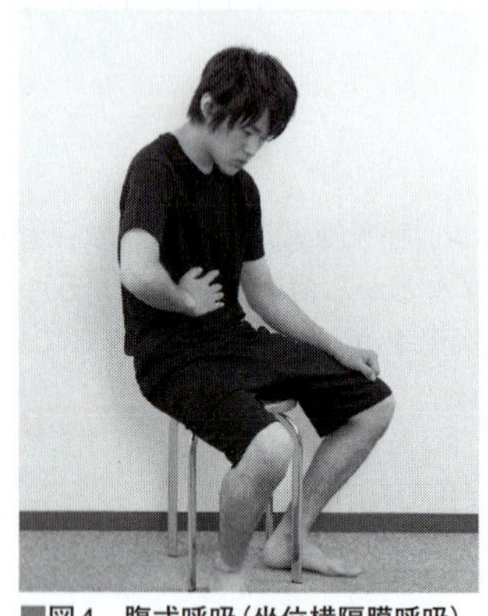

①体幹を伸展した前屈坐位で，利き手を腹部に当て，反対の手を膝か椅子の上に置く．
②肘を曲げた状態で上体を支持する．
③息を吐き出すときは，腹部に当てた手で胸郭を軽度圧迫(内上方)し，息を出し切る．
④息を吸うときは，腹部を手で押し横隔膜の収縮を促す．

■図4　腹式呼吸(坐位横隔膜呼吸)

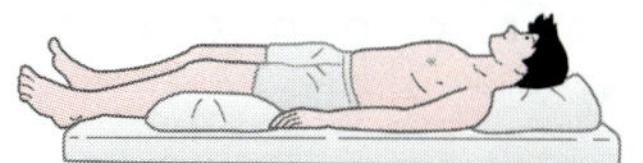
a. 背臥位：肺尖区，前上葉区，前肺底区

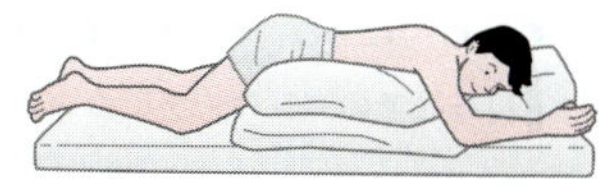
d. 前傾側臥位：後上葉区，腹臥位の代用

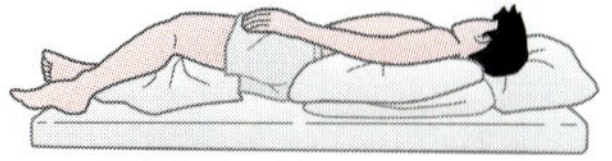
b. 後傾側臥位：中葉・舌区

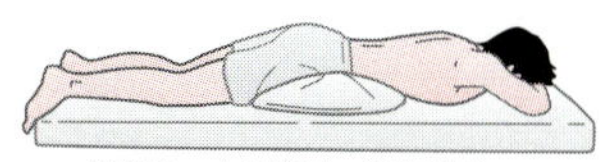
e. 腹臥位：上下葉区，後肺底区

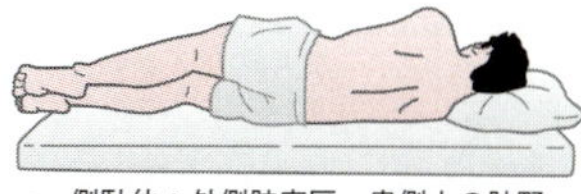
c. 側臥位：外側肺底区，患側上の肺野

図5　排痰体位

→ある程度の期間が過ぎたら再評価を行い，個々に合った無理のないプログラムを再設定.

■運動療法の中止(検討)基準

①呼吸困難感：修正ボルグスケール7以上

②自覚症状：息切れ，動悸，疲労，めまい，ふらつき，チアノーゼなど

③心拍数が年齢別最大心拍数の85%に達したときや，不変または減少したとき

④呼吸数が毎分30回以上

⑤血圧：高度に収縮期血圧が下降したとき，拡張期血圧が上昇したとき

⑥SpO_2：90%以下になったとき

患者教育

■運動・栄養などの自己管理，病態の理解，禁煙などの患者教育を行う.

→①運動耐容能の改善，②病態の安定，③ADL・QOLの改善，④入院回数の減少，⑤入院期間の短縮，不安とうつの改善，などの効果を期待.

自施設でのアプローチについて記載

運動・練習時のポイント

- 酸素療法併用患者は労作時の吸入酸素量を医師に確認する．
- リスク管理を行い，無理のない範囲でプランニングする．
- 胸郭の可動域を改善させると呼吸仕事量の軽減につながる．

リスク管理

- バイタルサインのチェック
  - ・血圧，脈拍，呼吸数と呼吸のリズム(物理的評価)．
- 酸素飽和度の確認(安静・運動時，訓練前後)
  - ・94～98%間にあるか，あるいは患者の状態に合わせて練習を実施(II型呼吸不全〔高CO_2〕患者は88～92%を目標とする)．
- チアノーゼの有無の確認
- 精神状態：不穏，せん妄の確認
- 転倒への注意
- 呼吸状態の確認
- 呼吸困難

  ヒュー・ジョーンズ分類, MRCの「息切れの指標」(**表1, 2**)．
- 運動中止(検討)基準
  - ・p.183参照

虚血性心疾患・心不全

疾患概要

虚血性心疾患

- 心臓の栄養血管，冠動脈が狭窄または閉塞し，十分な血液を送れなくなり，心筋が虚血に陥った病態.
  - ・狭心症，心筋梗塞など冠動脈疾患の総称.
- 狭窄・閉塞機序により分類される.

> ・狭心症：狭窄での一時的な虚血.
> ・心筋梗塞：閉塞による虚血.

- 急性冠動脈症候群(ACS)：冠動脈内のプラークが破綻し血管内に形成された血栓により内腔が狭窄または閉塞した病態.
  - ・不安定狭心症，心筋梗塞を含む.
- 治療
  - ・薬物療法：抗狭心症薬，抗血栓薬.
  - ・再灌流療法：カテーテル治療による.
  - ・外科的治療(冠動脈バイパス術)：狭窄の程度によってや合併症で選択されることがある.

心不全

- なんらかの基礎疾患により，心ポンプ機能の低下，心拍出量の低下，末梢循環不全を呈する.
- 臨床症状や進行度によって分類される(**表1**).

■表1　心不全の分類方法

・NYHA分類
・身体活動能力質問表(specific activity scale)
・キリップ(Killip)分類
・フォレスター(Forrester)分類
・ノーリア分類

■ 急性心不全：急激な心ポンプ機能の低下により代償機能が破綻，急性に症状や徴候が出現・悪化した病態．

■ 慢性心不全：慢性的な心ポンプ機能の低下により肺や体循環系のうっ血をきたした病態をいう．

■ 診断

・フラミンガム心臓研究（Framingham Heart Study）のうっ血性心不全診断基準を用いる（**表2**）．

・重症度分類にはNYHAの心機能分類と身体活動能力質問表（SAS）をよく用いる（**表3**）．

■ 治療

・薬物療法が基本．

障害像

■ 循環障害：心肺機能や血液，筋の機能が低下により最大酸素摂取量が減少，廃用症候群をきたしやすい．

■表2　Framingham Heart Studyのうっ血性心不全診断基準

Ⅰ．大基準	・発作性夜間呼吸困難，あるいは起坐呼吸 ・頸静脈怒張 ・湿性ラ音 ・心拡大 ・急性肺水腫 ・Ⅲ音奔馬調律 ・静脈圧＞16cmH_2O ・循環時間≧25秒 ・肝頸静脈逆流
Ⅱ．小基準	・下腿浮腫，夜間咳嗽，労作時呼吸困難 ・肝腫大 ・胸水貯留 ・肺活量50％以上の低下 ・頻脈（脈拍数≧120回/分）
Ⅲ．大基準あるいは小基準	治療に対する5日間で4.5kg以上の体重減少があった場合，それが抗心不全治療ならば大症状1つ，それ以外の治療ならば小症状1つとみなす．

診断には大基準2項目，大基準1項目＋小基準2項目を要する．

文献1）をもとに作成

■表3　NYHAの心機能分類とSAS

クラス	NYHAの心機能分類	SAS
Ⅰ度	心疾患を有するが，そのために身体活動が制限されることのない患者．通常の身体活動では，疲労，動悸，呼吸困難あるいは狭心症症状をきたさない．	7METs以上の運動ができる．
Ⅱ度	心疾患を有し，そのために身体活動が軽～中等度制限される患者．安静時は無症状であるが，通常の身体活動で疲労，動悸，呼吸困難あるいは狭心症症状をきたす．	5～7METsの運動ができる．
Ⅲ度	心疾患を有し，そのために身体活動が高度に制限される患者．安静時は無症状であるが，通常以下の身体活動で疲労，動悸，呼吸困難あるいは狭心症症状をきたす．	2～5METsの運動ができる．
Ⅳ度	心疾患を有し，そのために非常に軽度の身体活動でも愁訴をきたす患者．安静時においても心不全症状あるいは狭心症症状をきたす．わずかな身体活動でも愁訴が増加する．	2METs以上の運動(Ⅲ度の運動)ができない．

文献2)，p.149より

■表4　フォレスター(Forrester)分類

1型	PCWP≦18mmHg，CI＞2.2L/分/m^2
2型	PCWP＞18mmHg，CI＞2.2L/分/m^2
3型	PCWP≦18mmHg，CI≦2.2L/分/m^2
4型	PCWP＞18mmHg，CI≦2.2L/分/m^2

評価法

重症度

- フォレスター(Forrester)分類(**表4**)：スワン・ガンツカテーテルにより得られる心係数(末梢循環不全の程度)と肺動脈楔入圧(静脈系のうっ血の程度)により判定される重症度分類．急性心筋梗塞や急性心不全の治療指針に用いる(**図1**)．
  - ・キリップ(Killip)分類(**表5**)：急性心筋梗塞における心機能障害の分類に用いる．

梗塞部位の評価

- 冠動脈造影(CAG)により，冠動脈の内腔を描出する．
- 左冠動脈主幹部や左前下行枝などは体循環にかかわる左室の栄養血管である．

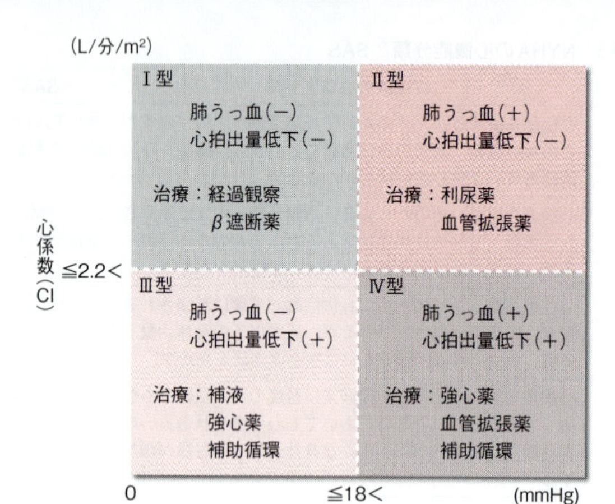

■図1　フォレスター(Forrester)分類に基づく治療法の選択

■表5　キリップ(Killip)分類

1型	心不全なし
2型	軽度から中等度心不全(肺ラ音聴取域＜全肺野の50%，Ⅲ音聴取，軽度から中等度の呼吸困難)
3型	重症心不全(肺ラ音聴取域>全肺野の50%，肺水腫，重度の呼吸困難)
4型	心原性ショック(チアノーゼ，意識障害，血圧90mmHg以下，乏尿，四肢冷感)

・これらの冠動脈に高度の狭窄または梗塞が生じた場合は心機能が大きく低下する(**図2**).

12誘導心電図

■急性心筋梗塞発症後の心電図は経時的な変化を示す.
・発症直後から数時間：T波の増高または先鋭化とSTの上昇→その後異常Q波を認める.
・2日から1週間：T波が陰性化しSTは下降.
→数か月後：STは正常となるが異常Q波は残存.

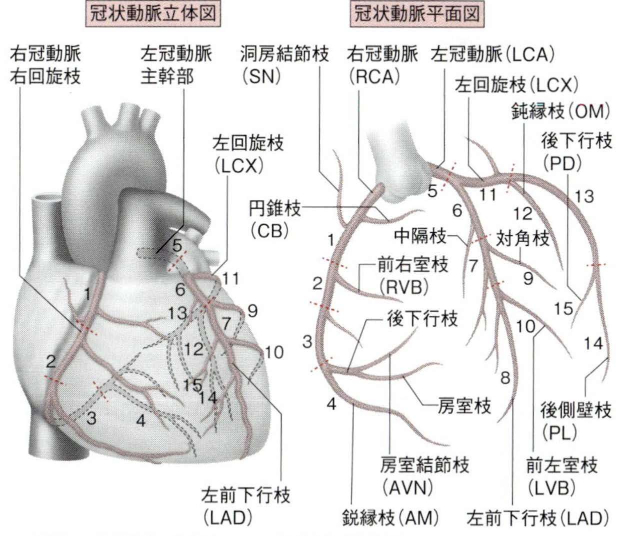

■図2　冠動脈の走行(AHAの冠動脈区域分類)

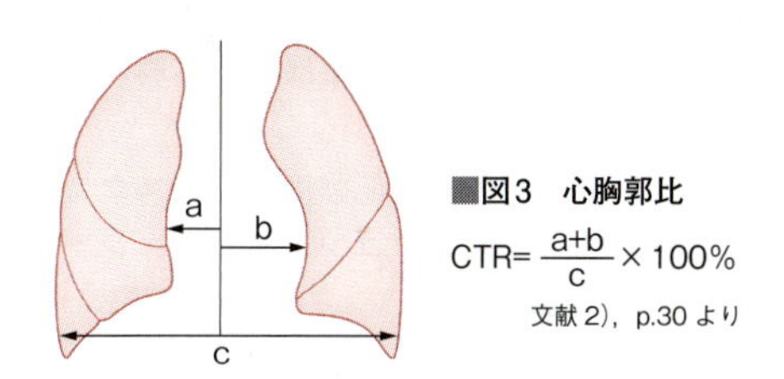

■図3　心胸郭比

$$CTR=\frac{a+b}{c}\times 100\%$$

文献2), p.30より

■心不全では，運動負荷中に不整脈が出現する可能性もあるため，心電図の変化に気づくことが重要.

胸部X線検査

■心不全：肺うっ血や心肥大，胸水などの典型的な所見がみられる.

■心肥大：心胸郭比(CTR)で評価．CTRは胸郭最大径に対する心横径の割合であり，正常は50%以下(**図3**).

■肺うっ血が進行すると肺水腫や葉間胸水などを認める.

自施設での評価法について記載

アプローチ

- 病態を評価し重症度や合併症などのリスクに基づいて，リハビリテーションの指針を立てる．

急性期

- ベッド上での他動関節可動域練習から自動運動，端坐位，立位など徐々に負荷を強め，心不全徴候や不整脈の出現などに注意しながら行う．
  - ・重症例：ベッド上でできる低強度のレジスタンストレーニングなどを行い，身体のデコンディショニングを防ぐ．

回復期

- 有酸素運動を全身持久力向上，嫌気性代謝性閾値(AT)の向上などを目的に行う．
  - ・開始初期は運動中のモニタリングが容易で，かつ運動強度が一定に保ちやすい運動を選択．

歩行，トレッドミル，自転車エルゴメーターなど(p.200参照)

- 負荷量：運動負荷試験で，決定する．
  - ・有酸素運動の運動強度：以前は最大酸素摂取量の40～85%(最大心拍数の55～85%に相当)であったが，最近では40～60%と軽めの処方である.

■運動負荷試験が行えない場合は以下のような方法がある.
- ・ボルグスケール(Borg scale)：11～13と感じる程度の運動(**表6**).
- ・トークテスト：会話しながら運動を継続できる強度.
- ・カルボーネン(Karvonen)法　など.

カルボーネン(Karvonen)の式

目標心拍数＝係数(運動強度)×{最大心拍数(220－年齢)－安静時心拍数}＋安静時心拍数

*係数は0.4～0.6が一般的

生活(維持)期

■退院後の心不全増悪因子：高血圧や不整脈などの医学的要因より，塩分・糖分や水分の過剰摂取，自己判断での服薬中止，禁煙の不徹底などが多い.
- ・自己管理能力の獲得を目標とした，包括的なリハビリテーション(運動療法，栄養指導や生活指導，復職指導など)が必要.

■表6　ボルグ(Borg)指数

安静時	6	
	7	非常に楽である
	8	
	9	かなり楽である
	10	
	11	楽である
	12	
嫌気性代謝閾値	13	ややきつい
	14	
	15	きつい
	16	
	17	かなりきつい
	18	
	19	非常にきつい
最大運動時	20	もう限界だ

自施設でのアプローチについて記載

リスク管理

バイタルサイン

血圧

- ■心機能の低下時：運動による正常な血圧反応がみられないことがあるため，運動後の血圧の低下時は胸痛や息切れなど心不全悪化の徴候がないかとくに注意．
- ・同じ姿勢で測定：姿勢の変化に影響をうけるため．

脈拍・心拍数

- ■長期臥床患者：心拍反応が正常に起こらないこともある．
- ・安静時心拍数の上昇や運動中の著明な心拍数上昇時は，心不全の悪化を疑う．
- ・不整脈患者：触診で測定する．

呼吸数

- ・心機能が低下した患者：浅く速い呼吸をすることが多いため，呼吸数の変化を確認．

自覚症状の有無

- ・自覚症状：運動時や前後の息切れ，動悸，めまいなど．
- ・スポーツ歴のある患者：発症前にスポーツ歴がある場合，心拍数の増加などを低く感じてしまう例もあるので注意が必要．

■表7　ローン(Lown)分類

Grade	内容
Grade 0	心室性期外収縮(PVC)なし
Grade Ⅰ	一源性PVCが1時間に30個未満
Grade Ⅱ	一源性PVCが1時間に30個以上
Grade Ⅲ	多源性PVC
Grade Ⅳ	a PVC2連発
Grade Ⅳ	b PVC3連発以上
Grade Ⅴ	R on T型

視診・触診

■心不全による浮腫：両側性に出現するため浮腫が増加傾向にある場合は注意．尿量や飲水量，体重も確認．

・自覚症状や血圧などの数値で示されるものだけでなく，運動中の表情の変化や冷汗，チアノーゼの有無なども確認．

心電図所見

・運動中のモニター心電図：注意すべき不整脈の発見や心拍数の把握に有効．
→運動による心筋の酸素消費量の増加や交感神経活性の更新によって心筋虚血が誘発され，電気的な異所性活動が起こりやすくなるため．

・冠動脈狭窄の残存や左脚ブロックがある場合：心電図上でのST変化が心筋虚血を反映しないため自覚症状に注意

・ローン(Lown)分類(**表7**)：IVb以降では離床を中止．

Memo

開心術後：大動脈解離・心臓弁膜症

疾患概要

■心臓開心手術：侵襲は非常に大きいが，大動脈解離や心臓弁膜症，心筋症などでは不可避な症例が多い．
→術後臥床期間：急性心筋梗塞などの患者と比べて長い．
→創部痛，人工呼吸器挿管後の呼吸機能の低下，心筋梗塞や心不全発症のリスクも高い．

大動脈解離

■大動脈壁(内膜，中膜，外膜)の3層のうち，内膜に生じた亀裂から血液が流入し中膜が内外2層に剝離され，通常の血液の通り道(真腔)とは別の通り道(偽腔)がつくられた病態(**図1**)．
・高血圧が重大な危険因子である．

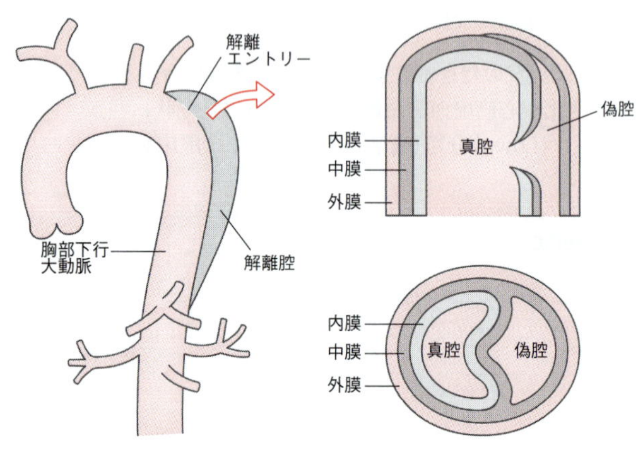

■図1　大動脈解離の模式

文献1)，p.155より

■表1　スタンフォード分類とドベーキ分類

スタンフォード分類	A型：上行大動脈に解離がある	
解離の状態	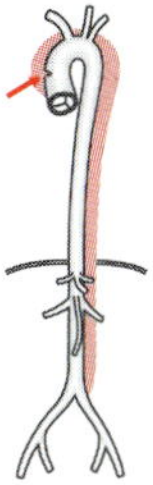	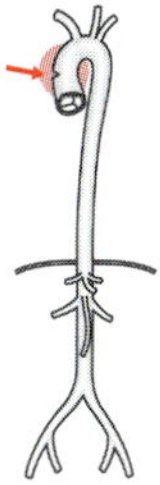
ドベーキ分類	Ⅰ型 内膜の亀裂が上行大動脈に始まり，解離が下行大動脈に及ぶ.	Ⅱ型 内膜の亀裂と解離が上行大動脈・弓部に納まる.
スタンフォード分類	B型：上行大動脈に解離がない	
解離の状態	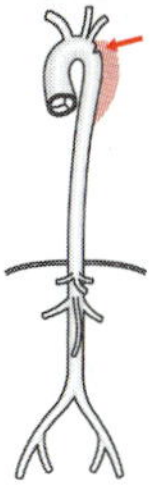	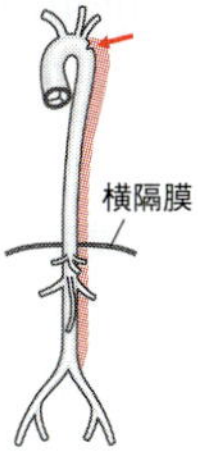
ドベーキ分類	Ⅲa型 内膜の亀裂が下行大動脈に始まり，解離が胸腔内に及ぶ.	Ⅲb型 内膜の亀裂が下行大動脈に始まり，解離が横隔膜以下に及ぶ.

■ 分類

- 内膜亀裂の入口部や解離の範囲で分類.
- スタンフォード(Stanford)分類とドベーキ(DeBakey)分類があり，偽腔の血流状態によって開存型と閉塞型に分けられる.

■ Stanford A型：解離が上行大動脈に存在するもの.
Stanford B型：下行大動脈に限局するもの(**表1**).

■ Stanford A型：致死的合併症が起こるため緊急手術が選択される.

・大動脈破裂による心タンポナーデ，大動脈弁閉鎖不全に伴う急性心不全，心筋梗塞など．

■ Stanford B型：保存的治療が選択されることが多い．

・偽腔の破裂，臓器や下肢など末梢に虚血を生じた場合は手術適応となる．

●診断

・造影CTやMRI，心エコーなどを用いる．
・心電図，血液検査：特徴的な所見はない．

●予後

・発症48時間以内の死亡率が高い．
・発症2週間以内は急な増悪の可能性が高い．
・Stanford A型の場合は緊急手術を行うが，大動脈破裂が起きた場合は予後不良である．

心臓弁膜症

■ 心臓の4つの弁(大動脈弁，僧房弁，肺動脈弁，三尖弁)が障害され，正常に働かなくなった状態．

・弁の拡張が妨げられる「狭窄症」と，弁の閉鎖が不十分であるために血液が逆流する「閉鎖不全症」がある．

■ 原因

・先天性疾患，先天的な弁の形態異常，動脈硬化，心筋梗塞，リウマチ熱など．

■ 発症

・大動脈弁と僧房弁に多い．
・三尖弁に単独で起こることはまれ．
・ほとんどが他の弁膜症に合併して起こる．

■ 肺動脈弁狭窄症：ほとんどが先天性．

■ 代表的な合併症：不整脈，血栓塞栓症，感染性心内膜炎，心不全がある．

●診断

・聴診，胸部X線，心電図，心エコー，心臓カテーテル検査などが用いられる．

・聴診：大動脈弁狭窄症では収縮期駆出性雑音，僧房弁狭窄症では僧房弁開放音などの特徴的な心音がある．
・心エコー：血液の流れをみることにより狭窄や逆流の有無を評価することができる．

●治療・予後

・内科的治療：強心薬，血管拡張薬，利尿薬など．

・外科的治療：弁の破壊や逆流が高度な場合に選択．

・弁形成術と弁置換術がある．
・弁置換術：人工弁が用いられる．年齢や性別，術後の生活を考慮して機械弁か生体弁かを選択．

心疾患

障害像

■原因疾患に伴う合併症や手術の侵襲による二次的合併症がある．

○心筋梗塞，心不全，不整脈

■開心手術：心停止，体外循環の状態となるため心臓への負担が大きい．
■左不全症状：大動脈弁，僧房弁疾患でみられやすい．
■僧房弁疾患：心房細動を合併することが多く，それに伴い血栓形成，塞栓症が起こることがある．

○脳梗塞・脊髄梗塞

■Stanford A型の大動脈解離：弓部大動脈から分岐する右腕頭動脈や左総頸動脈，左鎖骨下動脈への血流が乏しくなり，脳の虚血を起こすことがある．
■脳梗塞：手術中の血流低下により起きることがある．
■脊髄梗塞：大動脈解離で解離が生じた部位により脊髄を栄養する血管への血流が低下し発症することがある．アダムキュービッツ(Adamkiewicz)動脈の虚血による前脊髄動脈症候群が多い.

呼吸障害

■開心手術では胸骨を切開するため，物理的・心理的に胸郭運動が制限されることによって呼吸機能が低下する．また創部の疼痛もこの原因となることが多い.

・嚥下障害：開心術後の反回神経麻痺や気管チューブの圧迫による浮腫・潰瘍形成などにより生じることがある.

誤嚥性肺炎に注意する.
・無気肺，下側肺障害：術後の長期臥床により起きることがある．S6，S10に生じることが多い(p.174**図1**参照).

評価法

心エコー

■左室駆出率や壁運動，左室の収縮能，左房系，圧較差，弁口面積，血栓の有無などの評価.

X線像

■心肥大の確認,
・大動脈解離：解離部分の拡大を確認.

血液検査

■クレアチンキナーゼ(CK)，クレアチンキナーゼMB分画(CK-MB)：心筋細胞膜の障害によって上昇.

■血中尿素窒素(BUN)，クレアチニン(Cr)：血流量の低下により開心術後に腎血流障害を起こすことがある.
・重症例：透析が必要となりうる.

■ヘモグロビン(Hb)：手術の侵襲により貧血となりうる.

■白血球(WBC)，C反応性タンパク(CRP)：炎症マーカー．術後高値.
・合併症：高値となった後，低下し，遷延する場合は肺炎や感染症など疑う．

- アルブミン(Alb)：低下症例では術後肺炎や感染症などのリスクが高まる．
- 脳性Na利尿ペプチド(BNP)：心負荷の指標であり，重症度に応じて上昇．腎機能低下，急性炎症でも上昇．

呼吸障害の評価

- 呼吸様式：呼吸数，呼吸パターンを評価．
- 視診・触診：胸郭の可動性や呼吸補助筋の筋緊張を評価．
- 聴診・打診：気管音・気管支音を確認し，肺雑音や無気肺の有無を評価する．

心電図

- 術前・術後で比較．
- 運動中の心電図変化：術後心不全を合併している症例では運動負荷により不整脈が出現しうる．
  - ・負荷による心拍数の変化の把握に有効．

創部痛

- 肩関節，胸郭の動き：回復期以降でも制限されうるため，十分な説明が必要．動作指導も行う．

自施設における評価法について記載

アプローチ

急性期

- 循環管理・呼吸管理：術後の過剰な安静臥床は患者の身体機能低下，合併症の原因となる．できるだけ早期かつ安全な離床の開始のために重要である．
- 起立性低血圧：長期臥床の循環器系への影響で，心拍数の増加と血管運動反射の消失により起こりうる．離床の際には血圧や心拍数などバイタルサインの変動に注意．
- 体位変換・咳嗽練習：無気肺や肺炎など合併症予防のために行う．
- レジスタンストレーニング：呼吸機能の向上に有効であるが，胸骨切開術後約3か月は上肢に負荷のかかる運動は避ける．
- 離床：循環動態が安定している場合，バイタルサインの変動に注意しながら坐位，立位，歩行と段階的に進める．

回復期

- 歩行：循環動態が落ち着いていれば，距離を延長する．
- 有酸素運動：自転車エルゴメーターやトレッドミルなど(**図2**)も有効である．
- 動作指導・生活指導：入院前のADLを考慮したうえで行う．入院前の食生活や嗜好品，趣味，仕事内容など情報収集をし，個々に適切な指導を行う．

トレッドミル

自転車エルゴメーター

■図2　有酸素運動

・再発時の症状や対処方法，術後合併症(人工血管感染，創部感染，胸骨離開など)についても家族を含めて説明，指導を行う.

生活(維持)期

■運動療法：入院中のみならず退院後も継続した実施が重要.

・患者の性格や入院前の生活をふまえたうえで，継続的に行える運動内容を計画し指導する.

アプローチ

不整脈のチェック

■心電図の変化：運動負荷により心筋の虚血を誘発しうるため，運動前後の12誘導心電図と運動中のモニター心電図上での変化を確認.

・とくに心室性期外収縮では，不整脈の出現も多くみられる.

高齢者

■不穏・せん妄：とくに高齢者では術後に起こることが多い. そのため転倒，転落やルート類の自己抜去に注意.

■個別での対応：近年，開心術を受ける患者の高齢化が進み，術前より糖尿病，肺疾患，腎障害などを併存している患者も少なくない. 離床が遷延する場合はプログラム内容を変更するなどの対応が必要となる.

血圧管理

■弁膜症：術後は血圧と心拍数のコントロールが重要.

■大動脈解離：術後は，吻合部や大動脈への影響を考慮し，尿量維持と脳血流維持に配慮したうえで血圧を低くコントロールする.

・安静時収縮期血圧130mmHg以下
運動負荷後150mmHg以下を目安(施設や症例によって若干異なる).

自施設でのアプローチを記載

Memo

糖尿病

疾患概要

- インスリン作用不足によって生じる代謝疾患群.
  - ・主な特徴：慢性の高血糖.
- インスリン作用不足：インスリン分泌能の低下，インスリン感受性の低下(インスリン抵抗性)を機序として起こる.

分類

- 成因から1型糖尿病，2型糖尿病，特定の疾患によるもの，妊娠糖尿病に4分類される(**表1**).
- 2型糖尿病：遺伝要因に肥満，運動不足などの環境要因が加わり発症. 糖尿病の大部分を占める. このため，糖尿病は典型的な生活習慣病としてとらえられている.
- 1型糖尿病：小児期～思春期に多く，自己免疫を基礎にした膵β細胞破壊により発症. 肥満や運動不足による生活習慣病ではない.

■表1　糖尿病の成因分類

分類	成因	
1型糖尿病	膵β細胞の破壊によりインスリン分泌能低下(欠乏)をきたすもの	A. 自己免疫性
		B. 特発性
2型糖尿病	A. インスリン分泌能低下を主体とするもの	
	B. インスリン抵抗性が主体で，それにインスリンの相対的不足を伴うものなど	
その他の特定の機序，疾患によるもの	A. 原因として遺伝子異常が同定されたもの	
	B. 他の疾患，条件に伴うもの(内分泌疾患や肝疾患など)	
妊娠糖尿病	(GDM)妊娠中に発症または初めて発見された糖尿病に至っていない耐糖能異常(IGT)	

症状

- 口渇，多飲，多尿，体重減少，易疲労感など．持続する中等度以上の高血糖が原因．患者は自覚症状に乏しく病識をもたない場合が多い．
- 意識低下：高度で低血糖または高血糖が起こる．意識を消失する糖尿病昏睡に陥った場合は生命の危険がある．

合併症

- 糖尿病合併症の多くは以下に分類される．

> 大血管障害：慢性的な高血糖による動脈硬化で発症．
> 細小血管障害：高血糖による代謝異常で発症．

- 主な動脈硬化疾患：冠動脈硬化症，脳血管障害，下肢閉塞性動脈硬化症．
- 糖尿病の3大合併症：細小血管障害によって発症する網膜症・腎症・神経障害．
- 糖尿病足病変：下肢閉塞性動脈硬化症と神経障害などの合併によって生じることがあり，下肢切断のリスクを高める．
- 勃起障害：神経障害と動脈硬化の合併によって生じることがある．

治療

- 治療・予防：食事や運動など生活習慣の改善が重要．
- 薬物療法・食事療法・運動療法：血糖をコントロールして合併症の発症・進展を阻止することを目的に治療を行う．
- 運動療法：糖尿病の治療や合併症の予防に効果的．
- リハビリテーション：合併症で失われたり低下した視力や四肢の機能などを，補完または高めることが役割の1つである．

障害像

- 糖尿病合併症はさまざまな障害(**表2**)を引き起こすが，いずれも重症化するとQOLを大きく損なう．
- 合併症による障害には，視力障害(視力低下，失明)，歩行障害が多くみられる．

■表2　糖尿病合併症の障害像

障害	障害像
糖尿病神経障害	・高血糖に伴う複数の因子が関与，知覚神経と自律神経を主に障害． ・糖尿病多発神経障害による感覚障害や筋力低下，自律神経障害による起立性低血圧，無自覚性低血糖や不整脈，無痛性心筋虚血が高頻度にみられる． ・下肢に感覚障害があると足の外傷や病変に気づきにくく，足潰瘍，壊疽のリスクが高まり，重症例(潰瘍，壊疽など)では下肢切断の可能性もある． ・不快な下肢のしびれや勃起障害はADLに影響しないが，QOLを低下させる．
糖尿病網膜症	・高血糖に起因した代謝異常によって血管透過性亢進，微小血管閉塞，血管新生が生じた結果，発症． ・進行するまで自覚症状がないことが多く，重症化することがある． ・年間3,000人にのぼる成人失明の原因である[1)]． ・血糖コントロールが重要．
糖尿病腎症	・糖尿病性細小血管合併症の1つ，高血糖により代謝異常が引き起こされ，細胞増殖因子をはじめとするサイトカイン産生および細胞外基質の増加により発症． ・腎機能障害は，日常生活における自由度に大きく影響． ・進行とともにADLの制限が拡大，最終的には人工透析が必要となる． ・透析導入の首位原因であり，年間約1万5,000人が新たに透析を導入している[2)]． ・血糖，血圧コントロールが重要．
動脈硬化	・高血糖，高インスリン血症，糖尿病に合併する高血圧，脂質異常症による血液粘度の上昇で，血管に起こる． ・冠動脈硬化症，脳血管障害，下肢閉塞性動脈硬化症の原因となる． ・虚血性心疾患，脳卒中，下肢切断：発症により患者のQOLは大きく損なわれる．
糖尿病足病変	・長年にわたる糖尿病に関する神経障害と血管障害で起こる． ・感染症(蜂窩織炎，白癬など)，皮膚疾患〔湿疹，角化症，鶏眼(ウオノメ)，胼胝(タコ)など〕，熱傷，外傷，浮腫など． ・糖尿病による神経障害，血管障害などが複雑に関連し，重症化しやすい． ・重症化すると潰瘍・壊疽となり下肢切断に至ることも多い．

評価法

糖尿病神経障害の評価の意義

■糖尿病神経障害の症状

感覚障害：下肢末梢，とくに足潰瘍・壊疽．

自律神経障害：重篤な起立性低血圧，下痢・便秘，心筋梗塞のリスクが高まり，リハビリテーション実施の妨げになることがある．

■糖尿病神経障害の初期：自覚症状がなく，神経学的検査による異常所見の出現時期と必ずしも一致しない．

■評価の際には，自覚症状の問診と神経学的検査を実施．

糖尿病多発神経障害の評価

■簡便な診断方法として，「糖尿病多発神経障害の簡易診断基準」が用いられている．

■簡便な神経学的検査として以下がある．

・アキレス腱反射検査：反射が出やすい膝立ち位で判定．

・振動覚検査：128Hz音叉で内果に当ててから10秒以上感じれば正常と判断．

・足部触圧覚検査：モノフィラメントで触圧覚がなければ足部の感覚神経障害．胼胝や角化部位は避ける．

糖尿病自律神経障害の評価

■出現時期：自覚症状と神経学的検査での異常所見では必ずしも一致しない．

■リハビリテーション：糖尿病自律神経障害により生じる起立性低血圧が問題となる．

■検査：起立負荷試験．副交感神経機能を反映した心電図R-R間隔変動係数(CVR-R)を行う．

■起立負荷試験

・安静臥位で血圧を測定後，すばやく起立させ，収縮期血圧が20mmHg(高齢者は30mmHg)，拡張期血圧が10mmHg(高齢者は15mmHg)以上の低下で陽性と価する．

・その他の自律神経機能検査とあわせて確定診断を行う．

■心電図R-R間隔の変動係数：15分以上の安静後の被験者心電図を記録，連続する100回の心拍のR-R間隔を測定し，変動係数(標準偏差/平均値)を求める.
・健常者：1.5～2.0%
糖尿病性自律神経障害：1.5～2.0%以下.

糖尿病網膜症

■眼底検査所見によって以下に分類，重症度を判断.
・単純網膜症，前増殖網膜症，増殖網膜症.
■現存の残存視力を評価：視力の障害を患者自身が日常生活を送るうえでどのように考え，なにを希望しているかのニーズを把握.

糖尿病腎症

■重症度：尿タンパク量と糸球体濾過量(GFR)により判断.
・早期に診断し，病態の進行を抑制することが重要.
・GFRが60mL/分/1.73m^{2}未満であると，運動療法の実施を制限.

自施設での評価法について記載

アプローチ

●糖尿病網膜症に対するロービジョンケア

■ロービジョン

・WHOの定義では「矯正視力で0.05～0.3未満」とされている.

■ロービジョンケア(low vision care)

・対象：糖尿病網膜症が原因の視覚障害者のみならず，視力低下，視野異常，羞明(まぶしさ)，色覚異常や複視などあらゆる視覚障害.

・残存視力や他の感覚を使ってQOLの向上を目指す.

■視覚障害者に対するリハビリテーション：ロービジョンエイド(補助具)の選定と使用法の習得，ADL練習やコミュニケーション練習など.

・専門的な知識が必要で，臨床では実施困難な場合も多い.

・練習とともに心のケア，就業や就学の相談も行う.

■リスクの回避：食事療法や薬物療法，病期ごとの日常生活上の活動制限や生活習慣改善の指導が大切.

自施設でのロービジョンケアのアプローチについて記載

■表2　運動を禁止したほうがよい場合

1. 空腹時血糖が250mg/dL以上，尿ケトン体陽性
2. 増殖網膜症による新鮮な眼底出血がある．
3. 血清クレアチニンが男性2.5mg/dL以上，女性2.0mg/dL以上
4. 虚血性心疾患（IHD）や心肺機能に障害がある．
5. 骨・関節疾患がある．
6. 急性感染症
7. 糖尿病壊疽
8. 高度の糖尿病自律神経障害

●糖尿病腎症と糖尿病神経障害

■リハビリテーション：過度な安静を避け，糖尿病合併症を悪化させないように，QOLを維持・向上できることが目標．

■リスク回避の方法は，糖尿病網膜症に準じる．

■糖尿病神経障害では，症状の程度に応じて以下のようなアプローチを行う．

・靴下や靴の装着による足部保護法の指導
・自律神経障害がある場合：起立性低血圧の予防
・血糖コントロールなどの生活指導

◐運動療法

■目的：血糖コントロールの改善，脂質代謝の改善，インスリン感受性の増加など．

■有酸素運動，レジスタンス運動：いずれもインスリン抵抗性を低下させ血糖改善作用をもたらすため，推奨．

■運動療法を禁止したほうがよい場合について**表2**に示す．

●運動強度の指標

■推奨される強度：最大酸素摂取量（VO_2max）が50%程度．運動強度の設定は一般には脈拍を測定して行う（**表3**）．

■糖尿病患者の強度設定

・自律神経障害を有している可能性があり，不整脈などでは心拍数は運動強度の指標としての信頼性が低くなる．また，狭心症や心筋梗塞時の胸痛の自覚を欠くこともあるので注意を払う．

■表3　糖尿病患者に推奨される運動処方

運動様式	・有酸素運動（歩行，ジョギング，サイクリング，水泳など） ・レジスタンス運動 ・柔軟体操
頻度	・有酸素運動：週3～5回 ・レジスタンス運動：週2～3回
強度	・有酸素運動：最大心拍数の50～70％の中強度 ・レジスタンス運動：呼吸を止めずにゆとりをもって10～15回行える強度
時間	・有酸素運動：20～60分程度 ※複数のセットに分けても効果的といわれている（例：7分×3セット）．
その他	・主運動の前後に5分程度の準備体操ならびに整理体操（柔軟体操など）を行ったほうがよい． ・身体活動量（運動と生活活動）の総量を増加させることも有効である．生活活動を活発にするよう促すことも有効である．

・強度設定：患者の「楽である」「ややきつい」などの感覚を運動強度の自覚的な目安とする．
・実際には「会話ができる」「20～30分は続けて運動できる」などの具体的な感覚を示したほうがわかりやすい．

■強度の調整：運動中に患者にときどき話しかけ，問いかけに対する返答が息切れなどで途切れがちな場合は，強度を下げる．

●糖尿病網膜症

■増殖網膜症の前段階：進行の程度や全身状況によるが，球技やジョギング，水泳なども可能である．

■増殖網膜症に進行：激しい運動で新生血管から出血する可能性があるので，軽い運動にとどめる．

●糖尿病腎症

■透析患者：運動療法は糖尿病腎症患者の身体機能とQOLを向上させるため有効．

自施設での運動療法のアプローチを記載

リスク管理

●低血糖

■原因：インスリンや経口血糖降下薬の過剰投与，摂食不足，運動過剰など．

■重症化：交感神経症状や中枢神経症状を呈し，意識障害を起こし，昏睡に陥る危険性がある．

●糖尿病神経障害

■自覚症状と他覚的検査異常所見が必ずしも一致しない．

■神経障害：自覚症状の聴取と他覚的検査を実施し，見落とさないようにする．

■自律神経障害による不整脈や無痛性心筋虚血に注意する．

●感覚障害

■糖尿病足病変：感覚障害を合併している場合はリスクが高まる．

・患者指導：傷などに気づきにくいため足部の観察方法，最適な靴選びなどの足を保護する．

■運動療法，リハビリテーション時：足部に傷や皮膚病変などがないかを観察．

●起立性低血圧

■自律神経障害によって生じる．

■運動負荷によりは心拍数や収縮期血圧の上昇反応の低下がみられる.

■症状：臥位から坐位などへ体位を変換により起こる低血圧症状.

・めまいや立ちくらみ，頭痛，複視，視野狭窄など.

■起立性低血圧の予防と対応

・弾性包帯や弾性ストッキングによる下肢血流貯留の予防
・患者指導の徹底：急に立ち上がることを避ける，ゆっくり動くことなど.
・症状が起きた際：安静臥床で血圧を測定. 血圧が改善していなければ，下肢挙上で再度測定する.

●**糖尿病網膜症と糖尿病腎症**

■網膜症：低血糖や血圧変動によって網膜出血が誘発され悪化するリスクがある.

■バルサルバ運動：血圧上昇を伴うためいきむ運動は避ける.

■血糖値や血圧値の情報を収集し，リスク管理に努める.

Memo

がん（各種がんおよび脳腫瘍）

疾患概要

リハビリテーションからみたがん

■がんのリハビリテーションを行う際に必要なこと.

・がん医療全般の知識
・高次脳機能障害, 運動麻痺, 筋力低下, 発声障害, 嚥下障害, 四肢の浮腫, 呼吸障害, 骨折, 切断などに対する知識や高い専門性.

■チームアプローチ：身体症状のほか, 精神心理的苦痛や社会的問題にも対処しうる多職種によるアプローチが必要である.

■5年生存率：現在, がん患者全体の55%超, がんと共存する時代といえる.

■リハビリテーションの重要性：治癒のみを目指した治療から, 患者のQOLの維持向上を目指す重要性に目が向けられている.

■リハビリテーションの必要性：治療の進行状況やがんの状態によって変化する.

・繰り返し評価し, 早期に達成可能な短期的ゴールを設定することが重要.

■分類：アプローチ方法により予防的, 回復的, 維持的, 緩和的に分けられる(**表1**).

障害像

■がん治療適応の判断や治療効果, 生命予後を予測する指標として, PS評価, KPS, PPSなどが世界的に用いられている.

疼痛の評価

■患者自身による主観的評価のスコアリング：NRS, FRS,

■表1　がんのリハビリテーションの分類（Dietzの分類）

予防的リハビリテーション（preventive rehabilitation）	がんと診断されたあと，早期に開始されるもので，手術，放射線治療，化学療法の前もしくは後すぐに施行される．機能障害はまだないが，廃用症候群や合併症の予防を目的とする．運動指導や褥瘡予防を含めた皮膚ケア，肺機能訓練などを行う．
回復的リハビリテーション（restorative rehabilitation）	治療されたが残存する機能や能力をもった患者に対して，最大限の機能回復をめざした包括的訓練を意味する．機能障害，能力低下に対して，体力および運動能力の回復，動作代償能力の獲得などにより患者の在宅生活への復帰を援助していく．
維持的リハビリテーション（supportive rehabilitation）	がんが増大しつつあり，機能障害，能力低下が進行しつつある患者に対して，すばやく効果的な手段（たとえば，自助具やセルフケアのコツの指導など）により，セルフケア能力や移動能力を増加させる．また，拘縮，筋萎縮，筋力低下，褥瘡のような廃用を予防していく．
緩和的リハビリテーション（palliative rehabilitation）	終末期のがん患者に対して，ニーズを尊重しながら，身体的，精神的，社会的にもQOLの高い生活が送れるようにすることを目的とし，物理療法，ポジショニング，介助呼吸，リラクセーション，各種自助具・補装具の使用などにより，疼痛，呼吸困難，浮腫などの症状緩和や拘縮，褥瘡予防などをはかる．

文献1）を改変

自施設での身体機能および疼痛の評価法を記載

VASなどがある．
・痛みの評価を目的に開発されたが，主観的症状（つらさや苦しさなど）を定量的に評価・記録する方法としても活用できる．
■ 評価スケールは「痛み」（p.335–336）を参照のこと．

病期分類：TNM分類

■ がんの進行度を表す代表的な分類である．
■ TNM分類
・視診，触診，X線検査などの全身検査をもとに国際対がん連合（UICC）が規定，治療前の進行度（臨床病期）を決定している．
・T（tumor）：腫瘍（原発巣）の広がり．
N（lymph Node）：所属リンパ節の状態．
M（metastasis）：遠隔転移．
それらを組み合わせることによって病期分類され，総合的に診断される．
・4段階に分類され，その臨床病期（ステージ）に応じて治療法が決定される．

ステージⅠ：腫瘍が局所に限局．
ステージⅡ：腫瘍が周囲組織/リンパ節内に浸潤している状態．
ステージⅢ：ステージⅡより広範囲に浸潤している状態．
ステージⅣ：遠隔転移がある状態．

治療

化学療法

■ 化学療法の副作用とリスクは以下のようである．
・悪心・嘔吐（PS，ADLの低下，脱水，治療意欲の喪失），脱毛（治療意欲の喪失），骨髄抑制（感染誘発，出血傾向，貧血症状），末梢神経障害（知覚鈍麻，便秘，うつ症状），心機能障害（不整脈，低血圧），肝機能障害，腎機能障害，下痢（脱水・電解質異常），浮腫（体重増加）．

放射線療法

■放射線による副作用

・放射線照射後は，照射直後に現れる：急性反応

・半年以上経って現れる：晩期反応がある．

・とくに急性反応として現れる全身および局所反応に留意する．

手術療法

■合併切除：多くの場合は根治を目的にしているため，がんのみならず正常組織やリンパ節を含めて広範となり，切除された身体部位喪失による機能障害を伴う．

■周術期の合併症

・感染症や肺炎による敗血症．
神経の圧迫や癒着による神経麻痺．
肺機能低下による呼吸障害．
安静による廃用症候群．

などに注意する必要がある．

障害像

脳腫瘍

誘因・原因

■脳腫瘍：頭蓋内に存在するあらゆる組織(下垂体，松果体，大脳半球，小脳，脳幹部など)から発生する．

■脳腫瘍には，原発性と転移性の2種類がある．

・原発性：良性と悪性があり，中枢神経実質由来，中枢神経実質外由来，胎生遺残物由来の3つに分類される．

・転移性：脳以外に発生したがんが脳に転移したもので，悪性である．

症状・臨床所見

■腫瘍のできた場所により症状が異なるが，以下のような症状がみられる．

・急性頭蓋内圧亢進症状．
・慢性頭蓋内圧亢進症状．
・てんかん(初発症状として痙攣発作)．

・局所神経症状(片麻痺，失語症状，失認など)．
・水頭症．

●検査・診断

■一般的に頭部CTや頭部MRIなどの画像診断が有用．さらに造影剤を用いて脳の血管を造影することによってより詳細な情報が得られる．

●治療

■脳腫瘍に伴う頭蓋内圧亢進

・意識障害，痙攣発作，巣症状：頭位挙上(15～30°)，呼吸管理，頭蓋内圧降下薬，副腎皮質ステロイド薬，抗けいれん薬の投与により，全身状態の改善が必要である．
・手術療法が原則であるが，放射線治療や化学療法，免疫療法との併用で大きな効果が期待できる．

がん

脳腫瘍のリハビリテーション

■脳腫瘍・脳転移：発生部位や大きさにより身体機能への影響のみならず，認知能力低下をまねき感情表現に変化を及ぼすことがある．
■実施上の注意点
・治療内容や病期の理解は不可欠．
・術後の合併症などを最小限に抑え，残存する機能を最大限に引き出し，患者のADL，QOLの向上をはかる．
■がん患者であるという認識をもつ：脳腫瘍の種類，予後をふまえ，患者の状態に合わせたゴール設定で進める．

①開頭術周術期のリハビリテーション

[術前・術後の身体機能を評価]

■術前の身体機能：脳卒中重症度スコア(mRS)を用いて評価する施設もある．

・術後にも実施し，術前・術後の障害状況に変化がないかを確認．

[機能・能力障害の出現]

■麻痺や失調症状，高次脳機能障害が出現した場合：脳卒中や脳外傷患者に行うリハビリテーション方法を応用.

- 嚥下障害：術前から出現していた場合や，意識障害や浮腫などによる脳神経の障害によって摂食・嚥下に問題がある場合は，患者のQOLに大きくかかわるため，状態に応じて摂食・嚥下のリハビリテーションを行う.
- 具体的なリハビリテーション内容→「脳卒中へのアプローチ」(p.40-52)を参照のこと.

[廃用症候群の予防]

- 術後急性期：安静臥床を強いられる場合もあるので，廃用症候群に注意する.

②リハビリテーション施行時の注意点

[放射線・化学療法併用時]

- 副作用に注意しながら実施.
- とくに放射線治療では，悪心・嘔吐，めまい，皮膚のトラブルなどが出現.
- リハビリテーション実施時間：疲労感を生じることもあり，ついては十分な配慮が必要.

[その他の合併症]

- ステロイドミオパチー，深部静脈血栓症(DVT)，てんかんなどに注意.

自施設での評価・アプローチなどについて記載

転移性骨腫瘍

誘因・原因

- 原発性と転移性に分けられ，転移性骨腫瘍の割合が圧倒的に多い．
- 乳腺がん，肺がん，前立腺がん，多発性骨髄腫，胃がん，腎臓がんなどの原発巣から転移．

症状・臨床所見

- 発生部位：脊椎が最も多く，骨盤，肋骨など．
  - ・四肢では大腿骨，上腕骨など体幹部に近い部位に多い．
  - ・通常，肘や膝よりも末梢側には転移しない．
- 多発骨転移である場合が多い．
- 主症状：四肢・体幹の疼痛，溶骨性病変を主体とした骨転移では，進行すると切迫骨折・病的骨折に至る．
- 脊椎病変：疼痛に加え神経症状を伴う場合があり，進行すると脊髄麻痺を呈する．

検査・診断

- 骨シンチグラフィー，CT，MRI，単純X線写真，PETなどで評価．

・単純X線写真：骨透亮像や骨硬化像がみられる．

- 血液検査：原疾患の腫瘍マーカーの上昇，骨アルカリホスファターゼの上昇，カルシウムの上昇なども診断に有用．

治療

- 治療方針：腫瘍の放射線治療感受性，骨転移部位と患者の予後などによって異なる．
- 一般的には保存療法で，放射線治療が多く行われる．
- 併用療法：外科手術と放射線治療または化学療法との併用，外科手術と放射線治療と化学療法の3つを併用する場合もある．
- 先進医療の開発：がん治療の進歩により脊椎転移患者が急速に増えている状況で関心が高まっている．

❍ 転移性骨腫瘍のリハビリテーション

- 病的骨折を起こさないことが最も重要．
- 強い疼痛を伴う場合：緩和ケアによる疼痛コントロールと連携して，安静時痛がある程度落ち着くまでポジショニングなどのリラクセーションを取り入れる．
- 罹患部位や原発巣による予後，治療経過の中での全身状態，他部位の骨転移の状態によって予後予測は変化する．
- 比較的予後が良好な場合：できるだけ早期に歩行などの移動動作の獲得や自宅退院といったゴールを設定．
- 予後が見込めない場合：治療やリハビリテーションに時間をかけず，車椅子での退院など，全身状態に考慮しながら無理のないゴールを設定する．現状の環境整備や緩和的リハビリテーションも重要．

①放射線治療のリハビリテーション

- 病的骨折を起こさないことが最も重要．
- チームカンファレンス：予後に応じて適切なゴールを設定し，症状や画像所見などから安静度を細かく決める．
- 骨硬化：放射線治療終了後，約2～3か月でX線写真上に認められるようになる．

[脊椎]

- 放射線治療中：疼痛と神経症状を呈していることが多く，安静となる場合が多い．
  - ・安静期間中：廃用症候群と静脈血栓症の防止に努める．
- 治療開始前や開始直後は，動作時だけでなく安静時にも激しい疼痛を訴えることがあり，QOLの阻害因子となる．
- 動作時の疼痛：頸椎カラーや硬性コルセット等の装具の使用が有効．あわせて疼痛の起きにくい動作を習得する．
- 神経症状：外傷性脊髄損傷と似ているが，がん特有の疼痛，悪液質，多発骨転移などの合併症や予後不良である点に留意してゴールを設定し計画を立てる．
- 臨床：状態に応じて頸椎カラーや硬性コルセットなどの装具を着用し，ベッドアップや斜面台を利用して促す．

[大腿骨近位部]

- 放射線照射中：疼痛の範囲内で等尺性収縮を用いた筋力増強，拘縮予防など廃用症候群の予防を行う．
- 移動動作の獲得：免荷での移乗動作や，松葉杖や四点歩行器などを用いた安全な免荷歩行の獲得を目指す．
- 照射終了後：X線写真などで定期的に評価．終了後1，2か月ごろには仮骨形成が始まるまで引き続き免荷での動作練習を継続．
  - ・予後に応じて安静度の細かいチェックをしながら適切なゴール設定をする．

②リハビリテーション施行時の注意点

[病的骨折に向けた注意点]

- 専門医と連携し，転移部位の評価や骨折のリスクに関する情報交換を行い，運動プログラムを作成．
  - ・患者・家族にも病的骨折のリスクについての説明を十分に行い，文書で承諾を得る．
- 転移部位：軽微な力でも骨折が起こることを念頭におき転移部に急な衝撃や大きなモーメント，捻転力が加わらないように留意．

自施設での評価・アプローチなどについて記載

乳がん

診断・治療

■診断方法

・視診・触診

・マンモグラフィー，超音波，MRI，CTなどの画像検査，さらに穿刺吸引細胞診，分泌物細胞診，針生検，切除生検などの病理診断．

■診断後：胸部X線，胸腹部CT，骨シンチグラフィーあるいは陽電子放出断層撮影(ET)で転移の有無を検索．

■治療法の選択：病期や状態によって，乳房切除術，乳房温存術，化学療法，放射線治療，ホルモン療法などを選択．

・近年，術後に行う補助療法から術前に行う全身療法へと移行している．

■上肢機能障害：乳がんの病巣や関連リンパ節は肩関節の近傍に存在するため，浮腫とともに生じやすい．

■関節の拘縮：術後には皮膚切開による疼痛，皮弁張力，腋窩リンパ節郭清が原因で術側肩に生じやすい．

・肩の運動障害の予防，腋窩リンパ節郭清術後のリンパ浮腫の予防が大切．

■乳房温存療法：積極的に行われるに伴い放射線治療の併用も増加の一途をたどり，放射線による遅発性の上肢機能障害の発生も問題となっている．

乳がんに伴う障害・症状とリハビリテーション

①上肢機能障害

■術側肩関節の運動障害に対して以下のような点に注意する．

・各運動方向における制限の度合いは，①水平外転，②外転，③屈曲の順に強いとされる[2)]．

・積極的な可動域訓練：通常，術後5日目までは避け，肘や手指までの自動運動を行う．

・肩関節は屈曲・外転90°までとする．

・ドレーン抜去後は肩関節の可動域練習を積極的に行う．

②浮腫

■術直後の一過性浮腫：運動開始によって消失することが多い．

- 遅発性のリンパ浮腫：皮膚の管理や運動制限などの予防が重要.

③**放射線神経障害**

- 遅発性の神経障害：麻痺に伴う無動化によって筋のポンプ作用が失われ，リンパ浮腫を増大させる可能性もあるため注意.

自施設での評価・アプローチなどについて記載

婦人科がん

- 子宮頸がん，子宮体がん，卵巣がんをはじめ，外陰がん，膣がん，卵管がん，絨毛がんなどがある.
- 個々の病態に応じて手術療法，放射線治療，化学療法を組み合わせた集学的治療を行う.
- 術後の機能障害にはリンパ浮腫，膀胱・腸管機能障害などが多い.

婦人科がんに伴う障害・症状とリハビリテーション

①骨盤内リンパ節郭清術後のリンパ浮腫の予防

- リンパ浮腫：手術によるリンパ節郭清，術後の放射線治療によって生じることが多い.
- 発症率：子宮頸がん，子宮体がん，卵巣がんの順である[3]．発症率の違いは治療法に大きく関与する.

・子宮頸がん：術後放射線治療を施行.

・子宮体がん，卵巣がん：術後化学療法を併用.

■放射線治療：照射による組織の線維化がリンパ液停滞を引き起こし，リンパ浮腫が高率で発生する.

■婦人科がんに伴うリンパ浮腫：早期に発生するものから長期間を経て発生するものがあり，術後早期から長期にわたる予防と注意が必要である.

■リンパ浮腫の予防法と日常生活の注意点

①患肢の挙上
②長時間立位の制限
③リンパ灌流を阻害する物理的要因を避ける
④感染を避ける
⑤スキンケア
⑥セルフリンパドレナージ
⑦弾性ストッキングの着用

[リンパ浮腫のためのエクササイズ]

■弁のある集合リンパ管を流れるリンパ液は，それぞれ流れ込むリンパ節が決まっているが，郭清によって処理能力が低下し，処理しきれず漏れ出して浮腫となる.

■リンパドレナージ

・患肢にたまった組織液やリンパ液の動きを活発にし，流れを促進することを目的に，皮膚のストレッチ刺激によって適切な方向に誘導するマッサージ療法.

・リンパ液を流す方向へ，最も近い健康なリンパ節に誘導するが，皮膚だけのマッサージを1～2回/秒のゆったりしたペースで行う.

・方法

医療徒手リンパドレナージ：セラピストが行う
セルフリンパドレナージ：患者自身が行う
オイルやパウダーは使用せず，直接皮膚に掌を密着させてマッサージする.

●背臥位で膝を立てる.
●腹式呼吸をしながらお尻の穴を締める.

■図1　腹圧エクササイズ

②膀胱機能障害

■ 広範子宮全摘後：排尿障害・尿失禁が生じる場合がある.
■ 排尿障害：腹圧エクササイズ(**図1**)や手圧排尿で，腹圧による排尿を促す.
・膀胱を無理に押したり，長時間圧をかけることによる過度な膀胱内圧亢進の出現に注意.
■ 尿道括約筋不全による尿失禁に対しては骨盤底筋群のエクササイズを行う.

[骨盤底筋群のエクササイズ]

■ 骨盤底筋：鍛え筋力をつけることで，臓器が下がることを防ぐ.
　・肛門や膣を締める訓練をすることで，尿道を締めることができ，尿漏れの症状を改善できる可能性がある.
　・過活動膀胱や腹圧性尿失禁に効果がある.

③腸管機能障害

■ 広範子宮全摘後：便秘が増悪し，慢性的な便秘となる場合がある.
　・手術操作による骨盤神経叢の障害が原因と考えられる.
　・放射線治療では小腸・大腸炎から下痢を生じることもある.

自施設での評価・アプローチなどについて記載

がん

造血器腫瘍

●誘因・原因

■分類

・リンパ性白血病：リンパ系細胞ががん化
・骨髄性白血病：骨髄系細胞ががん化
・急性白血病：がん化した白血球が芽球の段階で増える
・慢性白血病：成熟する過程の全段階で増える

●症状・臨床所見

[急性白血病]

■造血幹細胞から成熟血球ができる過程の障害で，正常造血が阻害される．
■赤血球の減少：貧血症状．
■白血球の減少：細菌・真菌感染に伴う症状が現れる．
■血小板の減少：口腔内・皮下・歯肉・鼻出血などの出血傾向が生じる．

[慢性骨髄性白血病]

■造血幹細胞の異常によって成熟血球が無秩序に生産される．感染や出血はみられず無症状だが，脾臓でも造血が起こるため，場合によっては脾腫とそれに伴う腹部症状がみられる．

[悪性リンパ腫]

■造血器腫瘍の中で最も頻度が高い．
・ホジキンリンパ腫と非ホジキンリンパ腫に分けられさらに細かく亜分類される．
・タイプによって特徴や治療法，予後が異なるので診断が非常に重要となる．

[多発性骨髄腫]

■Bリンパ球の一種である形質細胞ががん化したもの，主に高齢者に発症し，発症頻度はその他の疾患より少ない．

■主症状として，貧血や骨髄腫の細胞が産生する化学物質の作用による骨折や骨痛，腎障害などがある.

●検査・診断

■急性白血病：末梢血中の芽球(白血病細胞)の増加で診断可能である.

■慢性骨髄性白血病：末梢血中の好塩基球の増加に加え，染色体異常あるいはそれに伴う遺伝子異常がみられる.

■悪性リンパ腫：病変部位の生検による組織診断が不可欠.

■多発性骨髄腫：骨髄穿刺を行い診断．さらに尿，血液，骨髄，画像などで全身骨の状態を調べ，骨代謝マーカーで骨の病変を把握.

●治療

[化学療法]

■骨髄性腫瘍：アントラサイクリン系とシトシンアラビノシド系の併用が多い.

■リンパ性腫瘍：ドキソルビシン塩酸塩，ビンクリスチン硫酸塩，シクロホスファミド水和物，副腎皮質ステロイド，L-アスパラギナーゼ，フルダラビンリン酸エステルなど，多くの薬物が併用投与される.

[放射線治療]

■リンパ性腫瘍：多くは放射線に対して感受性が高く効果的である.

・治療後の長期生存者において放射線照射に伴う二次性がんの発症が問題となるため，限局した照射野で行う傾向にある.

[造血幹細胞移植]

■前処置として大量の抗がん薬や放射線照射により，腫瘍細胞を正常造血能も同時に破壊

→破壊後，正常な造血幹細胞を移植し，免疫系を再生させる方法.

■移植後：移植された免疫担当細胞による同種免疫反応が起こり，患者のさまざまな組織や臓器が傷害されることを移植片対宿主病(GVHD)とよぶ.

■ GVHD：急性型(移植から100日まで)，慢性型(移植後100日以降)があり，急性型では移植後早期に死亡の主な要因となり，慢性型では移植後のQOLを著しく低下させる危険性がある．

造血器腫瘍のリハビリテーション

■ 造血幹細胞移植：治療の副作用や合併症によってベッド上安静による不動の状態となる機会が多く，廃用症候群に陥りやすい．

■ 抑うつ・孤立感の予防：無菌室などの隔離された病棟での長期入院で，感じやすくなるため，その予防を目的とした練習プログラムが必要となる．

①治療開始前もしくは直後に，無菌室などの病室内で自主練習できるよう筋力増強，ストレッチなどの指導．

②体調が比較的よいときには，起立や歩行練習，階段昇降などのADL練習や，散歩やトレッドミル，自転車エルゴメーターなど，有酸素運動を中心としたプログラム．

③治療の副作用のため体調がすぐれないときは，軽負荷での抵抗運動や関節可動域練習，ストレッチ，ポジショニング，リラクセーションなどが中心．

①リハビリテーション施行時の注意点(化学療法による副作用)

■ 骨髄抑制：常に血液所見に注意をはらう．

[悪心・嘔吐]

■ シスプラチン，シクロホスファミド水和物，アントラサイクリン系，イリノテカン塩酸塩水和物などで強く起こる．

・セロトニン受容体拮抗薬などの投与で症状を緩和できる．

[骨髄抑制]

■ 白血球が減少により感染のリスクが高まる．

・白血球数が1,000/μL以下，または好中球500/μL以下では，リハビリテーションは，ベッドサイドで実施する．

■ 貧血時：酸素運搬能が低下するため，ヘモグロビンが7.5g/dL以下の場合は臥位や坐位でのリハビリテーションを行う．

■造血器がんに対する化学療法：血小板の減少が著明で出血傾向が強くなるため，10,000/μL以下の場合はベッド上での関節可動域練習のみとする．

[末梢神経障害]

■シスプラチン，タキサン系薬物によって引き起こされる．蓄積性があり回数とともに増悪する傾向にあるが，通常は数か月～数年のあいだに軽快・消失する．

[腎機能障害]

■尿細管障害：一般的にはシスプラチン，メトトレキサート，マイトマイシンCなどの影響で起こる．

■急性白血病，悪性リンパ腫の寛解導入療法
・大量の腫瘍が同時に崩壊する．そのため崩壊した腫瘍細胞の代謝産物が沈着し，腎障害を起こすことがある（腫瘍溶解症候群）．

[心機能障害]

■アントラサイクリン系薬物：薬物による心筋ミトコンドリア障害が起こり頻脈となる．

■蓄積性があり不可逆的であるため，過去の化学療法歴にも注意をはらうことが重要である．

■110回/分以上の頻脈や心室性不整脈，起立性低血圧がみられる場合は注意が必要である．

[間質性肺炎]

■薬物性の肺炎であり，ブレオマイシン塩酸塩やゲフィチニブなどによって起こる．

②骨髄移植後の注意点

■無菌室での治療期間：ベッドサイドで理学療法士と行う練習やセルフリンパドレナージを勧める．

■離床への意欲：患者自身の意欲を維持向上させて，活動量を確保できるかが重要．
・治療前から廃用予防のための意識づけに配慮した教育プログラムの作成が大切である．

自施設での評価・アプローチなどについて記載

頭頸部がん

誘因・原因

- 鎖骨・胸骨から頭蓋底までの範囲で発生したがんで，中枢神経系や眼窩内を除外したものである．口腔がん，喉頭がん，咽頭がんの順に多くみられる．
- 80%は扁平上皮がんであり男性に多い．
- ・喫煙や飲酒，口腔不衛生などの生活習慣による発がんリスクが高い．

症状・臨床所見

- 発生部位により気道の症状(鼻閉，鼻血，嗄声，呼吸困難)と食物経路の症状(口内痛，咽頭痛)が現れる．
- 頸部リンパ節への転移：約40%に認められ，咽頭がんに多い．

検査・診断

- 原発部位：内視鏡や視診で診断できるものが多い，原発巣の浸潤範囲や頸部リンパ節転移の評価のためにCT，MRIよる画像評価が必要になる．

治療

- 手術療法，放射線療法，放射線療法と化学療法などを行う．

[放射線療法]

- 早期喉頭がん，咽頭がんでは反応性も高くよく用いられる．
- 放射線療法の急性反応：治療開始初期からの味覚低下がみられ，治療が進むとともに口腔粘膜の発赤，びらんなどが現れてくる．

[手術療法]

- 永久気管孔：喉頭全摘出術や咽喉食摘出術になる場合に作成し，食道と気道を分離する必要がある．
- 再建術：再建する部位にあった筋や骨，空腸などを採取し切除した部位に移植を行う．
- リンパ節転移がある場合：リンパ節郭清を行う．頸部リンパ節の近くには反回神経や副神経などが走行しており，転移の程度によっては切断しなければならないこともある．また神経が温存された場合でも一時的な機能障害をきたす場合が多い．

[化学療法]

- シスプラチンや5-FU，ドセタキセルなどがよく用いられる．

頭頸部がんのリハビリテーション

- 術後のリスク：構造的・機能的変化による嚥下障害や構音障害が起きやすい．
  - リンパ節郭清を行った場合，副神経麻痺による肩関節の運動障害や，反回神経による嚥下障害や構音障害を起こしやすい．
- 放射線療法のリスク：治療とともに進行する口腔粘膜症状により，疼痛，嚥下障害，栄養障害などを起こしやすい．
  - 治療開始時から口腔ケアや嚥下指導などで予防的にかかわるとともに，治療後半では嚥下造影(VF)などを用いた嚥下評価や栄養状態の評価を行い，機能の維持に努めることが重要．

[嚥下障害・口腔ケア] (p.426-440参照)

- 間接訓練：術後早期より術創部の状態に応じてアイスマッサージや口腔運動訓練，口腔ケアなどを実施.
- 直接訓練：創部の状態が落ち着いてくる術後7日目ごろから，VFによる嚥下評価などにもとづき開始する.

[頸部リンパ廓清]

- 頸部リンパ廓清による副神経の障害：僧帽筋の末梢神経麻痺が起こり，肩甲骨の挙上，内転障害により肩甲上腕リズムが阻害され，肩甲上腕関節や肩鎖関節の拘縮や関節包炎が生じやすい.
  - ・術後早期より肩甲骨や肩関節周囲のリラクセーションや，関節可動域訓練を行っていく.

自施設での評価・アプローチなどについて記載

廃用症候群

疾患概要

筋肉は，使わないと萎縮し，全く使わないと1日に3～5%ずつ筋力が低下する．
高齢者などは長期臥床が続くと歩行が困難となる．

■廃用症候群の特徴
- ある疾患によって廃用が生じることで他の疾患が引き起こされ，さらに廃用が進む，という悪循環を生じやすい(**図1**)．

障害像

■運動器障害：筋萎縮や筋力低下，関節拘縮，骨粗鬆症など．
- 廃用性筋萎縮は運動や活動量の低下で生じる．

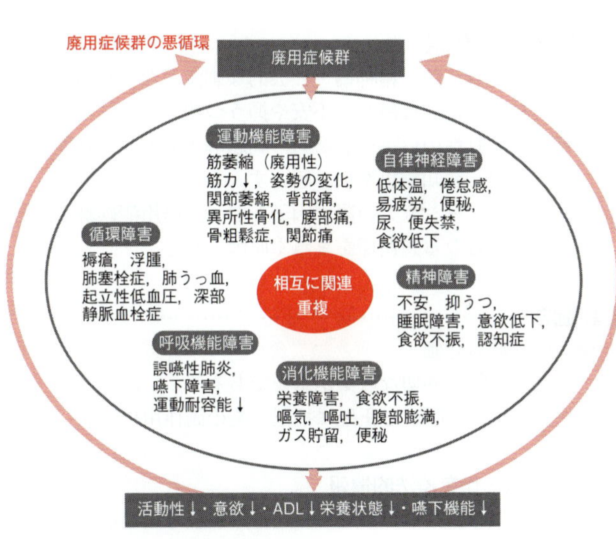

■図1　廃用症候群の特徴

→呼吸器や循環器疾患，がんによる悪液質，各種感染症などでも進行．

低栄養状態では廃用はさらに悪化．

■ 筋肉は，運動器官のほか，エネルギー貯蔵庫の役割をもつ．

・食思不振や嚥下機能低下で食事摂取量(摂取エネルギー)が低下し，飢餓状態や慢性的な低栄養となると，筋タンパクが分解されて生じたアミノ酸が各臓器のエネルギーとして使われる．

→低栄養状態のときは筋力増強練習や動作練習の負荷量に注意しなければ，筋萎縮を進めることにもなりかねない．

■ 低栄養状態：膠質浸透圧を変化させ，浮腫の原因となる．

・浮腫により関節可動域制限，筋力低下が生じ，動作能力が低下する．

・浮腫は皮膚のトラブルを起こしやすく，十分なケアが必要．

■ 呼吸・循環器症状：起立性低血圧，DVT，肺塞栓症，浮腫など．

■ 自律神経障害：便秘や尿失禁，便失禁など．

精神活動面の症状

■ 環境からの身体的・精神的・社会的な刺激がなくなることによって社会的孤立を感じ，不安や抑うつ状態が生じる．

→意欲・発動性の低下や判断力，問題解決能力や学習能力などが減退し認知障害を引き起こす．

→リハビリテーションの阻害因子となり，廃用症候群を進行させ，さらなる悪循環をまねく原因となる．

評価法

■ 廃用症候群の評価

・医学的情報の適切な収集が重要である．

・疾患の状態(症状)を正確に把握，薬の副作用に注意．

理学療法・作業療法的情報

■ 身体機能の障害像にあわせて，適宜，検査方法を選択し，廃用によって生じた障害の状態を評価する．

自施設で評価の際に収集する情報を記載

・**表1**に，主な評価項目と検査を示す．

■原因疾患の予後，臥床期間延長の要因となった因子，ADLのゴールを総合的に考え，プログラムと活動範囲を決定．

■「できるADL」と「しているADL」を評価．
→プログラムを病棟や家族・介護者にフィードバックする．

その他の情報

■社会的情報
・家屋環境・構造，家族の状況・在宅時間，介護力の有無など．

■病棟の生活と生活環境
・ベッド方向・位置，個室/多床室，洗面台・トイレからの距離，睡眠時間など．

■社会資源
・利用中，申請中の社会資源(障害者手帳・介護保険認定など)など．

■表1　廃用症候群の診断・評価

評価項目	主な検査
意識状態	ジャパン・コーマ・スケール(JCS)，グラスゴー・コーマ・スケール(GCS)
栄養状態	体重，皮下脂肪の測定，血中アルブミンなどの検査
認知・高次脳機能	改訂長谷川式簡易認知機能評価スケール(HDS-R)，ミニメンタルステート検査(MMSE)，
身体機能	関節可動域(ROM)，徒手筋力テスト(MMT)，動作能力評価
日常生活動作(ADL)	バーゼルインデックス(BI)，機能的自立度評価表(FIM)
抑うつ評価	自己評価式抑うつ性尺度(SDS)，ハミルトンうつ評価尺度(MAM-D)
摂食・嚥下機能	反復唾液嚥下テスト(RSST)，改訂水飲みテスト(MWST)
口腔内所見	舌・咽頭の動き，汚染・乾燥・舌苔・歯垢・歯周病の有無，義歯の適合

言語聴覚士の評価の視点

■ 摂食・嚥下機能障害に対する介入が重要となることが多い．

アプローチ

診断

■ 医師，セラピスト(理学療法士・作業療法士・言語聴覚士)，看護師，栄養士，薬剤師などによる多角的な情報をもとに総合的に行う(**表1**)．

■ 意識の状態，運動機能，呼吸機能，循環機能，栄養状態，生活状況など，患者自身と患者を取り巻く環境(家庭環境や入院後の治療環境など)について評価．
→より早い段階で改善策を立てる．

治療

■ 治療の際にとくに重要なことは，基礎疾患の治療．
・身体になんらかの疾病(感染や炎症など)があれば，摂取された栄養は運動機能や呼吸機能などの改善にまでは行き渡らない．

・疾患の治癒・安定化が必要で，それができてはじめて摂取された栄養が身体機能・生活機能の改善に向けて使われるようになる．

「疾病治療」，「栄養摂取」，「運動」は廃用予防の要となる大切なアプローチ．

多職種連携

■栄養の確保には，口腔・嚥下機能の評価が必須．

・咀嚼に重要な歯の状態，義歯の適合などを良好に保つ．
→歯科医師や歯科衛生士の役割が重要．

・口腔ケアを行い，坐位姿勢をとり，呼吸を整えていくことが食事動作の基本となる．
→歯科のスタッフの介入は重要．
→食事の内容に関しては栄養士の介入が必要．

■身体機能の改善

・特殊な運動を行うよりも，基本的な生活行為を促すことが大切である．

・トイレに行く，食堂に行く，人と話をする，売店に行く，庭を散歩するといった目的のある生活行為を促し継続することが大切である．

・それが生活の中で繰り返されることで，身体機能が高まる．

・ベッドにいる時間を短くし生活を広げる工夫，環境作りが廃用予防の前提となり，看護師とセラピストの連携は必須．

■薬の副作用で心身の活動性が低下，食欲がなくなることも多々ある．
→薬剤師の協力が重要．

■退院患者

・訪問リハビリテーションや通所リハビリテーションの導入など，療養環境を整える．
→病院のスタッフと地域のケアスタッフとの連携が必須．

自施設での評価・アプローチなどを記載

リスク管理

- 廃用症候群の引き金となる長期臥床の原疾患・合併症のリスクに準ずる.

Memo

脊髄損傷

疾患概要

■脊髄

・脳から続く中枢神経で，脊椎(脊柱管)を通る運動神経・感覚神経・自律神経の伝導路.

■脊髄損傷

外傷や脊椎・脊髄の疾患によって脊髄が不完全～完全に損傷したことで運動麻痺・感覚麻痺・自律神経障害が生じた状態.

・原因
交通事故や高所からの転落の割合が多い.
高齢者では軽微な転倒による発症も認められる.

・脊髄損傷により生じる障害
運動麻痺や感覚麻痺，膀胱直腸障害，自律神経障害，呼吸機能障害など.
→損傷部位以下の神経伝達が遮断されることによる.

障害像

運動障害(運動麻痺)

完全麻痺

■脊髄を完全に横断し，損傷した髄節より遠位の神経が遮断されて運動や知覚，深部反射が消失した状態をいう.

不全麻痺

■脊髄が損傷しても一部の神経伝達が残存し，運動・知覚・深部反射が部分的に残っている状態をいう.

・脊髄の横断面(**図1**)の半側・中心・前部・後部など，損傷部位によって特徴的な障害が出現.

髄節レベルによる分類

■損傷された脊髄のレベル(髄節)によって運動麻痺や感覚障害

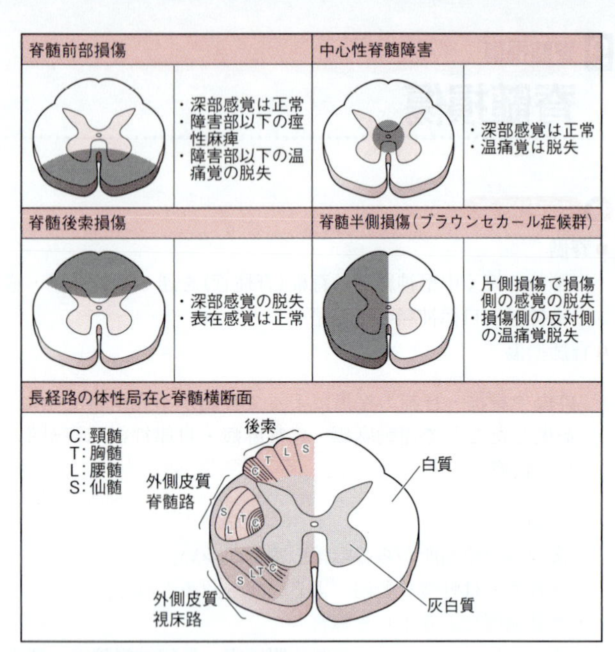

■図1　損傷部位による不全麻痺の分類

の分布が異なる(**図2**).

・頸髄レベルの損傷：上下肢の障害(四肢麻痺)

・胸髄以下の損傷：体幹および下肢の障害(対麻痺).

感覚障害

■ 脊髄の部分的な損傷→触覚・温痛覚・深部感覚の一部に障害が出現することがある(**図1**) (p.292図1参照).

自律神経障害

■ 排尿障害

・過活動性膀胱：膀胱反射が高まり，尿が少したまると膀胱が収縮する.

・低活動性膀胱：膀胱収縮が十分ではなく尿を出すことができない.

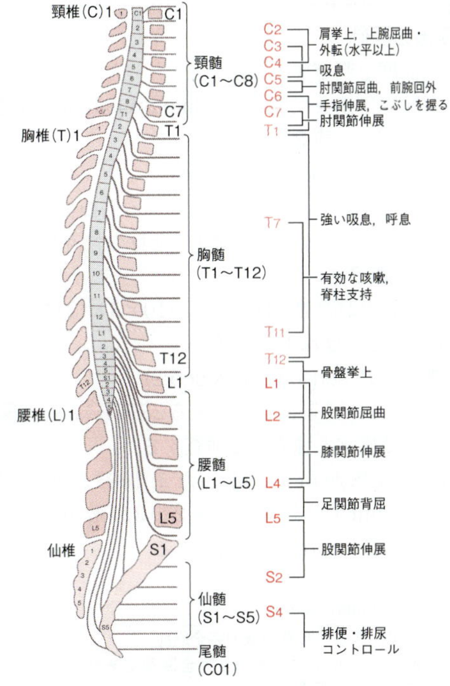

■図2　脊髄神経と機能

■ 起立性低血圧

・立ち上がる，座るなどの体位変化に伴う血圧低下により気分不快，めまい，嘔吐，失神などを起こす．

■ 体温調節障害

・発汗障害により体温の発散ができなくなり，うつ熱が生じることがある．

■ 自律神経過反射

・自律神経反射が上位の抑制なく過剰に起こる状態をいう．
　→尿の過充満，肛門部への刺激，皮膚の傷による刺激などが原因で，自律神経系を介して血管が収縮，急激な血圧上昇をきたす．

評価法

機能障害の評価

■麻痺の重症度を判定する方法

・米国脊髄障害協会尺度(ASIA impairment scale)(**表1**).

・Frankelの分類(**表2**)など.

●運動機能スコア(motor index score)

■C5～S1の10脊髄節において代表する筋の徒手筋力を検査(MMT：0～5の6段階で評価)，全身の残存機能を数量的に評価する(**表3**).

・すべての筋力が健常(MMT：5)→10×5×(2左右)＝100点. MMTに関してはp.319参照.

●知覚機能スコア(sensory index score)

■体表をC2～S4，5髄節が支配する28領域に区分(**図3**)

・触覚および痛覚を独立して検査する.

・皮膚分節(28か所)に応じたそれぞれの検査点key sensory pointでの知覚を0～2の3段階(0：absent，1：impaired，2：normal)で測定する.

■表1　ASIA impairment scale

A	S4～5領域の運動・知覚機能の完全麻痺
B	神経学的高位より下位の運動は完全麻痺であり，知覚はS4～5領域を含めて残存
C	神経学的高位より下位に運動機能が残存し，麻痺域のkey muscleの半数以上が筋力3未満
D	神経学的高位より下位に運動機能が残存し，麻痺域のkey muscleの半数以上が筋力3以上
E	運動・知覚機能ともに正常

■表2　Frankelの分類

A (complete)	損傷レベルより下位の運動・感覚機能の完全喪失
B (sensory only)	損傷レベルより下位の運動は完全麻痺，感覚はある程度残存
C (motor useless)	損傷レベルより下位の運動機能が残存するが実用性なし
D (motor useful)	損傷レベルより下位に実用的な運動機能が残存し多くの例で歩行可能
E (recovery)	運動・感覚・括約筋の症状なし．反射の異常はあってもよい

■表3　運動機能スコア(motor index score)

上肢を代表する筋・筋群

C5	elbow flexors	上腕二頭筋，上腕筋
C6	wrist extensors	長短手根伸筋
C7	elbow extensors	上腕三頭筋
C8	finger flexor	深指屈筋
T1	finger abductor	小指外転筋，背側骨間筋

下肢を代表する筋・筋群

L2	hip flexors	腸腰筋
L3	knee extensors	大腿四頭筋
L4	ankle dorsiflexors	前脛骨筋
L5	long toe extensors	長趾伸筋
S1	ankle plantar flexors	下腿三頭筋

肛門の随意的収縮(有／無)

運動機能点数：total motor score

右(　　)＋左(　　)＝合計　　　点/100点

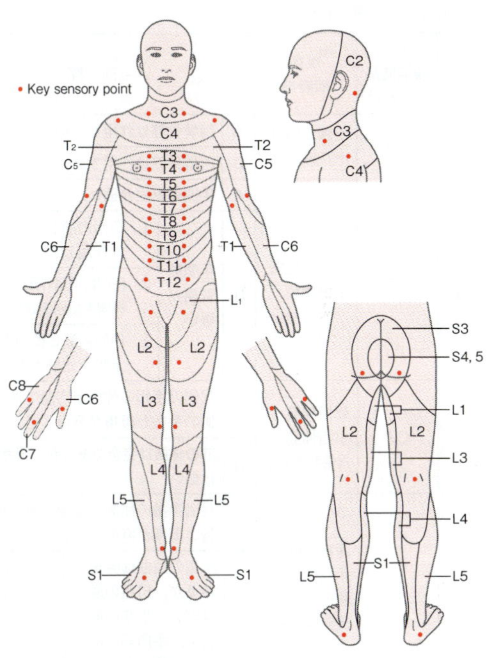

■図3　知覚神経スコア(sensory index score)

・測定困難な場合，NT：not testableと記載する．
・知覚機能点数を計算，全身の残存知覚機能を数量的に評価する．
→すべて正常な感覚：3×28か所×2(左・右)＝112点．

■ 上肢機能の判定法

・Zancolliの上肢機能分類(**表4**)，Frankelの分類．
・損傷高位別の最終獲得．

■ ADL評価

・FIM，SCIM．

■表4　Zancolliの上肢機能分類

頸髄損傷四肢麻痺患者を上肢運動機能によって細かく分類できる特徴があり，右側C5A，左側C6B2などと表示する．

<table>
<tr><th>可能な動作</th><th>下限
機能髄節
（C髄節）</th><th>残存
機能筋</th><th colspan="3">部分群</th></tr>
<tr><td rowspan="2">Ⅰ
肘関節屈曲</td><td rowspan="2">C5</td><td rowspan="2">上腕二頭筋
上腕筋</td><td>A</td><td colspan="2">腕橈骨筋は作用しない．</td></tr>
<tr><td>B</td><td colspan="2">腕橈骨筋は作用する．</td></tr>
<tr><td rowspan="4">Ⅱ
手関節背屈</td><td rowspan="4">C6</td><td rowspan="4">長・短橈側
手根伸筋</td><td>A</td><td colspan="2">手関節背屈が弱い．</td></tr>
<tr><td rowspan="3">B</td><td rowspan="3">手関節
背屈が
強い．</td><td>1．円回内筋と橈側手根屈筋は作用しない．</td></tr>
<tr><td>2．円回内筋は作用するが，橈側手根屈筋は作用しない．</td></tr>
<tr><td>3．円回内筋と橈側手根屈筋・上腕三頭筋とも作用する．</td></tr>
<tr><td rowspan="2">Ⅲ
手外筋
による
手指伸展</td><td rowspan="2">C7</td><td rowspan="2">総指伸筋
小指伸筋
尺側手根伸筋</td><td>A</td><td colspan="2">尺側の手指の伸展が完全であるが，橈側の手指と母指が麻痺している．</td></tr>
<tr><td>B</td><td colspan="2">筋の伸展は完全であるが，母指の伸展は弱い．</td></tr>
<tr><td rowspan="3">Ⅳ
手外筋
による
手指屈曲と
母指伸展</td><td rowspan="3">C8</td><td rowspan="3">深指屈筋
示指伸筋
長母指伸筋
尺側手根伸筋</td><td>A</td><td colspan="2">尺側手指の屈曲は完全だが，橈側の手指と母指が麻痺している．</td></tr>
<tr><td rowspan="2">B</td><td rowspan="2">手指の屈曲は完全であるが，母指の屈曲は弱い．手掌の筋は弱く，手内筋は麻痺している．</td><td>1．浅指屈筋は作用しない．</td></tr>
<tr><td>2．浅指屈筋は作用する．</td></tr>
</table>

自施設での評価法について記載

アプローチ

急性期のリハビリテーション

■全身管理

・受傷直後72時間～1週間程度は脊髄ショック期となる.
→筋の弛緩，尿閉，肺炎，起立性低血圧などの合併症を起こしやすく，全身の管理が重要.

■脊髄ショック

・損傷直後にすべての反射が消失し，弛緩麻痺・血圧低下症状が起こること.
→数日～数週間で回復．不全損傷の場合，運動や感覚の一部が回復.

■呼吸管理

・呼吸筋である横隔膜(C3～5)，内外肋間筋(T1～11)以上の損傷.
→呼吸障害が生じ，損傷高位C3以上は人工呼吸器による管理が必要となる.

・肺合併症の予防：体位変換による排痰の実施，徒手による咳嗽介助や自力咳嗽訓練，口腔内の清潔保持.

・呼吸訓練：徒手による胸郭の可動域訓練，シルベスター法などによる肩周囲の可動域訓練.

■良肢位保持
・骨傷の整復には仰臥位や側臥位が基本的な肢位.
・褥瘡予防のため，圧迫箇所の荷重を分散する枕やクッションを多用.
・末梢の浮腫や変形予防のため，上下肢も適切な位置にする.

■拘縮予防
・早期からの拘縮予防が大切.
・弛緩性麻痺：良肢位の持続による関節の無動を予防する.
・痙性麻痺：痙性筋の他動的な伸張を行う.

■筋力強化
・対麻痺の場合など上肢の機能障害がない場合は，ベッド上で行える範囲で積極的な筋力強化訓練を開始する.

回復期のリハビリテーション

・次第に坐位保持時間を延長する.
・基礎的な関節可動域訓練，筋力増強訓練，坐位バランス訓練，プッシュアップの練習を始める.
・平行して本格的なADL訓練を行う.

●坐位保持

■急性期から徐々にベッドアップ開始→ベッドから車椅子→車椅子からリハビリテーション室の訓練台(プラットフォーム)，と順次移行する.
・端坐位と長坐位を平行して実施する.

●起居動作

■残存筋力を活用した動作が基本となる.
・損傷部位や残存能力によって施行方法が異なる.
・患者が行える運動パターンを把握し，行える動作を組み合わせて新たな動作を確立させる.
→上肢や頸部を使用した振り子運動，体幹の回旋を伴って骨盤へと連結させる動作，肘立ち位からの体重移動など.

●移乗動作

■起居動作と同様，損傷部位や残存能力により方法が異なる.
・高位損傷：リフターの使用が必要となる.

・C7レベル以下：自力で行える可能性が高い．
→前方移乗，横移乗を選択．

■前方移乗
・車椅子や手すりを活用する．
・ベッドや平面トイレ，丈夫な手すりつきの身障者用トイレなどへの移乗．

■横移乗
・前方移乗よりもバランス力とプッシュアップ力が必要．
・ベッド：車椅子やトランスファーボードを利用する．
・身障者用トイレ：車椅子の横づけスペースが必要となる．

●立位，歩行

■立位や歩行訓練
→重力や自重が下方にかかることで，「骨萎縮予防」，「痙性緩和」，「排尿・排便の促通」，「褥瘡予防」，「肺・循環機能促進」，「下肢屈曲拘縮予防」に肯定的な評価．

■体重免荷式トレッドミルトレーニングや歩行アシスト装具
・歩行訓練として注目されているが，現状では実用性が低い．
・一方で，前述の肯定的な内容とともに心理的な満足度を高める．
・ほかのADL訓練と同時に行い，自力で行えることを増やすことが重要．

●食事

■食事動作の自立は優先度が高く，早期に開始する必要がある．
・坐位保持耐久性，坐位バランス，関節可動域，筋力，上肢機能，本人の意欲を確認しながら検討する．
・必要とする装具や自助具は上肢機能により異なる．
・肩，肘の筋力が弱い：ポータブルスプリングバランサー(PSB)など．
・把持能力や手関節筋力が低い：スプリントや万能カフつき装具など→早期から自力摂取が行いやすい．
・回転盤やすべり止めマットなど環境設定も必要．
・C4レベルの高位損傷者：食事支援ロボットの使用を検討．

●排泄

■排泄管理

・当事者や周囲の人間にとっても羞恥的で屈辱感が強く心理的ダメージが大きい.
・外出や社会参加の機会を奪う可能性が高い.
→多様な方法の中からこれまでの生活パターンに近い方法での確立を選択する.

■排便習慣の確立
・個人因子の影響が強く，一概に同じ方法の適応は困難.

■排尿方法
・自排尿(手圧・腹圧排尿)，間欠導尿(介助・自己)，尿道括約筋切開術，膀胱皮膚瘻，カテーテル留置など.
・排便方法
手や温水洗浄便座による肛門刺激法，浣腸，坐薬，摘便，盲腸ポートなど.

■環境整備
・出入り口の段差解消や入り口開口幅の拡大，リフターの使用，シャワー用車椅子の使用，長便座や高床式トイレへの変更や汚物流しの設置などを検討.

●更衣

■更衣動作は，さまざまな運動パターンを使用，何度も試行錯誤しながら確立される.
・坐位や長坐位の安定化を図る.
・ソックスエイドやボタンエイド，リーチャーを活用する.
・下衣にループを取り付けたり，ズボンの前面を大きく開くように面ファスナーに付け替える.

●入浴，洗体

■残存機能によって環境設定が異なる.
・頸部損傷レベルでは入浴が自立は困難な場合が多い.

■患者の重要性によって設定方法が異なる.
・介助者がいても湯船につかりたい，シャワーを1人でできるようになりたい，など.
・高床式の洗い台でシャワー浴であれば自立する可能性もある.
・介助入浴では，浴槽用リフターや入浴・シャワー用椅子の使用，立位補助機の利用による下衣脱着や移乗動作が有用な場合がある.

・環境調整：浴槽と洗い場の段差解消，入浴・シャワー用車椅子のための脱衣所との段差解消や浴室扉の開口幅の拡大，高額となるが天井走行式リフターの設置などを検討する.

自施設でのアプローチについて記載

リスク管理

生活習慣病

■脊髄損傷患者は車椅子上などでの上肢の運動に偏りがち.

・低身体活動に陥りやすく，糖尿病，高血圧症，高脂血症，脳卒中，心筋梗塞などの生活習慣病に罹患しやすい.

・死亡原因となりうる，呼吸器障害，心血管，腎障害などにいたることが多い.

→車椅子スポーツなど活動的な生活によってメタボリックシンドロームを予防し，適切な尿路管理によりさまざまな生活習慣病への罹患を避ける.

褥瘡

■褥瘡の発生要因

・急性期：ベッド上安静からベッドアップした際のズレなど.

・慢性期：生活動作上の摩擦やズレ，長時間の坐位保持など.

■ 褥瘡の予防

- 臥位の場合：圧分散マットレスの使用やオムツの頻回な取り替え，頻回な入浴とワセリン保護など．
- 坐位の場合：除圧クッションの利用や柔らかな衣類素材の選択，最低でも15～30分に1回程度のプッシュアップなど．

■ 褥瘡・予防除圧のための空気圧構造のクッションの圧が適正に調整する．

- トイレでは長時間の坐位保持となって剪断力が発生しやすいため，ジェル型のアクションパッドなどで圧とズレを解消する．

疼痛

■ 損傷後の疼痛発生率は75%にのぼる．

- 慢性的な疼痛はADLやIADLに多大な影響を与え，メンタルヘルスにも影響を及ぼす．
- 外科治療や神経ブロック，薬物療法，運動療法，認知行動療法や鍼治療などを組み合わせて行うことで疼痛の改善が期待できるという報告もある．

異所性骨化

■ 関節周囲の軟部組織が骨化してしまうことをいう．

- 発生機序は不明，急性期における過剰な関節可動域練習が引き金になるともいわれている．
- 好発部位：股関節，膝関節，肘関節
  →とくに股関節，膝関節では機能的な坐位保持の阻害因子になりうる．

■ 骨化の形成が進行中の場合
→他動運動による関節への負荷は最小限にとどめる．

切断

疾患概要

切断とは，血行障害や外傷，腫瘍などにより四肢など身体の一部が切離，除去されること．
義足や義手などにより，喪失した機能の代償が図られる．

- 義足は，体重を支持し，歩行を担う．
- 義手は，巧緻動作を多く行う上肢の機能喪失に対する代償機能を担うためいまだに機能性と装飾性が不十分な状況で，手の機能の一部しか代償できないという課題がある．

主な原因

- 外傷，末梢循環障害，悪性腫瘍，感染，先天性奇形など．近年では，切断の原因と適応は大きく変化している．
  - ・従来，交通事故や労働災害など外傷によるものが多かった．
  - ・四肢の温存術など外科的手術の進歩と職場の安全基準の改善などに伴い外傷による切断は減少．
  - ・近年，食事をはじめ生活習慣の変化を背景に，閉塞性動脈硬化症（ASO）や糖尿病（DM）などによる血行障害を原因とする切断が増えている．
  - ・若年者の切断は外傷や先天異常による場合が多い．

障害像

切断高位の選択（図 1）

- 下肢切断では，原則的には切断端を可能な限り長く残すことが望ましい．
  - ・膝関節の温存は，歩行能力の再獲得にきわめて重要である．
    →膝関節機能の温存により，義足歩行時のエネルギー消費の軽減，義足脱着の容易化，歩行周期の改善などのメリットがある．

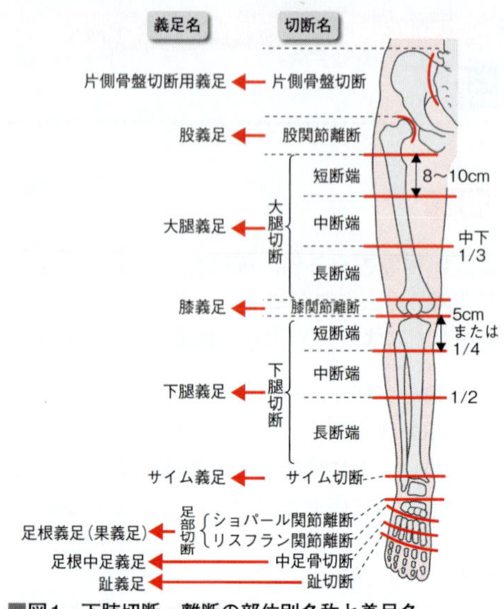

■図1　下肢切断・離断の部位別名称と義足名

(馬場久敏：切断．標準整形外科学．第 11 版（内田淳正ほか監），p.187，医学書院，2011．を改変)

・切断術の前に血行再建術を行い，できる限り切断部位を少なくする方法もある．

切断の合併症

■浮腫

・切断術による外部刺激，循環障害→断端に浮腫を生じる．
→循環障害の原因となり，創傷治癒を遅らせ，早期義足装着の阻害因子となる．

■断端神経腫

・神経線維は，切断されると末梢部に断端神経腫を形成する．

■幻肢と幻肢痛

・幻肢とは切断された手足が残っているような感覚．
・切断後失われた手足に痛みを感じることがあり，その痛みを幻肢痛という．

■関節拘縮

・切断術後，筋力のアンバランスにより関節拘縮が生じやすい．
・下腿切断では，筋のアンバランスに加えて創部痛やひきつれ感によって膝関節を屈曲位に保つことが多い．
→拘縮の原因となる．

評価法

全身および断端の運動機能評価，切断原因および依存疾患の病態や予後，心理面や社会的背景（切断前の生活状況や職業など）の聴取．
原疾患や依存疾患の把握は，リスク管理にも重要．

術前評価

■術前からの早期リハビリテーションプログラムを立案するために，切断術後の義足装着，装着訓練の阻害因子をあらかじめ把握する．

■実施すべき術前評価項目

・身長（**図2**）・体重，下肢長，下肢周径（**図3**），関節可動域（ROM）検査，徒手筋力検査，歩行（移動）能力，疼痛，感覚，姿勢の観察，バランス能力，体力．

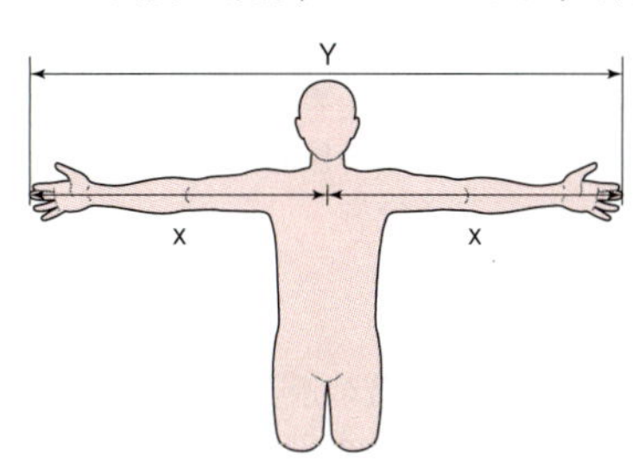

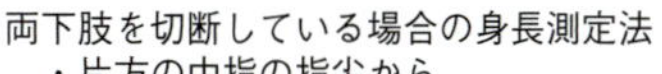

両下肢を切断している場合の身長測定法
・片方の中指の指尖から
もう一方の指尖までを計測

Y≒推定身長
Y＝2x

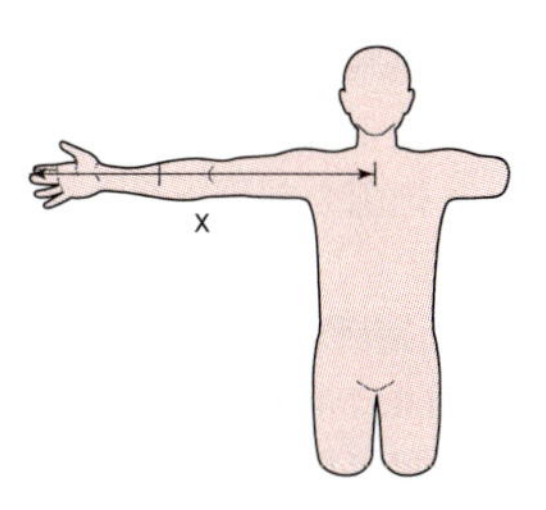

片方の上肢が切断の場合
・胸骨から指尖までを計測し
２倍する．

推定身長（cm）＝d（cm）×2

■図2　計測法

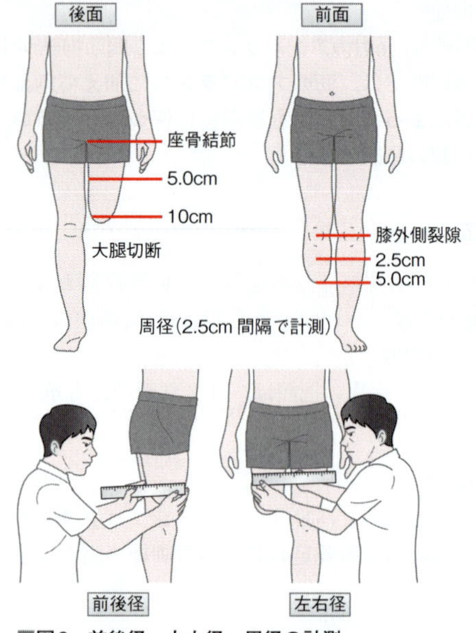

■図3　前後径・左右径・周径の計測

◯ 術後評価

■ 切断患者に最も適した義足装着前および装着後訓練プログラムを作成し，到達目標を設定する．
- 実施中の装着訓練プログラムが適切か，また義足の処方内容の決定や義足作成を行う適切な時期を検討する．
- 術前の評価項目に加え，断端評価を実施．

◯ 断端評価

■ ADLの再獲得のために，切断患者と義肢の適合が重要．
- 評価項目：断端長，断端周径，断端左右径，断端前後径，疼痛の有無，形状，軟部組織の量など．

●断端長

■ 実測と単純X線画像による計測．

■ 機能的断端長：義足操作の力源となる実質的な断端長．
- 大腿切断：坐骨結節から骨断端まで計測．

・下腿切断：膝関節裂隙より骨断端までを計測.

●断端筋力

■手術創部の抜糸前：断端の自動運動で筋力が維持されているか評価.
→抵抗を加える筋力評価は手術創部の抜糸後に実施する.
・大腿切断：股関節周囲筋と腹背筋を中心に測定する.
・下腿切断：膝関節筋と股関節の筋力を中心に測定する.

●断端の可動性(関節拘縮の有無)

■大腿切断：とくに股関節の屈曲拘縮の有無をトーマステストを用いて評価.
→内外旋は大転子の動きを目安にする.

■下腿切断：膝関節と股関節の可動性を評価.

●断端周径

■断端周径の安定は，成熟断端の最も大きな要素.
・1～2回/週の頻度で計測，断端の浮腫や腫脹による断端周径の変化を経時的に把握する.
→周径が安定したときが義足ソケットの採型時期になる.
・大腿切断：坐骨結節から2.5cm間隔で断端の先端まで計測する.
・下腿切断：膝関節裂隙から大腿周径を5cm間隔で，下腿部は2.5cm間隔で断端の先端まで計測する.

■周径の計測は非切断側下肢も行う→5cm間隔でよい.

●断端痛

■義足装着に支障となる断端の痛みを評価.

●幻肢

■幻肢の形，長さ，質感などを問診，またはボディチャートへ記載してもらう.

●断端の循環状態

■皮膚温や皮膚の色，浮腫などを観察.
・運動前後の変化も観察する.

●断端皮膚の状態

■義足装着練習開始直後：断端の皮膚組織が脆弱であるため頻繁に観察.
→とくに骨突出部や荷重支持部は，軟部組織の増減によって今後の義足の適合に差異が生じるため注意する．

- 義足装着時の荷重支持部
  →皮膚に疼痛の原因となる瘢痕や傷がないか確認する．
- 義足装着前後：断端全体を観察．
  →擦過傷，発赤，水疱，発疹など皮膚トラブルの有無を確認する．
- 義肢のソケット内は皮脂や汗がたまり，温かく湿った気密空間→細菌が増殖し皮膚感染症が起こりやすい環境．
  - 湿った皮膚は崩壊しやすく，容易に体内に細菌が侵入，重篤な感染症につながる．
    →ソケット内部やライナーの洗浄は欠かせない．
  - 断端皮膚のケア
    断端は1日に1回は抗菌性のせっけんで洗う．
    洗浄後の皮膚にはベビーオイルなどを塗布する．
    →皮膚のなめらかさを保つ．
- ソケットやライナーに接する皮膚にアレルギー反応(接触性皮膚炎など)が生じる場合がある．
  - かゆみや発疹，水泡などには要注意．
  - アレルギー反応を起こしやすい患者では事前にソケットの材質(プラスチックなど)やライナーの材質でパッチテストを行っておく．

自施設での評価法について記載

アプローチ

術前理学療法

- 術後を想定した種々の訓練を行う．

・ベッド上での体位変換訓練，良肢位保持訓練，ベッド上での関節可動域，筋力維持訓練，肺機能訓練，松葉杖歩行，車椅子操作訓練など．

術後理学療法

■ 義足装着前理学療法

・断端痛の除去や筋力の強化，周径の安定，関節可動域の改善を促通する．
→早期に成熟断端の獲得に努める．

・廃用予防や全身調整訓練を積極的に行う．

■ 義足装着後理学療法

・創部の状態に応じて，なるべく早期に仮装具での歩行練習を開始する．

●断端マネジメント

■ 早期に断端の成熟を得ることで義足装着練習が可能．

①断端管理法

■ 断端を円錐形に整え過度の脂肪組織を抑える．
→血腫予防，浮腫の軽減．

■ 術直後は断端の組織は浮腫により腫大
→断端全体への加圧で徐々に縮小，成熟にいたる．

■ 加圧により断端の血液循環が改善
→断端部痛の軽減，術創部の治癒が促進される．

●断端の管理

①リジッドドレッシング(rigid dressing)

■ 下肢切断において，手術中に断端にギプスを巻いてソケットを作り，そこに仮義足をつける方法(**図4a**)．

■ 注意点

・糖尿病や動脈硬化症による循環障害がある場合，術創の感染や壊死が起こる可能性が高い．

・早期からの歩行訓練が可能であるが，皮膚の潰瘍などを発症しやすい．

・断端の状態を外部から観察することができないので主として断端の血行がよく，知覚障害のない，腫瘍や事故による切断に対して行われる．

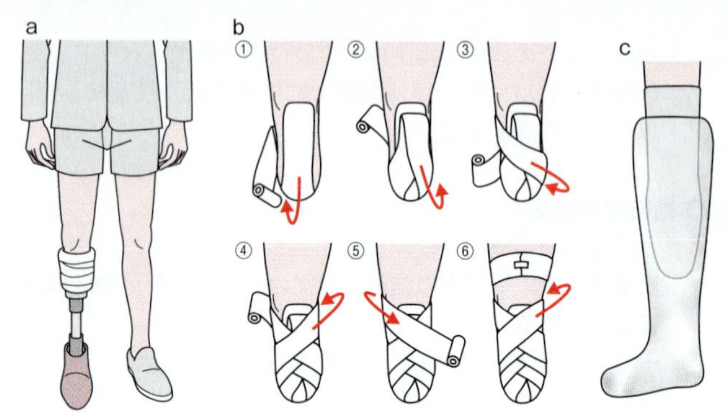

■図4　圧迫療法

a. リジッドドレッシング(ギプス包帯による固定)
b. ソフトドレッシング
遠位端より巻きはじめ，近位部へ向かうにつれてゆるく，滑らかに巻くこと
c. セミリジッドドレッシング(エアスプリントによる固定)　　文献2)，p.208より引用

②ソフトドレッシング(soft dressing)

■循環不良による切断の場合，日常的に断端の状態を確認し，断端形成を促す．

- 弾性包帯を巻いて断端部を圧迫し，断端のむくみをとるようにするので弾性包帯法ともいう(**図4b**)．
- セラピストや看護師が，弾性包帯を巻くが，いずれは，患者が1人でもできるように指導する．

③セミリジッドドレッシング

■ソフトドレッシング法で使用する弾性包帯の代わりに弾力のある素材でソケットを作る方法(**図4c**)．

- 早期に部分負荷が可能となるなどの利点がある．
- 浮腫のコントロールは完全ではない．

●術後理学療法

①関節可動域運動

■大腿切断では股関節は屈曲・外転位，下腿切断では膝関節は屈曲位となりやすい．

- 切断後，立位や歩行の機会がなくなり，坐位の姿勢をとるようになること，切断された働筋と拮抗筋の筋力に差が生じることなどによる．

■拘縮が生じると，義足ソケットの適合不良が生じ，義足歩行が困難となるなど，患者のQOLに影響.
→術後早期からの拘縮予防・不良肢位予防が大切である.
制限が生じている場合には，伸張運動により改善を図る.

■ 関節可動域訓練は後述する筋力増強訓練と合わせて行う非常に重要な訓練.

②筋力増強運動

■ 手術後，創部閉鎖とともに筋力増強運動を開始.
- 創部へのストレスを避け，最初は患者自身で行う自動運動や等尺性の運動から開始する.
- 抜糸後，経過をみて，徐々にセラピストによる徒手的な運動へと移行する.
- 重錘やセラミックバンド，ボールなどを利用したセルフ・エクササイズによる抵抗運動などを指導する.
- 患者の能力に応じて運動の種類や強度を選択する.

■ 日常の生活動作自体が筋力の強化や関節拘縮の予防となるため，正しい生活動作を促す.
→病棟看護師との連携が大切.

■ 大腿切断
- 股関節の伸展，内外転の筋力強化が重要である.

■ 下腿切断
- 膝関節屈伸筋力と股関節周囲筋の筋力強化を行う.
- 股関節周囲の筋力：義足歩行能力向上の重要因子.
- 切断側股関節の伸展筋力：歩行時の義足側立脚初期での膝継手の随意制御能力に加え，重心の前方推進力に関与.
- 股関節の外転筋力：義足側立脚期の体幹および骨盤の側方安定性に関与.
- 非切断側下肢や上肢の筋力および巧緻性：義足装着動作や義足非装着下でのADL遂行のために重要な機能.
  →歩行補助具の選定にも影響.

③バランス練習

■ 片側下腿切断者の立位バランス
- 平衡機能障害や麻痺がなくても困難な動作となる.
- 両脚立位よりも片脚立位バランスのほうがより体幹筋活動の関与が大きい.

→体幹筋力強化は，義足歩行，日常生活動作の獲得に重要．

■非切断側下肢での片脚立位能力
・義足歩行獲得の予後予測因子として重要である．

■バランス能力
・義足を装着しないADLの安定性のためにも大切な要因．

■高齢下肢切断者：加齢による生理的なバランス能力低下，糖尿病神経障害や変形性関節症などを合併する場合も多い．
・非切断側下肢に運動機能障害が存在する場合もあり，バランス能力が大きく低下している可能性が高い．

④全身持久力トレーニング

■早期の離床を促し，体力低下を最小限に食い止める．

⑤平行棒を利用した荷重訓練

■高いレベルの義足歩行を獲得するために基礎的訓練を十分に実施する．
・義足への重心移動や各歩行周期の動きの学習．
・断端の運動で義足を操作する，など．

■膝継手の操作訓練
・断端でソケット後壁を強く押し，膝継手を伸展位で固定する．

■前後方向への重心移動
・足部は動かさずに骨盤を前後へ移動させる．

■左右方向への重心移動
・体幹を側屈させず，骨盤の動きで左右への重心移動を行う．
・義足側へ荷重する際，殿筋群と大腿四頭筋による股・膝関節伸展を意識する．

■健側下肢の振り出し
・立脚中期に義足下肢の股関節伸展と膝関節伸展を同時に促す．
・義足立脚後期に股関節が伸展し，前足部に荷重がかかっていることを確認する．

■義足下肢の振り出し
・股関節を伸展させ前足部に荷重がかかっている状態から振り出す．

⑥義足歩行練習

■立位でバランスがとれ，義足での体重支持が可能になったら，平行棒内歩行から開始．

・異常歩行に留意する．
・段階を踏んで両手支持から片手支持にする．

⑦机などを利用した筋力強化

■ 義足立脚時の股関節と体幹の支持性の向上を図る（**図5**）．
・机や手すりなどを利用して，直立位をとる．
・その状態を保持したまま健側の下肢を外転・伸展させる．
→股関節の屈曲や体幹の前屈が起こらないように注意．

⑧ステップを利用した筋力強化（図6）

■ 義足の遊脚期〜立脚期における運動性と支持性を改善する．
・直立位から1段上の段に義足を乗せ，その義足に体重をかけながら健側をそろえる．
→ゆっくりと安定して階段を1段昇る運動．
・義足を安定して上段の定位置に振り出す．
・上段に振り出した義足にスムーズに体重を移行する．
・全体重を支えながら股関節を伸展，健側を安定して上段にそろえる．

切断

⑨歩行器を使用した歩行能力の改善

■ 義足の前足部への体重移動を促し，歩行能力と歩容を改善．
・義足歩行で欠如しがちな前足部への体重付加を促す．
・最初は歩行器を使用して転倒の不安感を解消する．
・後方に引かれる力に抵抗して直進，義足下肢の立脚後期における下肢伸展能力を高める．
・同時に，義足の前足部へ十分な体重付加を促し，義足のトウ・オフの機能を有効に利用できるようにする．

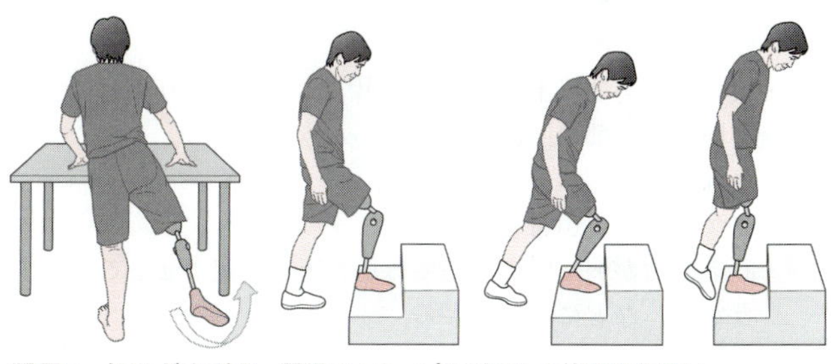

■図5　机などを利用した筋力強化運動

■図6ステップを利用した筋力強化運動

■運動時の姿勢保持は重要
→体幹が前屈し，腰が引けたような姿勢にならないよう注意.

○義足異常歩行の観察

●大腿義足

■義足側への体幹側屈の増強
・義足の長さが短すぎる.
・ソケットの初期内転角不足.
・ソケット内壁上端との不適合(接する断端部に疼痛).
・股関節外転筋力低下や外転拘縮　などにより生じる.

■腰椎前彎の増強
・ソケットの初期屈曲角不足.
・前・後壁との干渉により疼痛が生じるソケット不適合.
・股関節屈曲拘縮や伸展筋力低下，などにより生じる.

■外転歩行
・義足が長すぎる.
・股関節外転拘縮がある.
・内壁との干渉により疼痛が生じるソケット不適合，などにより生じる.

■分回し歩行
・義足が長い.
・膝継手の過剰な安定により遊脚期の膝屈曲が遅れる.
・股関節外転拘縮，などにより生じる.

■ターミナルインパクト
→遊脚期の膝継手伸展時に生じる衝撃音をさす.
・膝継手の摩擦が弱い.
・義足側を必要以上に強く振り出す，などにより生じる.

■踵接地時の足部の回旋
・足部の踵バンパーが固すぎる.
・ソケットの不適合(ゆるみ).
・断端筋力が弱く踵接地時に義足を床へ安定させることができない，などにより生じる.

下腿義足

■膝折れ

・足部に対してソケットが前方にあることで，立脚期に義足足部へ重心が移動した際に生じる膝関節の急激な屈曲．

■反張膝

・足部に対してソケットが後方にあることで，立脚期に生じる膝関節の急な伸展．

①応用動作練習

■床からの立ち上がり

・床から物を拾う(**図7**)．
・障害物をまたぐ．
・椅子からの立ち上がり．
・階段昇降・斜面の昇降．
・不整地での歩行練習．
・エスカレーターの乗降練習，など．

健足を前に踏み出し，十分に体重をかけ，義足を屈曲させながら上体を前屈し，物を拾う．

■図7　床から物を拾う

②上肢・健側下肢の訓練

■術後早期から，両上肢，健側下肢の筋力強化の訓練を開始．

・松葉杖の使用に必要な肩甲帯筋を中心に上肢の運動．
・屋内で義足を使用しない傾向が強いわが国では，健側下肢は屋内動作における実用的な支持脚となる．
→義足装着の有無を問わず筋力強化訓練が重要．

自施設でのアプローチについて記載

切断

リスク管理

良肢位

■ 大腿切断

・股関節屈曲・外転・外旋拘縮が生じやすい．
→断端側股関節を伸展・軽度内転・内旋位で保持する．
屈曲拘縮の予防には頻回に腹臥位をとる．

■ 下腿切断

・膝関節の屈曲拘縮が生じやすい．
→できるだけ伸展位とする．
伸展拘縮にならないように注意．

■ 大腿義足

・断端長によりソケットの形状が大きく変わり，ソケットの固定力も異なる．
・患者の用途によって膝継手の種類を選択することがある．
→機構によって運動性・固定性が変化するため，対応するトレーニングが必要．

■ 大腿切断より高位の切断（股関節離断）

・股継手と膝継手を連動させたより複雑な運動が必要．

患者の障害と義足の種類によって訓練の方法は大きく異なり，目指すべき歩容や生活動作も違ってくる．

Memo

第3章

障害に対する リハビリテーションの理解

関節可動域障害

概要

関節の分類

- 関節は可動関節，半関節，不動関節に分類される．身体の大部分は可動関節が占め，一般的に関節とは，可動関節を示すことが多い．

可動関節の構造（図 1）

- 骨と骨とが連結し，関節腔（関節のすきま）に滑液（液体）がある関節で，滑膜で覆われることから滑膜性関節ともいう．
- 滑膜は，関節腔を満たす滑液を分泌する．滑液は関節軟骨に栄養を与え，関節の潤滑油の役割を果たす．
- 滑膜の外側は関節包とよばれる伸縮性のある線維層になっており，さらに外側には靭帯がある．関節包と靭帯は関節がずれないように支える役割を果たす．
- 可動関節は，骨の構造によって蝶番関節，車軸関節，楕円関

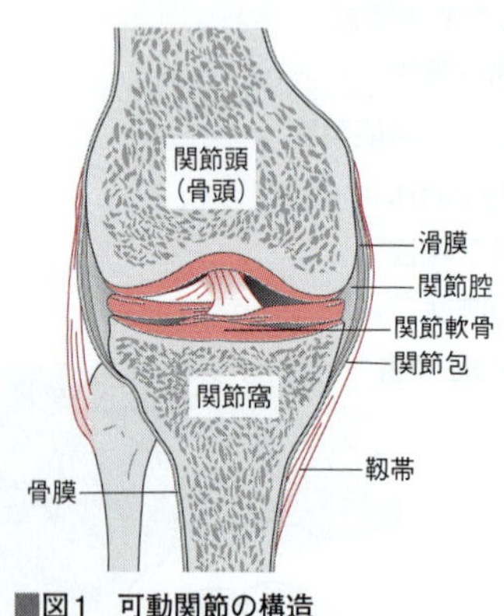

■図1　可動関節の構造
文献 1），p.727 より

節，球関節，平面関節，鞍関節，顆状関節に分けられる．

- 各関節ごとに参考可動域があるが，関節包，靭帯，腱の伸縮性と，筋力によって実際の可動域が決まる．

評価法

関節可動域の表し方

- 基本肢位とは，顔は正面を向いて両上肢は体側に沿って下垂する．手掌を体側に向けて足趾を前方を向け下肢と平行にした立位をいう（**図2**）．
- ROM（range of motion）は，基本肢位を0°とし，そこを基点とした運動範囲を角度で表す．
- **図3**に，股関節と指節間関節の角度測定法を示す．
- 指節間（IP）関節は，手指では遠位指節間（DIP）関節，近位指節間（PIP）関節に分けられ，足趾（指）の場合は指節間関節とまとめられることが多い．指の付け根は中手指節（MP）関節

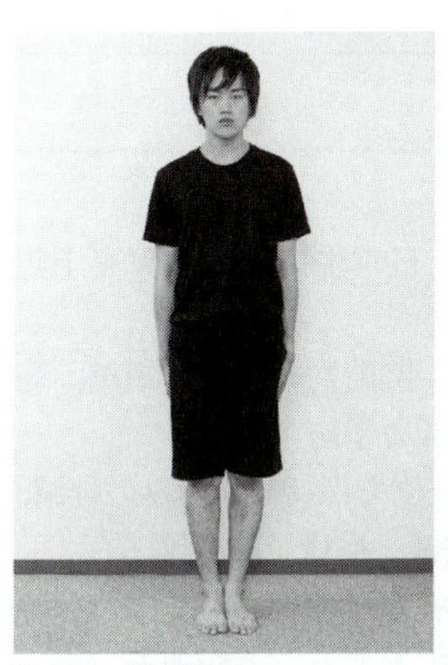

■図2　基本肢位

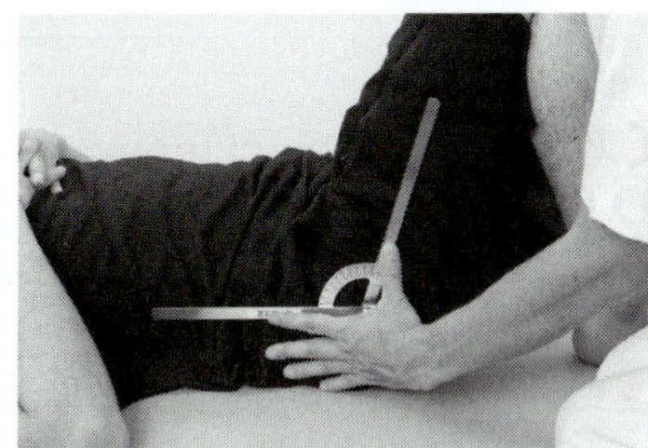

股関節の角度測定

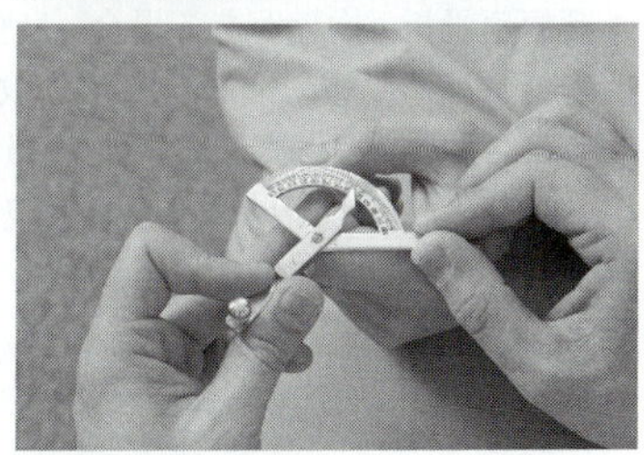

指節間関節の角度測定法

■図3　関節の角度測定法

という．

- 各関節の運動範囲は一般的に，矢状面では屈曲・伸展，前額面では外転・内転，水平面では外旋・内旋を角度で表す．
- 測定は通常，他動運動（他者による関節運動）で行うが，自動運動（本人による関節運動）との違いを評価することもある．
- **表1**に，関節可動域（ROM）と測定方法を示す．

評価上の留意点を記載

アプローチ

関節可動域練習の目的

- 制限がある場合，ROMを改善し，日常生活への支障を予防する．
- 長期臥床や安静が見込まれる場合，関節拘縮や筋の短縮，筋力低下に陥るのを防ぎ，廃用症候群を予防する．
- 麻痺や骨折，拘縮がある場合，良肢位を保持し，痛みの軽減，最低限の可動域の確保，ADLの改善，褥瘡予防を図る．
- ギプス固定や，脳梗塞の片麻痺患者などの就寝時や坐位の際に，痛みや褥瘡予防のために良肢位をとることがある．

関節可動域練習の方法

- ROM練習は，拘縮や制限が出現する前に，可能な限り早期に始める．
- 患者の状態により，他動運動，自動運動，自動介助運動を組み合わせ，持続的他動的運動(CPM)を行う場合もある．

- 患者の家族や介助者にも可能な範囲でROM練習法を習得してもらう．
- 持続的な運動を可能な運動範囲で，反動はつけず愛護的にゆっくり行う．

関節可動域練習の際に気をつける点を記載

障害像と関節可動域障害へのアプローチ

ROMが制限される場合

- ROM制限の因子には，痛み，皮膚の癒着や可動性(伸張性)の低下，関節包の癒着や短縮，筋・腱の短縮，筋緊張の増加(筋スパズム)，関節内運動の障害，腫脹や浮腫，骨変性などがあり，1つではなく混在している[1]．以下に，各制限因子の原因と対応策を示す．
  - **痛み**：手術後のROM運動，急性期の刺痛など．他動運動では防御性収縮が起こり，痛みはさらに増加する．重力を利用すると効果的である．
  - **皮膚の癒着や可動性(伸張性)の低下**：手術後の皮膚の突っ張り，術創部の周辺の痛みなど．術創部周囲の皮膚のストレッチやマッサージによる血流改善を行う．
  - **関節包の癒着や短縮，筋・腱の短縮**：長期間のギプス固定，関節周囲の手術など．ホールドリラックス，筋に対するダイレクトアプローチなどが効果的である．

■表1　関節可動域（ROM）と測定方法

A. 上肢

部位名	運動方向	参考可動域角度	基本軸	移動軸	測定部位および注意点	参考図
肩甲帯	屈曲	20	両側の肩峰を結ぶ線	頭頂と肩峰を結ぶ線		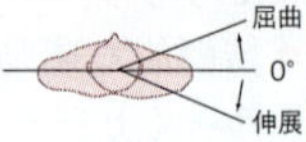
	伸展	20				
	挙上	20	両側の肩峰を結ぶ線	肩峰と胸骨上縁を結ぶ線	背面から測定する	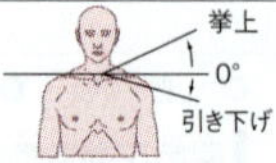
	引き下げ（下制）	10				
肩（肩甲帯の動きを含む）	屈曲（前方挙上）	180	肩峰を通る床への垂直線（立位または坐位）	上腕骨	前腕は中間位とする体幹が動かないように固定する 脊柱が前後屈しないように注意する	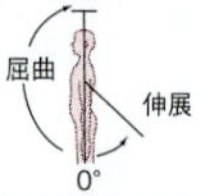
	伸展（後方挙上）	50				
	外転（側方挙上）	180	肩峰を通る床への垂直線（立位または坐位）	上腕骨	体幹の側屈が起こらないように，90° 以上になったら前腕を回外することを原則とする →［その他の部位］参照	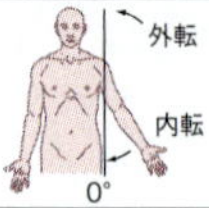
	内転	0				
	外旋	60	肘を通る前額面への垂直線	尺骨	上腕を体幹に接して，肘関節を前方90° に屈曲した肢位で行う前腕は中間位とする →［その他の部位］参照	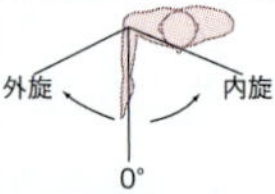
	内旋	80				
	水平屈曲	135	肩峰を通る矢状面への垂直線	上腕骨	肩関節を90° 外転位とする	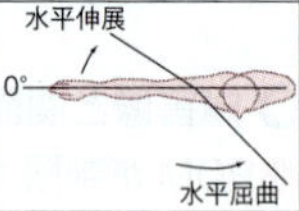
	水平伸展	30				
肘	屈曲	145	上腕骨	橈骨	前腕は回外位とする	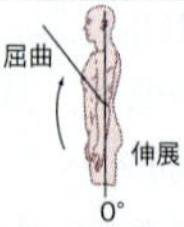
	伸展	5				
前腕	回内	90	床への垂直線	手指を伸展した手掌面	肩の回旋が入らないように肘を90° に屈曲する	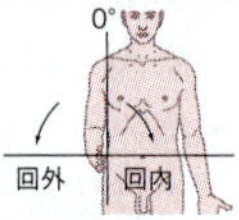
	回外	90				
手	屈曲（掌屈）	90	橈骨	第2中手骨	前腕は中間位とする	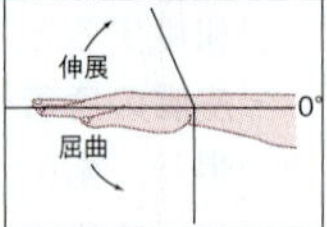
	伸展（背屈）	70				
	橈屈	25	前腕の中央線	第3中手骨	前腕を回内位で行う	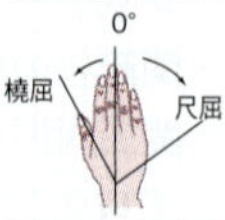
	尺屈	55				

B. 手指

部位名	運動方向	参考可動域角度	基本軸	移動軸	測定部位および注意点	参考図
母指	橈側外転	60	示指（橈骨の延長上）	母指	運動は手掌面とする以下の手指の運動は，原則として手指の背側に角度計を当てる	橈側外転 0° 尺側内転
	尺側内転	0				
	掌側外転	90			運動は手掌面に直角な面とする	掌側外転 0° 掌側内転
	掌側内転	0				
	屈曲（MCP）	60	第1中手骨	第1基節骨		伸展 0° 屈曲
	伸展（MCP）	10				
	屈曲（IP）	80	第1基節骨	第1末節骨		0° 伸展 屈曲
	伸展（IP）	10				
指	屈曲（MCP）	90	第2～5中手骨	第2～5基節骨		伸展 0° 屈曲
	伸展（MCP）	45				
	屈曲（PIP）	100	第2～5基節骨	第2～5中節骨		0° 伸展 屈曲
	伸展（PIP）	0				
	屈曲（DIP）	80	第2～5中節骨	第2～5末節骨		0° 伸展 屈曲
	伸展（DIP）	0			DIPは10°の過伸展を取りうる	
	外転		第3中手骨延長線	第2，4，5指軸	中指の運動は橈側外転，尺側外転とする	0° ← 外転 ← 内転
	内転					

C. 下肢

部位名	運動方向	参考可動域角度	基本軸	移動軸	測定部位および注意点	参考図
股	屈曲	125	体幹と平行な線	大腿骨（大転子と大腿骨外顆の中心を結ぶ線）	骨盤と脊柱を十分に固定する屈曲は背臥位，膝屈曲位で行う 伸展は腹臥位，膝伸展位で行う	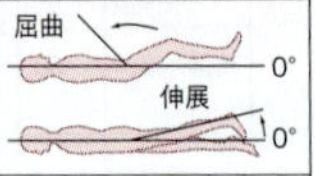
	伸展	15				
	外転	45	両側の上前腸骨棘を結ぶ線への垂直線	大腿中央線（上前腸骨棘より膝蓋骨中心を結ぶ線）	背臥位で骨盤を固定する 下肢は外旋しないようにする 内転の場合は，反対側の下肢を屈曲挙上してその下を通して内転させる	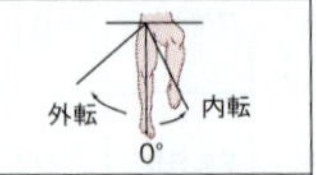
	内転	20				
	外旋	45	膝蓋骨より下ろした垂直線	下腿中央線（膝蓋骨中心より足関節内外果中央を結ぶ線）	背臥位で，股関節と膝関節を90°屈曲位にして行う 骨盤の代償を少なくする	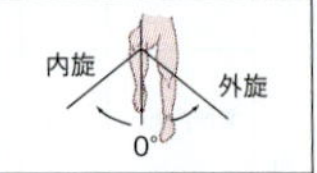
	内旋	45				
膝	屈曲	130	大腿骨	腓骨（腓骨頭と外果を結ぶ線）	股関節を屈曲位で行う	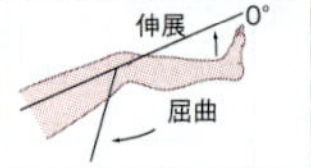
	伸展	0				
足	屈曲（底屈）	45	腓骨への垂直線	第5中足骨	膝関節を屈曲位で行う	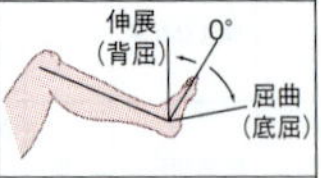
	伸展（背屈）	20				
足部	外がえし	20	下腿軸への垂直線	足底面	足関節を屈曲位で行う	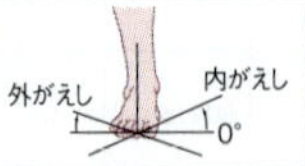
	内がえし	30				
	外転	10	第1，第2中足骨のあいだの中央線	同左	足底で足の外縁または内縁で行うこともある	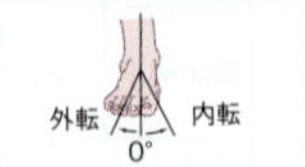
	内転	20				
母指（趾）	屈曲（MTP）	35	第1中足骨	第1基節骨		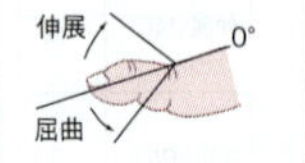
	伸展（MTP）	60				
	屈曲（IP）	60	第1基節骨	第1末節骨		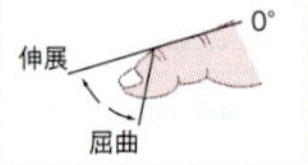
	伸展（IP）	0				
足指	屈曲（MTP）	35	第2～5中足骨	第2～5基節骨		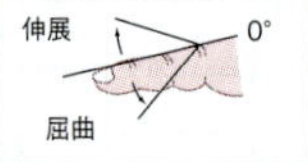
	伸展（MTP）	40				
	屈曲（PIP）	35	第2～5基節骨	第2～5中節骨		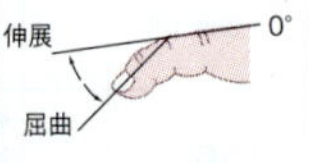
	伸展（PIP）	0				
	屈曲（DIP）	50	第2～5中節骨	第2～5末節骨		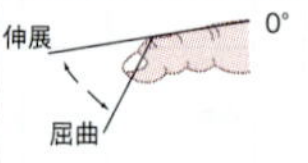
	伸展（DIP）	0				

D. 体幹

部位名	運動方向		参考可動域角度	基本軸	移動軸	測定部位および注意点	参考図
頸部	屈曲(前屈)		60	肩峰を通る床への垂直線	外耳孔と頭頂を結ぶ線	頭部体幹の側面で行う 原則として腰かけ坐位とする	
	伸展(後屈)		50				
	回旋	左回旋	60	両側の肩峰を結ぶ線への垂直線	鼻梁と後頭結節を結ぶ線	腰かけ坐位で行う	
		右回旋	60				
	側屈	左側屈	50	第7頸椎棘突起と第1仙椎の棘突起を結ぶ線	頭頂と第7頸椎棘突起を結ぶ線	体幹の背面で行う 腰かけ坐位とする	
		右側屈	50				
胸腰部	屈曲(前屈)		45	仙骨後面	第1胸椎棘突起と第5腰椎棘突起を結ぶ線	体幹側面より行う 立位，腰かけ坐位，側臥位で行う 股関節の運動が入らないように行う →[その他の部位]参照	
	伸展(後屈)		30				
	回旋	左回旋	40	両側の後上腸骨棘を結ぶ線	両側の肩峰を結ぶ線	坐位で骨盤を固定して行う	
		右回旋	40				
	側屈	左側屈	50	ヤコビー線の中点に立てた垂直線	第1胸椎棘突起と第5腰椎棘突起を結ぶ線	体幹の背面で行う 腰かけ坐位または立位で行う	
		右側屈	50				

E. その他の部位

部位名	運動方向	参考可動域角度	基本軸	移動軸	測定部位および注意点	参考図
肩(肩甲骨の動きを含む)	外旋	90	肘を通る前額面への垂直線	尺骨	前腕は中間位とする 肩関節は90°外転し，かつ肘関節は90°屈曲した肢位で行う	
	内旋	70				
	内転	75	肩峰を通る床への垂直線	上腕骨	20°または45°肩関節屈曲位で行う 立位で行う	
母指	対立				母指先端と小指基部(または先端)との距離(cm)で表示する	
指	外転		第3中手骨延長線	第2，4，5指軸	中指先端と第2，4，5指先端との距離(cm)で表示する	
	内転					
	屈曲				指尖と近位手掌皮線または遠位手掌皮線との距離(cm)で表示する	
胸腰部	屈曲				最大屈曲は，指先と床の間の距離(cm)で表示する	

F. 顎関節

顎関節	・開口位で上顎の正中線で，上歯と下歯の先端とのあいだの距離(cm)で表示する ・左右偏位は上顎の正中線を軸として下歯列の動きの距離を左右ともcmで表示する ・参考値は上下第1切歯列対向縁線間の距離5.0cm，左右偏位は1.0cmである

- **筋緊張の増加**：持続的な痛み，姿勢異常による筋の短縮など．痛みや姿勢に対するアプローチを避けると戻ることが多く，低負荷による運動を繰り返し行うよう学習させる．
- **関節内運動の障害**：関節包の短縮，不十分な関節の遊びなど．関節モビライゼーションが有効である．
- **腫脹や浮腫**：外傷による腫脹，手術後の腫脹，栄養障害による浮腫，循環不全による浮腫など．腫脹や浮腫の原因となっている因子を改善する．

■筋力低下があると，自動運動でのROMが制限される．拮抗筋のバランスが崩れた場合にもROMが制限される．

■麻痺などの神経疾患では，関節や筋は正常だが，不動による筋萎縮，筋力低下が生じるため，原疾患が治癒したあともROMが制限される．

●ROMが正常範囲を越える場合

■関節弛緩，関節不安定性が生じている状態で，亜脱臼，脱臼しやすい．原因は外傷による靱帯損傷，関節包損傷，その他マルファン症候群など．

○代表的な関節可動域練習

■**図4～7**に，主な関節のROM練習例を示す．

●CPM装置の使用

■専用の器機で，肩，肘，手首，膝(**図8**)，指用などの関節をゆっくりと反復して動かす治療法をいう．

■筋力を使わずに関節を動かし，関節手術後の早期リハビリテーションに使用する．

リスク管理

○廃用症候群の予防

■臥床や長期入院，ギプスなどによる固定期間の短縮．

■急性期からベッド上で患者の状態に合わせたリハビリテーションを開始する．

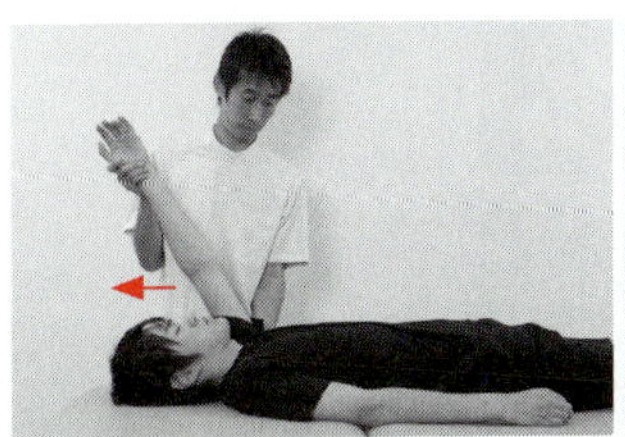

肩関節伸展

肩関節外転

肩関節内旋

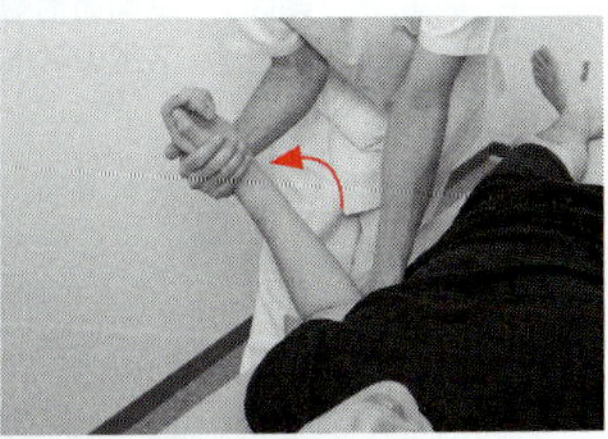

肩関節外旋

■図4　肩関節他動練習例

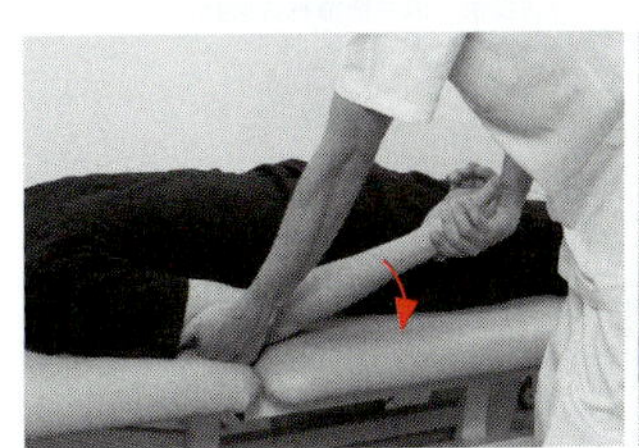

肘関節伸展

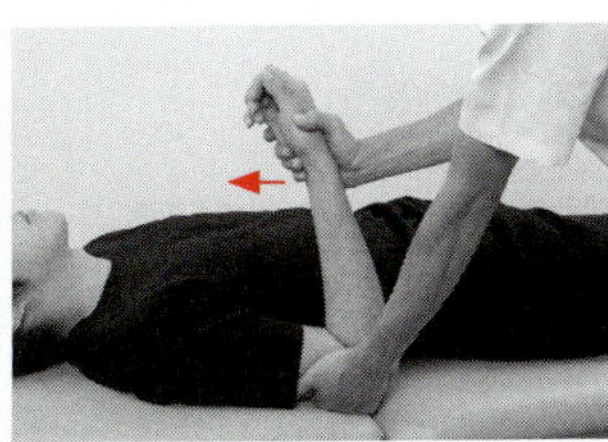

肘関節屈曲

■図5　肘関節他動練習例

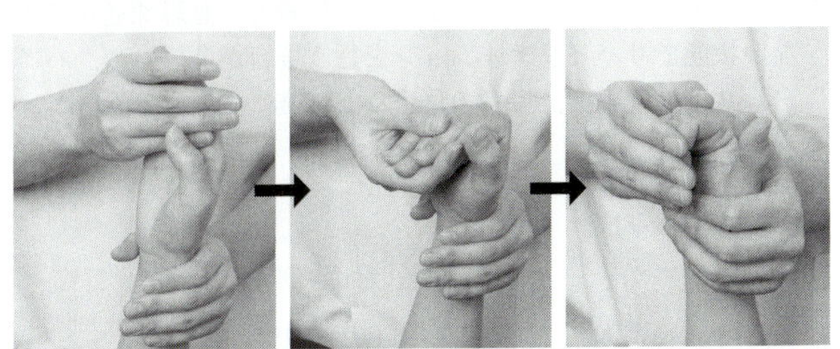

■図6　手関節・指関節他動練習例

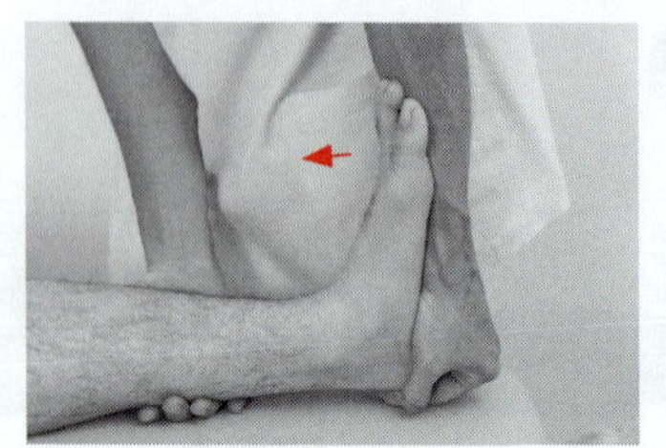

■図7　足関節他動練習例〔背屈（アキレス腱のストレッチ）〕

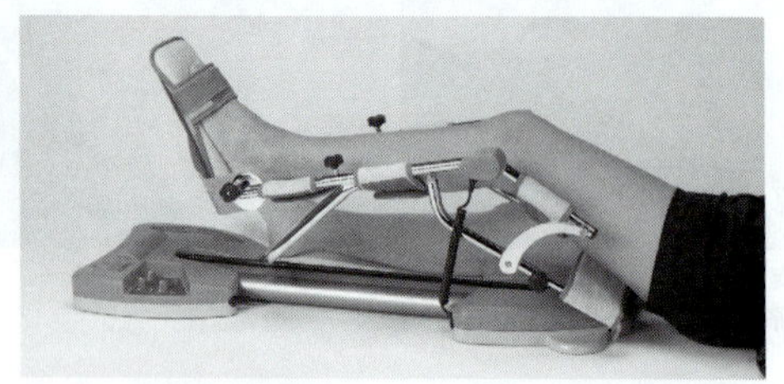

■図8　膝用CPM装置　（写真提供；酒井医療株式会社）

急性期・術直後の留意点

- 各専門分野に特化した情報を収集しチームで共有する．
  - ・看護師：患者の状態やバイタルサイン，出血量など
  - ・主治医：治療・手術の内容，経過，禁忌事項など
  - ・リハビリテーションの立場：動作時疼痛，どのくらい動けるかなど
- 意識障害や言語障害などによって，患者との意思疎通ができない状態でリハビリテーションを行う場合が多いため，バイタルサイン，表情，患者の反応などに常に注意する．

急性期・術直後の留意点

痛みの回避

- 関節に腫脹や浮腫がある場合，X線所見で異所性骨化がみられる場合は，運動で痛みを誘発することがある．
- 痛みが強い場合は関節可動範囲を自動運動または自動介助運動で確認する．他動運動での痛みの出現を抑える．
- 疼痛は逆効果となる．許容される痛みの目安を確認する．
  - ・意思の疎通ができる患者：痛みの増強しない範囲，無理のない範囲など．
  - ・意思の疎通ができない患者：家族からの情報により関節可動範囲の目安を推測する．参考可動域まで，最終可動域を感じとる．

筋力低下

概要

筋力低下とは

- 筋力低下の主な原因.
  ①筋肉を使わないことによる筋線維の萎縮.
  ②上位運動ニューロン, 下位運動ニューロンおよび筋の障害.
  ③神経–筋の接合部での神経伝達の障害.
- 筋力の低下により, 関節の痛みや可動域(ROM)の低下につながる, また姿勢にも影響する.

分類

- 筋力低下は上述のとおり, 上位運動ニューロン障害, 下位運動ニューロン障害, 筋および神経–筋接合部障害, 廃用性筋萎縮に分類できる.

●上位運動ニューロン障害

- 大脳皮質から内包, 脳幹, 脊髄を経て脊髄前角細胞に至る経路の障害で生じる.

例：脳卒中, 脳性麻痺, 多発性硬化症など.

●下位運動ニューロン障害

- 脊髄神経内の前角細胞の障害が原因である.

例：進行性脊髄性筋萎縮症, 多発性筋炎, 皮膚筋炎, ポリオなど.

●筋および神経–筋接合部障害

- 筋自体, または神経–筋接合部とよばれる神経と筋肉の接合部分の障害である.

例：重症筋無力症(神経–筋接合部でのアセチルコリンの伝達阻害), 周期性四肢麻痺(Kの代謝異常), 筋ジストロフィー，ミオパチーなど.

●廃用性筋萎縮

■運動をしないために筋が萎縮を起こした状態.

例：骨折で数週間四肢をギプス固定した場合，長期臥床後など.

●その他

■上位運動ニューロン，下位運動ニューロンの両方が障害.

例：筋萎縮性側索硬化症(ALS)など.

■栄養障害，電解質異常，がんの悪液質状態.

評価法

視診・触診

■筋萎縮の程度をみる.

・萎縮のある筋は軟らかく，力を入れても硬くならない.
・左右の同じ部位を比較し，病変部位周囲の筋肉の大きさと比べる.
・四肢の周径を計測し，左右差を確認し，健常者と比較する.

■筋力が著しく低下した場合は，神経障害や筋疾患による筋萎縮のことが多い．感覚障害の有無や腱反射の出現状態，筋萎縮の分布状況などが重要な手がかりとなる.

徒手筋力検査(MMT)（図1）(p.319参照)

■個々の筋肉あるいは筋群の収縮力を検査する.

■いつでもどこでも簡単にできる筋力評価法である.

■0～5の6段階で評価.

Memo

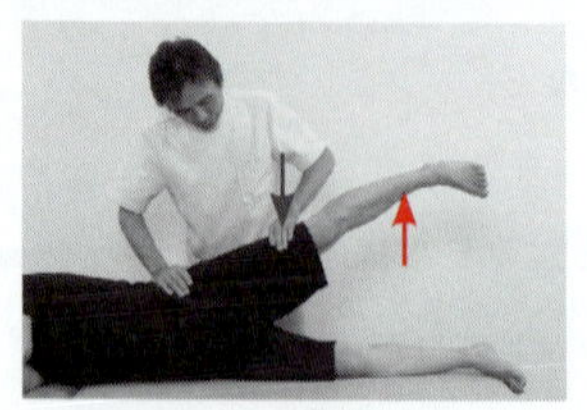

中・小殿筋
（L4 ～ S1，上殿神経支配）
下肢伸展位で側臥位にさせ，抵抗を加えながら上方の肢全体を外転（上に上げる）させる．

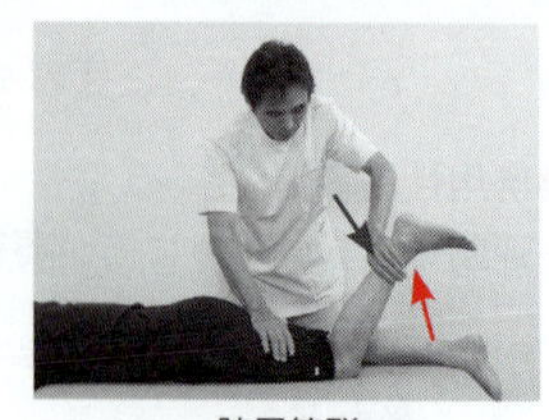

膝屈筋群
（L4 ～ S2, 坐骨神経支配）
腹臥位で，抵抗を加えながら膝を屈曲させる．

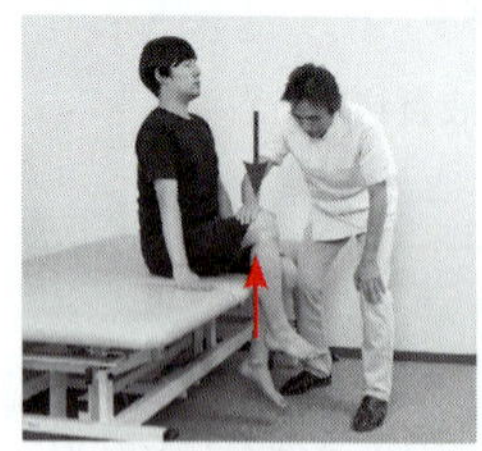

大腰筋および腸骨筋
（L1 ～ 3，大腿神経支配）
坐位で大腿を検査台から離し，回旋中間位を保ちながら股関節を可動域の最後まで屈曲する．

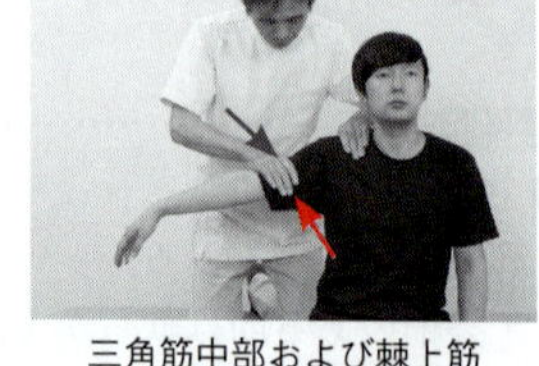

三角筋中部および棘上筋
（C5 ～ 6，腋窩神経支配）
坐位で上肢を側方へ挙上させ抵抗を加える．

■図1　徒手筋力テストの一例

Memo

自施設での評価法を記載

アプローチ

筋力増強運動(表1)

廃用性筋萎縮に対するアプローチ

- 軽度の萎縮は，筋を使用しはじめると比較的早く回復する．進行すると回復が遅れ，関節拘縮や肺炎・褥瘡などの合併症を併発することがある．早期離床や早期から筋力強化などの運動療法を行い，臥床時間を短くする．
- 安静保持の部位と期間は必要最低限とする．患部に影響のない身体部位は早期から自動運動や抵抗運動を適度に行う．
- 活動的な入院生活を心がけさせ，臥床時間が短くなるように看護師などと連携する．

■表1　脈拍数からみた運動強度の目安

(220－年齢)	×～60%/分 ×～70%/分 ×～80%/分 ×～90%/分	軽度 中度 強度 上限
例)70歳の人 (220－70) ＝150	×0.6＝～ 90回/分　～15回/10秒 ×0.7＝～105回/分　～17回/10秒 ×0.8＝～120回/分　～20回/10秒 ×0.9＝～135回/分　～22回/10秒	軽度 中度 強度 上限

●上位運動ニューロン障害に対するアプローチ

- ■脳卒中や脳性麻痺などによる痙縮がある患者に対して筋力増強運動を行う.

●下位運動ニューロン障害に対するアプローチ

- ■固有受容性神経筋促通法(PNF)などを行う.

●神経・筋疾患(ALSを含む)に対するアプローチ

- ■筋力維持と筋萎縮の予防を行う.
- ■関節拘縮の予防にはROM運動のほか, ADLの訓練も取り入れる.
- ■リハビリテーションは, 無理なく行えることが大切である. 過度のリハビリテーションは逆効果をもたらすことがある.

自施設でのアプローチを記載

リスク管理

- 設定した目標に向かって，患者と医療者が協働する．患者のモチベーションを維持するようにサポートする．
- 目標は患者が続けられるレベルに設定する．その適切性など適宜効果判定を行い，リハビリテーションの内容を検討する．
- 骨折などでは，荷重の有無，関節可動域をチェックする．
- 痙縮筋では，筋緊張を評価し，過度の亢進があればリハビリテーションを中止する．
- 神経・筋疾患(とくに脊髄神経根障害，ギラン・バレー症候群, ALS, 多発性筋炎, 筋ジストロフィー, 多発性硬化症など)では，過度の運動負荷による筋力低下(過用性筋力低下)や強い疲労性に注意する．
- 筋力の維持や廃用性筋萎縮予防の基本は，日常繰り返し行われる生活行為をきちんと行うことである．

筋力低下

Memo

筋緊張異常

概要

筋緊張異常とは

■筋緊張異常には低緊張と過緊張があり，過緊張はさらに痙直（痙縮）と硬直（固縮・強剛）に分けられる．

筋緊張異常の分類

●痙直（痙縮：spasticity）

■錐体路障害で出現し，筋緊張が亢進している状態．

■関節を他動的に勢いよく屈伸させると，はじめは抵抗が大きく，あるところから急に抵抗が減少する折りたたみナイフ現象が生じる（**図1**）．

■上肢では屈筋群，下肢では伸筋群に出現しやすい．

［主な原因疾患］→p.313運動麻痺参照
上位運動ニューロン障害．
錐体路障害（脳血管障害，脳腫瘍，脳性麻痺など）．

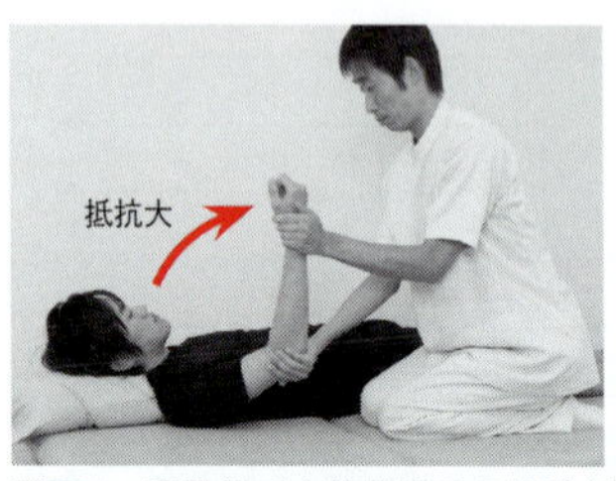

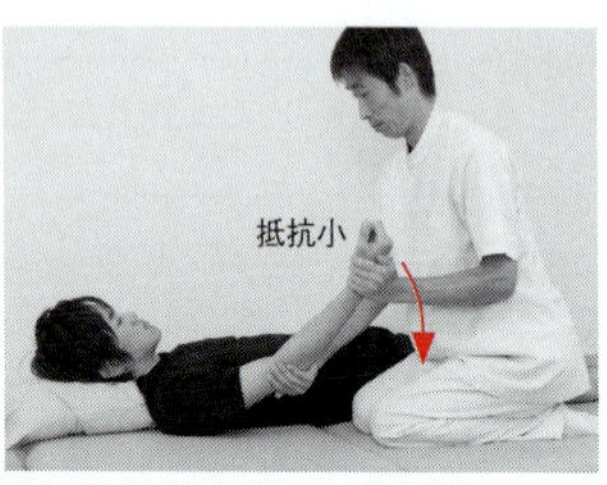

■図1　背臥位で上肢他動時の抵抗（痙直）（折りたたみナイフ現象）

●硬直（固縮：rigidity）

■錐体外路障害により出現する，筋の緊張が亢進した状態．

■他動的な関節運動時にはじめから終わりまで一定の筋抵抗を感じる状態で，鉛管を曲げるような感じに似ているため鉛管様現象とよばれる.

- パーキンソン病では，歯車を回転させるように小刻みな抵抗を感じることもあり，歯車様現象とよぶ．一般に，手→肘→肩関節などの遠位部→近位部に現れ，腱反射は出にくくなる.

[主な原因疾患]
上位運動ニューロン障害.
錐体外路障害(パーキンソン病，アテトーシス).

弛緩(低緊張：hypotone)

- 筋は弛緩し，筋腹を触診すると軟らかく感じる.
- 関節を他動的に動かすと，伸長される筋の抵抗力は消失または低下している.
- 動作時の姿勢の崩れなどが認められ，筋緊張，腱反射ともに低下している.
- 環境の違い〔姿勢変化，外的刺激(音，光，抗重力など)など〕により筋緊張亢進がある.

[主な原因疾患]
ミオパチー(乳幼児).
脳血管障害急性期.
小脳疾患.
下位運動ニューロン障害.

評価法

安静時筋緊張検査

- 背臥位，坐位，立位などの姿勢を保持させた状態での筋緊張を視診・触診で観察する.
- 姿勢筋緊張(目的の姿勢にしたときの筋緊張)を観察する.
  - **背臥位→坐位→立位**に伴い，姿勢性緊張により筋緊張の亢進がみられる.
  - 支持基底面，重心の位置などから関節の可動性や他の評価なども考慮して筋の働きを観察する.

❍ 被動性検査

- 麻痺筋を伸長させて行う検査である．
  - ・患者を背臥位で安静にさせ，各関節を屈伸，内外転，回旋方向へ動かしたときの筋抵抗を評価する．
  - ・伸長速度を遅→速に変化させ，他動的に関節運動を利用して被検筋を伸長したときの検者の手に感じられる抵抗の強弱を評価する．
- 客観的検査法として，修正版アシュワーススケール(MAS)がある(p.316表2参照)．

❍ 伸展性検査(図2)

- 他動的に筋を伸長させたときに，その最高限度に達する伸展の度合いを評価する．他動的関節可動域(ROM)の程度を一肢と反対側を比較する．
- 一側の上下肢のある部分が，他側より伸展性がある場合を"過伸展性がある"といい，筋緊張の低下を意味する．

❍ 筋硬直の検査

- 硬直は被動性に関する検査で判定できる．
- 該当する筋，または筋群を他動運動で伸張させて，硬直があれば運動中に抵抗を感じる(頭部落下試験や手首の固縮徴候をみる検査がある)．

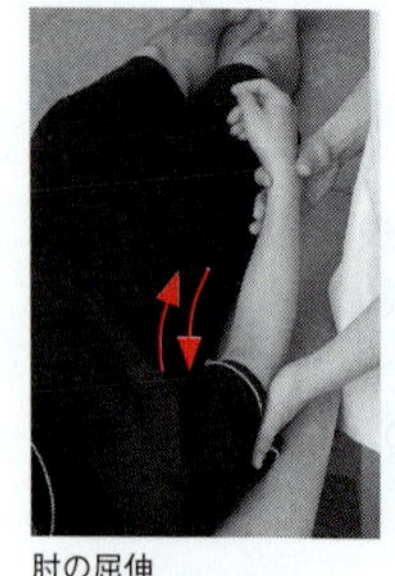

肘の屈伸

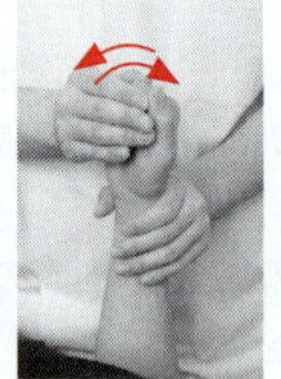

手関節の掌屈・背屈

足の底屈

■図2　伸展性検査

運動時筋緊張検査

- 基本動作や歩行などの運動時に観察される筋緊張は，反射や共同運動・連合運動が大きく影響していることが多い．
- 動作の観察により，以下のような歩行がみられることがある．
  - ・麻痺側下肢の振り出し時
    上肢：屈筋共同運動（肩甲帯挙上・後退，肩・肘関節屈曲，回外，手関節掌屈，手指屈曲）の出現．
    下肢：伸筋群，股関節内転筋群，下腿三頭筋の筋緊張亢進により踵接地時にまず足先と足の外側がつき，次に足底がつく内反尖足歩行．
  - ・股関節内転筋群に痙性がある場合
    遊脚相で下肢を前内側に振り出し，両大腿部が交差した状態の歩行（はさみ足歩行）．

評価上の留意点を記載

アプローチ

筋の伸長（ストレッチ）

- 腱を伸長させながら各関節をゆっくりとストレッチする．
  - ・**対象**：筋緊が亢進している患者．
  - ・**目的**：筋緊張の緩和，関節の拘縮予防．
  - ・**目標**：可能な可動域の範囲で愛護的に実施．

良肢位保持

- 側臥位でのポジショニングを**図3**に示す．
  - ・**対象**：異常筋緊張を呈している患者．

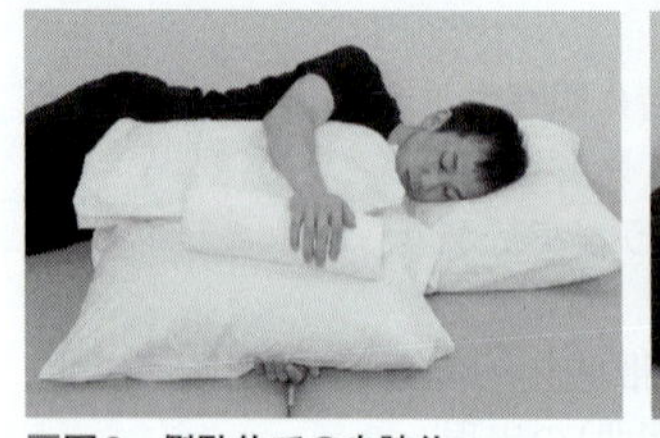
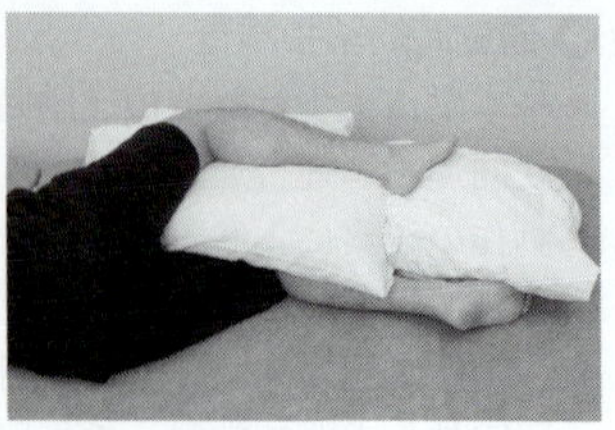

■図3　側臥位での良肢位

・**目的**：各姿勢で可能な限り異常筋緊張を誘発しない．亜脱臼，拘縮などの予防．

　[例]

　急性期片麻痺の麻痺側低緊張状態⇒骨盤の麻痺側への崩れ，肩甲帯の後退を防ぐため，枕などを用いて良肢位をとる．

・**背臥位の場合**：硬めのマットレスやあまり高さのない枕，ハンドロール(丸めたタオルで代用)，大転子ロールを利用して良肢位をとる．

動作練習

■各動作時の筋緊張亢進・低下によるアライメントの崩れ，各姿勢でのアライメント修正を行う(**表1**)．

・**対象**：各動作時に異常筋緊張を呈する患者．

■表1　良肢位の参考値[1)]

①肩	60～80°外転，30°屈曲，20°外旋(肩の下に枕やタオルを入れて肩甲帯は前に出す)
②肘	90°屈曲(肘，前腕の下に枕を入れて少し高いところに手を乗せる)
③手	10～20°背屈，やや尺屈
④指	軽くボールを握るような軽度屈曲位
⑤股	15～30°屈曲，0～15°外転，0～10°外旋
⑥膝	10°屈曲
⑦足	底背屈中間位

・目的：各動作時の異常筋緊張を緩和.
・目標：各動作を行いやすくする.

装具療法

■ 筋緊張緩和装具，小児のナイトブレース(夜間装具)などがある.
・対象：筋緊張亢進している患者.
・目的：関節の拘縮・変形予防.

■ 痙直型脳性麻痺児に対する例として以下がある.
・プラスチック製の固定装具：変形・拘縮予防，腱延長術などの観血療法後の良肢位保持，伸張反射の抑制など.
・痙直型脳性麻痺児に対する痙直型脳性麻痺外転装具：はさみ足(股関節内転内旋の筋緊張亢進による変形)の矯正.

その他の治療法(筋緊張に限定しない全身的アプローチ)

■ **固有受容器神経筋促通法(PNF)**：固有受容器を刺激することによって，神経筋機構の反応を促通する方法.

■ **ボバース(Bobath)法**：中枢神経系の可塑性を活用し，中枢神経疾患をもつ患者の機能改善を目指す治療法.

■ **ボイタ(Vojta)法**：反射性移動運動を利用した運動機能障害に対する治療法.

アプローチの際に気をつける点を記載

感覚障害

概要

感覚・知覚・認知

■ 感覚(sensation)：皮膚や筋，腱，関節などの器官にある感覚受容器が外部刺激を感知し，神経細胞の興奮が感覚伝導路を通じて大脳皮質の感覚野に伝達されることによって，その刺激を主観的に認める働き(**表1**).
・体性感覚(表在感覚・深部感覚・複合感覚)，内臓感覚(内臓感覚・臓器感覚)，特殊感覚(聴覚・視覚・嗅覚・味覚・平衡感覚)に分類される.

■ 知覚(perception)：感覚器官で受けた刺激を受容し，刺激に関する情報を処理していく過程およびそれにより生じる主観的経験.

■ 認知(cognition)：知覚したものが何であるか判断したり，解釈したりすること.

※犬を例にとると犬の鳴き声を音として感じるのが「感覚(聴覚)」，それがどんな鳴き声かを感じるのが「知覚」，そして鳴いているのが犬だと判断する働きが「認知」である.

■ 以下に，体性感覚の3つの分類について述べる.

●表在感覚

■ 皮膚や粘膜の受容器が刺激を受けることで生じる感覚：触-圧覚，痛覚，温度覚.

●深部感覚

■表1 感覚受容器の種類と伝導路

	痛覚	触覚	温度覚	振動覚	関節覚
受容器	自由神経終末	ルフィニ小体，メルケル板，自由神経終末，毛包受容器	温覚受容器	マイスネル小体，パチニ小体	パチニ小体，マイスネル小体
伝導路	外側脊髄視床路 腹側三叉視床路	前脊髄視床路 脊髄後柱／内側毛帯路 三叉内側毛帯	外側脊髄視床路 腹側三叉視床路	脊髄後柱／内側毛帯路	脊髄後柱／内側毛帯路

■筋，腱，関節などの人体の深部にある受容器が刺激を受けることで生じる感覚：関節覚(位置覚・運動覚)，振動覚，深部痛覚.

・**位置覚**：四肢や体などの空間内における位置を感知する感覚.

・**運動覚**：関節がどの方向に動いたのかを感知する感覚.

・**関節覚・振動覚**：脊髄後索を通る神経線維で伝わり，その障害は後索に障害がないかを探る手がかりとなる(触覚も伝導路が同じため同様).

・**振動覚**：高齢者や肥っている人，痩せている人は，器質的な障害がなくとも左右ともに減弱していることがある.

●複合感覚

■複合感覚には以下のようなものがある.

・**2点識別覚**：皮膚の2点を刺激した際にそれを識別できる感覚.

・**皮膚書字覚**：皮膚に書いた数字を読み取ることができる感覚(皮膚書字試験で判定).

・**立体覚**：触った物が何かを識別できる感覚.

■刺激部位の表在感覚が正常であっても識別が行えないのは，とくに頭頂葉など視床より上位の障害があるためである.

◯感覚障害の種類

■**図1**に，それぞれ主な感覚障害のパターンを示す(p.240図1も参照).

●末梢神経

[単一末梢神経・神経叢・神経根障害型感覚障害]

■損傷を受けた特定の末梢神経(単一末梢神経・神経叢・神経根)の支配下のすべての領域に起こる.

■単一神経領域に一致した境界が明らかな感覚障害で，一側性に起こることが多い.

局所の炎症や外傷，虚血，圧迫などによる神経根障害，神経叢損傷や単ニューロパチーに起因.

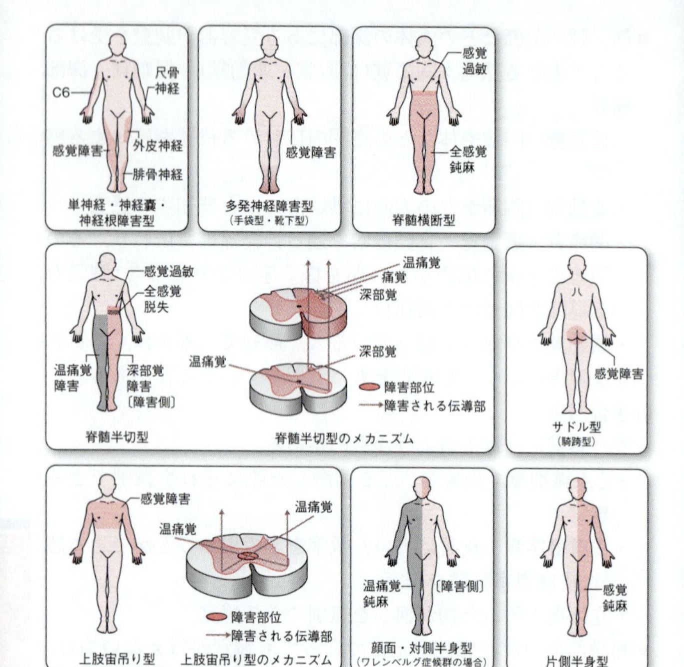

■図1　感覚障害のパターン

文献2）より改変

[多発末梢神経障害型感覚障害]

- 手や足の末梢（手袋・靴下型）にとくに強い触覚・痛覚・温度覚障害を起こす．糖尿病性などでは振動覚が強く障害される．

代謝障害や膠原病，ウイルス感染，尿毒症などの多発性ニューロパチーに起因．

●脊髄神経

[脊髄横断型感覚障害]

- 脊髄神経の損傷が完全損傷であればすべての感覚障害が出現する．脊髄の後索を障害されると触覚・深部覚が障害され温度覚・痛覚は保たれる．逆に脊髄の前索を障害されると逆の症状となる．

交通事故，高所からの落下などによる脊髄の損傷が原因．脊椎疾患，腫瘍，血管障害，脱髄疾患なども原因となりうる．

[脊髄半切型感覚障害]

■障害側の病変部位の全感覚脱失と，病変部位とその上の感覚過敏がみられる．病変部位より下のレベルでは障害側に運動麻痺と深部覚脱失がみられ，反対側に温度覚と痛覚の脱失がみられる．触覚は両側ともに障害される．

脊髄の一側の側角(外側脊髄視床路)が損傷．ブラウン・セカール(Brown-Sequard)症候群を呈する．

[脊髄円錐型感覚障害]

■サドル型(騎袴型)に感覚障害が出現する．

仙髄領域の障害．

[上肢宙吊り型感覚障害]

■温度覚・痛覚は障害されるが，触–圧覚・深部覚は保たれる解離性感覚障害を呈する．

脊髄空洞症に伴う障害．

●脳

[片側半身型感覚障害]

■顔面を含む半身の感覚障害である．

脳血管障害などによる一側大脳の感覚野・視床の障害．

[顔面・対側半身型感覚障害]

■ワレンベルグ(Wallenberg)症候群の場合は，三叉神経脊髄路核の障害により，障害側と同側の顔面に温度覚・痛覚障害を呈する．また，障害側と対側の頸部以下の体幹・四肢に外側脊髄視床路の障害による，温度覚・痛覚障害を呈する．

■延髄の三叉神経脊髄路核よりも吻側が障害された場合，顔面・体幹・四肢に同側性の障害を生じる．

評価法

触覚検査(図2)

- 患者を閉眼させ，軟らかな筆や紙などで左右対称に，皮膚に軽く触れる．
  - ・四肢：長軸に平行に触れる．
  - ・胸腹部：肋骨に平行に触れる．
  - ・常に同じ距離から触れる．
- 触れたことを感じたらすぐに「はい」と答えさせ，ときどき実際に触れないで，触れたかどうかを答えさせる．また，対側や他の部位と比較し触れた感じが異なっていないか確認する．

判定：感覚鈍麻(hypesthesia)
感覚脱失(anesthesia)
感覚過敏(hyperesthesia)

痛覚検査(図3)

- 安全ピンや針などで皮膚を刺激，痛みを感じたら「はい」と合図をしてもらい，部位も答えてもらう．
  - ・痛覚過敏の場合：正常な部位から障害部に向かって評価．
  - ・痛覚鈍麻の場合：障害部から正常部位に向かって評価．
  - ・連続的に評価する場合：ピン車を用いる．
- 脊髄癆患者の場合，下肢に触った感じがあり，2～3秒後に痛みを感じる遅延痛覚が出現して答えが遅れる場合がある．
- 痛覚過敏には視床痛という視床を障害されたことにより起こ

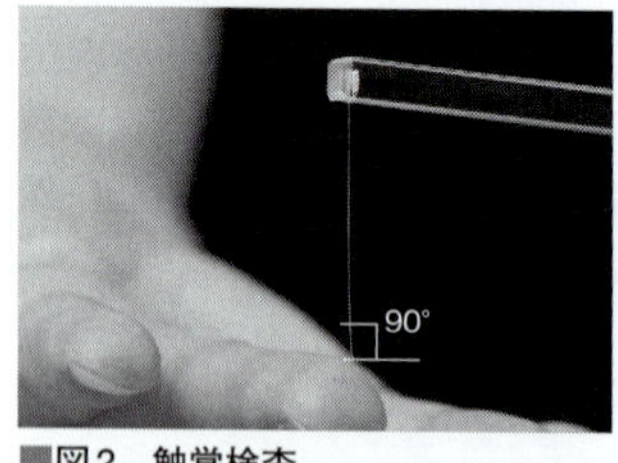

図2　触覚検査

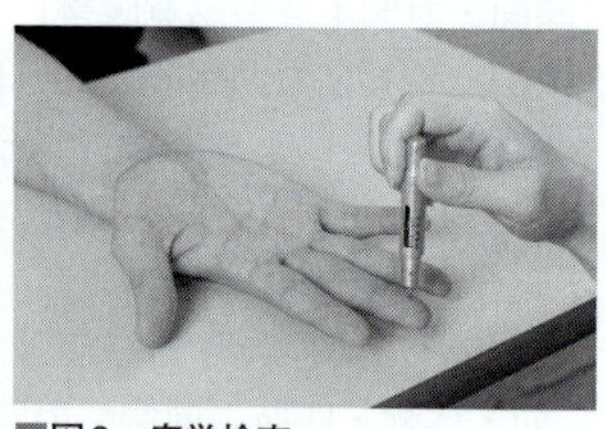
図3　痛覚検査

る異常な強い痛みがある．

判定：痛覚鈍麻(hypalgesia)
　　　痛覚脱失(analgesia)
　　　痛覚過敏(hyperalgesia)

温度覚検査（図4）

- 冷水(10℃)を入れた試験管と温水を入れた試験管を用意する．温度が低すぎても高すぎても痛みとして感じてしまうので，注意する．
- 試験管の底を3秒ほど皮膚に均等に密着させ，「熱い」か「冷たい」かを答えてもらう．左右対称に行う．

判定：温度覚鈍麻(thermohypesthesia)
　　　温度覚脱失(thermoanesthesia)
　　　温度覚過敏(thermohyperesthesia)

運動覚検査(図5)

- 開眼した状態で指の側面を母指と示指でつまみ，手指を伸展したときを「上」，屈曲したときを「下」と答えるように指示し，閉眼した状態で上下を答えてもらう．
- ゆっくりと大きく動かすことから始め，動かし方を小さくしたり，速度を変化させたりし左右を比較する．
- 運動覚は末梢ほど障害されやすい．手指に異常がある場合は他の大関節の検査も行う．

判定：数回検査を行い正しかった回数を記録

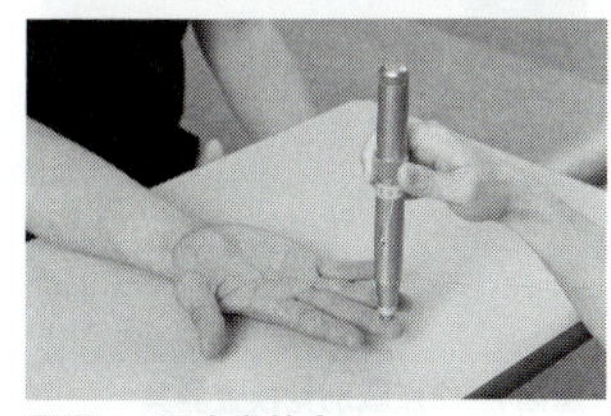

■図4　温度覚検査

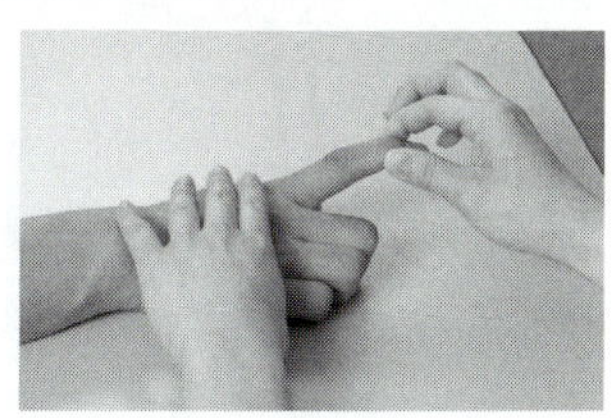

■図5　運動覚検査

■閉眼させ四肢の関節を他動的に一定の位置におき，反対側の上下肢で真似ができるかをみる．

判定：患側肢の位置を変え正しい位置をとれた回数を記録．

振動覚検査（図6）

■C音叉（振動数128Hz）を振動させ，まずは胸骨に当てて振動を感じるか検査し，徐々に末梢に向かって評価していく．

■振動させた音叉を鎖骨，胸骨，脊椎棘突起，上前腸骨棘，膝蓋骨，脛骨外果などに当て，振動が止まったら「はい」と答えてもらう．

・検者の感じた振動の止まったタイミングと比べて評価．
・左右の同じ部位で検査を行うことにより左右差も評価．

2点識別覚検査（図7）

■コンパスやノギスなどを用いて，皮膚上の2点に同時に刺激を加えた場合と，1点のみに刺激を加えた場合とで，被検者が違いを判別できるか答えてもらう．
・検査は身体の長軸に沿って行う．
・刺激を加える2点の間の距離は，被検者が2点であることを認識できる間隔から始め，徐々に狭めていく．

■最初に開眼で行い，次に閉眼時での最小限の2点の距離をはかる．2点の最短距離は身体の各部で異なる．

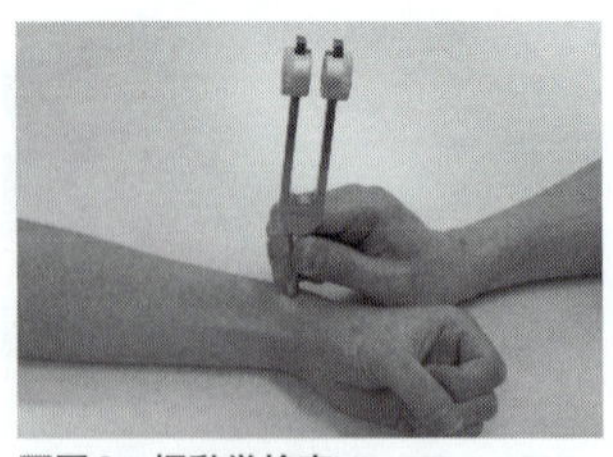

■図6　振動覚検査

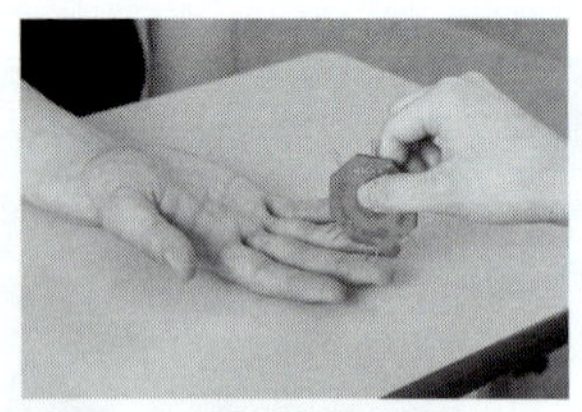

■図7　2点識別覚検査器具

皮膚書字試験

- マッチ棒や指先など，先の尖っていないもので皮膚に0～9までの数字や○△×などの記号を書き，何を書いたかを当ててもらう．

触覚が正常でこの検査に異常がある場合：対側性頭頂葉の障害が考えられる．

立体認知試験

- 目を閉じた状態で，ボールペンや鍵，腕時計などの日用品を手に握らせ，その物品が何かを当ててもらう．形状や硬さなども答えてもらう．

表在覚は保たれているが触った物体を認識できない状態：立体覚消失(astereognosis)あるいは立体認知不能(stereoagnosis)とよぶ．

2点同時刺激識別覚試験

- 触覚や痛覚の刺激を，身体の左右対称部位に同時に加える試験である．

正常な場合：左右2つの別々の刺激として正確に感じられる．

Memo

評価上の留意点を記載

アプローチ

■ 感覚運動学習

・学習の初期の段階で機能する顕在学習，学習時に処理される情報の特性に応じたエラー学習，使用依存性学習，強化学習によって推し進められる．

■ 感覚の再教育

・感覚障害を自覚させることが大切で，どの範囲まで知覚できるのかを確認する．

・運動課題は患者が実施可能であり，かつ興味をひくものが望ましい．

・休息をこまめにとり，課題を適宜変更して集中力の維持に努める．

・課題の結果は視覚だけでなく健側からの知覚も入力方法として活用し，課題は感覚の評価で行ったものを練習に応用していく．

■ 知覚は，痛覚，冷覚，温覚，振動覚，動的触覚，静的触覚の順に回復していく．回復過程に沿って適切に介入していく必要がある．

アプローチの際に気をつける点を記載

Memo

感覚障害

協調性障害

概要

協調性とは

- **協調性運動**：末梢からの固有感覚系の情報入力，小脳系の機能の統合，錘体路や錘体外路系の極めて複雑な機能などが複合的に関与する．反射や病的な不随意運動を除く，随意的な運動のすべては協調性運動である．
- **感覚**：視覚，平衡感覚，固有(深部)感覚，表在感覚など．それらの情報は感覚ごとに特有の経路を通じて小脳で処理されて大脳や大脳基底核に送られ，大脳からの運動指令に直接的・間接的に影響を与える．
- **運動の修正**：運動遂行中，絶えず情報処理が行われ，課題遂行に問題(誤差)が生じれば，感覚情報からのフィードバック制御により，ただちに修正される．

協調性障害とは

- **協調性障害**(coordination disorder)：協調性運動と感覚の神経システムのいずれかの部分が障害された状態．運動系に影響を与える感覚フィードバック系の障害をとくに運動失調(ataxia)とよぶ．
- **協調性運動障害**：運動失調，共同運動不能または共同運動障害(**図1a**)，ジスメトリア(測定障害)(**図1b**)，変換運動(反復)障害(**図1c**)，筋トーヌス低下，振戦などの徴候を示す．
- **運動失調**：患者の話し方に特徴があり，発語が爆発的で不明瞭，緩慢がある．また話すリズムが急に変化し，音節が不明瞭となり，酔っ払っているようになる．このような構音障害を失調(爆発)言語(ataxic speech)という．

運動失調の分類

- **運動失調**：障害部位により，①脊髄性，②迷路性，③小脳性，④大脳性に分けられる．

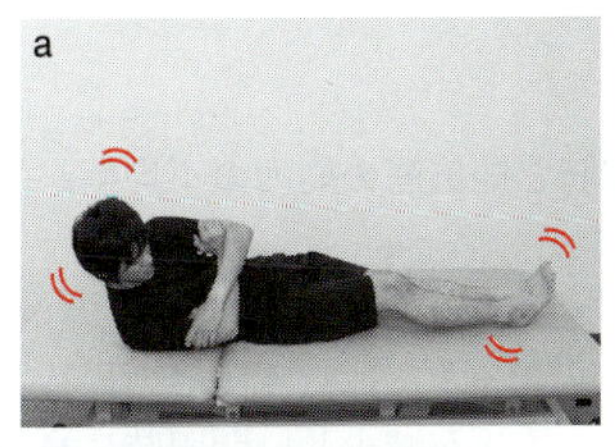

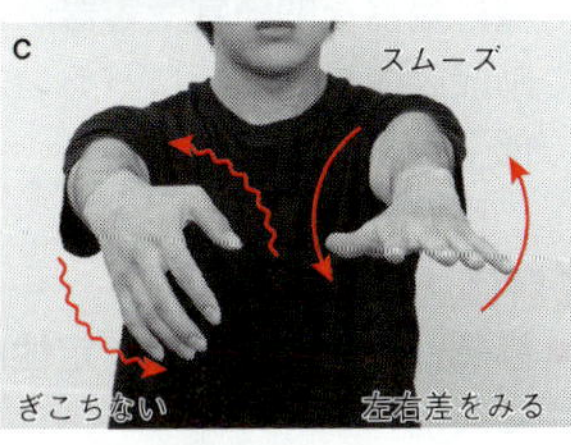

■図1　協調性運動障害の種類

a 共同運動障害：腕を組んだ状態で背臥位から起き上がるように指示しても，うまく起き上がれない．

b ジスメトリア(測定障害)：目標物との間の距離がうまく把握できず，指などを目標物に到達させる際の運動起動がぎこちないものになる(写真は指鼻指試験)．

c 変換運動(反復)障害：反復運動をスムーズに切り返すことができない(写真は回内・回外運動)．

①**脊髄性失調**：脊髄病変による位置覚，関節覚，筋覚などの深部感覚障害によって起こる．

・下肢に著明で，歩行障害が特徴的．

②**迷路性失調**：前庭迷路系病変により生じ，起立や歩行時に平衡障害を呈する．

・起立時に脚を拡げて立ち，不安定，閉眼するとそれが増大し転倒しやすい．

・転倒の際は患側に倒れる．

・歩行は，千鳥足，ジグザグ歩行となる．

・眼振を伴うが，随意運動や感覚に障害を伴わない．

③**小脳性失調**：小脳半球の病変により生じ，病側(同側)半身に失調を呈する．

・全身の動揺があるが，閉眼時の増悪はみられない．

・片側性小脳障害では患側に倒れやすい．

④**大脳性失調**：前頭葉，側頭葉，頭頂葉などの病変，とくに脳腫瘍により生じ，運動失調は小脳性失調に似る．

・失調以外にも脳の局在障害がみられる．

●その他

[末梢性運動麻痺，筋力低下]

- ■個々の筋の筋力低下や主動作筋と拮抗筋の筋力の不均衡が生じる．

[骨・関節系の機能低下]

- ■組織の損傷によりメカノレセプターとよばれる関節の周辺組織に豊富な関節覚受容器からの情報が減少し，閉眼時に身体動揺，体重移動時にバランスを崩すなど，潜在的な感覚機能低下が示唆される．

評価法

- ■協調性障害の評価法：定性的評価法，定量的評価法の2種類に大別．
- ■評価の観察項目：立位・坐位での姿勢，歩行，日常生活動作，話し方など．

◯定性的評価

●四肢の一般的運動失調検査

1. 指指試験（finger-finger test）（**図2**）

- ■坐位または立位で，上肢を外転位・肘伸展位の状態のまま，左右の示指先端をつけるように指示する．
- ■はじめは開眼，次に閉眼で行わせる．

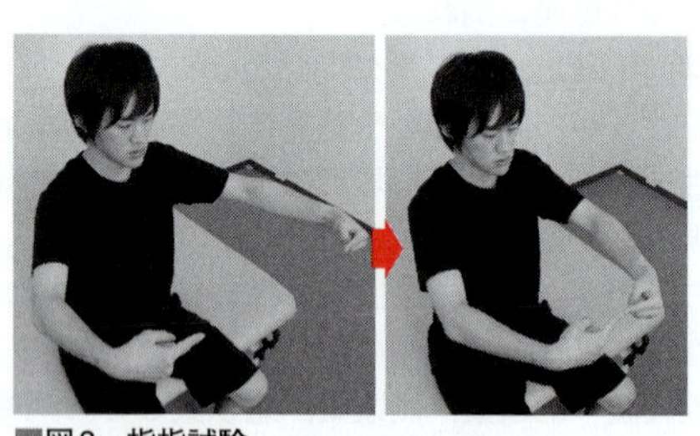

■図2　指指試験

運動が円滑か，振戦の有無，左右の示指先端がつくか確認する．閉眼時に運動失調が明確となる．

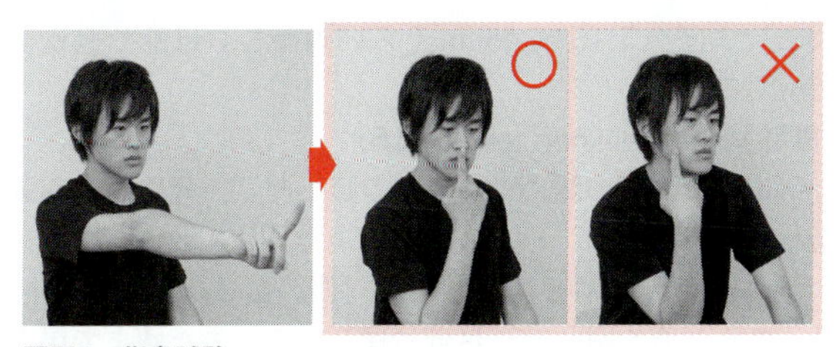

■図3　指鼻試験
運動が円滑か，振戦の有無などを確認する．閉眼時に運動失調が明確となる．

2. 指鼻試験（finger-nose test）（**図3**）

- 坐位または背臥位で，上肢を外転位に広げ，肘伸展位の状態から肘を曲げ，示指の先端を自分の鼻尖部へ触れるよう指示する．
- はじめは開眼，次に閉眼で行わせる．

3. 鼻指鼻試験（nose-finger-nose test）

- 患者の示指先端で自分の鼻尖部と検者の示指先端を交互に触れるよう指示する．
- 検者は毎回，示指先端の位置を変える．

4. 膝打ち試験（knee put or pronation-supination test）（**図4**）

- 坐位で，一側，または両側同時に，患者の膝の上で手掌および手背を交互にすばやく叩かせる．
- はじめはゆっくり，徐々に速く叩かせる．

5. 足趾手指試験（toe-finger test）

- 背臥位で，検者は患者の足下に位置し，検者の示指先端に患者の母趾が触れるよう指示する．示指は，患者が膝を曲げて触れられる位置に置く．

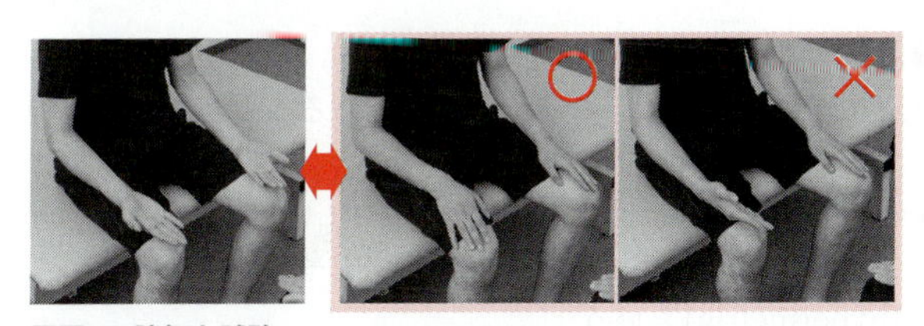

■図4　膝打ち試験
正常では速やかに規則正しく行えるが，障害があると動作が遅く，不規則となる．

■次に，すばやく15～45cmくらい動かし，母趾で追うよう指示する．

6. 踵膝試験(heel-knee test)(**図5**)

■背臥位で，一側の踵にて反対側の膝を叩き，元に戻す運動を繰り返させる．

■一側の踵を背屈させた状態で反対側の膝に乗せて踵を脛に沿って真っ直ぐ滑らせ，足背に達したら，また膝まで戻させる運動を繰り返す踵脛試験(heel-shin test)も，一般に踵膝試験に含まれる．

7. 向脛叩打試験(shin-tapping test)

■踵膝試験を十分に行えない場合に，この試験が用いられる．

■一側の足を反対側の脛の上10cmほどのところに上げ，足を背屈させた状態で，踵で向う脛を毎秒1～2回の速度で7～8回軽く叩かせる．

■一定のところを叩けなければ，運動失調と判断する．

●共同運動不能(asynergia)，共同運動障害(dyssynergia)

■日常動作の多くは単一の運動ではなく，いくつかの運動要素が組み合わさった共同運動(synergia)である．

■共同運動の遂行には，一定の順序や調和が保たれている必要があり，これが障害されたり，消失したりすることを共同運動不能(asynergia)，共同運動障害(dyssynergia)という．

1. 背臥位からの起き上がり

■背臥位で，両腕を組ませて起き上がるよう指示する．

2. 立位での反り返り

■立位で，体を後方に反らせるよう指示する．

●測定異常(dysmetria)

■随意運動を目的のところで正確に止めることができない現象である．

■運動が目的のところまで達しないことを測定過小(hypometria)，運動が行き過ぎてしまうことを測定過大(hypermetria)という．

1. 示指耳朶試験(armstopping test)

- 背臥位または坐位で，肘を伸ばした状態から肘を屈曲させ，示指を耳朶に触れるよう指示する．

2. コップ摑み運動(図6)

- 健側と患側のそれぞれの手で，目の前にあるコップを摑むように指示する．

3. 線引き試験(line drawing test)

- 紙に約10cm離して2本の平行な縦線を引き，この間に直角に交わるよう横線を左から右に引かせる．

4. 模倣現象(imitation phenomenon)

- 検査は閉眼で行う．
- 上肢では，両上肢を水平前方挙上させ，一側の上肢の位置を他動で変えて他側の上肢を同じ位置に置くよう指示する．
- 下肢では，一側を股・膝を半屈曲させて他側の下肢を同じ位置に置くよう指示する．

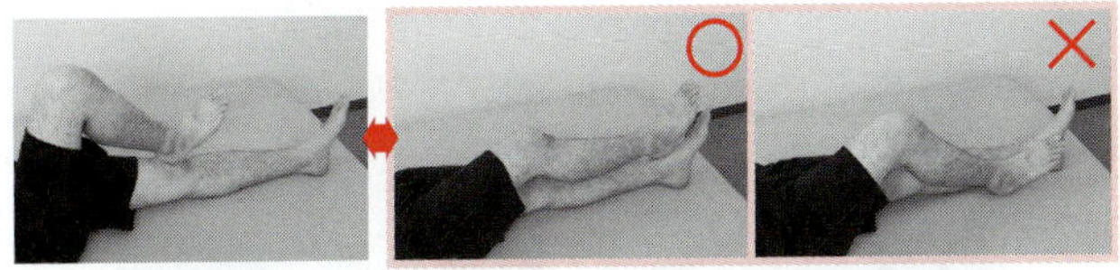

■図5　踵膝試験

写真はheel-shin test．小脳障害ではうまく膝に乗らず，脛に沿ってまっすぐ円滑に動かすことができない．

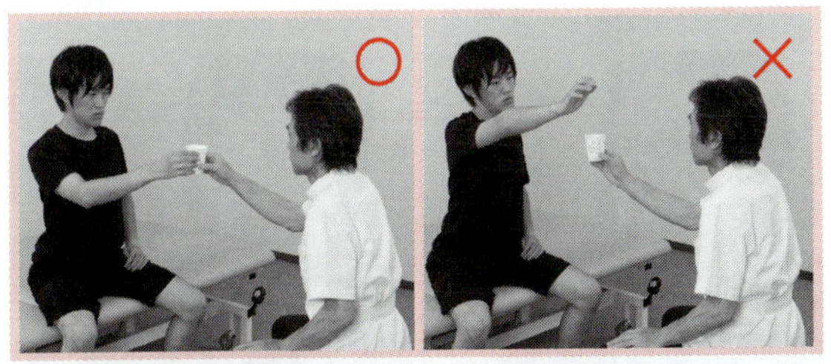

■図6　コップ摑み運動

健側では目的物を直接摑みに行くが，患側では指を過度に開き，肘も適度に伸展させ，コップより上の空間に手を持っていき，それから摑もうとする．

変換運動(反復)障害(dysdiadochokinesis)

- 上肢，下肢，または舌において，交互に反復運動を正確にできないことである．
- 運動麻痺，筋緊張亢進，関節の異常，深部感覚障害があるときも本症は出現するため注意する．

1. 手回内・回外試験(hand pronation supination test)（**図7**）

- 両上肢の手掌を上に向け前方挙上させる．
- その手を最大速度で，できるだけ続けて回内・回外させる．または，上肢を体側につけ，肘屈曲90°にて前腕を前方に突出し，その手を回内・回外させてもよい．

2. finger wiggle

- 手を机の上に置き，ピアノの鍵盤を叩くように母指から順にすばやく叩かせる．

3. 足踏み試験(foot pat)

- 坐位にて，踵を床に着け，できるだけ速く足関節の底背屈運動をさせ，床を足で叩かせる．

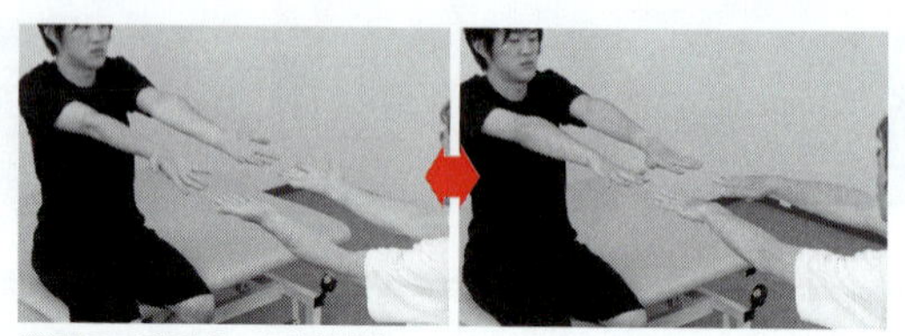

図7　手回内・回外試験
小脳障害がある場合は，その運動が正常より遅く，不規則となる．

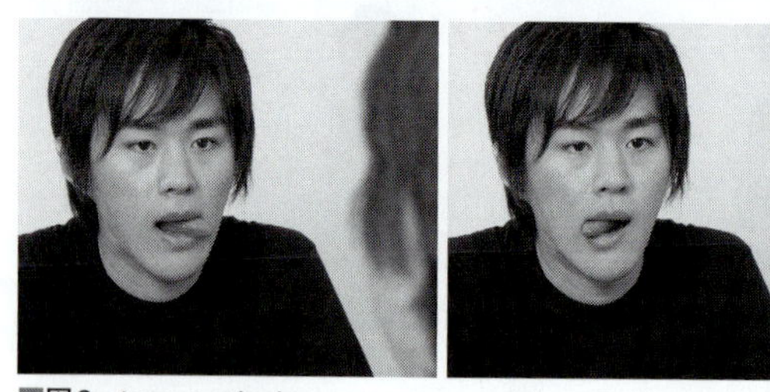

図8　tongue wiggle
小脳障害では，この運動がうまくできない．

4. tongue wiggle(**図8**)

- 舌をできるだけ前方に出させ,左右に舌を動かすよう指示する.
- うまくできない場合は舌を出したり,引っ込めたりさせる.

自施設で行う検査法を記載

....

....

....

....

....

....

....

....

....

協調性障害

定量的評価

[Timed up and Go test(TUG)]

- 高齢者の生活機能を正しく評価する評価の1つで,下肢筋力,バランス能力,歩行能力の評価として広く用いられている.
- 肘掛椅子に深く腰かけた状態から立ち上がり,無理のない心地よい速さで歩き,3mの地点で折り返して再び椅子に深く座るまでの様子を観察,その所要時間を測定する.
- TUGは開眼起立時間とともに運動器不安定症の指標にもなっている.

[functional reach test(FRT)]

- 直立した状態で片方の上肢を水平に挙上し,その姿勢から着床した両側を動かさずにできるだけ遠くまで手を前方に伸ばす.
- 動作の開始から指先がどれだけ遠くまで届いたか,その指先距離(移動距離)を測定する.

[体幹協調機能ステージ]

- 体幹機能の検査では,坐位での姿勢保持,外乱応答,随意運動を評価する.

■ 評価時の体位

・端坐位：足底を床に着ける．

・椅坐位(体幹坐位)：足底を浮かせる．

評価上の留意点を記載

アプローチ

■ 運動の協調性は知覚—運動—学習をポイントに成立していることから，リハビリテーション治療は運動学習理論を応用していく必要がある．運動の再学習促進には，適切な種類のフィードバックを選択，適切な量とタイミングを考慮する．

■ フィードバック：以下の2つに大別される．

・**内部フィードバック**：固有受容器や筋感覚など運動によって身体内部から生じる．

・**外部フィードバック**：外部から操作的に与えられる．

・外部からの結果の知識は内部フィードバックを修正できる可能性があり，口頭表現，視覚，聴覚，触覚，前庭やその複合された刺激が運動学習を促進する．

・フィードバック誤差学習の回路が残存すれば，運動課題の繰り返しにより，徐々に運動の滑らかさが向上する．

■ 運動学習には，注意の集中と分散，意欲，恐怖心，疲労感など高次脳機能が大きくかかわる．

運動原則

- **運動課題**：目標が大きく漠然としている課題から，小さく定まって順序性を問われる運動目標へ難易度を高くしていく．
- **肢位・支持基底面**：支持基底面を，大きく安定性があるものから狭く不安定なものにしていく．
- **運動範囲**：完全伸展位から完全屈曲へなど自由度が少ない状態から，中間の運動範囲で一部の(選択的な)運動を行うように難易度を高くする．
- **運動行程**：一方向で単行程から，方向の変換(複行程)や外部からの反力を受けるような運動へ難易度を高くしていく．
- **視覚情報**：小脳障害では外部刺激が運動難易度を高くする可能性があり，眼振や目ー頸と体幹・四肢との協調性が不十分な場合にはむしろ運動が難しくなるので注意が必要である．
- **運動リズム**：小脳障害では自分のペースでの運動は比較的うまくできるが，外界からの刺激に依存した運動は拙劣となる．
  →はじめはリズムのない運動から速いリズムへ，その後，徐々にゆっくりとした複合リズムの運動へ難易度を上げていく．
- **運動速度**：一般的には運動をゆっくり行うことで代償を働かせやすいが，小脳障害や，また感覚機能低下でもフィードバック機能が低下しているため，速い運動が容易である．
  →徐々にゆっくりで正確な運動へ難易度を上げていく．
- **運動の自由度**：はじめは体幹の安定性を物理的に確保し近位部に接触面を作り，さらに中間関節を固定させる．
  →徐々に運動の自由度を増やしていく．

運動療法の実際

1. 重錘負荷法(図9)

- 重錘負荷によって必要となる筋活動が増すため，筋紡錘からのフィードバックが多くなり，運動制御が行いやすくなる．
  - 重量は一般的に上肢で250～400g，下肢で300～600gとされ，上肢，下肢，腰部に重錘(おもり)を装着する．
  - 失調症状が重度なほど重くする必要があるため，重量は患者個別に検討し，重錘を負荷する部位も異なる．

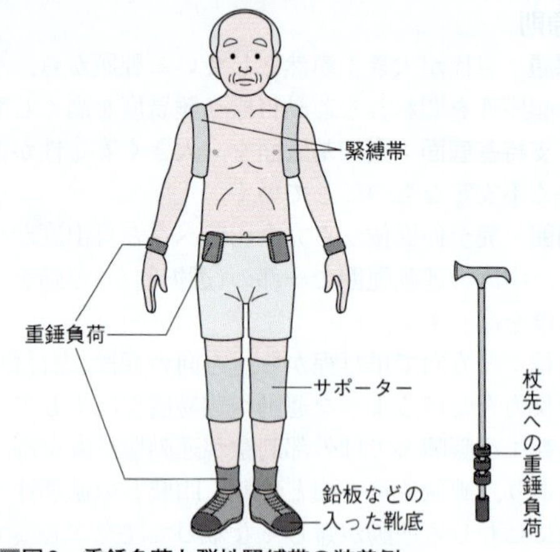

■図9　重錘負荷と弾性緊縛帯の装着例
（沖田一彦：協調性運動，標準理学療法学　専門分野　運動療法学総論，第２版（吉尾雅春編）．p.243，医学書院，2006.）

・四肢の遠位ー近位で，最も症状が軽減する部位を探す．
・移動能力向上のために，靴，杖，歩行器に重錘負荷を試みる．

2. 弾性緊迫帯（図9）

■筋および関節周囲を圧迫することによって，筋紡錘からの求心性インパルスやゴルジ器官および関節構成体からの固有感覚が増加し，皮膚受容器からの情報の増加も示唆される．
・装着は，体幹や四肢近位に行う．
・装着方法によって関節運動における一定方向の動きを制御，補助でき，運動療法の中で取り入れやすい．

Memo

3. 固有受容器神経筋促通法（PNF）

■固有受容器に刺激を加えながら運動を誘導することで中枢神経機構の働きを賦活化し，神経・筋の活動を促進させるものである．

- 最適な抵抗によって患者が本来もっている能力を引き出し，遠位からアプローチして運動波及を活用することによって，筋収縮のタイミングを図る．
- 手技に熟練が必要であり，効果の持続性に乏しいという欠点がある．

4. フレンケル（Frenkel）体操（視覚代償）

■視覚による代償を強化することで，歩行をはじめとする運動の協調性を再学習させる．

- 脊髄性失調の改善に対して高い効果が認められている．
- 視覚代償によるフィードバック機構を反復練習によって強化することでフィードフォワード機構が再構築される．
- フィードバック機構における視覚代償効果が認められない小脳障害に対しては，軽症の場合を除いてほとんど効果がない．

5. 不安定板を用いた方法

■整形外科的な運動器障害による協調性障害をきたした疾患や，知覚—運動の調整メカニズムを考慮することでさまざまな疾患に応用できる．

Memo

- 短軸の不安定板に両下肢で起立し，立位保持することから開始する．
  - ・徐々に多軸に不安定要素を増やした状態にて片脚立ちや，最終的に閉眼にて立位保持させる．

6. 小脳病変

- 小脳病変に対して効果的なリハビリテーション治療をすぐに見出すことは難しいが，以下のような小脳機能についての知見は治療を再構築するヒントとなる．
  ①小脳は，運動をイメージするだけで活動する．
  ②小脳は，運動遂行中よりそれ以前の他の中枢神経領域から感覚情報を受けているときに活動的となる．
  ③小脳は，物体の形，表面の質感，重量などの物体の性質を探求する際に活動的となる．
  ④小脳は，一度学習した運動課題の遂行中はほとんど活動しない．
  ⑤脊髄小脳変性症では，運動覚，二点識別覚，重量覚など，知覚レベルが低下する．
  ⑥小脳性失調症では，課題の細かな要素への分解と運動遂行時間，潜時の延長がある．

自施設で行うアプローチを記載

運動麻痺

概要

運動麻痺とは

- 運動麻痺とは，大脳皮質運動野から末梢の筋線維までの運動神経の遮断により生じる随意運動の消失であり，中枢性と末梢性に大別される．
  - ・**中枢性麻痺**：大脳皮質から内包・脳幹・脊髄を経て脊髄前角細胞までの上位運動ニューロン(一次ニューロン)の障害．
  - ・**末梢性麻痺**：脊髄前角細胞から末梢の筋に至る下位運動ニューロン(二次ニューロン)の障害．

運動麻痺の症状

- 神経のどのレベルの障害かによって，麻痺の部位，筋緊張の程度，病的反射などの症状の現れ方が異なる(**表1**)．
- **中枢性麻痺**：脳卒中などに伴う上位運動ニューロンの障害や皮質脊髄路の軸索損傷によって下位運動ニューロンは意識的にコントロールできなくなり，脊髄内の神経回路だけでコントロールされるようになる．
  - ・深部腱反射が亢進し，病的反射が出現して筋緊張の亢進を伴う痙性麻痺となる場合がある．
  - ・急性発症の場合，筋は弛緩状態であるが，時間の経過とともに痙縮を示すことが多い．
  - ・質的変化が特徴である．
- **末梢性麻痺**：下位運動ニューロンやその軸索の損傷により，脱神経とそれに伴う弛緩麻痺や筋萎縮，深部腱反射の消失が起こる．
  - ・量的変化が特徴である．
- 症状の出現する部位により単麻痺・対麻痺・片麻痺・四肢麻痺に分けられる(**図1**)．

■表1　運動麻痺の分類[1]

	中枢性麻痺(central paralysis)(上位運動ニューロン障害，核上性麻痺)	末梢性麻痺(peripheral paralysis)(下位運動ニューロン障害，核下性麻痺)
筋緊張	亢進，痙縮(spasticity)	低下，弛緩(flaccidity)
深部腱反射	亢進	減衰または消失
病的反射	あり	なし
筋萎縮	ない(あっても廃用性)	著明
線維束性収縮	なし	あり
侵される筋	びまん性	孤立した筋のみ
代表疾患	脳血管障害，脊髄血管障害，脳・脊髄腫瘍，外傷(頭部・脊髄)，脱髄性疾患(多発性硬化症)，炎症性疾患(ウイルス性，細菌性脳炎，髄膜炎，脊髄炎など)，変性疾患(運動ニューロン疾患など)	●末梢神経障害によるもの 末梢血管障害(糖尿病，膠原病ほか)，代謝・炎症・中毒，外傷，変性疾患 ●筋原性によるもの 重症筋無力症，周期性四肢麻痺，筋ジストロフィー，ミオパチー

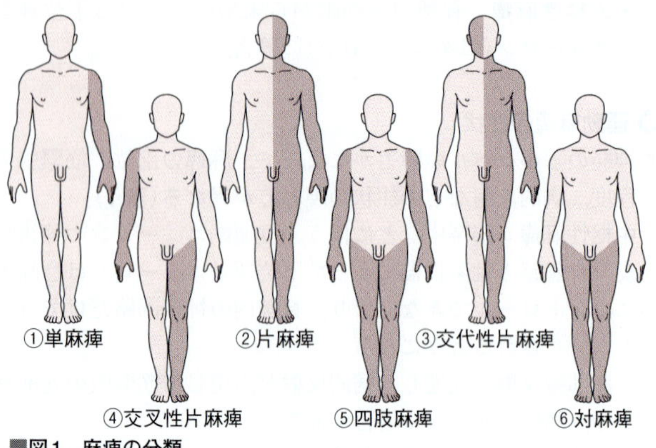

■図1　麻痺の分類

■ **交代性片麻痺**：脳幹部病変により，病変部と同側の脳神経麻痺(顔面・舌)と反対側の上下肢麻痺を認める．

■ **交叉性片麻痺**：錐体交叉部では，上肢支配脊髄路と下肢支配脊髄路がずれているため，上肢麻痺と下肢麻痺が同側にならないことがある．

・片麻痺ではないが，交叉性片麻痺とよばれる．

■ 麻痺の程度は，完全麻痺と不全麻痺に分けられる．

程度による分類

・完全麻痺(paralysis)：随意運動が完全に喪失した状態.
・不全麻痺(paresis)：麻痺の程度が不完全，あるいは麻痺の分布が部分的な状態.

■ 性質により分類すると,痙性麻痺と弛緩性麻痺に分けられる.

性質による分類

・痙性麻痺(spastic paralysis)：筋緊張亢進,腱反射亢進,病的反射，巧緻運動障害，筋力低下を認める状態.
・弛緩性麻痺(flaccid paralysis)：筋緊張低下，腱反射低下，粗大運動低下を認める状態.

評価法

■ 随意運動や筋力の程度だけでなく，意識レベル，疼痛，感覚などの評価も行う.

運動麻痺

中枢性・末梢性麻痺共通の評価方法

■ 意識障害の有無：ジャパン・コーマ・スケール(JCS，3-3-9度方式)やグラスゴー・コーマ・スケール(GCS)による意識レベルの評価(p.16–17参照).

■ 意思疎通がとれるか,従命ができるかなど,コミュニケーション能力にかかわる高次脳機能障害の有無の評価.

■ バイタルサインのチェック：血圧，心拍数など.

■ 問診：性別・年齢・職業,主訴,現病歴(発症時の症状と時期,経過)，既往歴，家族歴，疼痛・感覚障害など.

■ 視診：姿勢，四肢の状態，筋萎縮など.

■ 触診：皮膚温，脈拍，腫脹(浮腫)，圧痛，変形など.

■ 筋にかかわる検査

・筋緊張(筋トーヌス)：筋の痙縮と硬直をみる(p.284-289参照).
・安静状態で筋を他動的に動かし，その抵抗感により評価.評価基準には修正版アシュワーススケール(MAS)を用いる(**表2**).

■表2　修正版アシュワーススケール(MAS)

0	筋緊張の亢進はない
1	軽度の筋緊張亢進あり 屈曲・伸展運動にて引っ掛かりと消失，あるいは可動域の最終でわずかに抵抗あり
1+	軽度の筋緊張亢進あり 屈曲・伸展運動にて引っ掛かりが明らかで，可動域の1/2以下でわずかに抵抗あり
2	筋緊張の亢進がほぼ全域を通して認められるが，容易に動かすことが可能
3	著明な筋緊張の亢進があり，他動運動は困難
4	筋緊張が亢進し，硬直し，屈曲・伸展は困難

文献1）より引用

・筋萎縮：近位筋から萎縮が始まり感覚障害を伴わない場合は筋疾患，遠位筋から体幹に広がり感覚障害を伴う場合は末梢神経障害，感覚障害を伴わない場合は筋萎縮性側索硬化症(ALS)などの神経原性疾患を考える．

■関節可動域テスト(ROM-T)

■反射検査・深部腱反射(DTR)検査：上肢の上腕二頭筋・上腕三頭筋反射，下肢の膝蓋腱・アキレス腱反射など．

・病的反射：上肢のホフマン反射や下肢のバビンスキー反射など．

・姿勢反射検査．

■感覚検査：表在感覚(触覚・痛覚・温度覚)，深部感覚(位置覚，振動覚)，複合感覚(立体認知，2点同時識別覚，皮膚書字検査)などの評価する(p.294–297参照)．

■姿勢：臥位，坐位，立位における安定性や片側への傾斜の有無．

■基本動作：起居動作，起立動作，歩行状態など．

■運動機能

■ADL：移動，食事，排泄，清潔，更衣など．

自施設の評価法を記載

中枢性麻痺の評価方法

- 脳卒中などの中枢性の麻痺は，痙性や固縮など筋緊張の異常とともに，連合反応や共同運動という特有の運動パターンを呈す．
  - ・筋力の測定のみで麻痺の程度は評価できないことに注意．
- 脳血管障害や脳腫瘍などの中枢性の運動障害は，主に片麻痺を生じる．

意識のない場合

- ドロッピングテスト：両上肢あるいは下肢を持ち上げ，離すと麻痺側が先に落ちる．
- 膝立て検査：臥位で両膝を立てると，麻痺側は保持困難で外側に倒れる．
- 軽度麻痺の場合
  - ・軽い不全麻痺をみるには，バレー徴候(Barre's sign)（**図1**），ミンガッツィーニ徴候(Mingazzini's sign)，第5手指徴候(finger escape sign)などを用いる．
- 片麻痺の回復段階：共同運動を呈する完全麻痺の段階から，共同運動が軽減して分離運動が出現し，正常な状態に至るまでの過程．
  - ・ブルンストローム(Brunnstrom)テスト：共同運動や分離運動の程度に応じて，stage Ⅰ～Ⅵの6段階で評価する．

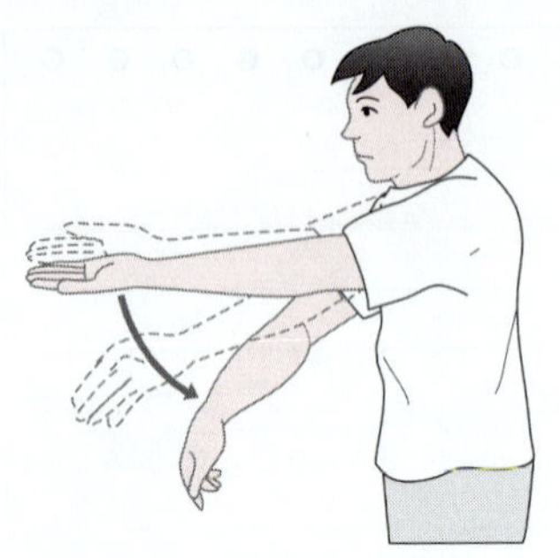

①手掌を上にして肘を伸ばし，腕を前に出す．
②麻痺側は前腕が回内し，上肢が下垂する．
■図1　バレー徴候

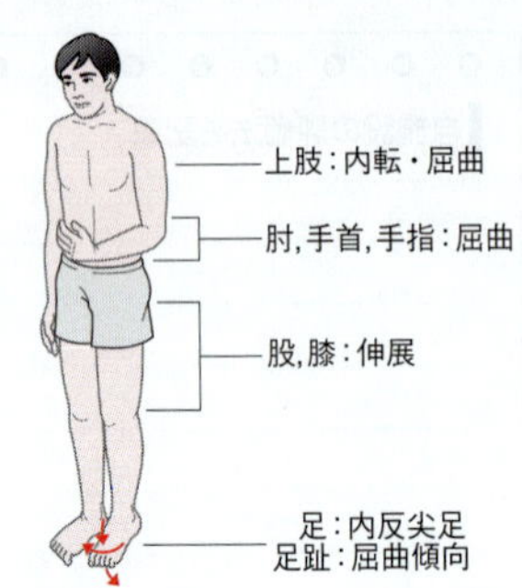

■図2　ウェルニッケ・マン肢位

片麻痺特有の運動パターンに基づいた評価法で，上肢，下肢，手指，それぞれで行う．

・12段階式片麻痺機能テスト：上田らにより改良・標準化されたブルンストロームテスト．回復段階が12段階に増え，詳しい判定基準が示されている[2)]．

●痙性片麻痺の場合

■ 上肢は内転・屈曲位，手指・手関節・肘関節も屈曲位のウェルニッケ・マン肢位(Wernicke-Mann posture)をとることがある(**図2**)．

・この肢位で関節に拘縮が及ぶとウェルニッケ・マン型拘縮という．

■ 異常歩行：痙性片麻痺歩行，痙性対麻痺歩行(はさみ足歩行)，運動失調性歩行(酩酊歩行)，突進歩行，小刻み歩行など

自施設の評価法を記載

❍ 末梢性麻痺の評価方法

- 末梢性麻痺の回復段階では，筋力の増強といった量的な変化が生じる．

●徒手筋力検査(MMT)（表3）（p.280参照）

- MMTは0～5の6段階評価で行う．
- 上肢や下肢などを重力に抗して(重力以外の抵抗を加えないで)全可動域動かせる筋力が3(F：fair)となり，これが評価の基準となる．
- 4，5の評価は3の動きができたうえで，それに検者が抵抗を加えて評価する．
- 顔面の筋力テストは前頭筋や眼転筋などを測定するが，個々の筋の動きは繊細かつ微弱であり，以下の4段階で判定する．
  0：なんらかの収縮が起こらない場合
  1(T)：きわめてわずかな動き
  3(F)：かろうじて動かせる場合
  5(N)：容易に自在に動かせる場合

●握力検査

- 手指屈曲筋群の握力を評価する．
  ・立位で腕を体側下方に伸ばして，身体につけないように握

表3　徒手筋力検査(MMT)　(L. Danielsによる)

判定				評価
5	N	normal	正常	強い抵抗を加えても，重力に抗して全可動域の運動が可能．
4	G	good	優	中等度の抵抗を加えても，重力に抗して全可動域の運動が可能．
3	F	fair	良	抵抗を加えなければ，重力に抗して全可動域に動く．
2	P	poor	可	重力を除けば全可動域に動く．
1	T	trace	不可	関節は動かないが筋収縮は認める．
0	0	zero	ゼロ	筋収縮を認めない．

・全可動域の1/2以下しか動かせない場合は，下の段階のランクに落として＋符号をつけて記載する(例：2＋，3＋など)
・全可動域の1/2以上動かせるが，最終域までは動かせない場合は，その段階に－の符号をつけて記載する(例：3－，2－など)
・検査を行う際には定められた肢位がある．その肢位がとれない場合はその旨記載する．
・顔面の筋に関しては，4段階で評価する．
・個々の筋の評価を体の動きで評価するため，目的とする筋以外の筋が作用しないよう代償動作に注意する．

力計を握る.
・左右交互に数回測定し，最大値か平均値を記録する.

自施設の評価法を記載

....

....

....

....

....

....

....

....

....

評価時の注意事項

■意識障害，失語，高次脳機能障害などがある場合は，指示が伝わらないことがあるので評価が困難になる.

■バイタルサインに注意する.
・無理に動かそうとして力が入ると血圧が上昇しやすいので，とくに血圧に注意.

■運動麻痺がある場合，感覚障害を合併していることも少なくない.
・位置覚や触覚が障害されていると正確な動きができず，それを視覚で補っている可能性があることに注意.

■関節可動域制限や疼痛により運動が制限されることもあるので事前に確認しておく.

アプローチ

関節可動域練習・ストレッチ

■随意運動が困難な場合は，痙縮状態でも弛緩状態でも拘縮を起こしやすい.
・拘縮を予防するためには，発症早期から関節可動域練習，ストレッチを行う.

■実施の際の注意事項

・安楽姿勢でゆっくり行い，最終可動域では十分時間をかける．

・痛みのある場合は無理をしない．

・集中治療室・ベッド上：バイタルサインや静脈ラインなどの付属物に注意し，できる範囲で最低1日1回は必ず，最終可動域まで実施する．

随意運動が困難な場合の運動療法

制御運動

■単純反復運動：運動ニューロンの興奮が随意的に可能な場合，下肢の屈曲・伸展のような単純な反復運動を行う．

■促通運動：運動ニューロンの興奮が随意的に困難な場合，抑制(inhibitaion)と促通(facilitation)のメカニズムによる神経生理学的アプローチを行う．

・脊髄反射の利用：坐位や，足を床につけて体重をかけるなど重力の刺激が加わるようにしたときに，自分の体を支えようと無意識に下肢や体幹，頸部の筋を緊張させる反射を利用する．

・ボバース(Bobath)法：中枢神経系の病変のために生じる機能障害，運動と姿勢のコントロールに対する個別的な評価と治療を介した問題解決アプローチ．
→姿勢制御と選択的運動を改善することで機能を最善にする．

・ブルンストローム法：脳卒中による運動麻痺の回復過程で，随意運動の出現しない時期に連合運動などの反応を引き出す．収縮が出現し，共同運動が出現したら，共同運動を抑制して個々の運動の分離や独立を可能にするようにアプローチ．
→健常者の運動パターンの確立を図る．

・固有受容器神経筋促通法(PNF)：生体組織を動かすことで人体に存在する感覚受容器を刺激，神経・筋などの動きを高めて身体機能を向上させる方法．
→脳卒中や脳性麻痺などによる神経障害，筋力低下，協調不全，関節可動域制限などを改善，日常生活に必要な運動機能を獲得，向上させるために，熟練したセラピストによって，正しい刺激と操作を加え，正常な生体反応を引き出す．

→全体の筋バランス，柔軟性，敏捷性，持久力，反応時間，運動能力など運動機能の改善と向上に応用できる．

●バイオフィードバック(biofeedback)療法

■生体が無意識に調節しているものを意識化し，自分自身の身体をコントロール・調整させること．

- 計測器により得られた情報を，視覚・聴覚・触覚などの感覚刺激を通して本人に呈示．
- その情報を意識上にフィードバックし運動を認識させることで，諸機能を自分自身で調整させる．

■鏡，重心動揺計，表面筋電図(EMG)，関節角度計などを用いる方法．

> バイオフィードバック療法の利点
> - 治療内容が理解しやすく，取り組みが容易．
> - 治療効果が表示され体感しやすいために，動機づけが容易．
> - 簡単な手法が多いので，自宅での実践が容易．

●電気刺激療法

■治療的電気刺激法(TES)：支配神経が断たれた脱神経筋疾患や関節外傷に伴う廃用性筋萎縮の予防や治療，中枢性麻痺の痙性治療などに用いる．

- 対象疾患：外傷性末梢神経障害や顔面神経麻痺，脳血管障害など．

■機能的電気刺激法(FES)：上位運動ニューロンの損傷が原因の麻痺で，改善困難な筋や神経に対する治療法として，現在，研究・臨床応用が進められている．

- 末梢の運動神経や筋にコンピュータ制御の電気刺激を与えて筋収縮を起こし，動作ができるようにする．
- 歩行再獲得などの目的で用いる．

●拘束運動療法(CI療法)

■健側肢を三角巾やアームスリングなどで拘束し，麻痺肢を強制的に使って作業する療法である．
・指がある程度動く例が対象．
・麻痺肢を積極的に動かして，病巣半球の活動を促進．

●協調性運動

■協調性とは，1つの動作を円滑に行うために複数の筋が収縮・弛緩し，調和のとれた動きをすること．
・筋力低下はみないが，麻痺による随意運動の消失や異常な筋緊張により，協調性障害(incoordination)が起こる．
・バランスや反射能力を改善するアプローチを行う．

自施設での運動療法を記載

○筋力増強運動

■運動麻痺による筋力低下に対して，徒手抵抗や器具を用いて筋力を回復する．

筋力増強運動時の注意点
・多発性神経炎や多発性筋炎などの急性期：積極的な筋力増強運動は禁忌．
・高血圧や心疾患患者の場合：等尺性運動により血圧上昇，頻脈をまねくため，細心の注意が必要．

●等尺性運動

■関節を動かさないで筋を収縮させる．徒手抵抗によることが多い．

- 術後やギプス固定中に行うことができる．
- 短時間の運動で疲労が少なく，筋力増強に適している。

●等張性運動

- 一定の抵抗に抗しながら関節運動を行う．重錘(おもり)を用いることが多い．
- 上腕二頭筋で重錘を持ち上げるときは求心性収縮，下ろすときは遠心性収縮になる．
- 最大筋力の50%以上の抵抗を加えると筋力が増強され，50%以下でも回数を増やすと筋持久力が増大する．

●等速度運動

- 一定の速度で関節運動を行う．
- 筋張力の程度にかかわらず関節の角速度を一定に保つ専用の装置(サイベックスマシン)が必要である．

自施設でのアプローチを記載

リスク管理

急性期

- 症状や術式によって，安静度（ベッドアップ制限，運動量制限，頸部の固定性など）や禁忌事項があるので，医師に確認する．
- 全身状態を管理する（血圧，呼吸，循環，体温，意識レベルなど）．
- リハビリテーション時の転倒や過伸展で脊髄が損傷され，症状が急変することがある．

異所性骨化（heterotopic ossificaton）

- 本来骨形成がない部位で骨形成がみられること．
- 麻痺患者に多く，麻痺域の関節周囲筋や腱において，原疾患発症後1年以内にみられることが多い．
- 発症機序は明確ではないが，出血や血腫が関与すると考えられ，急性期における過度の関節可動域運動にも起因するといわれている．
- 好発部位は股関節・膝関節・肘関節で，関節痛や腫脹，関節可動域制限が生じる．

回復期

- 起立性低血圧や，過負荷運動による過用性筋力低下に注意する．

急性期・回復期の留意点を記載

平衡機能障害

概要

平衡機能とは

- 運動や動作に伴う姿勢を調節する，神経系の機能である．
- 主に内耳の平衡器官(前庭)により担われ，他に視覚，深部感覚(関節など)，表在感覚(皮膚)からの情報も大きくかかわる．
- 入力された情報は大脳，小脳，脳幹で統合され，運動指令となって姿勢に反映される．
- 平衡機能によって常にバランスをとることで，ふらついたり傾いたりせず，同じ姿勢を保ち，リズミカルに歩くことができる．

平衡機能障害とは

- 平衡機能が障害されると，静止しているのに周囲の物が動くように感じられ，ふらついて安定した姿勢が保てない状態になる．
  - 前者は通常「めまい(眩暈(げんうん))」として自覚され，後者は身体が傾く，つまずきやすい，歩きにくいなどの障害として現れる．
- 原因部位から，前庭および前庭神経系の障害と中枢神経系の障害とに大別される(**表1**)．

■表1　平衡機能障害の原因分類

前庭系	中枢神経系
メニエール病	小脳・脳幹の血管障害
頭位めまい症	脳腫瘍
突発性難聴	聴神経腫瘍
中耳炎	髄膜炎，脳炎，脳血管炎
前庭神経炎	脊髄小脳変性症，パーキンソン病，多発性硬化症

姿勢保持の障害

- 平衡感覚が障害されると，一方向に傾くなど，まっすぐに歩くことが困難になる．
- 両側の前庭が障害された場合や，中枢神経系の脊髄小脳変性症，聴神経腫瘍などで起こり，めまいを伴うことも多い．
- 末梢前庭系の障害には，急性期の発症では反復性のめまいとともに方向一定性眼振，耳症状が伴う．
  - ・主に内耳障害，メニエール病，突発性難聴など．
- 中枢神経系の障害では，注視方向性眼振や他の神経症状を伴う．
  - ・主に，小脳や脳幹など体平衡に関係する部分に脳血管障害による循環障害や，変性疾患，腫瘍などがある．
- めまい

①回転性めまい

- ・自分の身体が回転するような感じや外界がぐるぐる回るように感じる．
- ・末梢性や中枢性の障害など，さまざまな原因によって起こる．
- ・良性発作性頭位めまい症，メニエール病，前庭神経炎の順で多い．

②失神性めまい

- ・脳の循環不全によるものが多い．
- ・起立性低血圧，不整脈などの自律神経系や心血管系の異常が考えられる．

③浮遊性めまい

- ・体全体がふらふらするように感じるものをいう．
- ・肩こりや頭痛を伴う眼精疲労や精神的なストレスが感覚の統合不全を引き起こすためと考えられる．

④ふらつき・平衡感覚の乱れ

- ・平衡感覚の障害であり，小脳や大脳など平衡感覚に関係する病変や前庭神経などのバランス感覚の伝達を担う場所の病変によって起こる場合がある．

評価法

- 体平衡機能検査や眼球運動検査，聴力検査，脳経学的検査，脳血管・脳腫瘍の検査などがある．
- 診断後，残存する平衡機能を評価し，アプローチ方法を考えて目標を立てる．
- ADLの評価はアプローチを組み立てるうえで非常に重要である．

体平衡機能検査

- 主に重心動揺の変化を調べるため，各種の検査がある（**表2，図1～6**）．
- 姿勢保持の検査では60秒間を基準に，無理な場合は30秒間で実施する．

■表2　主な平衡機能検査

両足直立検査（ロンベルグテスト：Romberg sign）
マン立位検査
足踏み検査
片足立位検査
継ぎ足歩行（タンデム歩行）検査
斜台検査
重心動揺
ファンクショナル・リーチ（functional reach：FR）・テスト
タイムドアップアンドゴーテスト（Timed up and Go test：TUG）

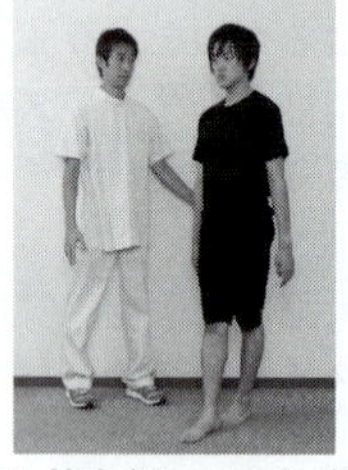

■図1　マン検査（Mnn test）（開眼）
足を前後に出し，踵とつま先をくっつけて立って行う．30秒以内に転倒するものを異常とする．

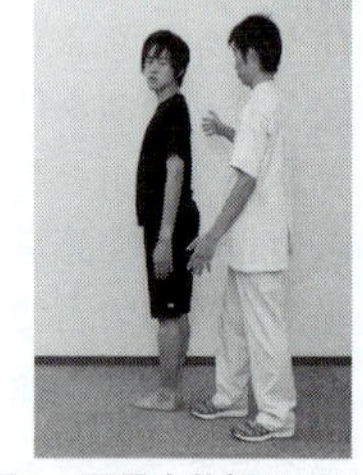

■図2　両足立位振り返り検査

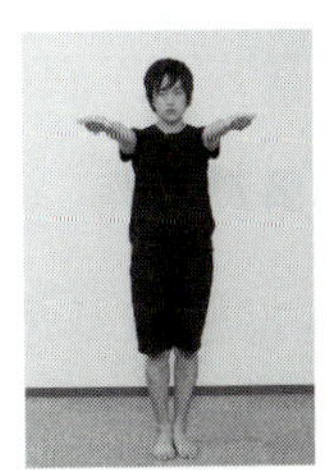

■図3　両手肩位置挙上伸展検査（開眼）

■図4　両手肩位置挙上伸展検査（閉眼）

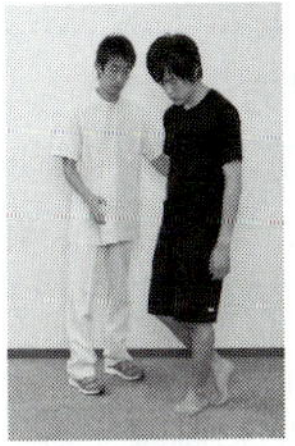

■図5　継ぎ足歩行検査

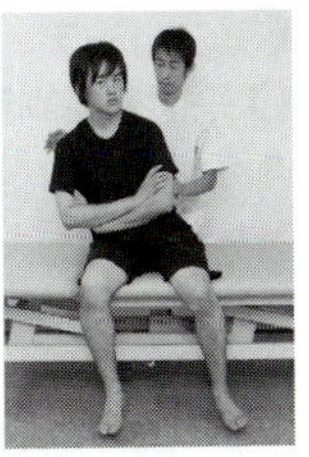

■図6　重心移動検査（坐位）

- 明るく静かな，動くものが視界に入らない部屋で実施する．
- 眼振
  - ・注視眼振検査：眼前，50cm程度離れた位置にある検者の指先を追うように指示し，眼球を左右上下に30°程度回転させ，眼振の有無を観察する．

その他の検査

- 重心動揺検査（機械計測），電気性身体動揺検査，偏倚検査などがある．

自施設での評価法を記載

アプローチ

平衡機能訓練方法

- さまざまな課題により平衡反射の訓練を行う(**図7**).
- 安全に配慮し，無理のない範囲で実施する.
- 訓練の目的・方法を患者によく説明し，理解を得たうえで実施する.
- 自宅でも継続的に訓練することが望ましい.
- 機能の改善がみられたら，徐々にADLに結びつく練習を実施する.

股関節戦略を使った課題(hip strategy)

- 坐位でのリーチ動作
- 膝立ち位での左右重心移動・振り返り(**図8**)
- 片足支持でのリーチ動作
- 立位での遠方へのリーチ動作

足関節戦略を使った課題(ankle strategy)

- 股関節屈伸運動を伴わない前後への重心移動
- タンデム肢位の保持
- 片足立位保持

Memo

不整地でのトレーニング

- 軟らかいマット上の移動
- バランスボールを使用した荷重練習など

運動速度を変えた課題

- 立ち上がり動作をゆっくり行う．
- 立ち上がり動作を速く行う．

環境に合わせた課題

- 電車，バス，エスカレーターでの静止姿勢の保持
- 砂浜や砂利の上の歩行

眼球運動に対するアプローチ

- 頭部は動かさず眼球のみを動かす運動や一点を凝視したままで頭部を動かす運動などを行い，平衡を保つための視覚による中枢性の働きを促す．
- 臥位や坐位から立ち上がり，目標に向かって歩く一連の動作で平衡感覚を改善し，日常生活動作につなげていく．

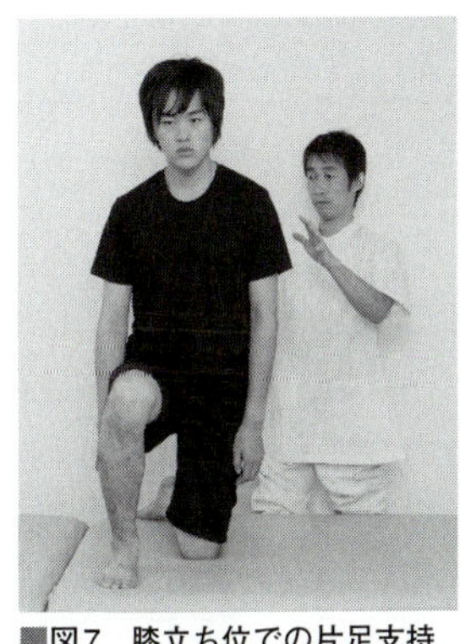

■図7　膝立ち位での片足支持

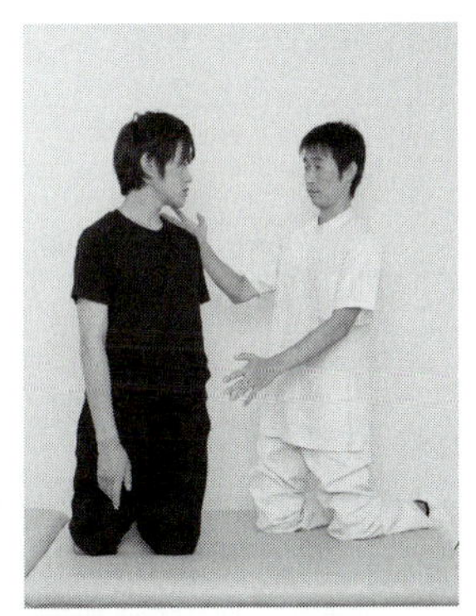

■図8　膝立ち位での振り返り

○ 日常生活動作

- 床の物を拾う，不安定な床面を歩く，洗濯物を干す，テーブルクロスをかける，物を移動する，など実生活の動作に則した訓練を取り入れていく．

自施設でのアプローチを記載

Memo

痛み

概要

痛みの概念とリハビリテーション

■痛みは個人の主観的な感覚体験で, 客観的には理解しがたい.
- 痛みには, 必ず先入観や心理的な要因が複雑に関与していることを認識することが大切である.

痛みの分類(図1)

●原因

■**侵害受容性疼痛**：組織の損傷か, 損傷する可能性がある侵害刺激によって侵害受容器が刺激されることで生じる痛み.
- 生体防御のために重要な警告の役割をもつ.
- 損傷部位の炎症によって, 痛覚過敏やアロディニア(異痛症)が生じることがある.
- 発生部位によって, 体性痛, 内臓痛, 関連痛に細分類される.
  例：外傷, 変形性関節症, 打撲, 骨折

■**神経障害性疼痛**：神経系の損傷や機能異常によって起こる痛み.
- 侵害受容器は関与せず, 生体防御の意味はもたない.
  例：幻肢痛, 帯状疱疹後神経痛, 複在性局所疼痛症候群, 視床痛

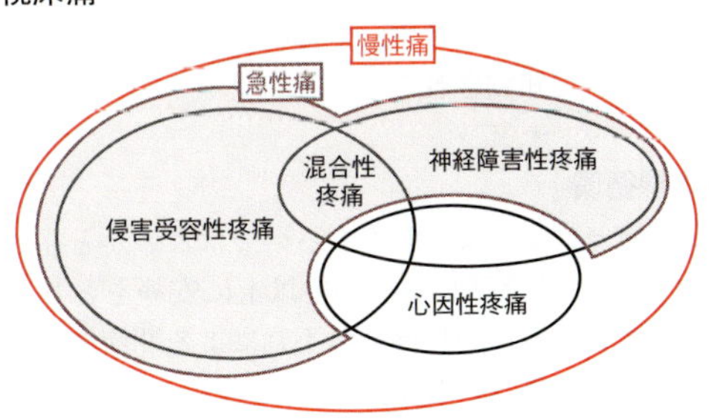

■図1 痛みの分類

■**心因性疼痛**：身体的要因と精神的要因の相互作用によって起こり，慢性的な痛みに多く関与している痛み．

例：身体表現性障害

■**混合性疼痛**：侵害受容性疼痛と神経障害性疼痛の要素を合わせもつ痛み．

例：慢性腰痛(腰椎脊柱管狭窄症，腰椎椎間板ヘルニア)，がん性疼痛

●発現時間

■**急性痛**：外傷や術後など，痛みの原因と同時に生じる痛み．
- 組織損傷を回避する警告信号としての役割がある．
- 通常，組織損傷完治以前，1週間程度で消失する．
- 交感神経興奮や不安が起こるが，薬物療法は有効である．

■**慢性痛**：通常の外傷による組織損傷治癒期間の想定を超えて3～6か月以上続く，原因の特定が困難な痛み．
- ADLやQOLの障害をきたし，抑うつ状態を引き起こす．
- 薬物療法の効果が乏しい．

痛みの種類

■**一次痛**：すぐに感じる鋭い痛み．
- 痛み刺激は中枢神経系の外側系を上行し，すばやく体性感覚野に伝わる．
- 痛みの場所を識別しやすい．

■**二次痛**：一次痛の後にくる鈍い痛み．
- 痛みの内側系を上行して脳のさまざまな領域にシナプスを形成するため，比較的ゆっくりと伝達される．
- 受容部位がはっきりせず，自律神経系・情動系にも影響する痛みとして知覚される．

痛みの悪循環

■痛みの体験→動くとまた痛くなるのではないかと痛みへの恐怖(fear of pain)を感じる→必要以上に安静をとり，身体活動性を低下させる→筋骨格系の不動による関節拘縮や筋肉の短縮が起こる→痛みの増悪．

■痛みの悪循環は社会生活への適応障害をも引き起こしてしま

うため，どこかで断ち切らなくてはならない．

評価法

目的

- 痛みと痛みに関連した患者の障害の状態を抽出し，ADL改善のためのプログラム立案に利用する．
- 慢性痛は，患者自身の問題だけでなく患者の生活環境が関与し，患者の家族に影響を与えている場合がある．
  - 医療チームでかかわり，関連する情報を整理して患者のQOL向上を目指すことが重要．

評価内容

- 患者の現在のコンディションに関連する機能・構造障害の評価に的を絞り，痛みのパターンや疼痛軽減のリハビリテーションにつなげる．
- 原因が身体的な機能低下だけで説明できない場合，痛みや痛みの悪循環に影響を及ぼす心理・社会的要因を考慮する．

評価方法

- いくつかの評価を組み合わせ，より客観的な評価に近づける（**図2，3**）．

NRS：numerical rating scale

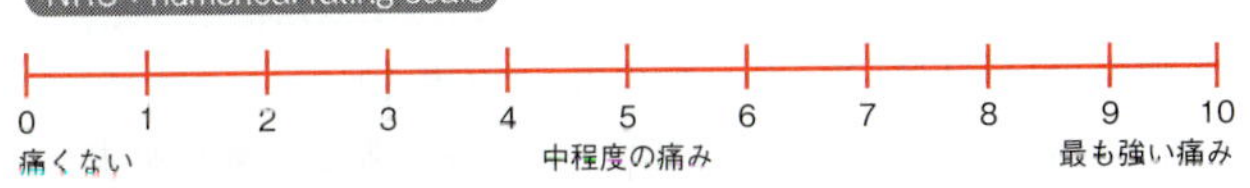

11段階に分けた線分を示し，自分が感じている痛みに合った目盛りを示してもらう．

VAS：visual analogue scale

痛くない　　最も痛い

10cmの線分を示し，自分が感じている痛みに合った位置に印をつけてもらう．左端から計測した値を100分の何mmかで評価する．

図2　数値的評価スケール（NRS）と視覚的アナログスケール（VAS）

文献1）より引用

FS（Wong-Baker faces pain rating scale）

■図3　フェイススケール（Wong-Bakerのフェイススケール）
被検者に，感じている痛みの程度に合った表情の絵を選んでもらう．主に小児や高齢者の痛みの評価に使用される．

■ 近年では，知覚・痛覚分析装置NeurometerやPain Visonと呼ばれる機器により客観的な評価が行われている．

痛みの評価法の留意点を記載

アプローチ

痛みのリハビリテーションの考え方（表1）

■ 痛みは記憶され（痛みの可塑性），痛覚系に器質的変化を生む．
- 機能改善・動作能力向上の妨げとなる慢性痛へと変化させないため，速やかな除痛を図ることが大切．
- 急性痛に有効な治療が慢性痛に有効とはかぎらない．

■ 痛みへの介入の流れ
- 疼痛の原因となっている姿勢や軟部組織の機能変化に対し介入．

■表1　痛みのリハビリテーション

目的	アプローチ
痛みそのものの軽減（主に急性痛）	痛みのアセスメントを行い，物理療法や運動療法を選択し施行する．
痛みの悪循環の遮断（急性痛・慢性痛）	痛みのアセスメントを行い，運動を中心とした介入方法を選択する．
日常生活活動・生活の質の改善	適切な装具を指導する．動作方法を獲得させる．セルフエクササイズを指導する．

・不活動により2次的に起こった筋力低下や関節拘縮などの廃用症候群を予防・改善．

・生活動作・就労動作を指導し，生活能力の回復・社会参加の拡大．

■慢性痛：痛みを0にすることを目標にするのではなく，痛みがあるなかでも生活ができるようになることを重視．

・患者に安静による問題と活動性の重要性を理解してもらう．

■痛みが強い場合：医師・看護師・臨床心理士の連携によるチームアプローチが効果的．

物理療法

■物理療法は痛みの軽減と同時に，筋リラクセーション・柔軟性増大などの効果も期待できる．

・慢性痛への効果は低い．

・患者の依存性を高めてしまうことがあるため，運動療法導入の補助的な位置づけで利用する．

代表的な物理療法

超音波療法

・受傷部位の状態や深さで温熱効果と非温熱効果や周波数を設定し，使い分ける．

経皮的末梢神経電気刺激（TENS）

・鎮痛に対するゲート・コントロール理論（gate control

theory)をもとに臨床応用が進む．
・下行性疼痛抑制系など上位中枢の疼痛抑制系や末梢神経や自律神経に影響を与え，さまざまなタイプの痛みの管理に利用できる．
・複合性局所疼痛症候群(CRPS)に有効．

○運動療法

■筋骨格系の障害に伴う痛み：病態生理の面から関節の支持性・安定性・筋機能不全が関連していると仮説を立て，運動療法プログラムを構築する．

■筋/関節のアライメント改善：徒手を利用，経過に応じて患者自身が主体的に取り組むストレッチや筋力訓練などに切り替え，患者が自主的に運動を継続できるよう指導する．

■痛みが慢性化するほど原因が多面的になり，改善に難渋することが多い．
・体力・年齢・既往歴などから運動療法での改善効果に限界が考えられる場合：補装具の使用，生活環境・介助方法の検討，環境調整・家族指導など．

■運動療法と鎮痛のメカニズム
運動療法によるモチベーションの向上→中脳から側坐核・淡蒼球ドーパミンシグナルの放出→μ-オピオイドの分泌→鎮痛

●姿勢と呼吸の関係

■呼吸は自律神経により支配されており，心身に危機的な状態が起こると乱れる．

■Lewit(1980)は，「呼吸パターンが異常な場合，他のどんな運動も正常化することはできない」[2)]と明言している．

■呼吸パターンの評価は，さまざまな姿勢，とくに痛みのあるADL動作で評価をする．

呼吸パターン評価のポイント
・腹部が上と横に風船のように軟らかいまま広がる．
・下部肋骨が外に広がっている(横隔膜の活動)．

- 腰椎に動きが出ない．
- 肩甲帯や上部肋骨が挙上しない（上部僧帽筋や斜角筋で代償されない）．
- 胸椎部の屈曲が起こらない．
- 動きに左右差がない．

■ 呼吸練習（**図4**）
- 背臥位にてリラックスした状態で，上記のポイントに注意して呼吸練習を行う（**図4A**）．
- 背臥位での呼吸練習が難しい場合は，四つ這い位にて行ってみる（**図4B**）．Closeの姿勢となることで代償動作を起こしにくくなり，うまく行える場合が多い．

■ 呼吸の改善により脊柱の安定性が生まれて初めて，関節運動が行えるようになる．
- 呼吸を維持したまま上下肢の挙上運動を行うことで，さらに体幹を強化する（**図4C**）．

●筋の機能不全の改善

■ 術後の筋力低下などによる一部の筋の機能不全が，痛みの原因になっていることがある．
- 機能不全になっている筋を正確に評価，そこをターゲットにした運動療法を行うことで痛みの症状を改善する．

痛み

自施設でのアプローチを記載

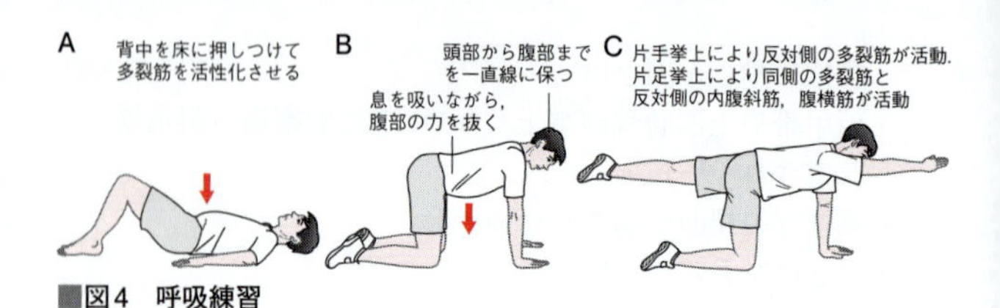

■図4 呼吸練習

運動療法以外のアプローチ

トリガーポイント，自律訓練法，認知行動療法(cognitive-behavioral therapy)，補装具療法など．

■運動療法以外のアプローチの例

・慢性疼痛による手指運動障害改善のために，虫様筋摑みを誘導する簡易的なナックルベンダー装具を製作．

・立位姿勢で床と唯一の接地面となる足部のアライメントを修正するため，足底板を作製して膝や股関節のアライメントを改善(**図5**)．

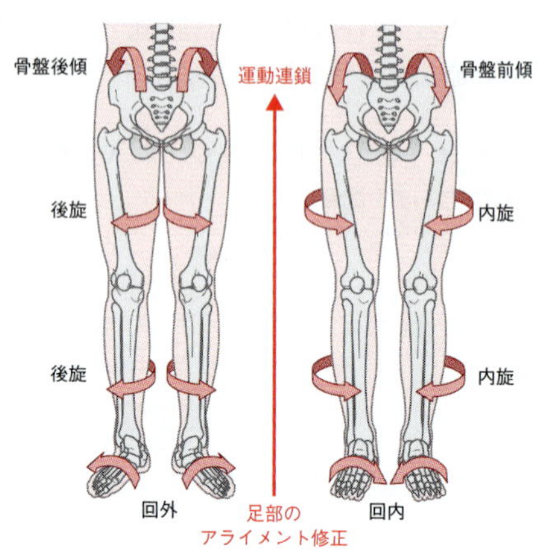

■図5 運動連鎖による下肢のアライメント修正

足底板などを用いて足部のアライメントを修正すると，下肢の運動連鎖を通じて膝や股関節のアライメント改善にもつながる．

●家族指導

■患者の家族に以下の事項を理解し，実践するよう指導する．

患者の痛みに理解を示す．
- 過保護は廃用を助長して痛みを悪化させ，疾病利得のような歪んだ認知を生じさせかねない．
- 患者自身が自分でできることや今まで行ってきたことは極力行わせる．
- 痛みの話を聞くことは痛みに意識を集中させるため，必要以上に触れない．

●生活指導

■患者に以下の事柄を実践するよう指導する．

- ストレッチを習慣化し，関節の可動性や筋肉の柔軟性を保つ．
- 動くときは脊柱をなるべくニュートラルな位置に保ち，体幹ではなく下肢の屈伸により動作を行う．

患者・家族に伝えることを記載

リスク管理

- 痛みが強い場合：リハビリテーションを開始するのが困難なほどであれば，主治医と相談する．
- 疼痛緩和療法の併用：鎮痛薬・補助薬や神経ブロック療法など．
- リハビリテーション実施：服薬や疼痛緩和治療の時間帯に合わせて設定すると効果的である．
- 運動指導をする際の注意点：慢性疼痛患者の多くは活動量のコントロールが苦手で，自己判断で運動量を減らしたり反対に動きすぎたりして痛みを悪化させ，運動への恐怖を助長するなどの悪循環に陥りやすいため，今できることとできないことをしっかりと伝え，運動回数や強度などを細かく設定する．

Memo

寝返り

寝返り動作

- 寝返り動作とは，背臥位から腹臥位，腹臥位から背臥位までの姿勢を変える動作である．

> **背臥位 ⇔ 側臥位 ⇔ 腹臥位**
> **背臥位⇒側臥位**：抗重力方向に回転する運動．
> **側臥位⇒腹臥位**：従重力方向に回転する運動．
> 抗重力方向の運動は従重力方向に比べて難度が高く，患者は障害を受けやすい．

- ここでは，背臥位から側臥位に至る過程について説明する．

寝返りをスムーズに行うためのポイント

回転運動の支点の把握

- 背臥位⇒側臥位の寝返りでは，体幹は水平面上を抗重力方向に回転する．このとき床面と接している肩甲帯と骨盤を結ぶ線が，回転運動の支点となる(**図1**)．

回転運動を支援するはたらき

- 体幹は横径が大きいため，回転運動開始の際には大きな力が必要となる．
- 寝返り側と反対の上肢や屈曲下肢など，身体の一部を先に寝返り側へ移動させることで，重心が寝返り側へ移動し，回転

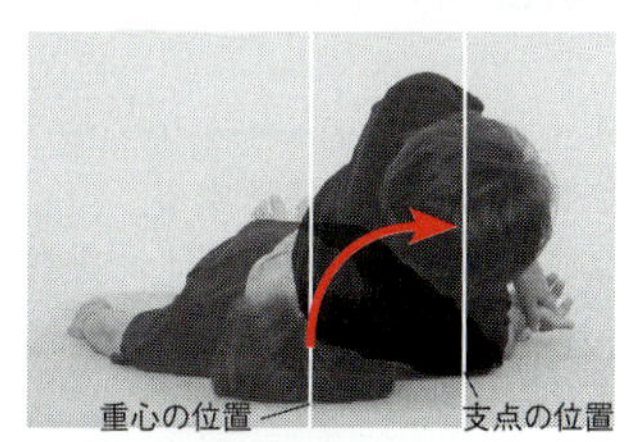

■図1　体幹回転運動の支点

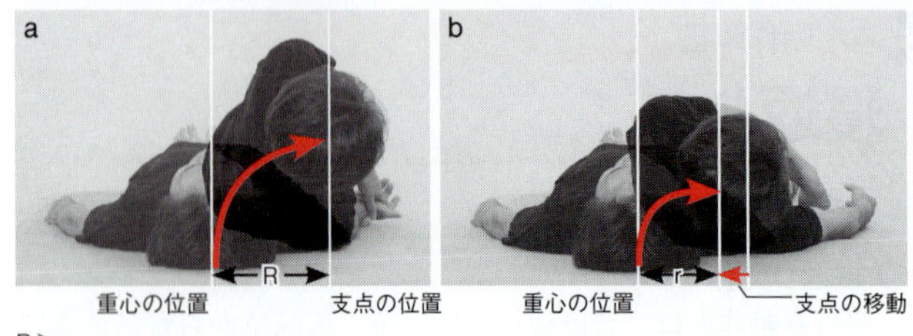

R＞r

■図2　肩甲帯の可動性の影響

運動に必要な筋活動を小さくできる.

- 頭頸部や下肢の屈曲は背臥位での重心位置を上方へ移動させ，モーメントを加えることで，抗重力方向への回転運動を容易にする.
- 下肢屈曲位から足底で床を押すことで，重たい下肢や骨盤の運動を容易にする.
- 肩甲骨の前方突出は支点の位置を寝返り側と反対に移動させ，支点と重心までの距離を短くして回転運動に必要な筋活動を小さくする(**図2b**). 言いかえれば，肩甲骨の前方突出がなければ，寝返りには多大な筋活動が必要となり介助する場合でも介助者の負担は大きなものとなる(**図2a**).
  - ・肩甲骨の可動性は寝返りに大きく影響する.
- 体幹を分節的に回転させていくことで，回転運動開始に必要な筋活動をさらに小さくすることができる.

アプローチ

- すべての症例にこの手順が当てはまるとは限らないが，寝返りの練習手順を**図3，4**に示す.

リスク管理

- ベッドや治療台からの転落に注意する.
- 寝返り動作で点滴などの付属物のラインを巻き込まないように配慮する.

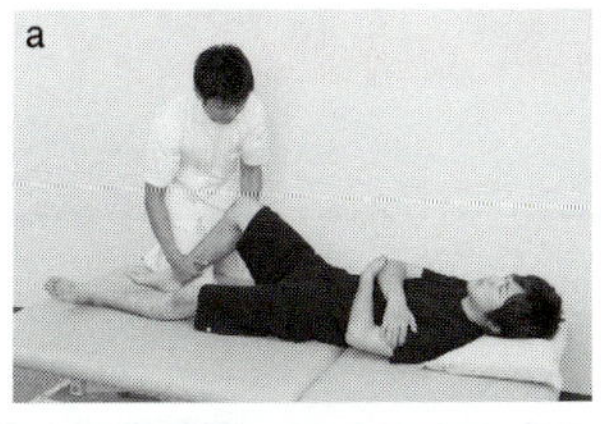

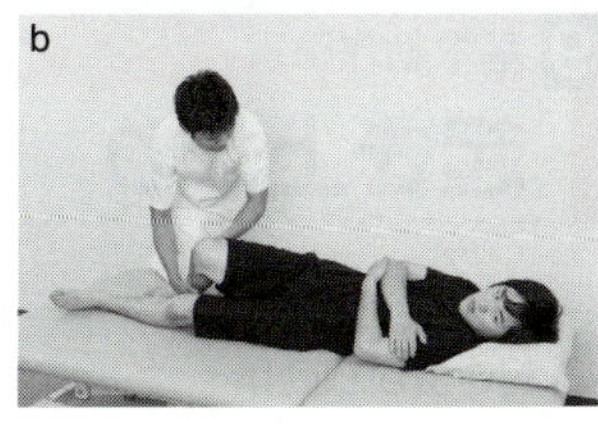

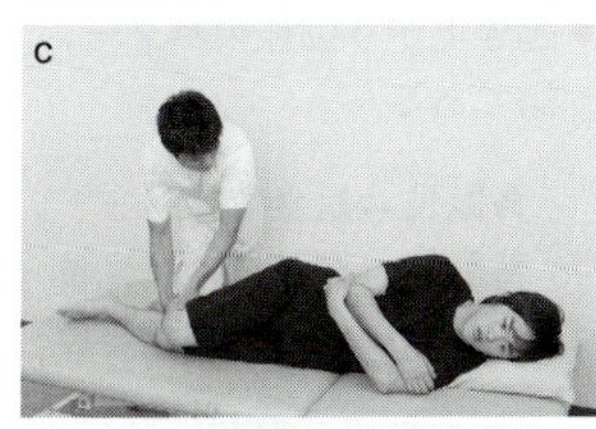

■図3　骨盤帯・下肢からの介助練習

a 右(麻痺側)足関節・下腿近位部を把持し，股関節・膝関節を屈曲させる．

b 右(麻痺側)股関節内転方向へと誘導することにより，骨盤帯の回旋運動へと波及する．

c 肩甲骨と骨盤帯のねじれを戻す動作が行われ，上部体幹が回旋し左側臥位となる．

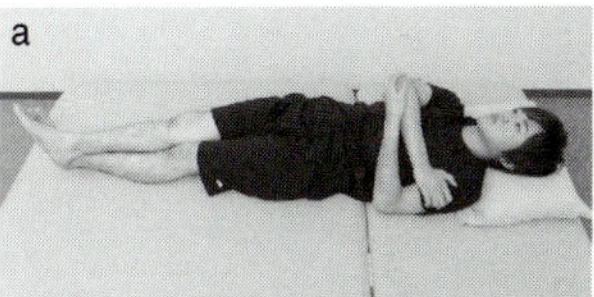

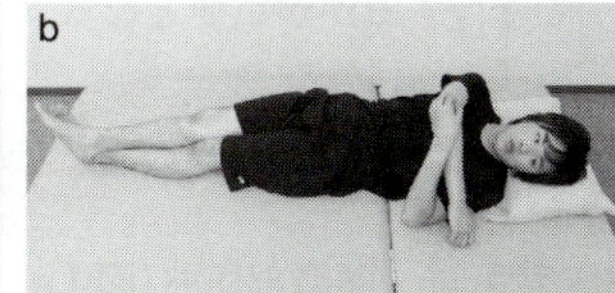

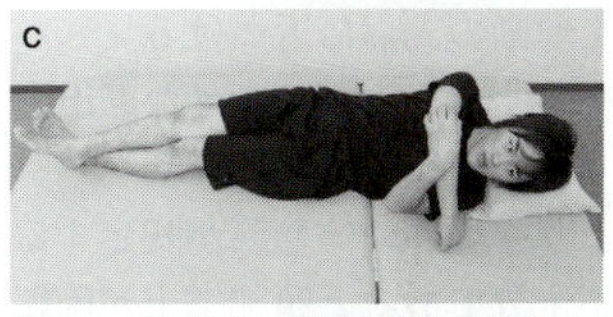

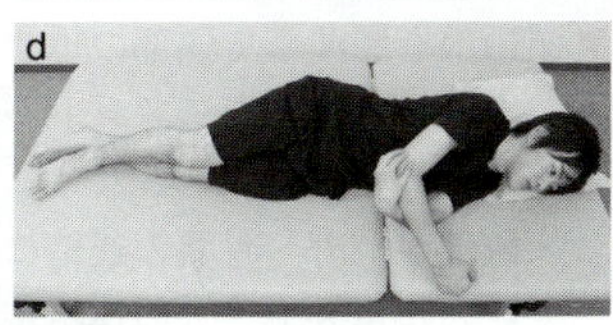

■図4　寝返りの動作練習(麻痺側近位部把持)

a 右(麻痺側)の上腕遠位部を左手(非麻痺側)で把持し，右足(麻痺側)下に左足(非麻痺側)を入れ込む．

b 右足(麻痺側)は左足(非麻痺側)に乗せたまま，頭部屈曲と回旋をさせるとともに右(麻痺側)の上腕遠位部を引くように肩甲骨を前方突出させ，上部体幹の回旋運動を行う．

c 左股関節(非麻痺側)の屈曲・外転運動により右下肢(麻痺側)を左方(寝返り側)へ移動させ，下部体幹の回旋運動へ波及させる．

d 上・下部体幹の回旋運動を行い，麻痺側上下肢が置き去りになることなく左側臥位となる．

Memo

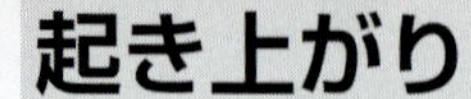

起き上がり

起き上がり動作

■起き上がり動作のパターンはさまざまであり，運動戦略も多様である．

背臥位⇒長坐位
背臥位⇒側臥位⇒長坐位
背臥位⇒側臥位⇒端坐位　など

■この力学的な課題に対して，どのような運動パターンを使って遂行するかが重要となる[1～3]．

評価法

対称性パターン

1. 背臥位～頭頸部屈曲(**図1a，b**)

■頭頸部を屈曲して頭部の重心を運動の支点に近づける．
・上半身の外的モーメントが小さくなり，より小さな筋出力で体幹屈曲が可能となる．
・頭部～胸郭～骨盤の連結により中枢部の体幹筋が安定することが重要で，この連結が不十分であると頭部挙上が困難となる．

2. 頭頸部屈曲～上部体幹屈曲(**図1c**)

■骨盤を後傾し，支持基底面の急激な減少を防ぐ．
・両肩甲帯屈曲，両肩屈曲し，体幹屈曲がみられる．
・運動の支点を越えた身体部位は起き上がりの支援として働く．
・両腹筋群の収縮活動が多く，上肢最大屈曲位から伸展させて反動をつける，両肩関節伸展して肘のプッシュアップを利用する，下肢挙上してカウンターウェイトを利用して体幹を屈曲させるなどの代償動作がみられることも多い．

3. 上部体幹屈曲～長坐位(**図1d**)

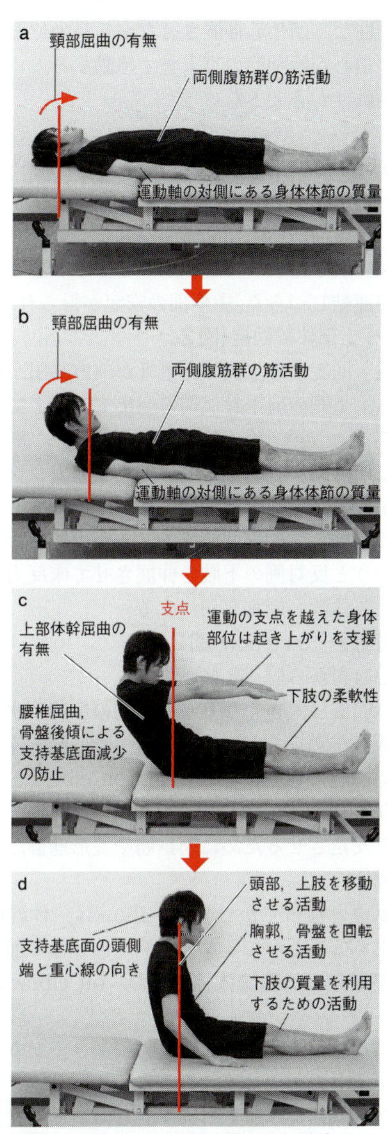

■図1　対称性パターンの動作観察のポイント

基本動作障害

■股関節を屈曲し，頭体幹伸展させながら長坐位となる．
- 上半身の重心が股関節の真上まで移動する．
- 下肢の柔軟性が必要となる．

○ 非対称性パターン

1. 背臥位～頭部挙上（**図2a, b**）

■対称パターンと同様に頭頸部屈曲が起こる．
- 頭頸部が伸展したままで起き上がろうとすると頭部～胸郭～骨盤が連結しづらく，中枢部の安定が得られにくくなる．

2. 頭部挙上～上部体幹回旋（**図2c**）

■頭頸部屈曲・回旋から上側の肩甲骨が前方突出，肩関節が屈曲・内転し，下側の肩甲骨が前方突出することで上部体幹の回旋が起こる．
- 腹斜筋の筋活動が必要となるが，上肢のカウンターウェイトを利用することで上部体幹回旋方向へのモーメントが発生し，効率よく体幹を回旋することが可能となる．
- 起き上がりと反対側の下肢を伸展させて床反力を使用することにより体幹回旋を有利にする．

3. 上部体幹回旋～ on elbow（**図2d**）

■回転の中心は肩から肘へと移動する．
- 上部体幹回旋は大きくなるが，下側の肩関節水平外転方向への筋活動が働くことにより，肩甲骨の動的安定性が向上し，体幹回旋の慣性力を利用してon elbowとなることが可能となる．
- 肩甲骨を安定させるために前鋸筋や菱形筋群，僧帽筋中部線維が働く．
- 完全側臥位となってからのon elbowは，体幹回旋の慣性力を利用することができない．側臥位となる前に下側の肩甲骨が安定した状態で体幹回旋し，on elbowとなることが重要．
- 起き上がりと反対側下肢の床反力や起き上がり側のカウンターウェイトの利用は最大となる．

■端坐位となる際は両下肢をベッドから降ろすなどカウンターウェイトを利用してon elbow～on handとなる（**図2g～i**）．

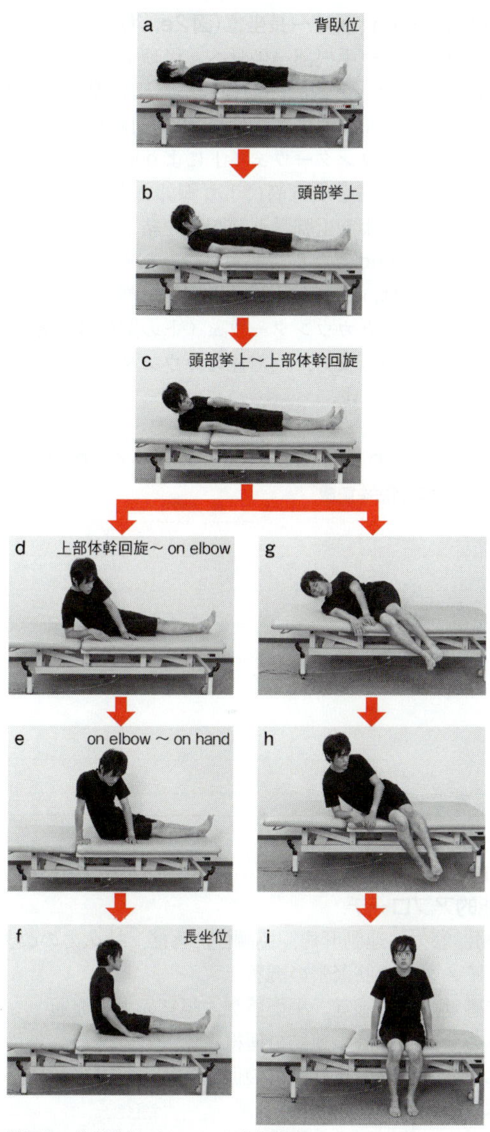

■図2　非対称性パターンの動作観察

4. on elbow ～ on hand ～長坐位(**図2e, f**)

- 回転の中心は肘→手根部→坐骨へと移動する.
  - 上部体幹回旋，下側肘関節伸展，下側骨盤前傾によりon handとなり，頭頸部・体幹伸展，骨盤前傾し長坐位となる.
  - 上部体幹のカウンターウェイトにより前方への推進力を生み出し，大胸筋と広背筋により胸郭と上腕骨を安定させ，上腕三頭筋により上腕骨と前腕を連結させて肘を伸展することでon handとなることが可能となる.
  - 頸部・体幹は，下側が伸張，上側が短縮となる.
  - 下肢の床反力とカウンターウェイトの関係は逆となり，起き上がり側の床反力，反対側のカウンターウェイトを利用する.

自施設での評価法を記載

アプローチ

機能的アプローチ

- ROM，筋力，運動麻痺，協調性，疼痛，持久力の改善
- アライメントや筋緊張の調整
- 固有感覚，表在感覚，平衡感覚，視覚入力の促通
- 身体の分節，体節の連結の獲得
- 頭部，体幹の立ち直り反応の促通
- 身体への注意の促通

❍ 能力的アプローチ

- ■起き上がるタイミング・パターンの練習
- ■セラピストによる口頭指示や徒手的誘導による方法
- ■従重力方向への運動

❍ 代償的アプローチ

- ■残存機能の利用
- ■ベッド柵，手すり，ひもなど，道具の使用
- ■ベッドアップなど，環境調整
- ■家族への介助指導(家族の協力が得られる場合)

❍ アプローチ例

- ■非対称性パターンにおける相ごとのアプローチの例をあげる．

●第1相(背臥位～頭部挙上)

[観察]

- ■頭部伸展位での頭部挙上

[問題点の評価]

- ■頸部屈曲筋力低下
- ■上部体幹と下部体幹の連結不足

[アプローチ]

- ■頸部屈曲自動介助運動：背臥位で患者の頭頸部屈曲が正しく出るよう介助量を調整し，関節運動を実施する．
- ■ブリッジ：背臥位で股・膝関節屈曲位から殿部挙上に抵抗を加え，体幹の安定性を向上させる(**図3**)．

●第2相(頭部挙上～上部体幹回旋)

[観察]

- ■上部体幹回旋不十分で第2相が短縮されている(**図4**)．

[問題点の評価]

- ■患側上肢への注意低下
- ■頸部回旋筋力低下

[アプローチ]

- ■患側上肢への注意の促通：患側上肢側側臥位や健側で患側上肢をさすることで注意を促す．

基本動作障害

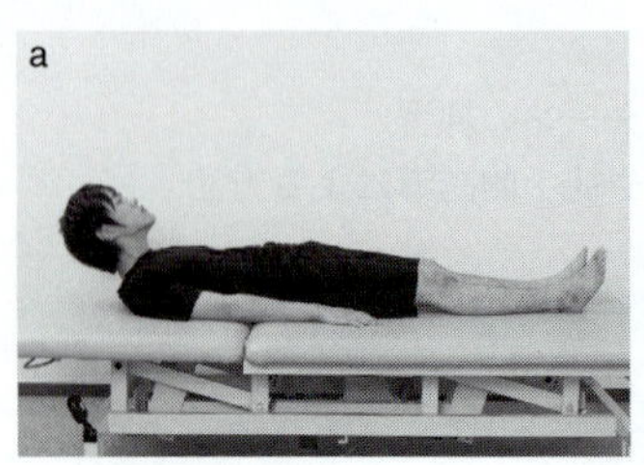

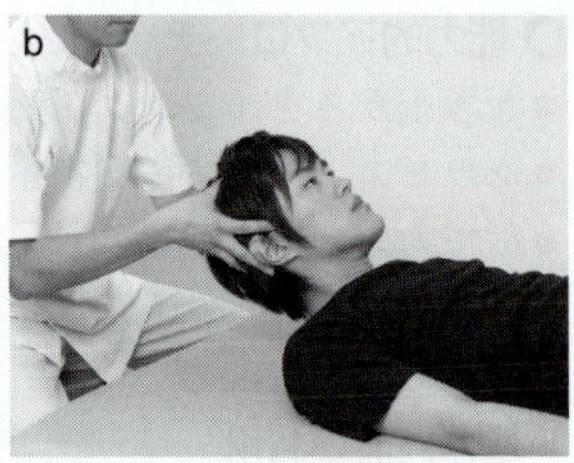

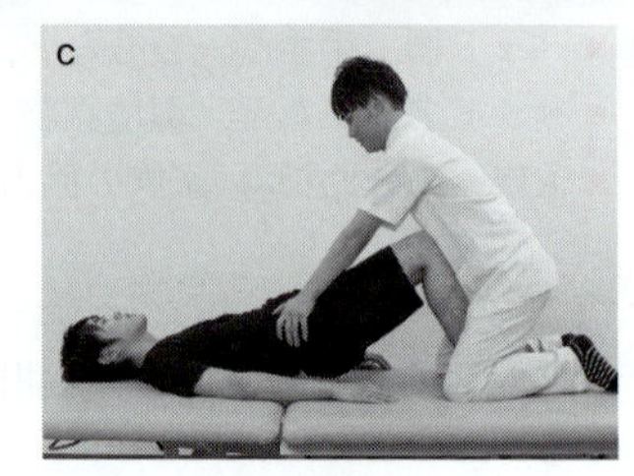

■図3　第1相のアプローチ例
a 頭部伸展位での頭部挙上
b 頸部屈曲自動介助運動
c ブリッジ

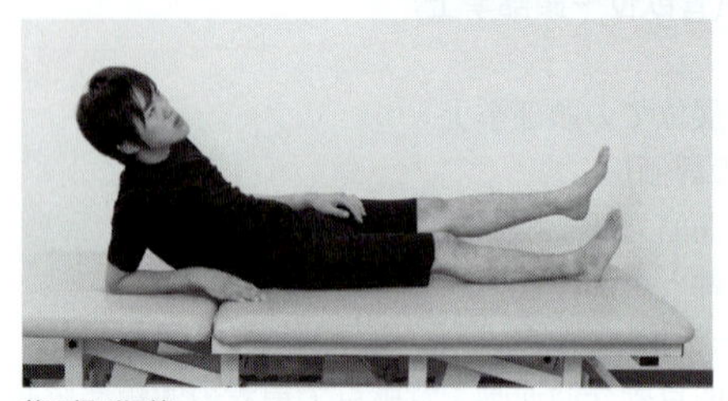

第2相が短縮
■図4　第2相の観察

- 頸部屈曲回旋運動：眼球運動を伴う頸部屈曲回旋運動を実施.

●第3相（上部体幹回旋～ on elbow）

[観察]

- 上部体幹回旋不十分で支持側肩挙上がみられる．頸部側屈はみられない.

[問題点の評価]

- 肩甲骨前方突出困難
- 肩甲骨安定性低下

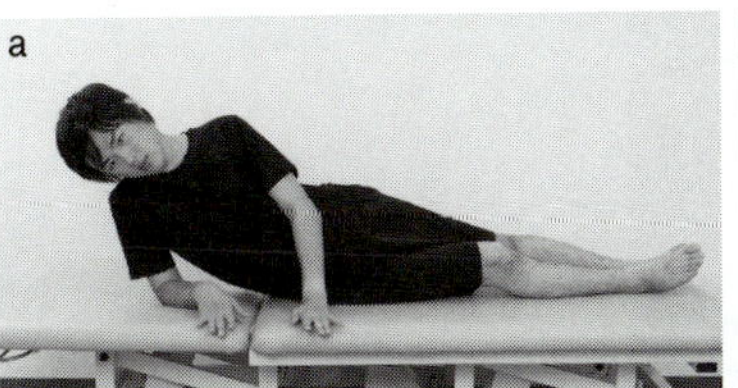

支持側肩挙上

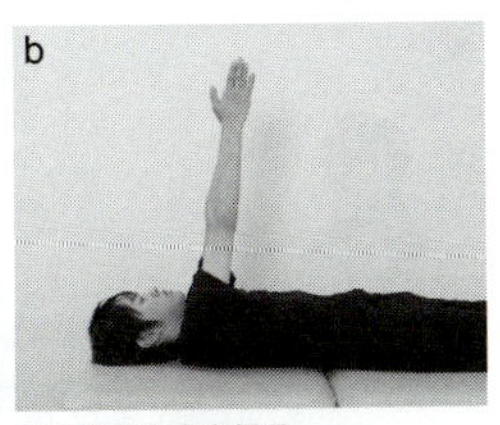

肩甲帯前方突出促通

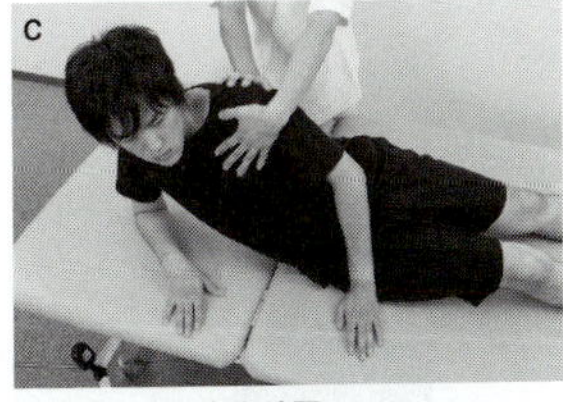

肩甲骨安定性向上練習

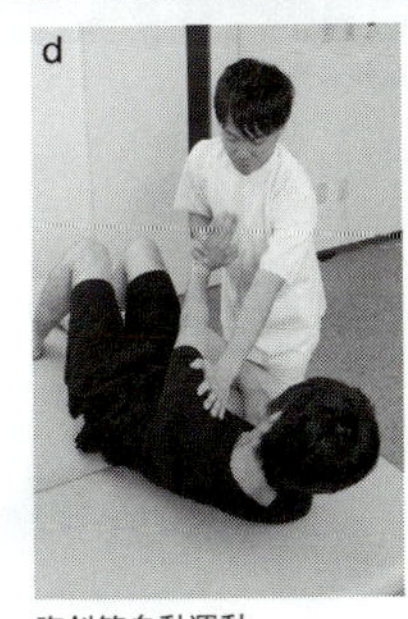

腹斜筋自動運動

■図5　第3相のアプローチ例

■ 腹斜筋筋力低下

[アプローチ]

■ 口頭指示による頸部軽度側屈回旋運動の促し

■ 肩甲帯前方突出促通：背臥位で両上肢を合わせ，大胸筋の収縮を抑制して天井方向へ上肢を突き出す．

■ 肩甲骨安定性向上練習：on elbowの状態で上側肩からさまざまな方向に抵抗をかけられても，安定した状態を保つよう練習する（**図5**）．

■ 腹斜筋自動運動：背臥位でヘッドアップし，肩甲帯前方突出より体幹の回旋を実施する．

●第4相（on elbow ～ on hand ～長坐位）

[観察]

■ 肩甲骨が内転し，体幹の回旋も不十分．上側下肢の過剰運動がみられる．

[問題点の評価]

■ 肩甲骨－上肢の協調性運動低下

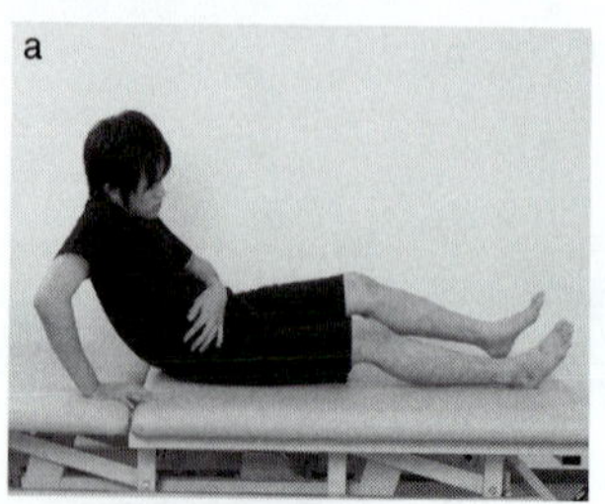

上側下肢の過剰運動

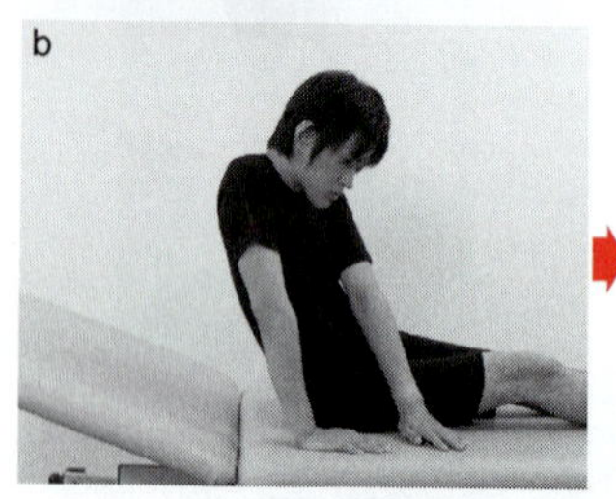

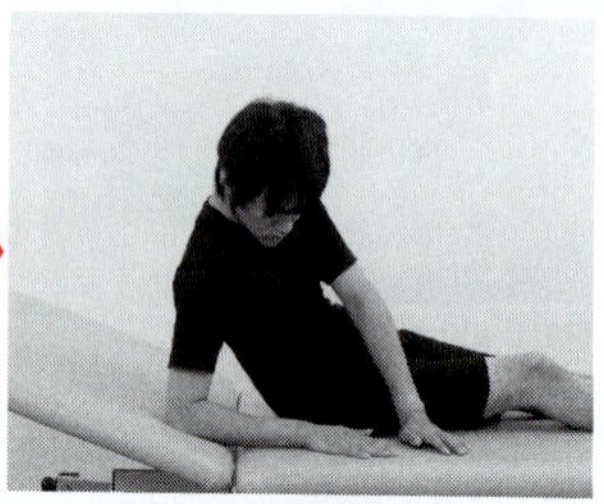

肩甲骨－上肢の運動のタイミング練習

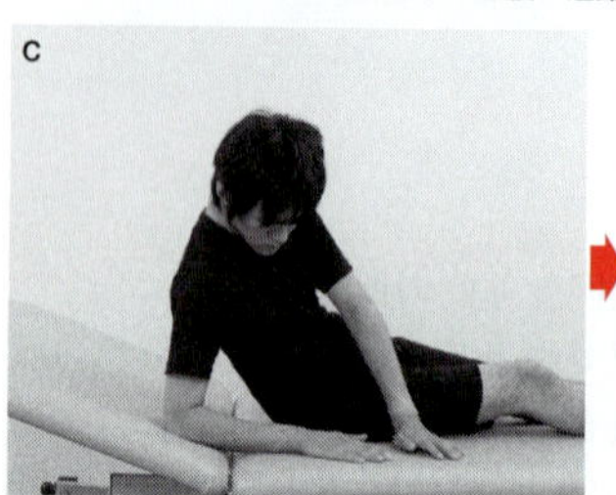

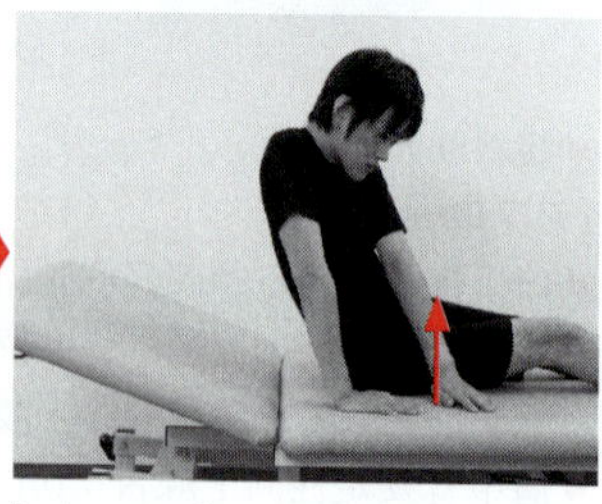

上側上肢によるプッシュアップ

■図6　第4相のアプローチ

[アプローチ]

- 肩甲骨–上肢の運動のタイミング練習：on hand→on elbowへ従重力運動を実施し，肩甲骨–上肢の協調性運動を促す(**図6**).
- 上側上肢によるプッシュアップ：体幹回旋を口頭指示により促し，上側上肢のプッシュアップを使用して起き上がる方法を指導する.

自施設でのアプローチを記載

リスク管理

- 臥位から坐位となる際はバイタルサインの変化に注意する.
- ベッドからの転落に注意する.

Memo

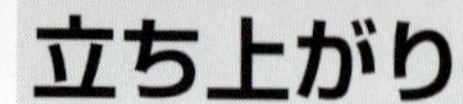

立ち上がり

立ち上がりとは

- 立ち上がり動作は日常生活において，重要な動作である．
  - ・歩行や移乗までの応用動作に必要な過程．
  - ・椅子やベッドからの立ち上がりが可能になることでADLの範囲が拡大．
- 立ち上がり動作は，体幹・股関節・膝関節・足関節などが協調的に働くことによりスムーズに遂行される．
- 立ち上がり動作は，①前方への重心移動（**図1**），②離殿（**図2**），③重心の上方移動（**図3**）に分けられる．

①**前方への重心移動（図1）**：重心の位置・脊椎のアライメント・股関節の屈曲角度（骨盤の傾斜）・足部の位置などをまず観察する．

- ・重心移動：骨盤の前傾と体幹の前傾動作が必要で，胸椎屈曲での代償動作や骨盤が後傾していないかなどに注意．
- ・足部の位置は膝関節よりも手前に置くことで下腿が前傾し，足関節の背屈を作る．

②**離殿動作（図2）**：座面と足部で作られた広い支持基底面から，足部だけの支持基底面への移動である．

- ・体幹背部・殿筋などの伸展筋群が遠心性収縮により体幹前傾を制動して離殿．
- ・このとき足関節背屈は最大．

③**重心の上方移動（図3）**：離殿後，足部の支持基底面内に身体重心が移動し，体幹・股関節の伸展により起こる．

- ・体幹伸展に伴って股関節・膝関節が伸展し，足関節が底屈して，協調的に働く．

前額面

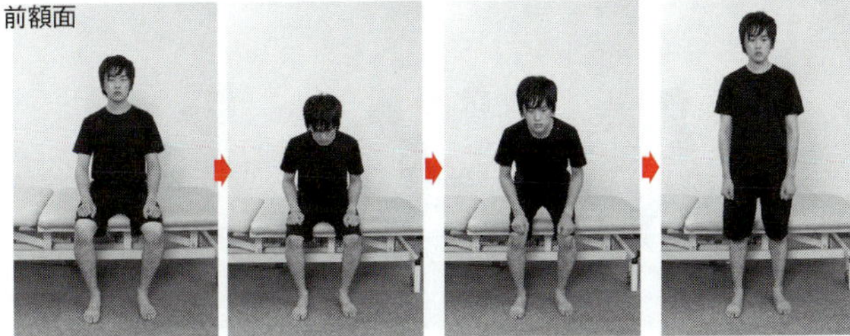

矢状面

脊柱アライメント

骨盤前傾

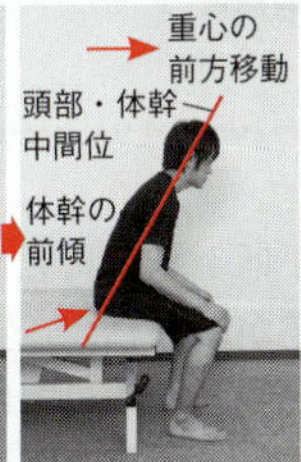

■図1　前方への重心移動

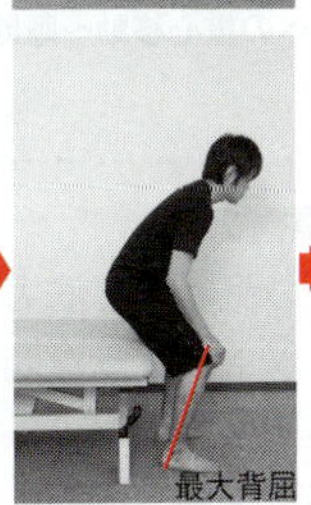

■図2　離殿

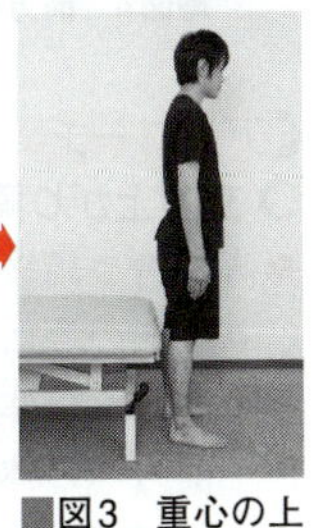

■図3　重心の上方移動

評価法

■動作観察を行い，阻害要因を推測し検査を行う．そのうえで問題点をROM，MMT，また感覚などを評価する．

自施設での評価法を記載

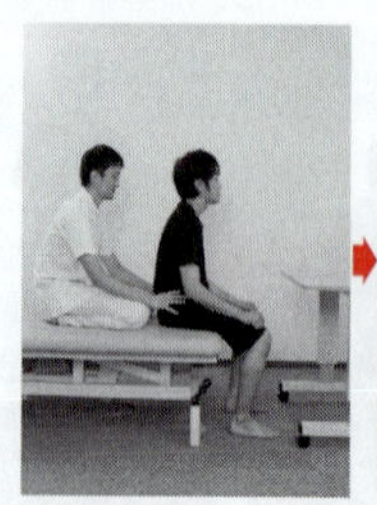
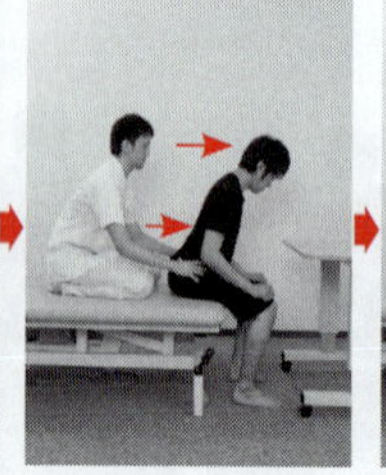
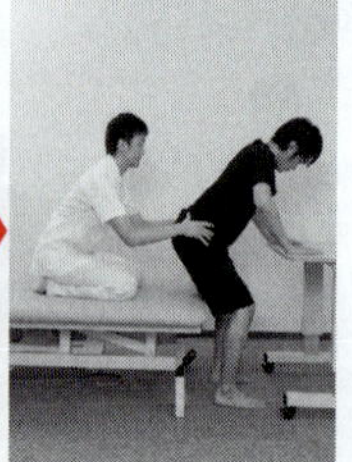

■図4　前方への重心移動〜離殿の練習

アプローチ

立ち上がり障害の例

■高齢者や術後の患者など筋力が低下した状態では，立ち上がり動作の際に以下のような問題がみられうる．
・前方への体重移動の際の，骨盤，体幹の前傾不足．
・前方への体重移動〜離殿において，過度な体幹前傾，大腿部での上肢支持．
・立ち上がり動作において，不安定になりやすい．

■片麻痺の場合，麻痺側の支持性が低下しているために姿勢が傾き，非麻痺側への重心移動がうまくできないケースがある．

プログラムの立案・介入

■筋力の低下などにより立ち上がりの障害がみられる場合には，以下のような練習が有用である．
・骨盤前傾位での体幹前傾（股関節屈曲）．
・前方への重心移動〜離殿の練習（**図4**）．
・背臥位でのキッキング動作練習（下肢の協調的な動作が可能かに注意）．

■片麻痺の場合
・麻痺側への荷重練習・寝返り動作での麻痺側腹筋群の筋緊張低下の改善．
・体幹の回旋動作に伴う骨盤・下肢の連動した動きの獲得．
・立ち上がり前傾相の麻痺側腹筋群の活動性向上．

自施設でのアプローチを記載

リスク管理

- 支持基底面が殿部・足底から足底だけに移行して急激に狭くなるため，バランス不良による転倒に注意する．
- 起立性低血圧になることもあるため，とくに術後早期の離床や脊髄損傷，脳血管障害急性期では血圧管理，自覚症状などに注意する．
- 膝関節や股関節の人工関節置換術などの術後早期は，十分な可動域が得られることによる痛みに注意する．
- 人工骨頭置換術や人工股関節全置換術(THA)後の場合は，股関節過屈曲や屈曲・内転・内旋動作の複合動作による脱臼に注意が必要である(p.119参照)．

Memo

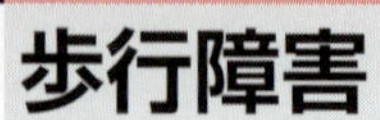

歩行障害

概要

正常歩行

- 歩行は，一連の動作が周期的に繰り返される歩行周期で成り立つ(**図1**).

IC：イニシャルコンタクト	LR：ローディングレスポンス	MST：ミッドスタンス	TST：ターミナルスタンス
0%（右踵接地）	12%	31%	50%（左踵接地）
右立脚相			
左遊脚相			

PSW：プレスイング	ISW：イニシャルスイング	MSW：ミッドスイング	TSW：ターミナルスイング
62%	75%	87%	100%
右遊脚相			
左立脚相			

■図1　歩行周期

文献1）をもとに作成

■歩行周期は立脚期60%，遊脚期40%に分けられる．立脚期は2回の両脚支持期と1回の単脚支持期に分けられ，単脚支持期は反対の足の遊脚期にあたる．

歩行の評価ポイント(図2)

■正常歩行のパターンを念頭に，歩行の状態を評価する．

> 全体の姿勢，歩行周期，歩幅，歩隔，上肢の振り，体幹の回旋，踵接地や踵離れの状態，左右差など．

■立脚期の観察項目
- 踵接地がしっかりとなされているか．
- そのときにつま先は上方向を向いているか．
- 踵接地→足底接地→つま先離れがスムーズに行われているか．
- 足全体で体重が支持できているか．
- 膝が完全に伸びきっていないか(立脚中期では膝は10～15°程度の屈曲位で体重を支えている)．
- 歩幅は適切か，左右差はないか．
- 歩隔は広すぎないか．

■遊脚期の観察項目

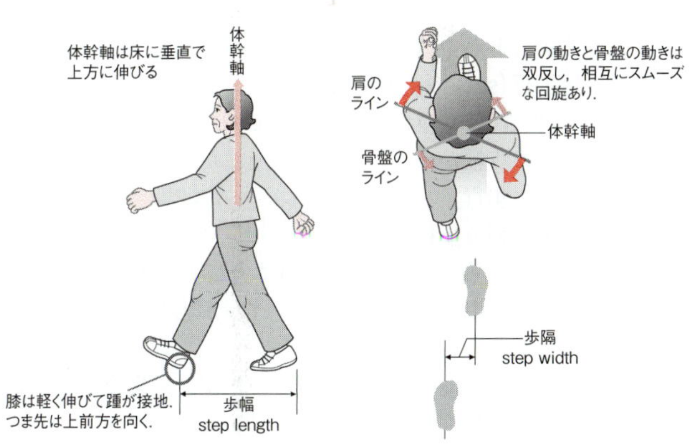

■図2　歩行の評価ポイント

・股関節と膝関節が適度に屈曲しているか．
・進行方向と平行に下肢が振り出されているか．
・足の引きずりはないか．

■歩行全体の観察項目

・両上肢の振りが左右対称か．
・体幹のねじれを伴っているか．
・体幹の軸は床に垂直でブレないか．

■そのほか

・全身のバランス，歩行の耐久性など．
・歩行に大きく影響する槌趾(麻痺がある場合に立位や歩行で足趾が強く屈曲してしまう状態)や外反母趾，膝や股関節の痛み，腰痛などに注意する．
・履きなれた靴では，靴底のすりへり具合で歩行の状態を察知できることがある．

異常歩行の例

●分回し歩行(**図3a**)

■脳卒中片麻痺患者によくみられる跛行．

・短下肢装具で尖足を矯正することで改善することもある．

●動揺性歩行(wide based gait，**図3b**)

■脳卒中(小脳の障害)や脊髄小脳変性症などの患者にみられる跛行．

・失調性歩行ともよばれる．

●はさみ足歩行(scissors gait，**図3c**)

■小児麻痺(痙直型)や痙性対麻痺などでの，下肢の内転筋の緊張が高いため歩幅が狭くなり，振り出した下肢が支持脚と交差するような歩行．

●すくみ足・小刻み歩行

■すくみ足：歩き始めの第1歩がなかなか踏み出せず，その場に立ちつくしてしまうような状態．1歩が出れば，次の1歩も出やすくなる．

■小刻み歩行：踵接地やつま先離れができず，足裏全体で床を踏んで小刻みに歩く歩き方である．

・歩幅が極端に短くなる．

a　分回し歩行

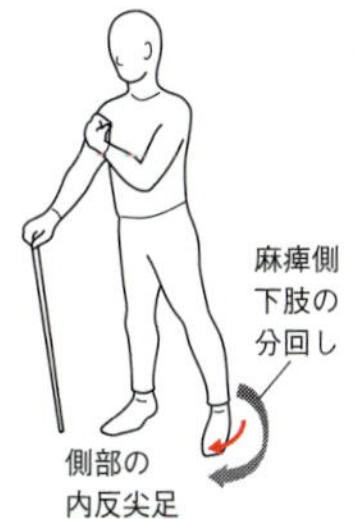

患側下肢では膝関節の屈曲が不十分かつ足部の内反尖足があるため，振り出しは大きく外側を旋回させるように行われる．

b　動揺性歩行

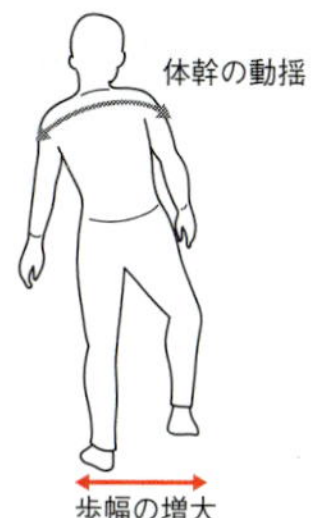

体のバランスが不安定なため体幹は左右に動揺し，歩幅は増大する

c　はさみ足歩行

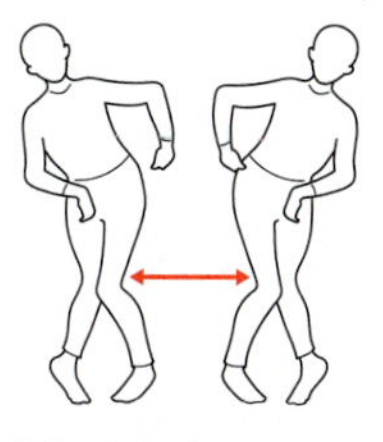

体幹の左右の揺れが大きくなり，足先が内側に向いてしまう．

d　鶏歩行

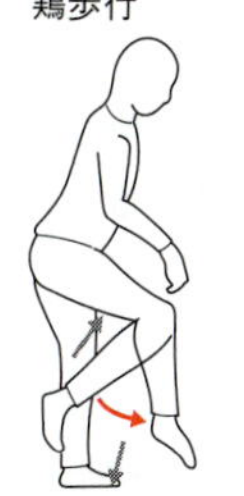

下垂足があるため，膝を高く上げるようにして下肢を降り出し，足を前に投げ出すように歩く．

e　ロッキング膝

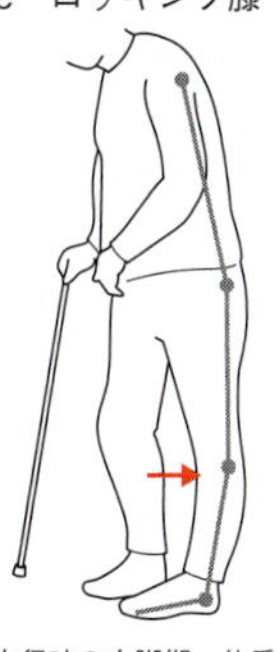

歩行時の立脚期，体重が加わったときに，膝が伸びきってしまう．

f　トレンデレンブルグ歩行

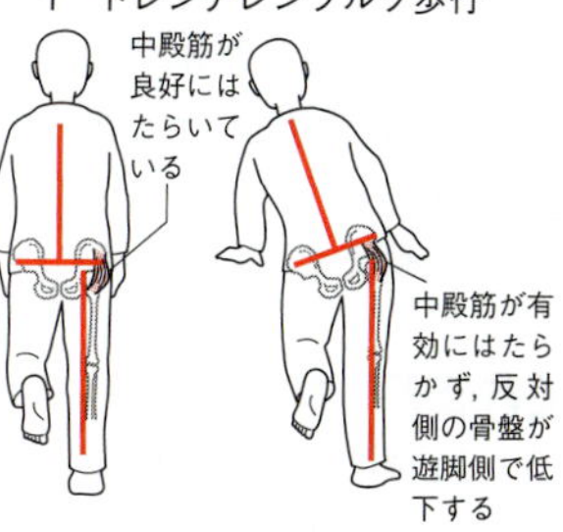

中殿筋は，2本の足でバランスよく歩くためには欠かせない筋肉で，骨盤のバランスをとっている．

■図3　代表的な異常歩行(跛行)

- 両上肢の振りや体幹の回旋が消失してかたい動きとなり，前かがみとなって体幹の軸が前傾する．
- すくみ足と小刻み歩行とは，同時にみられることが多い．
- パーキンソン病に特有の歩き方であるが，多発性脳梗塞の患者でもみられる．

●鶏歩行(steppage gait，図3d)

- 腰椎疾患などよる脊髄損傷(馬尾損傷)にみられる歩行．

●ロッキング膝(図3e)

■正常の歩行では，立脚期(mid stance)の膝が完全に伸展してしまうことはない(10〜15°の屈曲位を保つ).

■脳卒中の片麻痺患者では，大腿四頭筋などの筋力低下に伴って下肢の支持が不十分となり，それを補うため膝を完全に伸展して骨の力学的な力で体重を支えようとする.

・短下肢装具で改善することもある.

●反張膝歩行

■ロッキング膝の長期継続によって膝関節周囲の靱帯が伸び，膝が異常に過伸展した状態.

・痛みが出て歩行が困難になる場合も多い.

・ロッキング膝，反張膝ともに，足部の背屈制限(尖足)も影響している.

●トレンデレンブルグ(trendelenburg)歩行(図3f)

■支持側の股関節外転筋力(中殿筋)の低下によって骨盤が遊脚側へ沈下(トレンデレンブルグ徴候)した状態を呈する歩行.

・中殿筋歩行ともいう.

評価法(表1)

■歩行時には，身体重心の動揺を軽減しエネルギー消費を抑えるために6つの運動が重要となる.

①反体側の骨盤の側方傾斜

②水平面における骨盤の回旋

③骨盤の側方へのシフトと膝関節の生理的外反

④足関節と膝関節の協調メカニズム

⑤ミッドスタンスにおける制御された背屈

⑥ターミナルスタンスの踵離れとイニシャルコンタクトの踵接地

■上記の運動の組み合わせにより，身体重心の上昇・下降・左右動揺の軽減，滑らかな方向転換が生じ，歩行効率が改善される.

○定量的評価

■歩行速度(m/秒)＝距離(m)/時間(秒)

■表1　評価法

定量的評価	定性的評価	一般的所見	局所的所見
歩行速度 10m歩行速度 ストライド長 ケーデンス タイムドアップアンドゴーテスト	ロンベルク肢位 つま先歩き 踵歩き 継ぎ足歩行 歩行観察 歩容の観察点	運動が対称的であるか 歩幅の長さ 運動の円滑性(よろめき，バランス，痙性などによる) 上肢の振り 体幹の運動(傾き，左右への動き) 身体の上下動	頭部の位置 肩の位置 骨盤の前後傾 股関節の運動と安定性 膝関節の運動と安定性 足関節の動き

文献2）より引用

・歩幅，単位時間あたりの歩数，動作の質の手がかりとなる．

■ 10m歩行速度

・普段患者が自然に歩いている速度を測定する．

・測定開始線の2～3m前から，測定終了線の2m後まで歩行させ，その間の10mに要する時間を計る．

■ ストライド長＝歩行距離(m)×2/歩数

・左右の歩幅を合わせた長さ，正常は約1.4m．

■ ケーデンス(歩数/分)＝歩数×60/時間(秒)

・1分間あたりの歩数，足の長さ，気分により変化100～130歩/分．

■ Timed up and Go test(TUGの一連の動作)

・椅子から3m先の目印まで歩いてから折り返し，再び歩いて椅子に戻り座るまでの時間を計測する．

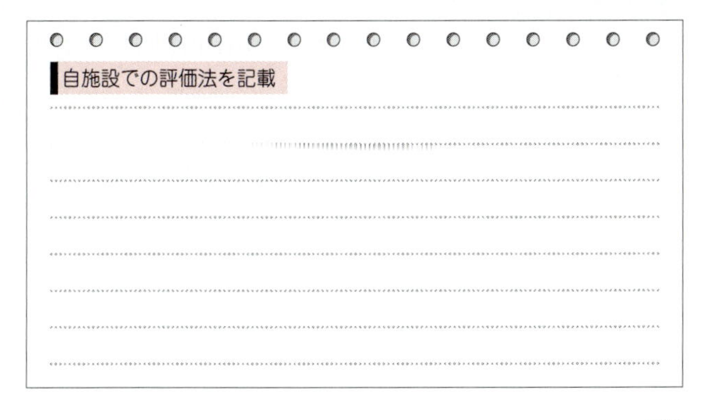

アプローチ

目標の設定

■治療目標

「正常な歩行パターンの獲得」
「異常歩行があっても歩行できること」
どちらを優先するのか

・どのような介入が最も望ましいか：発症からの時期，患者の認知機能，生活環境，ニーズ，経済的背景などを考慮．
・目標に沿って装具の使用，代償機能の獲得などを検討．

■患者個人のもちうる能力を最大限に引き出し，歩行の安定性・効率性・実用性を向上させることが重要である．

歩行練習

■歩行の個々の要素を練習し，次に歩行そのものの練習を行う．
■歩行技能の向上に伴い，多様性のあるプログラムを加えていく．

①人が大勢いる賑やかな廊下での歩行
②エレベータの乗り降り
③屋外歩行
④日常生活への対応　など

補助具・装具

■歩行障害の改善，免荷の目的のために歩行用補助具や歩行用装具などを用いる．

歩行用補助具
平行棒(立位バランスの獲得，歩行練習などの目的)，歩行器，杖など

自施設でのアプローチを記載

リスク管理

安全性の確保

- 両脚を床に接しているとき，体幹は両側で支持される．
- 片脚を床から離すとバランスが失われるため，重心を外側へシフトする．
- 片脚での安定性は，身体重量の横方向へのシフト，骨盤と体幹の姿勢を保持するための股関節の安定化を図る．

自施設の安全性の確保について記載

失語症

概要

失語症とは

- 失語の必発症状：喚語困難・理解障害・錯語.
- 言語以外のアイコンタクト，指差しなどのコミュニケーション能力はおおむね保たれる.
- 言語野損傷の原因：脳出血・脳卒中などの脳血管障害が大多数を占める(**表1**).
- 多くは，左脳の損傷で右半身の麻痺を伴う.

失語症の症状

- **表2**に失語症の症状の分類を示す.

■表1　失語症の原因疾患

・脳血管障害(脳出血・脳梗塞)
・脳腫瘍
・外傷
・原発性進行性失語(PPA)

■表2　失語症の症状の分類

発話の障害	喚語障害(喚語困難，迂言，錯語，保続，ジャーゴン) 文法障害(失文法，錯文法)
復唱の障害	語音認知の障害 音韻選択の障害 意味理解障害　など
聴覚的理解の障害	語彙の理解の障害 構文の理解の障害
読みの障害	音読と読解の障害 錯読
書きの障害	自発書字と書き取りの障害 錯書

●発話の障害

■伝えたいイメージは思い浮かぶが言葉が出てこない，または出ても内容が誤っている状態.

●復唱の障害

■仮名1文字の復唱が困難な場合から，単語は保たれているものの文節が増えると困難となる場合までさまざま.

■発語失行や構音障害の影響を受ける.

[例]真似して言ってください.

「カメラ」→「ガ，べ，ダ」

「みかん」→「イカン，インカ，ミンカン」や「リンゴ」

「あ」→「な？あれ？違う，か？違う，あだ」

●聴覚的理解の障害

■音声言語が理解できなくなる.

■電話の音や赤ん坊の泣き声などの音の意味はわかる.

●読みの障害

■意味理解の障害である「読解の障害」と，音読する際に読み間違える「錯読」に分類される.

■程度の差はあるが，両者がともに障害されることが多い.

●書きの障害

■「聞く」，「話す」，「読む」，「書く」の言語様式のなかで最も障害されやすい様式.

■障害程度の評価には，自発書字と書き取りの両面をみる.

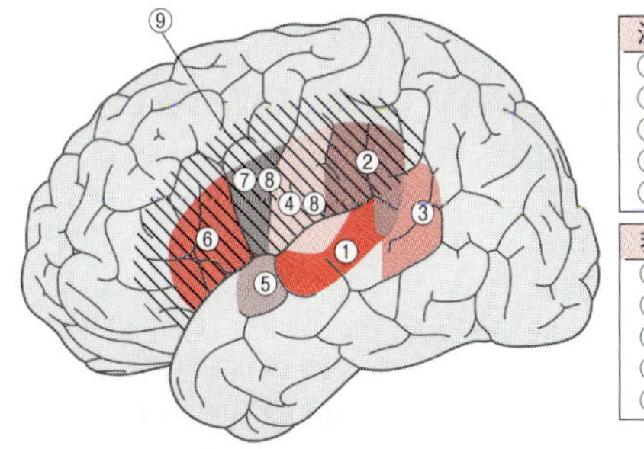

流暢性失語
①ウェルニッケ失語
②伝導失語
③健忘失語
④超皮質性感覚失語
⑤皮質下性失語

非流暢性失語
⑥ブローカ失語
⑦超皮質性運動失語
⑧超皮質性混合失語
⑨皮質下性運動失語
⑩全失語（①⑥含む広範囲）

■図1　失語症のタイプ分類と病巣

失語症の分類

- 流暢性失語と非流暢性失語に大別(**図1**).
  - 主に失構音(構音のひずみや音の連結不良)の有無で鑑別する.

ウェルニッケ(Wernicke)失語

- 特徴
  - 重篤な聴覚的理解障害.
  - 流暢な発話の反面,表出される情報量が極端に乏しい.
  - 随伴症状として,右同名半盲など視野障害を伴いやすい.
  - 多幸的で病態失認を認める.
- 病巣
  - 典型的な例ではウェルニッケ野のほか,側頭葉中下方や頭頂葉なども含まれる.

伝導失語

- 特徴
  - 表出面全体にわたり音韻性錯語を主症状とする.
  - 理解障害はあっても軽度.
- 病巣
  - 左下頭頂葉から側頭葉にかけての病変が多い.
  - とくに縁上回が重要視されている.

健忘失語

- 特徴
  - 喚語が著しく障害.
  - 構音や構文は保たれている.
  - まわりくどい言い回しや空語句,指示代名詞などを頻発し,内容は空疎となる.
  - 呼称同様,語列挙(野菜の名前,語頭に「か」のつく語をあげるなど)や書称も障害.
- 病巣
  - 左角回.

超皮質性失語

- 特徴
  - 復唱能力は保たれているが,それ以外の表出や理解が著明に障害.

・言語中枢周辺領域の損傷による言語中枢と運動(表出)イメージの離断で超皮質性運動失語，言語中枢と聴覚的イメージの中枢の離断で超皮質性感覚失語が生じる.

●ブローカ(Broca)失語

■特徴

・比較的良好な理解と発話面全般に認める重度の非流暢な発話.

・随伴症状として，右顔面神経麻痺を伴う右片麻痺をしばしば合併.

■病巣

・左中大脳動脈の上方枝の梗塞.

・左中心前回とその前方領域(中下前頭回の後半部)，島の損傷.

・一般にブローカ野のみではブローカ失語は生じない.

●皮質下性失語

■大脳皮質の言語野を含まない皮質下に限局した病変にて生じ，出現する失語タイプは損傷部位によってさまざま.

■特徴

・共通した症状として，復唱が良好.

・しばしば失語症状は一過性.

・声量低下や構音障害のほか，喚語困難や錯語，保続症状も散見.

■病巣

・視床および内包，大脳基底核などの白質病変をさす.

・被殻出血や視床出血，基底核部梗塞後に生じる.

●全失語

■4つの言語様式が重度に障害され，言語を介するコミュニケーションが困難な状態.

■病巣

・ブローカ野，ウェルニッケ野を含む中大脳動脈瘤の広範囲な脳損傷.

評価法

標準失語症検査(SLTA)

- わが国における失語症の代表的な検査.
- 26項目の下位検査で構成されており，5つの言語モダリティについて評価する.

聞く，話す，読む，書く，計算.

・評価は6段階である.

WAB失語症検査(日本語版)

- 以下の8部門で構成されている.

自発話，話し言葉の理解，復唱，呼称，読解，書字，行為，構成行為.

・自発話で流暢性の評価が可能.
・失語症状以外に非言語性検査が含まれており，失語指数と大脳皮質指数の算出が可能.

SALA失語症検査

- 認知神経心理学的理論を背景として作成された検査.
  ・各言語モダリティを評価する検査が40項目あり，それぞれ必要に応じた検査のみを選別して使用することが可能.
  ・課題語は語の親密度，心像性，語長などの属性が統制されている.

自施設での評価法を記載

アプローチ

■ステージ(病期)を考慮し，適切なアプローチ法を選択する．

■とくに急性期での留意点を以下に示す．

・現在の能力で意思伝達をする方法を確立する．

・適切な刺激を脳に与え，機能回復を促す．

・家族に障害について説明し，患者との接し方や今後の方針，対応について情報提供をする．

・本人に障害について簡潔に説明し，精神状態の安定と訓練意欲の形成をはかる．

・日常生活場面でのコミュニケーションの機会を増やす．

言語機能改善に向けたアプローチ

■失語症の代表的な練習法

刺激法，機能再編成法，ディブロッキング法，認知神経心理学的アプローチ，実用的コミュニケーション訓練，AAC(p.422-424)など．

●刺激法

■幅広く用いられている失語症への伝統的アプローチ．

■機能が低下した言語機能に対して，直接的に感覚刺激を適切に用いて賦活させる方法．

・聴覚刺激に重点をおいた練習が重要．

・具体的な原則は**表3**を参照．

●機能再編法

■障害された言語機能の直接的な訓練アプローチでは回復困難であると考える場合に，保たれている他の機能を利用し迂回路を形成する方法(**表4**)．

自施設での失語症へのアプローチについて記載

■表3　刺激法の6原則

1. 適切な言語刺激を与える.
失語の重症度やタイプに見合った刺激語，高頻度語や患者が慣れ親しんだ語を用いる.
2. 強力な言語刺激を与える.
基本的には聴覚刺激を最重要視しているが，単一の入力回路より，同時に視覚・触覚・嗅覚(たとえば実物)など複数の刺激を与えることが効果的.
3. 刺激を反復して与える.
1回の刺激では正しい反応が得られない場合でも，刺激を繰り返し与えると反応が得られる可能性が増す.
4. 刺激に対するなんらかの反応を患者から引き出す.
与えた刺激に対して，指さし・復唱・音読・発話・書字反応などを求めることにより，以下の効果がある.
①与えた刺激が適切であったかを知る.
②刺激→反応→強化のフィードバック回路全体を活動させる.
5. 得られた反応を選択的に強化する.
得られた正反応の強化が重要．正しい反応に対しほめることや励ますことが効果的.
6. 矯正よりも刺激を与える.
正しい反応が得られない場合は，刺激の与え方が不適切・不十分であったことを反映している．誤反応を矯正したり，無理に反応を強いることは患者のストレスを増すことになる.

■表4　キーワード法を用いた仮名1文字の訓練法

- 意味を手がかりに迂回路を形成し，仮名1文字と音韻の結合を確立する.
- 仮名1文字は書けないが，仮名単語が書ける者は仮名単語をキーワードとして使用する.
- 練習にあたり，その単語が仮名で何文字あるかの分解や，単語の中の1文字が何番目にあるかの抽出が可能であることが必要

①「あし(足)の　あ」「かさ(傘)の　か」「いぬ(犬)の　い」などキーワードを設定
②仮名単語のキーワードの習得(復唱，写字，音読)
③キーワードの想起練習(語頭音を聞いてキーワードを発話→書字)
④キーワードを消去し，仮名1文字の音読，書き取り

失行

疾患概要

失行とは

- 自らの意思どおりに，行為・行動ができなくなる状態．
- 他の運動障害，了解障害，認知障害がなく，理解度や意欲もあるが，指示された運動を誤って行う，渡された物品を誤って用いるなどの場合を指す．

> 運動障害：麻痺，感覚障害，失調，不随意運動
> 了解障害：失語，認知症
> 認知障害：失認

- 運動しない場合は，失行か麻痺かの鑑別は困難．
- 標準的な評価法や分類法はいまだなく，定義はまちまち．

失行の症状

- ここでは，失行を観念失行，観念運動失行，肢節運動失行，口腔顔面失行のほか，失行の範疇によるそのほかの動作障害(構成障害，着衣障害，前頭葉性動作障害)に分類する．

●観念失行(使用失行，概念失行)

- 実際に道具を使用する行為の障害で，使用すべき道具の認知や運動能力は保たれているのにもかかわらず，正しく物品を操作できない状態．
- 症状
  - ・単一物品の場合
    →口頭命令でハサミがうまく使えない．
    櫛で髪をとかせない．
    歯ブラシで歯を磨けない，など．
  - ・複数物品の場合
    →急須にお茶を入れられない．
    ろうそくにマッチで火をつけられない，など．

■病巣

・言語優位半球の頭頂葉後方，あるいは両側後方領域，補足運動野を含む前頭葉内側の病変，など.

●観念運動失行(身振り失行，パントマイム失行)

■言語化可能な社会的に習慣性の高い運動や，本来物品を使用して行う運動を物品を使用しないで行うことを，口頭命令や模倣命令によって求められても実行できない状態.

■症状

・物品を使用しない社会的習慣動作の障害.
→軍隊の敬礼，おいでおいで，じゃんけんのチョキ，など.

・物品を使用しないで使う動作(パントマイム)が困難.
→櫛で髪をとかすまね，のこぎりで木を切るまね，鍵をかけるまね，など.

■病巣(**図1**)

・責任病巣は現在でも確定は難しい.

・左半球の側頭・頭頂領域から運動前野にかけての広範な領域の損傷.

●肢節運動失行

■病巣と反対側の手の習熟動作において，運動が「つたない」，「ぎこちない」状態.

■症状

・机上の硬貨や鉛筆がつまめない，
本のページがめくれない，
ボタンがかけられない，
手袋をうまくはめられない，など.

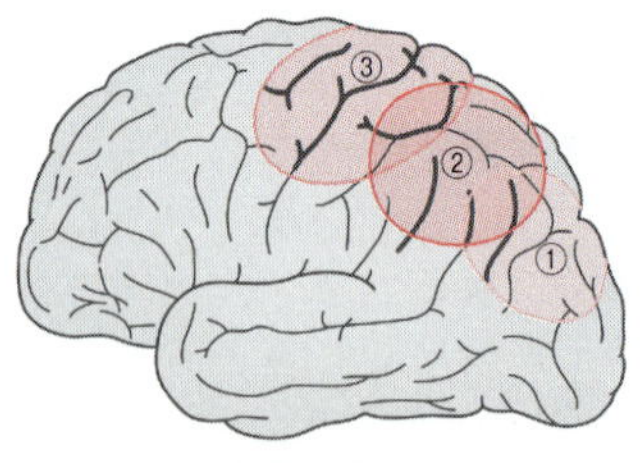

①観念失行
②観念運動失行
③肢節運動失行

■図1　失行の主な病巣

・敬礼などの動作も緩慢でぎこちなく，その形も不正確.

■病巣(**図1**)

・左右の中心領域(中心溝を挟む前後の領域).

●口腔顔面失行

■口頭命令または模倣命令で，口腔と顔面の習慣的運動ができない状態.

・しばしば，ブローカ失語，伝導失語，ウェルニッケ失語，全失語が合併.

■症状

・口を開ける，舌を出すなどの自然な状況下での動作は可能であるが，意図的にはできない状態.

→「口を開けてください」という口頭命令に対しては，口を開けられない.

■病巣

・前方病巣，頭頂葉の縁上回周囲を中心とする後方病巣のいずれでも出現.

・一般的に，左半球の損傷で出現するとされる.

●構成障害

■まとまりのある形態を形成する能力の障害.

■十分に認識できる図形や形態に構成・配置ができない.

■症状

・左半球損傷と右半球損傷で症状の特徴が分かれる.

右半球損傷

・巨視的観点に欠け，細部断片から開始され，粗雑で余分な動作が多い.

・図形の模写では粗大な空間関係の誤り，左側の欠落，右側への重ね描きなどがみられる.

左半球損傷

・全体的であるが大雑把な反応をとり，行為には躊躇やためらいがみられる.

・図形の模写では全体的空間関係は保たれるが，細部が簡略化される傾向がある.

■病巣

・一般には右半球の損傷で発現率が高い.

・左半球損傷でも認められる.

● 着衣障害

■ 衣類の脱着という行為だけが選択的に困難になる障害.
  ・他の物品の操作(ポケットから物を出すなど)や着脱以外の行為(濡れた服を絞るなど)は実行できる.

■ 症状
  ・上着を裏表に着る.
  ・上下逆さまに着る，など.
  ・衣服の右側だけを適切に着て着衣が完成したとする反応は，左半側空間無視や身体失認と解釈する.

■ 病巣
  ・右半球頭頂葉.

● 前頭葉性動作障害

■ 失行が頭頂葉の病変であるのに対し，前頭葉の病変で認められる行為の障害.

■ 症状
  ・運動維持困難：閉眼，開口，挺舌などの動作を1つまたは2つ以上同時に維持することが困難.
    ・運動無視：病巣と対側の上肢の運動が低下する.
    ・把握反射：掌握面を遠位方向にこすりながら圧刺激を入れると手指の屈曲が起こる.
    ・本能性把握反応：触覚刺激あるいは視覚提示により，示されたものにリーチし，握る.
    ・他人の手徴候：一側上肢があたかも他人の手のように動く.
    ・道具の脅迫的使用現象：眼前に置かれた物品を，右手で脅迫的に使用してしまう.

評価法

■ よく使われる検査方法を，**表1**に示す.

● 検査時の注意点

■ 失行症患者は失語を合併する場合も少なくなく，検査にあたっては失語や他の認知障害面の把握が必要.

■ 実際の動作場面でどのような誤り方をするかを観察.

■表1　スクリーニングテスト

口頭命令でできなければ模倣してもらう.
1. さようならと手を振ってください.
2. おいでおいでをしてください.
3. 兵隊さんの敬礼をしてください.
4. 「シー」といって静かにさせる身振りをしてください.
5. 歯ブラシを持ったつもりで歯を磨くまねをしてください.
6. 櫛を持ったつもりで髪の毛をとかすまねをしてください.
7. ドアに鍵をかけるまねをしてください.
8. 金槌を持ったつもりで釘を打つまねをしてください.

- 検査場面と日常生活場面との違いを評価.
- 同じ動作でもできるときとできないときがある.

自施設での評価法を記載

アプローチ

アプローチの基本的な注意点

- 患者の障害レベルを把握する.
- 患者・家族に十分な説明を行い，障害を理解してもらう.
- やさしい課題，達成可能な課題から介入し，無理強いはしない.
- なるべく自然場面で動作訓練を実施する.
- 模倣動作訓練や物体操作訓練，ADL訓練を段階的・並列的に実施する.

●障害レベルに合わせた段階的治療法

■片手から両手へ

・片手動作が可能となってから両手動作へと進める.

■単一物品から複数物品へ

・徐々に物品数を増やしていく.

■課題の親近性

・普段から対象とする活動のように親近性があるとより遂行しやすい.

■活動の意味度

・より有意味な動作のほうが，抽象性課題と比べて反応は良好となる.

■誤りの再認

・誤りに気づくことはアプローチの際の重要なポイントである.

■検査場面だけではなく，常に日常生活場面を考慮する.

自施設でのアプローチを記載

失認

概要

■失認の病態は脳の損傷部位によって異なる(**図1**). いくつかの病態が合併して起こることもある.

視覚失認

■脳の損傷により, 視力には障害がない(見えている)のに視覚対象を認知・同定できない状態.

認知できなくなる視覚対象
・物体, 画像, 色彩, 文字, 顔など.

■聴覚や触覚など他の感覚を介せば認知できる.

物体失認・画像失認

■日常物品の実物, 絵, 写真など視覚対象の失認である.

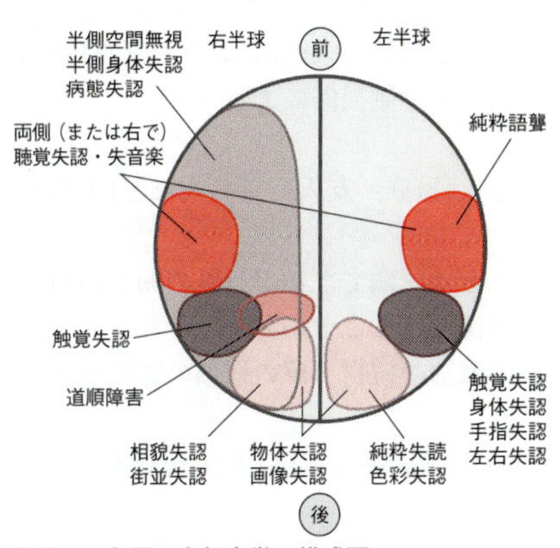

■図1 失認の責任病巣の模式図

古典的分類：統覚型，連合型．
現在の分類
知覚型：形態の把握ができず模写も困難．
統合型：最終的にはそれらしく描けるが形態処理に時間がかかる．
連合型：スムーズな模写が可能．

■主に両側もしくは左後頭側頭葉の損傷による．

●色彩失認

■色の認知ができない，あるいは呼称ができない状態．
・色の知覚は良好だが，提示された刺激に適切な色の知識を引き出すことができない．
・呼称障害によるものではない．
・塗り絵は困難．
・両側後頭葉損傷による．

●純粋失読

■読みに特異的な障害で，文字に対する失認と考えられる状態．
・聞く，話すなどの音声言語面や書字の障害を伴わない→失語症とは異なる．
・自分の書いた字が読めないが，なぞるなど運動覚を使うと読める場合がある．
・右同名半盲，色名呼称障害を合併することがある．
・左後頭葉内側と脳梁膨大後部，あるいは左角回直下の白質，左側脳室後角下外側損傷による．

●相貌失認

■熟知している人(家族，友人，有名人など)の顔を認識できない状態．
・顔であることは認識できるが，誰の顔かがわからない．
・表情認知は保たれることが多い．
・動物の個体識別や植物・車の種類の認識が困難になる場合もある．
・右あるいは両側後頭側頭部(紡錘状回を含む)の損傷による．

●街並失認

■ よく知っている街並(建物や風景)がわからなくなる状態.
- 熟知した建物や場所(自宅など)に対する失認で，視空間の障害というより視覚失認の一種である.
- 目的地への行き方の説明は可能.
- 相貌失認を合併することがある.
- 右半球の側頭後頭内下面(舌状回，紡錘状回，海馬傍回)の損傷による.

○聴覚失認

■ 大脳の一側あるいは両側の聴覚皮質損傷により，音は聞こえるが，言葉や環境音，音楽などが認知できなくなる状態.

■ 失音楽症：メロディ，リズム，高低，強弱，音色などが認知できなくなる.

○触覚失認

■ 体性感覚(触覚，痛覚，温度覚など表在感覚および位置覚，振動覚など深部感覚)の障害はないか軽微であるにもかかわらず，物体を触覚的に認知できない状態.
- 日常生活場面では触覚だけで物品を識別することが少ないこともあり，障害自体，気づかれないことがある.
- 中心後回，二次体性感覚野(中心後回の下方あるいは外側から島の表面を覆う前頭頭頂弁蓋部のうち頭頂弁蓋部のシルビウス裂上縁に沿って位置する領域)など，頭頂葉の損傷による.

○身体失認

■ 自己の身体の認知障害.
- 身体部位(個々の身体部位，手指，左右など)の空間的位置関係の理解や呼称，理解が障害される場合
- 左半球後部の損傷による身体部位失認
- 左頭頂葉損傷による手指失認，左右失認：失算，失書が加わるとゲルストマン症候群とされる.
- 一側半身全体に及ぶ場合.

・片麻痺の否認，無関心や不使用など半側身体失認：右半球損傷による無視症候群でみられるものと同様，後述の左半側空間無視や病態失認と合併しやすい．

❍ 病態認知の障害（病態失認）

■疾患があるにもかかわらず，自己の病的な状態に気づかない状態．

・バビンスキー（Babinski）病態失認：左半側空間無視における左片麻痺の否認や無関心
・健忘症候群における病態失認
・ウェルニッケ（Wernicke）失語における病態失認
・アントン（Anton）症候群：盲に対する病態失認など．

❍ 空間認知障害

■視空間における物体間の関係，物体と自己との位置関係を正しく把握，認知できなくなる状態．

●半側空間無視，無視症候群

■脳の病巣と反対側に提示された視覚，触覚，聴覚刺激に気づかず，注意や反応ができない状態．

・視野障害である半盲とは区別される．
・右半球損傷による左半側無視が出現頻度が高く，症状も持続しやすい．
・右半球損傷による左半側無視は，側頭・頭頂・後頭葉接合部，下頭頂葉小葉を含む中大脳動脈領域だけでなく，前頭葉，基底核損傷など広い部位で出現する．

●道順障害

■熟知した場所で道に迷う病態．

・建物や風景，あるいは現在の場所はわかるが，よく知った目的地までの道順や方向がわからなくなる状態．
・口頭での道順説明や見取り図の描画も困難．
・記憶障害，半側空間無視，注意障害，認知症などによるものとは区別される．
・右半球の脳梁膨大後部から頭頂葉内側部損傷による．

評価法（表1）

視覚失認

- 視力，視野，色盲の有無．
- 見え方の変化の確認
  - 見にくさの自覚，明暗・奥行き・大小の知覚の変化，変形視・幻視の有無．
- 視知覚の基本的機能
  - 線分の長短・傾き・大小の認知，形態の同定，錯綜図形認知，図形模写（**図2**）・写字．
- 物体認知・画像認知
  - 線画・物品呼称，カテゴリー分類，状況図の説明．
- 色彩認知
  - 色名呼称，色相同定・分類，色名指示．
- シンボル認知
  - 記号・数字・漢字・仮名・1文字〜単語の音読・同定．
- 相貌認知
  - 熟知相貌の呼称・理解，未知相貌の異同弁別・同定，表情・男女・老若の区別．
- 街並認知
  - よく知っている建物・風景の認知（自宅，職場，東京タワーなど）．

表1　代表的な検査

種類		名称
簡易知能検査（スクリーニング検査として行う）		改訂長谷川式簡易知能評価スケール（HDR-R） ミニメンタルステート検査（MMSE）
失認検査	視覚失認検査 視空間認知障害検査	標準高次視知覚検査（VPTA）
	半側空間無視検査	行動性無視検査日本版（BIT）
そのほかの高次脳機能（鑑別診断目的で，必要に応じて行う）		日本版リバーミード行動記憶検査（RBMT） 日本版ウェクスラー記憶検査（日本版WMS-R） 三宅式対語学習検査 日本版遂行機能障害症候群の行動評価（BADS） ウィスコンシンカード分類テスト（WCST） ウェクスラー成人知能検査（WAIS-Ⅲ）

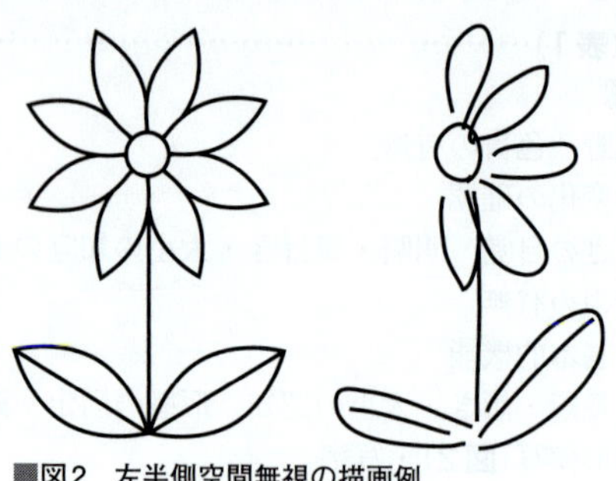

■図2　左半側空間無視の描画例

聴覚失認

■聴力検査

■語音の認知

・語音弁別検査，1音・単語・短文レベルの復唱

■環境音の認知

・人の声，動物・鳥の鳴き声，楽器音，自然のノイズ，人工的ノイズ

■音楽の認知

・音の高低・強弱・大小・長短，音色の判別，リズム・メロディの認知

■音声言語の理解の評価

・聴覚のみの理解，聴覚＋読話併用(口形を見せてゆっくりと話す)の理解，読話のみの条件での1音節・単語・短文の理解

触覚失認

■要素的体性感覚

・触覚，痛覚，温度覚，振動覚，位置覚

■複合感覚

・触覚定位，二点識別，触覚消去現象

■素材弁別

・重量，表面の粗さ，硬軟，材質

■形態弁別

・平面図形，立体図形

■触覚認知

・物品呼称，物品のカテゴリー認知，意味的連合

身体意識の障害(身体失認)

■身体部位，手指，呼称，左右の理解(自己身体上または人体図上での指さし)を確認.

■左右については，自己身体の左右のほか対面にいる検査者の左右についても判断.

■健側で患側を触る，麻痺の存在の自覚の有無，麻痺の否認の有無，患側の不使用の有無を確認.

■顔や人体の全身図を描画.

病態認知の障害(病態失認)

■身体の中で不自由なところがあることを自覚しているか.

■見え方，もの忘れ，失語，麻痺や無視などについて自覚しているか.

■症状についての否認があるか.

空間認知の障害(半側空間無視，道順障害)の評価項目

■視空間認知

・線分抹消，線分二等分，図形模写，描画(時計文字盤，人，顔など)，横書き文や数字列の音読.

■地誌的項目

・自宅の見取り図，駅までの地図の描画，既知の場所への道順説明，2地点間の方向や距離の知識.

自施設での評価法を記載

■表2　検査・訓練時の工夫例

全般的配慮	・明るく静かで集中できる環境で行う． ・通常より疲労しやすい状態にあるため，1回の時間を短くしたり，休憩時間を設けるなどの配慮をする．
視覚失認の場合	・刺激や文字を大きくする． ・複数刺激を同時に見せるのではなく1枚1枚見せる．
半側空間無視の場合	・複数刺激を提示する場合は，刺激を横に並べるのではなく縦に並べるなど，障害に合わせた工夫をする．

アプローチ

■失認のリハビリテーションの目的
・障害に対する患者自身の病態把握を改善させ高めること．

■半側空間無視，半側身体失認，片麻痺の病態失認などは出現頻度が高く，アプローチ方法が比較的確立されている．
・出現頻度が低い視覚失認(とくに物体失認・画像失認，相貌失認，街並失認)，聴覚失認，触覚失認などはアプローチ法が十分確立されているとはいえない．

■訓練では，失認を改善させるアプローチと残っている健常な機能を利用した代償的なアプローチを併用．

■回復の程度は原因病巣の部位や範囲，障害の程度，年齢などにより異なるが，早期にリハビリテーションを開始することが回復を助ける．

■家族や医療スタッフが障害を理解し，適切な対応をすることも重要である(**表2**)．

自施設でのアプローチを記載

注意障害

概要

注意障害とは

- 「全般性注意障害」と「空間性注意障害」に分類される.
  - ・全般性注意障害：「ぼーっとしている」,「1つのことに集中できない」,「落ち着きがない」,「課題への取り組みが持続しない」など外からの刺激に対して必要なものを有効に選択する能力や，必要度に応じて注意を配分し，切り替える能力を欠く.
  - ・空間性注意障害：空間のある方向への注意を欠く.「半側空間無視」の症状がみられる.

障害像

- 注意には少なくとも3つの要素があると考えられている(**表1**).

注意の選択機能

選択性注意

- 多くの刺激の中から，ただ1つの刺激に焦点をあてる機能である．この機能が障害されると，ほかの刺激に注意が向きやすくなり，行動の一貫性を保つことが難しくなる．このような障害を「注意の転動性の亢進」という.

分配性注意

- 複数の刺激に同時に注意を向ける機能で，この機能が障害さ

■表1　注意の3つのコンポーネント

・注意の選択機能(selection)
・注意の維持機能(sustained attention)
・注意による制御機能(control or capacity)

文献1), p.5より引用

れると以下のような2つ以上の作業を同時にこなすことが難しくなる.

・周囲に気を配りながら車の運転をする.
・火にかけている料理を気にしながら洗い物をするなど.

注意の維持機能

■ある一定の時間,注意の強度を維持する能力.この機能が障害されると同じ動作を連続して行うことができず,すぐに中断してしまう「集中力が長続きしない」ことなどがみられる.

評価法

臨床症状の観察による評価

■観察からどのような注意の問題が考えられるかを分析したうえで適した検査を選択する.
・脳損傷者の日常観察による注意評価スケールは,14項目からなる日常生活場面を0～4の5段階で評価.56点満点で点数が高いほど注意障害が高度である.

注意障害の神経心理学的検査

標準注意検査法(CAT)

■7種類の下位検査から構成された検査法.空間性の注意を除く注意の諸側面(選択性,配分性,持続性)を評価でき,必要に応じて下位検査から抜粋して検査を実施することもある.

Trail Making Test(TMT)

■注意障害の主要な検査の1つ.
・PartA:ランダムに配置された数字の1～25を結ぶ.
・PartB:1から13までの数字と「あ」から「し」までのひらがなを交互に切り替えて結んでいく検査(**図1**).

仮名ひろいテスト

■注意機能や遂行機能を評価する検査で,「浜松式高次脳機能スケール」のサブテストの1つ.
・無意味仮名文字綴り文と物語文の2種類ある.
・それぞれの文の中の「あ・い・う・え・お」の5文字に2分

a：Trail Making Test Part A(日本語版)

b：Trail Making Test Part B(日本語版)

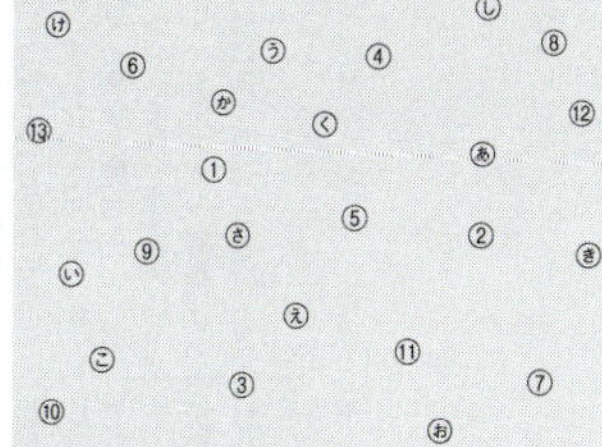

■図1　TMT(日本語版)

(鹿島晴雄ほか：注意障害と前頭葉損傷，神経研究の進歩，30(5)：847-858，1986.)

間でできるだけ多く丸印をつけるよう指示，正答数，作業数，ひろい落とし，ひろい誤りを数えて採点する．

自施設での評価法を記載

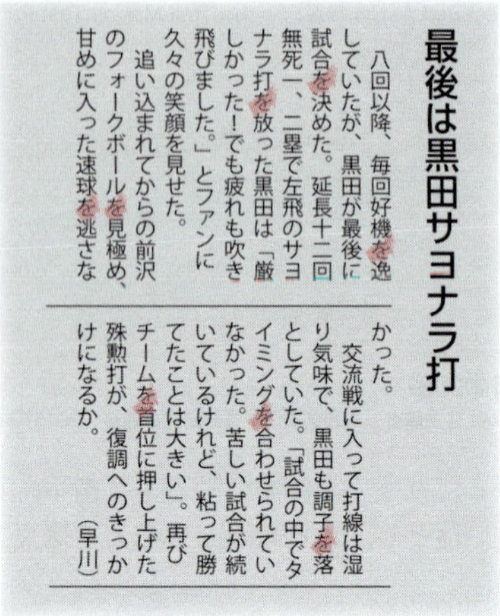

最後は黒田サヨナラ打

八回以降、毎回好機を逸していたが、黒田が最後に試合を決めた。延長十二回無死一、二塁で左飛のサヨナラ打を放った黒田は「厳しかった！でも疲れも吹き飛びました。」とファンに久々の笑顔を見せた。

追い込まれてからの前沢のフォークボールを見極め、甘めに入った速球を逃さなかった。

交流戦に入って打線は湿り気味で、黒田も調子を落としていた。「試合の中でタイミングを合わせられていなかった。苦しい試合が続いているけれど、粘って勝てたことは大きい」。再びチームを首位に押し上げた殊勲打が、復調へのきっかけになるか。（早川）

■図2　新聞抹消課題

アプローチ

■ 注意機能はあらゆる認知機能の基盤で，障害されると社会生活でさまざまな問題を生じる．そのため在宅や職場復帰の際に問題となる障害を予測・検討し，リハビリテーションを行っていく必要がある．また，注意障害を呈しているケースの評価・訓練では，課題内容や環境に配慮する．

臨床場面で活用できるアプローチ方法

●直接的練習

■ **抹消課題**：新聞や雑誌の記事の，一定の文章の中から指定された文字にのみ印をつけて抹消する（**図2**）．
- 所要時間と見落とし，誤りなく抹消できた数を確認する．
- 同時に複数の数字や文字を指定し，段階的に難易度を上げていく方法もある．
- 繰り返し実施し，結果をフィードバックすることで，注意集中力やモチベーションの向上を図る．

■ **視覚探索課題**：数字またはひらがな，アルファベットなどがランダムに配置された紙を用意し，なるべく速く順番どおりに線で結び終える訓練．かかった時間をストップウォッチで計測する．

● 代償的練習

■ アラームや携帯電話，電子手帳などを活用して，活動の予定や内容，実施を確認するための注意書きを掲示する．

自施設でのアプローチを記載

Memo

記憶障害（健忘症候群）

疾患概要

記憶とは

定義：新しい経験が保存され，その経験が意識や行為の中に再生されること[1]．

- 記憶には，「記銘」，「保持」，「再生想起」の3つの過程がある．
- 記憶の機能は心理学的と神経学的に分類される．

分類・用語

- 記憶は，その保持期間と内容によって，分類される(**図1**)．
- 保持時間による心理学的な分類では，大きく「短期記憶」と「長期記憶」に分けられる．もう少し広い概念として「作業記憶」がある(**表1**)．
- 保持時間による神経学的な分類には「近時記憶」，「遠隔記憶」，「願望記憶」がある(**表2**)．心理学的分類でいう長期記憶は，「近時記憶」と「遠隔記憶」を合わせたものである[2]．
- 意識化の有無によって，「顕在記憶」，「潜在記憶」の区別があり，前者には「エピソード記憶」，後者には「手続き記憶」，「意味記憶」が分類される．

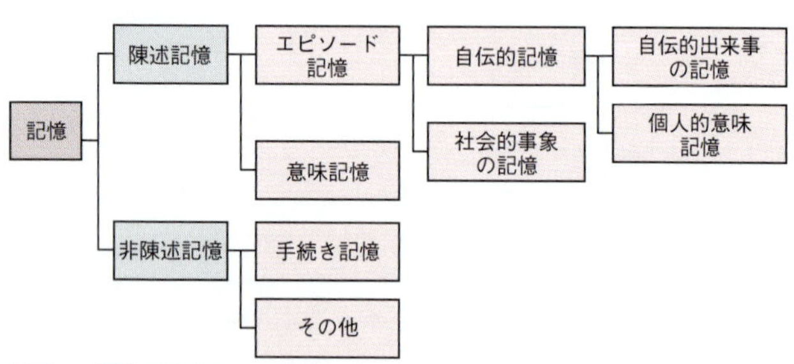

■図1　記憶の内容による分類

■表1　記憶の保持時間による心理学的分類

分類	特徴	例
即時記憶／短期記憶	・数秒～数十秒の極めて短い時間のみ，意識にとめておかれる記憶 ・1回に記憶できる容量は，数字の復唱で7ケタ前後であると考えられる．	・電話をかける際の電話番号
作業記憶	・当面行う作業のために情報を一時的に保持し，操作する際に用いる記憶 ・何かしながら別の何かを覚えていること	・繰り下がりのある暗算 ・数系列の逆唱
長期記憶	・リハーサルによって短期記憶から移行された，長期保存される記憶 ・年単位で容量と把持時間に制限がない	・2日前の朝食 ・2か月前の会議の内容

■表2　記憶の保持時間による神経学的分類

分類	特徴	記憶の例
近時記憶	最近の記憶(数分～数日)	2日前の朝食
遠隔記憶	長く保たれる記憶(数か月～終生)	20年前の旅行の場所
展望記憶	これから起こることに関する記憶	来週の予定

記憶障害(健忘症候群)とは

健忘症候群とは，記憶の障害など健忘症状を中心とした病態をいう．

- 純粋には即時記憶や知的機能が保存されているものをいい，意識障害・注意障害・認知症などによるものを含まない．
  - ・コルサコフ症候群：典型的な健忘症候群で，その特徴は見当識障害，前向健忘，逆向健忘，作話，病識の欠如．
  - ・前向健忘：近時記憶の障害．
  - ・逆向健忘：遠隔記憶の障害．
- 健忘症状に関連の深い脳部位・側頭葉内部側，間脳，前脳基底部などで，その損傷によって起こる．これらの部位は神経回路をなしており，さまざまな形で障害されるため，症状の組み合わせが異なることがある．例えば，作話の目立たない場合もある．
- 健忘症候群を引き起こす原因疾患
  - ・頭部外傷，脳血管障害，脳腫瘍，脳炎，アルコール・薬物中毒などがある．

●見当識障害

■自分がいる場所，現在の日時などがわからない状態．

［例］今日の日付，午前午後の区別，現在いる場所．

●前向健忘（近時記憶の障害）

■健忘症状発症以降，新しい事柄の学習，記憶ができない．記銘力の障害．

［例］昨日の見舞客，朝食のメニュー，さっき覚えた3つの単語．

●逆向健忘（遠時記憶の障害）

■健忘症状発症以前の記憶が想起できない．

［例］阪神・淡路大震災の時期，初めて勤務した会社名，2年前の引越し，今年の夏休みの出来事．

・より近い過去よりも遠い過去の記憶が保たれるという時間的傾斜がある．

●作話

■実際にはなかったことが，誤って追想され言語化される状態．

・当惑作話：欠落した記憶を補うためにつじつまを合わせる．

・空想作話：物事の事実関係があいまいとなり妄想的な内容となる．

・前脳基底部損傷で最も顕著にみられる症状で，側頭葉内側損傷では少ない．

●記憶錯誤

■過去の経験や出来事が誤った文脈の中で想起される．

●病識欠如

■記憶障害があることをうまく認識できない．

・自分に障害がないかのように話し，行動する．

評価法

○神経心理学的検査

■前評価として，意識，注意機能，知的機能面を評価する．

スクリーニング検査

・改訂長谷川式簡易知能評価スケール(HDS-R)
・ミニメンタルステート検査(MMSE)

より詳しい記憶評価法

- ウェクスラー記憶検査(WMS-R)
- リバーミード行動記憶検査(RBMT)
- 三宅式記銘力検査，標準言語性対連合学習検査(S-PA)
- ベントン視覚記銘検査(BRVT)
- 聴覚的言語学習テスト(AVLT)
- レイ複雑図形検査(ROCFT)，など

障害認識の評価法

日常生活チェックリスト(EMC)

- 日常生活で起こりうる問題について0(全くない)～4(常にある)の4段階で評価する.
  ・本人，家族，セラピストの三者で評価することで，病識の程度を確認するのに有用.

自施設での評価法を記載

アプローチ

治療の考え方

- 単なる反復学習は定着しにくい.
  - ・より深い処理を求める課題(意味判断, 内容に関する質問に答えるなど)を行う.
  - ・遅延再生時間を5秒, 15秒, 30秒, 2分, 5分と徐々に延ばしていく.
- 逆向健忘がある場合, より古い過去の記憶から回復する.
  - ・治療初期にどのくらいの期間の逆向健忘があるのか, 自伝的記憶と社会的出来事の記憶の両側面から確認しておく.
  - ・逆向健忘が始まるあたりの時期の生活史やニュースを治療材料に用いる.
- 試行錯誤を重ねさせると誤りを学習してしまい, 学習効率が悪くなる.
  - ・なるべく誤りをさせないようにする「誤りなし学習法」を用いる.

見当識障害, 近時記憶障害の練習法

- 日付, 曜日, 時間, 住所, 場所, 入院日, 発症日, 原因疾患などの項目を繰り返し確認する.
- 入院中であれば, 病室の目に入るところにカレンダー, 病院名, 入院の原因と目的, 食堂やトイレの場所を書いた見取り図, スタッフの名前と写真などを貼っておく.
- ノートにいろいろな事項を記録してもらう. 内容は重症度に応じて調整, 練習時間内に確認して, ノートによる再認が可能であれば促す.
  - ・日付, 場所, 年齢などの見当識項目
  - ・朝昼晩の食事のメニュー(食べる前に見ながらでもよいが, 食べ終わって空になった皿を見て思い出しながら書くのでもよい)
  - ・今日出かけた場所, 今日の出来事, 見舞客の名前など個人的な出来事
  - ・朝7時のニュースから3項目(重度の場合はニュースを見ながら書きとめる. 軽度の場合はニュースを見終わってか

ら思い出しながら書く)
・主治医やリハビリ担当者の氏名・今日の予定，など

記銘障害の練習法

- 重症度に応じ，いくつかの物品を提示して覚えてもらい，部屋に隠す．1課題挟んでから物品と隠した場所を想起してもらう．
- 学習を促進するためにより深い処理をする(**図2**)．
  - ・ほかの事物に関連づける：無関係な対語を覚えるために文章を作る，視覚的なイメージを使う，などする．
  - ・覚える材料を整理して構造化する：2～3カテゴリーから構成された複数の単語の記銘で，同じカテゴリーに分類してから思い出す．

課題		方法		具体的方法
①対連合学習「嵐－病院」	→	言語化する．	→	「嵐の日に病院へ行く」という文章をつくって覚える．
②対連合学習「少年－畳」	→	イメージ化する．	→	少年が畳の上に座っているイメージを思い描く．
③10単語の記銘	→	カテゴリー化する．	→	同一カテゴリー同士をまとめて覚える．

■図2　記銘練習の例

Memo

逆向健忘の練習法

■時系列に沿って回想してもらう場合と，回想を刺激する材料を用いて行う場合などがある．

- あらかじめ家族に生活史を詳しく聞いておき，昔の写真を持ってきてもらうなどする．

展望記憶の練習法

■日常生活における記憶の補助手段として，代償的な方法を活用する．

- メモ，日記，パソコン，カレンダー，携帯電話，手帳に予定や日課を書き込む習慣をつける．
- メモ代わりにテープレコーダーやICレコーダーに録音する．
- 予定表や日課表を掲示する．
- 時計や携帯電話のアラームを定時に鳴らし，鳴ったら予定表や日課表を確認する習慣をつける．

自施設でのアプローチを記載

前頭葉機能・遂行機能障害

概要

前頭葉機能

■ 前頭葉の重要な機能の1つに運動機能の調整がある.

一次運動野(中心前回：Brodmann4野)：検定運動の中枢
補足運動野(Brodmann6野，8野)：運動のプログラミングを行う.
前頭前野(Brodmann9～12野, 45～47野)：大脳基底核，脳幹，視索前野，視床，視蓋および運動野などとの間に線維連絡があり，運動調整および運動のプログラミングにかかわり，意欲，思考，感情，道徳観念などの人間特有の高次な精神機能の中枢.

遂行機能障害

■ 遂行機能：前頭葉による最高次の脳機能で，日常生活を効率的に進めていくために計画し，周囲の人々とうまく調整して社会的な問題を解決していくことに関係する.

- 具体的には，(自己の行動結果の)予想，ゴール選択，計画，組織化，開始，遂行およびゴールへ向けての行動の統制などのプランニングおよび問題解決能力がある.
- 調理を行う際に必要な遂行機能の例を，**図1**に示す.

●遂行機能の特徴

■ 遂行機能には作業記憶が不可欠である.
→認知能力のほか発動性，注意の維持，感情・情緒など多くの要素が関連.

●遂行機能障害とは

■ 前頭前野を中心とした脳損傷により出現，後部脳における認知機能は保たれているものの，それらを動員して課題の解決にあたることが困難な病態.

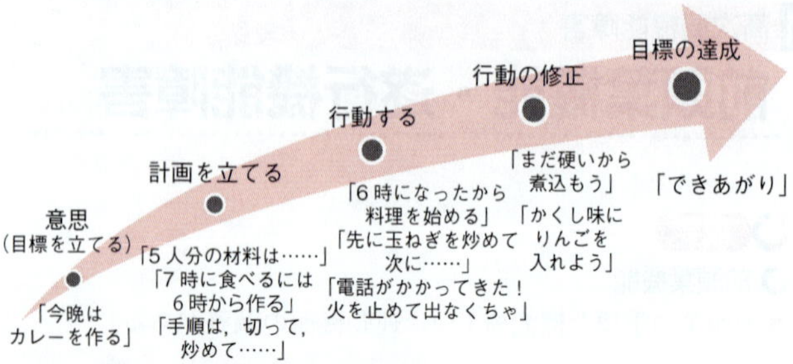

■図1 調理を行う際に必要な遂行機能例

・前頭葉機能＝遂行機能障害とはかぎらない．
・前頭葉以外の病変でも遂行機能障害様の症状は起こりうる．

■ 前頭葉機能低下の原因になりうる疾患
・脳血管障害，腫瘍，感染症，変性疾患，脱髄疾患，低酸素脳症，頭部外傷など．

■ 遂行機能の障害により，以下の一連の行動の障害が生じる[1, 2)]．
・プランニングの障害，戦略の適用ができない，自己制御の障害，抑制が効かない，ゴール志向的行動が困難，行動の開始が困難，さらに自己洞察ができない．

■ 日常生活のさまざまな場面において，臨機応変な対処・行動ができないなどの症状がみられる．
[例]
・献立を考えて必要な食材を買うことができない．
・旅行の計画を立てられない．
・銀行や郵便局の手続きができない．
・約束の時間に間に合わない．
・物事の優先順位をつけられず，効率よく仕事ができない．

評価法

■ 遂行機能障害の評価にあたっては，検査だけでなく観察評価などもあわせて行う．

◯ 遂行機能障害の主な検査

①概念ないしセットの転換の障害

ウィスコンシンカード分類テスト(WCST), Modified Stroop Test part B, Trail Making Test B.

②ステレオタイプの抑制の障害

Go/no-go課題.

③複数の情報の組織化の障害

ハノイの塔, 迷路課題, Tinkertoy Test.

④流暢性の障害

Fluency Test.

⑤言語(意味)による行為の抑制障害

ギャンブリング課題.

⑥その他のスクリーニングテスト

前頭葉機能検査(FAB), 遂行機能障害症候群の行動評価(BADS), WCST遂行機能障害に対するアプローチ.

■遂行機能障害をもつ患者に接する際の最も重要なポイント

・患者個人の気づきのレベルや環境的文脈への依存度に基づいて, どの程度の外的援助を行うのが適当かを決定する.

自施設での評価法を記載

アプローチ

遂行システムの直接訓練

- スケジュール，献立などの計画課題，文章形式の問題解決課題，数字パズル，目的に応じて新聞・電話帳・地図・時刻表を調べる，など．
- レクリエーション活動のような複雑な活動のシナリオを立案し，実際にその活動を実行する．

問題解決訓練（段階的教示法）

- 日常生活の中で起こりうる問題を文章課題で提示し，どう対処するのかをシミュレーションさせる認知訓練．
  - 課題と対処方法を分析・調整，段階的に解決する手法に変更していく．
  - 回答としてあげられた行動が不適切・不十分だった場合，妥当な手順を指導する．
- 複雑な多次元の問題をより操作しやすい部分へと分解することで解決する方法を教示し，訓練．
  - 日常生活への般化を期待するリハビリテーションの方法論である．
- 例
  - 乗ろうとしていた電車が遅延し，入学試験に遅刻しそうです．どうしますか？
  - 新型の携帯電話を買う際，複数の機種の機能を比較し，使用目的にあったものを買う．

Memo

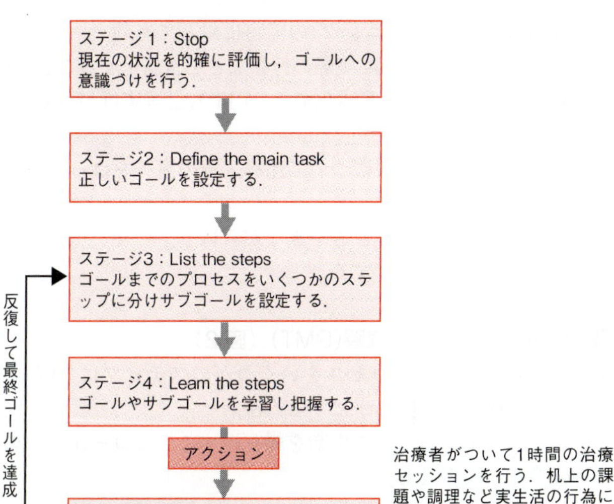

■図2　GMTの５つのステージ

文献3)より引用

自己教示法(言語的媒介による行動の調整)

■ 言語的媒介(手順や行動パターンを言語化させる)による行動の調整を図り，自分で自分に対し命令することで，一定の行動を自ら起こす．
- 遂行機能障害者は自ら積極的に問題に対処することをしないが，他者に指示されれば課題を行うことができる．

Memo

・計画の立案(プランニング)の障害に対して有効.
・問題や目標, 実行手順, 実際の行動などを言語化することで, 解決の段取りをより意識化でき, 円滑な計画実行が可能.

■例：パズル

①それぞれの形や模様について述べ, その意味をはっきりと声に出していう.
②同様の作業を小声でささやきながら行う.
③心の中でいうようにする.

ゴールマネジメント練習(GMT)(図2)

■ゴール達成までのプロセスをいくつかのステップに分解し, ゴールの階層性を明らかにする方法.

・現在行っていることの中断を繰り返すことでゴールまでの注意を持続させる.

ステージ1　中止：課題への方向づけと気づきの過程
ステージ2　主課題の定義：目標設定の過程
ステージ3　段階のリスト化：目標を下位目標に分割する過程
ステージ4　段階の学習：下位目標の符号化と維持の過程
ステージ5　確認：モニタリングの過程

※ステージ5からステージ3に戻り, 最終的なゴール達成を遂行する.

機能適応法

■調理や買い物などの標的行為を何度も繰り返し, 残存機能によって目的行動を実現する.

・遂行機能障害自体の改善を意図したものではなく, 能力障害に対するアプローチ.
・単純な課題から始めて, 適宜必要な助言をしながら, より複雑な内容の課題へとレベルを上げていく.
・自宅学習のプログラムとして, 家族の協力のもとに行うことも可能.

環境設定

- 練習的手法とは異なるが，環境の調整も遂行機能障害への取り組みとして重要なアプローチである．
  ①自宅：行動する際には，注意を逸脱させるような物品(視覚・聴覚刺激)を整理する．
  ②職場：段階的な手順マニュアル，チェックリストなど視覚的情報の利用も効果的である．
  ・役割分担，業務量の調整・行動のパターン化，単純化．
  ・カレンダー，メモ帳，スケジュール表の活用．

自施設でのアプローチを記載

Memo

認知症

概要

定義

■認知症とは，器質的な損傷や疾病などの後天的原因による全般的な認知機能低下のことで，日常生活や社会生活に支障をきたした状態をいう.

原因疾患

脳出血や脳梗塞などの脳血管障害，アルツハイマー病などの変性疾患，脳腫瘍，内分泌機能異常，中毒・代謝異常などさまざま.

■治療可能な認知症
- 正常圧水頭症や慢性硬膜下血腫など.
- 脳出血・脳梗塞は生活習慣を見直すことで，くも膜下出血は動脈瘤の治療により予防可能.
- 治療可能なものはおよそ10%.

■認知症の出現頻度はアルツハイマー病が半数以上を占める.

病態

1. 軽度認知症(MCI)

■認知症の診断基準は満たさない境界域の状態で，日常生活に支障はない状態.
- 将来的にアルツハイマー病などの認知症に進行する可能性がある.

2. アルツハイマー病(AD)

■記憶障害(初期：近時記憶・エピソード記憶，進行期：即時記憶や遠隔記憶)のほか，見当識障害・言語障害・視空間認知障害がみられる.

3. 脳血管性認知症

■脳血管障害後に出現.
・病巣が大きいほど発症率は高い.

4. レビー小体型認知症

■症状が変動しながら徐々に進行.
・幻視・パーキンソニズム・認知機能の変動の3徴候がみられる.

5. 前頭側頭型認知症

■反社会的行動・脱抑制・常同行動・常同的食行動異常がみられる.

6. 原発性進行性失語

■進行性の失語症状から発症し，認知機能低下が徐々に進行.

初期症状

記憶障害：約60%の頻度
視空間認知・見当識・注意障害：約10%
幻覚・妄想：約5%
易怒性・焦燥：約4%
抑うつ・不安，自発性低下・引きこもり，日常生活での変化，言語障害(喚語困難)など：それぞれ約3%

症状

中核症状

1. 記憶障害

■日にちや曜日がわからないなどの見当識障害，同じことを何度もいう・探しものが見つからない・よく知っている人の氏名が出てこないなどの物忘れ.

2. 失語

■言葉が出てこない・理解できないなどの言語障害.
・アルツハイマー病では健忘失語，前頭側頭型認知症では超皮質性感覚性失語を呈する.

3. 失行

■リモコンが使えない・電車に乗れないなど，麻痺がないのに日常動作ができなくなる障害(p.375参照).

・主に頭頂葉障害でみられる.

・アルツハイマー病では構成失行，着衣失行がみられる.

4. 失認

■見ているものを理解できない・左右がわからないなど，感覚器官に異常がないのに対象を認知できなくなる障害(p.351参照).

・アルツハイマー病やレビー小体型認知症で視覚失認，地誌的失見当識がみられる.

5. 遂行機能障害

■目標の設定・行為の計画・計画の実行・効果的な行動ができなくなる障害(p.401参照).

・脳血管性認知症，前頭側頭型認知症でみられる.

●周辺症状(BPSD)

■周辺症状(BPSD)とは，認知症に伴う，行動・心理症状をいう.

行動障害：攻撃的行動・徘徊・睡眠障害・食行動異常・介護への抵抗・弄便など.

心理症状：妄想・幻覚・不安，焦燥・依存・抑うつ・多幸など.

・軽度：抑うつ・不安.

・中等度：妄想・幻覚・徘徊.

・重度：食行動の異常など.

■BPSDは対応の仕方によってひどくなることも，良くなることもある.

・感覚や感情などの残された機能に働きかけ，穏やかに過ごせるような対応を考えることが最良の方法.

■認知症患者におけるBPSDの合併率は約8割で，夜間せん妄が多い.

■アルツハイマー病では活動性低下・攻撃性，前頭側頭型認知症では無気力，レビー小体型認知症では幻覚が多い.

評価法

認知症の診断

- 診断基準：米国精神医学会のDSM-5による.
- 血液検査，画像検査，神経心理学検査などで鑑別診断を行い，意識障害やうつ病などは除外.

中核症状と周辺症状の評価

- 神経心理学検査：簡便なスクリーニング検査，必要に応じてより詳細な検査.
  - ・観察式の検査は，非協力的な患者や視聴覚障害のある患者に対しても実施可能.
  - ・場合により周辺症状の評価も実施.

自施設での評価法を記載

アプローチ

薬物療法

認知機能向上やBPSD軽減を目的.
開始前に適切なケアやリハビリテーションの介入を考慮
薬物療法開始後は，有害事象のチェックを含めて定期的に再評価.

1. アルツハイマー型認知症の治療薬

■認知機能障害の改善

アセチルコリンエステラーゼ阻害薬(ChEI)	ドネペジル(アリセプト®), ガランタミン(レミニール®), リバスチグミン(リバスタッチ®, イクセロン®)
NMDA受容体拮抗薬	メマリー(メマンチン®)

■精神症状・行動障害(BPSD)の治療

・まずは非薬物療法を検討する.

非定型抗精神病薬	クエチアピン(セロクエル®), ハロペリドール(セレネース®), ペロスピロン(ルーラン®), リスペリドン(リスパダール®)
非定型抗精神病薬以外の薬	メマリー(メマンチン®), 抑肝散

2. 血管性認知症の治療薬

■認知機能障害の改善

・アルツハイマー型認知症と同様.

■BPSDの治療

・脳梗塞後遺症に伴う意欲低下, 自発性低下など：ニセルゴリン(サアミオン®), アマンタジン(シンメトレル®), 釣藤散の効果が期待できる.

■血管障害の危険因子である高血圧や糖尿病の治療による認知症進行の抑制や発症予防

3. レビー小体型認知症の治療薬

■抗パーキンソン病薬は症状の改善が期待できる一方で, パーキンソニズムや自律神経症状, BPSDが増悪する可能性がある[1).]

■認知機能障害の改善

・認知機能の変動, 注意・集中の改善：ドネペジル(アリセプト®), リバスチグミン(リバスタッチ®, イクセロン®)の効果が期待できる．

■ BPSDの治療

・幻覚，妄想，アパシー：ChEI，抑肝散の効果が期待できる．

■ パーキンソニズムや自律神経症状の治療

・レボドパ(イーシードパール®，マドパー®，ネオドパゾール®，メネシット®，ネオトパストン®など)が推奨される．

4. 前頭側頭型認知症の治療薬

■ BPSDの治療

・選択的セロトニン再取り込み阻害薬(SSRI)：パロキセチン(パキシル®)，フルオキセチン(プロザック®)，セルトラリン(ジェイゾロフト®)，フルボキサミン(ルボックス®，デプロメール®)，トラドゾン(レスリン®，デジレル®)．

Memo

■表1　認知症リハビリテーションの原則

快刺激を与える	学習意欲・やる気の向上につながる
ほめる	自己の尊厳を高める
受容的にかかわる	安心感が生まれる
社会的役割を担うことができるようにかかわる	生きがいが生まれる
誤りなし学習をする	成功体験とポジティブな感情を残す

■表2　認知症高齢者との接し方

共感と受容	叱る・訂正するなど否定的なことをいわない
傾聴	話を聞く
行動制限をしない	相手のペースに合わせ，忍耐強く，柔軟性のある態度で接する
自己選択を促す	常に受け身にならないようにする

非薬物療法

■リハビリテーションやケアなどの非薬物療法は，認知機能・生活能力・生活の質(QOL)の向上が目的.
- 日常生活のかかわりの中でのアプローチを重視.

■認知症のリハビリテーション：**表1**の原則に基づいてかかわると効果的.

■認知症のケア：パーソンセンタードケア(person-centered care)が重要.
- 認知症高齢者に接する際の基本的な姿勢で，その人らしく暮らせるように支援する
- 認知症高齢者のペースに合わせる(**表2**).

■認知症症状の経過は多くが一定のパターンをとる(**表3**).

●現実見当識訓練法(real orientation：RO)

■認知症高齢者の見当識を中心とした認知機能を強化・訓練する方法.

カレンダーや時計を示しながら説明する，食事のメニューから季節を感じてもらうなど.

■表3　認知症の症状とその対処法

	症状	対処法
初期	突然おかしなことを言い出す	本人は正しいことをいっているつもりなので話を合わせる
	人の名前を思い出せない	無理に思い出させず，1度は説明する
	前日の記憶がうすれる	正しい答えを何度でもいう　日記のようなものでメモする
	同じ話を繰り返す	何度でも辛抱強く聞き，何度でも同じ答えを繰り返す
	探しものを始める	ないということに基づいて一緒に探す
	作り話をする	本人のプライドを傷つけないよう話を聞く
	スイッチを入れっぱなしにする	危険であればコンセントを抜いておくなどの工夫をする
	意味のない行動を繰り返す	違うことで気をそらす
中期	嘘が多くなる	記憶のないことをごまかすので，受容的な態度で接する
	1日中寝ている	うつ状態の可能性もあるので医師に相談する
	昼夜逆転している	生活リズムをつけるために昼間は起こしておく　夜間は睡眠薬を使う
	いらないものを集める	いなくなった時に片づける
	食事をしたのにしてないと言う	「今準備しています」と話を合わせてお菓子をわたす
	自分の家なのに違うと言う	「一緒に帰りましょう」といって一回り散歩して自宅に帰る
後期	食事をしなくなる	「毒が入ってる」など被害妄想によることがあるため医師に相談
	手づかみで食べる	おにぎりなど，手づかみで食べられる工夫をする
	暴れる	被害妄想，幻聴，幻視などが原因のことがあるため医師に相談
	夜中に奇声を発する	寝る場所は明るくしておき，話をしてなごませる
	失禁	トイレへの道順を表示する　おむつを外さない工夫が必要

（前田真治：老人のリハビリテーション．p242，医学書院，2010．を改変）

・定型RO：少人数のグループでスタッフ進行のもと決められたプログラムに沿って繰り返し学習.
・非定型RO：スタッフが患者に対して時間や場所に関係なく認識の機会を繰り返し提供.

●記憶延長法・記憶訓練法

■記憶機能を中心とした認知機能を強化・訓練する方法.

> ・レベルに応じた簡単な読み書きや計算などの頭を使う課題を行い，満点をとることでポジティブな感情を引き出す.
> ・なじみのある昔話を音読し内容を振り返りながら説明してもらう.
> ・得意な献立の材料を思い出してもらうなど.

・記憶延長法：同一の刺激を何度も刺激間隔を延ばしながら反復して提示することにより記憶の定着をはかる.
・記憶訓練法：物語学習課題・単語想起課題などを行う．記憶障害に対する認識があり，前向きに取り組もうとする軽度認知症者に適している.

●回想法

■認知症高齢者が回想を通して自分の人生の意味や価値を再認識し，肯定的に受容する可能性を高めることを助ける方法.

> 昔よく聴いた音楽や遊んだおもちゃ，懐かしい写真などを見ながら思い出を話してもらうなど.

・個人回想法：専門職が1対1で時間をともに過ごし，高齢者の回想を共感的，支持的に傾聴する.
・グループ回想法：専門職と複数の高齢者とで行う．高齢者が思い出を語るとともに聴き手の役割も果たし，互いに思い出を共有し支え合う.

●理学療法

■高齢者の身体能力に応じた運動を提供.

歩行レベルの高齢者には散歩やマシントレーニングを取り入れ，集団で行う場合は座位で音楽に合わせた体操を行う，など．

作業療法

■ 個人にとって意味のある活動を提供．

炊飯・園芸・洗濯など．

- 社会参加を促すことで失われた生活や生き方を取り戻し，生きがいをつくる．
- できることは自分でやってもらうように励まし，能力に合わせた方法を検討する．

自施設でのアプローチを記載

Memo

dysarthria（構音障害）

疾患概要

dysarthria とは

- 中枢から末梢に至る神経・筋系の病変に起因する発声発語器官の運動機能障害による発話(speech)の障害である.
  - 一般には，いわゆる「ろれつが回らない」といわれる症状.
  - 単一の構音障害ではなく, 呼気が呼吸器系から送り出され, 喉頭での発声，共鳴・構音，プロソディーの一連の発話運動過程に生じる障害の総称.

プロソディーとは

- 構音とともに発話を成り立たせるもの．呼吸と発声を基盤としてつくられる.
  - 構音：母音や子音といった音声言語音を生成し，発話における音韻的情報(分節的特徴ともよぶ)を提供.
  - プロソディー：ピッチ(高低)，声の大きさ，構音時間および休止時間のパターン的変化によって生じ，ストレス(強勢)，イントネーション(抑揚)，リズムとして表れ，意味論的・統語論的情報を提供する.
  - 言いかえれば「話された言葉がもつ表情のようなもの」.
  - 表出された言葉のもつプロソディー特徴により，話し手の性別や年齢，出身地や国籍，体調，性格，感情や気分，相手に感じている親密さなどを判断できる.

他の言語コミュニケーション障害との違い

- 発語失行の発話症状：構音とプロソディーに問題.
  - 構音の誤り：ディサースリア(dysarthria)では高い一貫性がみられるが，発語失行では一貫性は乏しく，音節を探索するような行動がみられる.
- 発語失行では，発話の生成に必要な一連の運動を，空間的・

時間的に意図して正しく配列することが困難[1, 2].

dysarthria の発現機序

- 錐体路系は皮質延髄路と皮質脊髄路に区別され，皮質延髄路は脳幹（橋，延髄）に核がある.
- 発語にかかわるⅤ三叉神経，Ⅶ顔面神経，Ⅸ舌咽神経，Ⅻ舌下神経は，いずれも皮質延髄路であり，皮質延髄路の損傷により dysarthria が起こる.

●中枢神経系（核上性）

1. 錐体路系（皮質延髄路）
   - 痙性 dysarthria（両側性の損傷による）
   - UUMN dysarthria（一側性の損傷による）
2. 錐体外路系
   - 運動低下性 dysarthria
   - 運動過多性 dysarthria

●小脳系

- 失調性 dysarthria

●末梢神経系（核性・核下性）

- 弛緩性 dysarthria

●筋（骨）系

- 弛緩性 dysarthria

●運動系における複数の経路の損傷

- 混合性（痙性＋弛緩性）dysarthria

評価法（表1～4）

一般的情報の収集

- 基本的情報や医学的な情報などを収集する.
- 禁忌事項や安静度などもあわせて確認しておくとよい.

発話の評価（主として聴覚的評価）

- 呼吸，発声，共鳴，構音，プロソディー：声量，声質（嗄声や開鼻声の有無），発話明瞭度，発話の自然度，発話特徴，発話速度を評価する.

■表1　嗄声の評価基準(GRBAS分類)

評価項目			評価
Grade	総合的な評価	評価0は，嗄声のない正常音声.	0：正常 1：軽度 2：中等度 3：高度
Rough	粗糙性嗄声	声帯振動の不規則性により生じる.	
Breathy	気息性嗄声	声門閉鎖不全により生じる.	
Asthenic	無力性嗄声	声帯の質量と緊張の低下を示す.	
Strained	努力性嗄声	声帯の質量と緊張の増強を示す.	

※GRBAS分類の評価基準を紹介するDVDもあるので，それらを尺度の参考にするとよい.

■表2　声量の評価基準

評価	状態
0	正常
1	声量十分，声質変化(嗄声)残存
2	声量若干低下
3	声量低下
4	おおむね有響成分が含まれる.
5	しばしば有響成分が含まれる.
6	常に失声化，咳は可能
7	常に失声化，咳もできない.

■表3　発話明瞭度の評価基準

評価	状態
1	よくわかる.
1.5	1と2の間
2	ときどきわからない語がある.
2.5	2と3の間
3	内容を知っていればわかる.
3.5	3と4の間
4	ときどきわかる語がある.
4.5	4と5の間
5	まったく了解不能

■表4　発話の自然度の評価基準

評価	状態
1	全く自然である(不自然な要素がない).
2	やや不自然な要素がある.
3	明らかに不自然である.
4	顕著に不自然である.
5	まったく不自然である(自然な要素がない).

発声発語器官の評価

- 発声発語器官の運動機能や形態，構造について評価する．
- 発話の異常の原因となっている生理学的機能の異常を明らかにする．

その他の評価(主として機器的評価)

- さらに精査が必要な場合に行う．
- 侵襲的問題を伴うこともあるため，治療上確実に必要なときに行う．

検査の例(発話の評価と発声発語器官の評価に用いる)

- 標準ディサースリア検査(AMSD)
  - 標準化された総合的なdysarthriaの検査法
- 構音・プロソディーおよび構音器官の検査法
  - 発声発語の全体像を把握するための検査[3)]
- 標準失語症検査補助テスト(SLTA-ST)
  - 発声発語器官および構音の検査
- 発話時の姿勢や摂食・嚥下状況の観察も重要．
  - dysarthriaと摂食・嚥下障害は併発しやすい．

自施設での評価法を記載

アプローチ

急性期

- コミュニケーション手段を確保したうえで発話機能の改善を目的とした練習を行う．
- 発症初期に重度のdysarthriaを呈していても，その後，症状は大きく変化しうる．必要に応じて代行手段や代行機器を暫定的に導入．有効なコミュニケーション手段があれば，それを医療スタッフや家族にも伝える．
  - ・頷きや首振りによる「はい/いいえ」の意思表示
  - ・簡単なジェスチャー
  - ・筆談，コミュニケーション・ボード

生活(維持)期

- 重度の場合，音声だけでなく拡大代替コミュニケーション(AAC)の併用や活用も考え，それらを使用した訓練を行う．
- リハビリテーション時にみられる「できる発話＝能力」と，実際の生活場面での「している発話＝実行状況」の差をなくす．
- 重症度や発症後経過月数，dysarthriaのタイプにより，音声とAACの配分を考える．

AAC

- 定義：口頭コミュニケーションが困難な人のコミュニケーションを援助，促進，代替するあらゆるアプローチをさす[4)]．
- 導入に際しては，以下の2つの判定が必須．
  - ・コミュニケーション・ニーズ：コミュニケーション環境，コミュニケーション・パートナー，伝達内容．
  - ・コミュニケーション能力：動作能力，認知能力，視覚能力，言語能力．
- 経済的側面も考慮する．

AACの例

- 透明文字板(**図1**)
  - ・50音表などを記入した透明な板を用いる．
  - ・板を挟んで対峙し，視線と瞬きによりコミュニケーション

■図1　透明文字板
発信者と受信者が透明文字盤を挟んで平行になるようにすることが大切

を行う.
- 文字板を動かして，発信者と視線が合う部分の文字を1文字ずつ読みとる.

■ コミュニケーション・ノート
- 日常生活において高頻度に使う単語をカテゴリー別に分けてノート化したもの.
- 単語は絵で表される場合も文字で表される場合もある.

■ VOCA(携帯用会話補助装置)
- 音声出力機能を備えたコミュニケーション機器の総称.
- メッセージを録音して再生するタイプと，1文字ずつ入力された文字を合成して音声で出力するものがある

■ 意思伝達装置(**図2**)
- 両上肢の機能も全廃し，口頭コミュニケーションも重度に障害された場合に有効な装置.
- 多様な特殊スイッチを用いてパソコンを操作して意思伝達

Memo

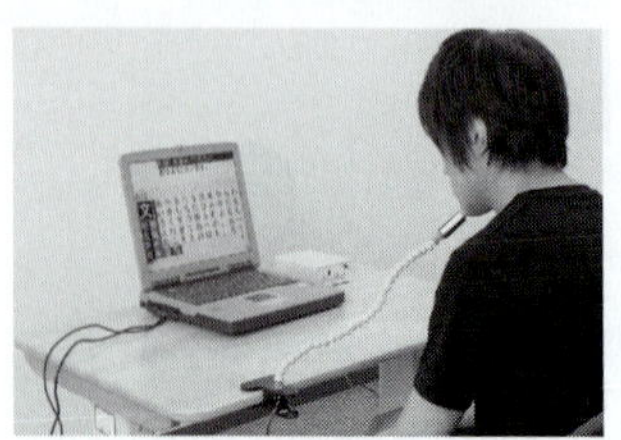

■図2　意思伝達装置
伝の心(ポイントタッチスイッチを使用した例)

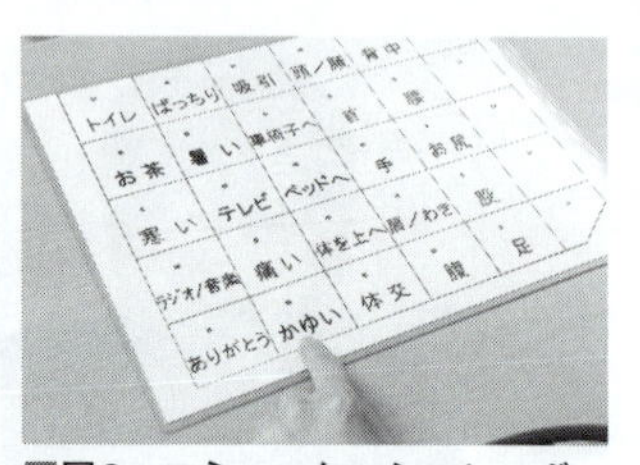

■図3　コミュニケーション・ボード
伝の心(ポイントタッチスイッチを使用した例)

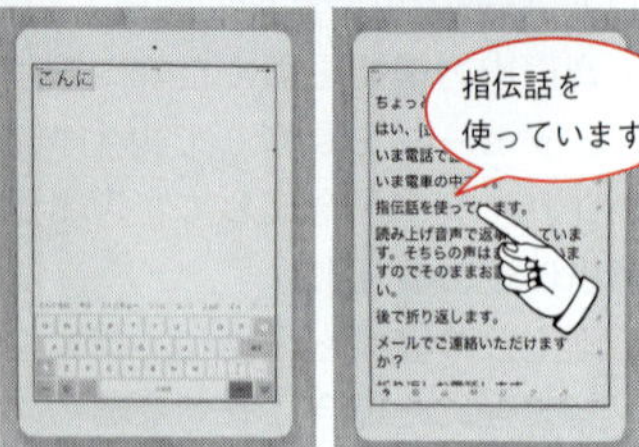

■図4　指伝話
あらかじめ言葉や文を登録しておき，その言葉をタップすると読み上げてくれる(オフィス結アジア)

をはかる(例：伝の心).

■電気式人工喉頭

・発声不能な(ささやき声もしくは無声音でしか話せない)状態にある人が適応となる.

・電気による振動音を発話に必要な音源とする.

■コミュニケーション・ボード(**図3**)

・日常よく使う単語を集めた板.

■アプリの活用

・文字板やVOCA，意思伝達装置としての活用も可能.

・一般的に使用されている機器を活用するため，受け容れやすい．

■アプリを活用したAACの例[指伝話(オフィス結アジア)]

・言葉を入力してボタンを押すと，音声として再生してくれるアプリ(**図4**)．
・あらかじめ単語や文章を登録しておけば，指でタップするだけで音声になる．
・タブレットなどで使用できる．

自施設でのアプローチを記載

Memo

dysarthria

嚥下障害

概要

嚥下：食物を口腔から胃まで送り込む一連の輸送動作

- 嚥下運動では，呼吸も連動して行われる．
  - 嚥下と呼吸は同一の器官を使用して行われるため，両者は複雑に関連する．
- 摂食・嚥下の一連の動作は，5つのステージに分けて考えるとわかりやすい(**表1**)．
  - **表1**中の①～③：主に随意的に行われる反射運動．
  - ④～⑤：不随意的に行われる反射運動．
- 嚥下障害の原因
  - 器質的異常(静的障害)：食塊通路自体の異常あるいは周囲組織からの圧迫などにより機械的に通過障害をきたす．
  - 機能的障害(動的障害)：食塊の搬送機能に異常があり障害をきたす．

評価法（表2）

状態の把握

- 意識レベル，活動性，栄養状態，経口摂取状況(食形態・摂取量・所要時間など)の把握．
- るい痩の有無，顔色・顔貌(咀嚼筋群の状態)の観察．

表1　食事行動としての摂食・嚥下の一連の動作

①認知期	食物を認識する．摂食意欲を生じ，食物を口まで運ぶ．
②準備期 (捕食・咀嚼期)	食物を口に取り込み，物性を判断する．咀嚼して唾液と混和する．
③口腔期	食塊を形成し，咽頭まで送り込む．
④咽頭期	嚥下反射が生じ，食塊を食道まで送り込む．
⑤食道期	食塊を胃まで移送する．

■表2　診察時のチェックポイント

顔面	・顔貌（仮面様，筋無力性など） ・顔面の運動性（緊張，左右差，不随意運動など） ・顔面の感覚
口腔	・開口，咬合，歯牙・歯肉の状態 ・口腔内の衛生状態（口腔乾燥），残渣 ・舌運動（可動性，委縮・不随意運動の有無など）
咽頭	・軟口蓋挙上運動 ・咽頭の感覚（左右差） ・咽頭反射の有無
頸部	・嚥下時の喉頭運動 ・頸部の可動域 ・頸部筋群の緊張，麻痺 ・気管切開があればカニューレの種類（発声の可否）

■ 声質（湿性嗄声の有無）や声量の観察．

■ 最長発声持続時間（MPT：平均20～30秒程度）が10秒未満の場合，声門閉鎖不全や肺活量の低下を疑う．また，随意的な咳嗽を促しその強さをみる．
→これらは，誤嚥した際の喀出力につながる．

認知期の評価

■ 摂食時の観察：食物に対する反応（食物を正しく認識できるか），食事のペース，姿勢保持が可能か，など．

■ 意識レベル：日時により変動することもあり，要注意．

準備期（捕食・咀嚼期）・口腔期の評価

■ 口腔環境，歯牙・義歯の状態の観察．
→口腔汚染や乾燥は嚥下性肺炎のリスクとなるため口腔ケアを実施する．

■ 口唇閉鎖や咀嚼にかかわる顎・顔面筋群の運動麻痺の有無，口腔・咽頭粘膜の知覚のチェック，軟口蓋・舌の運動性，咽頭反射の有無の確認．

■ 構音障害：舌・口腔筋群の運動異常や形態異常の存在を示唆．
→パ行・タ行・カ行を含む短文をいわせて確認．

咽頭期の評価

- 頸部筋の萎縮の有無，舌骨や喉頭の位置(喉頭下垂の有無)，喉頭挙上距離の評価.

簡易検査

- スクリーニングや定期評価として簡便に実施でき，有用.
- 反復唾液飲みテスト(RSST)
  - ・口腔内を水または氷水で少し湿らせた後，空嚥下を指示して嚥下運動が可能かどうか，また反復させ30秒間に何回嚥下運動ができるかを観察する.

2回以下/30秒で異常と判定.

- 水飲みテスト
  - ・30mLや3mLの水を実際に嚥下させて観察する.

誤嚥の有無や嚥下の時間・様態などで判定.

- フードテスト
  - ・嚥下しやすいティースプーン1杯(3～4g)のゼリーやプリンなど. 少量の食物を嚥下させて観察する.

水飲みテスト同様に評価.

- 血中酸素飽和度モニター
  - ・水飲みテストやフードテスト，食事場面の際に血中酸素飽和度を経皮的にモニターする. 誤嚥があると低下することを応用したもの.
  - ・呼吸器疾患，姿勢変換，咳などにも左右される.

異常と判定する基準に確立されたものはないが，2%以下の低下を有意とすることが多い.

- 水飲みテストやフードテストで嚥下障害が疑われた場合は耳鼻咽喉科やリハビリテーション科で詳細な嚥下機能検査を行う.

嚥下機能検査

- 嚥下内視鏡検査(VE)
  - ・鼻腔より喉頭ファイバースコープを挿入し，咽喉頭の所見を観察し，発声や空嚥下を指示して咽喉頭筋群の運動麻痺の有無を確認.

唾液が多量に貯留するなどは嚥下障害を示唆.

・着色水やゼリーを用いて，それらが咽頭に流入してから食道に送り込まれるまでの運動を観察.

メリット
・咽喉頭の知覚を評価することができ，不顕性誤嚥の推測に役立つ.
・被曝がなく，ベッドサイドでも実施できる.
デメリット
・口腔期が評価できない.
・嚥下した瞬間は咽頭収縮により視野が妨げられる(white out)，など.

・耳鼻咽喉科の医師やリハビリテーション科の医師，歯科医師などが行う.

■嚥下造影検査(VF)

・X線透視下で造影剤や造影剤入りの食物を嚥下させることにより，口腔期から食道期までの一連の嚥下運動を評価.

メリット
・咽頭残留量や誤嚥の有無，咽喉頭運動の左右差も確認しやすく，食道期も評価できる.
・嚥下反射は短時間で行われるため，録画した画像をコマ送り再生し具体的な障害部位を確認できる.
デメリット
・被曝がある.
・検査できる場所・施設が限定される，など.

●食道期の評価

■VFにより器質的異常の有無，食道蠕動運動や機能的通過障害の有無を評価.

自施設での評価法を記載

アプローチ

- 摂食嚥下訓練：間接訓練(基礎訓練)と直接訓練(摂食訓練)に大別される.
  - ・嚥下障害スクリーニングを実施し，どの訓練が必要かを選択する.
  - ・訓練を実施する前の準備段階として口腔ケアやポジショニングが重要.
  - ・周囲の環境にも配慮する.
- 嚥下障害へのアプローチにおいては，言語聴覚士，理学療法士，作業療法士をはじめ，耳鼻咽喉科医師，歯科医師，歯科衛生士，看護師など多職種の連携が重要.

ポジショニング(図 1)

- ベッド上での摂食嚥下機能訓練の実施

ベッドアップ30～60°プラス頸部前屈位が安全な姿勢.

・食道は気管の下になり，重力を利用しながら食物を摂取することで気管に入りにくく，誤嚥しにくくなる.
・頸部を前屈することにより食塊の通路が広がり，嚥下反射が起こりやすくなる.

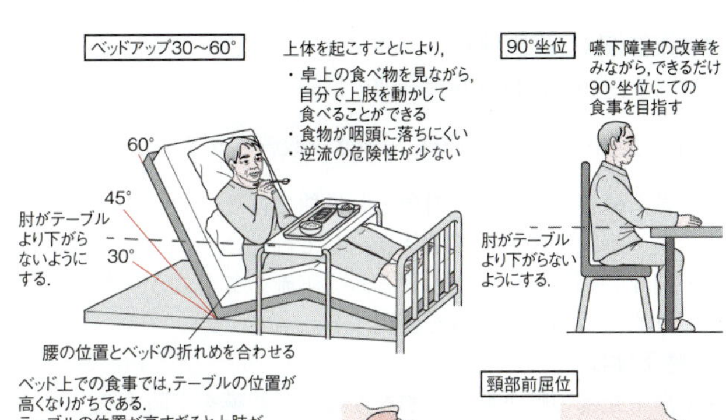

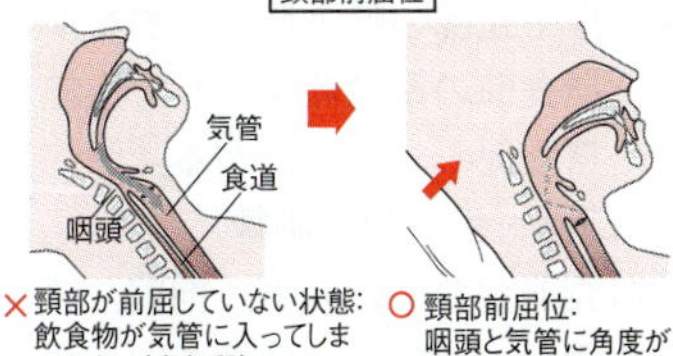

■図1　ポジショニング　　文献1），p.360より改変

嚥下障害

・口唇閉鎖力の弱い患者においては口唇からこぼれる量も少なくなる．
・患者の状態や訓練の過程により，その都度，姿勢の調整は行っていくことが重要．

口腔ケア

■口腔内環境を整備する口腔ケアの目的

・う歯や歯周疾患の予防．
・口臭の改善．
・唾液分泌を促し自浄作用を増強．
・粘膜損傷や乾燥などの口腔内環境の調整．
・誤嚥性肺炎の予防，など．

・口腔期に刺激を与えることで廃用を予防する間接訓練の意味もある．
・経口摂取をしていない患者にも重要なアプローチである．

間接訓練（基礎訓練）

■食物を用いずに行う間接訓練の目的

摂食嚥下にかかわる器官の働きを改善させる

・嚥下障害の人全般を対象とし単独で行う.
・直接訓練実施前の準備体操として行う.
・訓練時間以外に自主練習として実施してもらう　など.
・目的に合わせて内容を変更する.

1. 嚥下体操

■全身や頸部の嚥下筋の緊張をゆるめ，誤嚥を予防する.
・摂食前の準備体操として実施.
・覚醒促しにもつながる.

2. 口唇・舌・頬の訓練

■口腔器官の筋力低下，拘縮，感覚の低下などを予防し，主に準備期・口腔期の機能を向上する.

3. アイスマッサージ（図2）

■感受性を高め，嚥下反射を誘発する.
・アイス棒で口唇，頬の内側に触れ，その後，舌，前口蓋弓を刺激し，アイス棒を口腔外に出して空嚥下を指示，喉頭の挙上を確認する.
・事前に必ず口腔ケアを行っておく.
・使用するアイス棒は水気を十分とり，垂れた水で誤嚥しないよう注意.

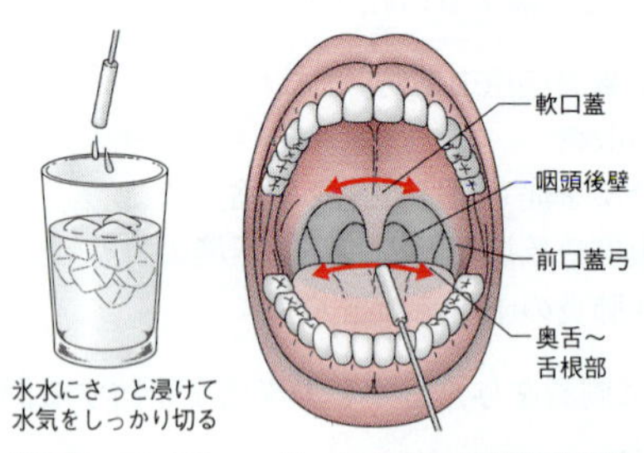

■図2　アイスマッサージと嚥下反射誘発部位
文献1）より改変

4. K-point刺激

- K-point（臼後三角最後部やや後方）を刺激し，開口反射，咀嚼様運動に続く嚥下反射を誘発する．
  - 開口障害の患者に対して有効．

5. プッシング訓練

- 声門の閉鎖機能や鼻咽腔閉鎖機能を改善する．
  - 咽頭残留物除去にも利用可能．
  - 椅子や机を押す（または引く）と同時に「アー」や「エイッ」と大きな声を出す．

6. 頭部挙上訓練（Shaker exercise）

- 舌骨上筋群など喉頭挙上にかかわる筋を強化，食道入口部の開大を改善する．
  - 食道入口部の食塊通過の促進，咽頭残留の低減効果．
  - 仰臥位で肩を床につけたまま頭だけを爪先が見えるまで挙上→1分間挙上位を保持→1分間休止，を3回繰り返す．

7. メンデルソン法

- 舌骨と喉頭の挙上量を拡大，挙上時間を延長，咽頭収縮力を増加する．
  - 咽頭残留が多い患者，食道入口部開大不全の患者が対象．
  - 嚥下の指示→喉頭隆起が一番高い場所で喉頭を挙上したまま数秒間保持→数秒後に手を放す，という一連の流れを繰り返す．

8. 咳嗽訓練・排痰訓練

- 咽頭残留や誤嚥した場合の喀出機能を向上する．
  - 口すぼめ呼吸や腹式呼吸，ハフィングなど．

9. バルーン拡張法

- 食道入口部を機械的に拡張し，食塊の咽頭通過を改善する．
  - 食道入口部開大不全の患者が対象．
  - 嚥下と同時に拡張したバルーンを引き抜くことで嚥下パターンを習得．

10. 補綴装置を使用した訓練

- PAP（舌接触補助床）やPLP（軟口蓋挙上装置）を使用，口腔期，咽頭期の働きを補助することで摂食嚥下障害を改善する．

自施設でのアプローチを記載

直接訓練(摂食訓練)

- 実際に食物を用いて行う訓練

> **段階的摂食訓練**：状態に合わせて食形態の調整や食べ方の調整を実施する.
> **代償的嚥下法**：複数回嚥下や横向き嚥下など，嚥下のしかたや姿勢に介入する.

- 直接訓練へ移行する際，再度嚥下障害スクリーニング検査を実施，移行可能かを評価する.
  - ・誤嚥や気道狭窄の危険を伴うため，意識レベルや全身状態の安定が前提.
  - ・摂食試行で痰増加，発熱など誤嚥の徴候がないかを確認.
  - ・必要であれば嚥下造影検査等を実施，姿勢，嚥下法，食物形態・分量などの確認をしながら進める.
- 摂取条件に差が出ないよう他職種と情報を共有する.

手術治療

適応

嚥下障害が高度，適切な摂食・嚥下リハビリテーションを一定期間行っても十分な効果がない場合.

・耳鼻咽喉科にコンサルテーションすることが望ましい.

手術治療の分類

嚥下機能改善手術：障害された嚥下機能を補って誤嚥を消失あるいは軽減させ，経口摂取を可能にすることが目的.

誤嚥防止手術：嚥下性肺炎を回避することを目的．発声機能を喪失する.

・術後にリハビリテーションが必要.

自施設でのアプローチを記載

嚥下障害

口腔ケア

口腔ケアの実際

●必要物品

1. スポンジブラシ，含嗽剤
2. ガーゼ，口腔ケアティッシュ
3. 歯ブラシ，タフトブラシ

その他の必要物品など

……………………………………

……………………………………

……………………………………

……………………………………

……………………………………

……………………………………

……………………………………

……………………………………

●実施のタイミング

栄養剤注入後1時間以上経過してから実施.

- 経管栄養中の患者では，栄養剤注入直後に口腔ケアを行うと，栄養剤が逆流して嘔吐や誤嚥のリスクがある.
- 栄養剤注入前の口腔ケアで口腔内が刺激され，消化管の動きが活発化，栄養剤の吸収効率が向上する.

●声かけ

安心しリラックスしてもらうよう心がける.

- 覚醒を促し，口腔ケアを開始することを伝える.
- 会話や経口摂取の減少によって口腔内が過敏になり，口唇や舌の緊張が強くみられることがある．
・頬をしばらくマッサージした後に，口唇，歯肉へと移っていくと許容されやすい(脱感作)．

●ポジショニング

■誤嚥を防止するためになるべく起こして実施．
・ベッドサイドの場合：約30°ベッドアップさせ，頭の後ろにタオルや枕を当てて少し顎を引いた状態を保つ．
・ベッドを起こせない場合：クッションなどを当てて側臥位にする．
・坐位で行う場合：足をしっかりついて椅子に深く座ってもらい，背後や前方から，顎が上がった状態にならないように目線を同じ高さにして実施する．

●口腔内の観察

■不潔域や問題点を意識して観察することで，効果的な口腔ケアができる(**図1**)．
・口腔内をライトでよく照らして観察する．
・ヘッドライトを使用すると両手で口腔ケアを実施することができ，効率が良い．

■残存歯の状態：残存歯の本数，動揺の有無，鋭縁の有無，歯垢・歯石の付着状態など
・歯の動揺や歯牙鋭縁，歯石付着を認める場合，専門的なケアが必要．歯科に依頼し処置してもらう．
・歯と歯の間や歯と歯茎の境目の汚れを見落とさないこと．

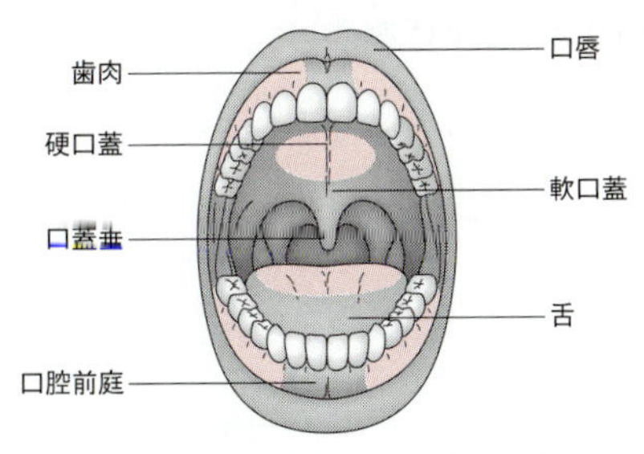

■図1　口腔内の不潔域

文献1)，p.366より引用

・歯根だけが残った残根歯にも歯垢が付着しやすいため注意.

■ 歯肉の状態：歯肉の発赤・腫脹

・歯肉炎を疑う所見で，出血傾向のある患者で放置すると歯肉出血が持続的に生じる原因となる.

■ 口腔粘膜

・咀嚼・嚥下などの口腔機能が低下していると汚れがたまりやすく，口腔カンジダ症なども発症しやすい.
・舌苔の付着や白苔の有無，口内炎の有無や口腔乾燥の状態についても観察する.
・口蓋も汚れがつきやすい部位なので注意．乾燥した痰がこびりついていることも多い.

■ 義歯：適合状態，管理状態

・義歯の適合が不良だと口腔粘膜を傷つける可能性があるので，歯科に調整を依頼する.
・汚れている義歯は細菌の温床となり，口腔カンジダ症や誤嚥性肺炎を引き起こす可能性があるため，適切に管理するよう指導する.

口腔ケアの開始

口腔内が乾燥している場合：保湿剤を塗布.
・乾燥した汚れを無理に剥がすと痛みや出血を生じうる.
吸引器が使用できる場合：吸引しながら実施.
・誤嚥のリスクを下げる.

Memo

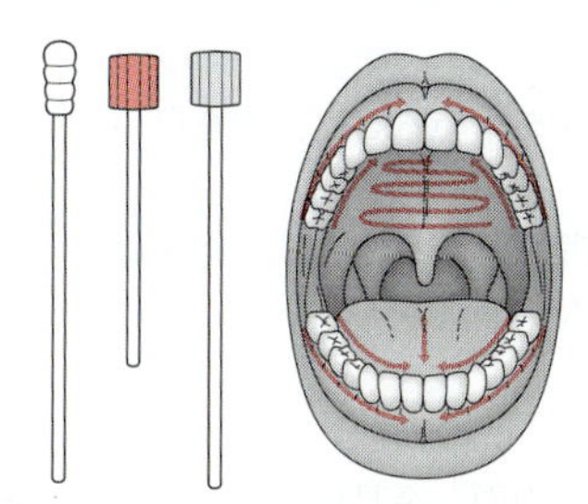

■図2　スポンジブラシによる粘膜の清拭方法

●粘膜のケア

■経口摂取困難な患者では，口腔の動きの減少により自浄作用が低下しているため，粘膜のケアが必要．
- 水や含嗽剤などに浸したスポンジブラシを用い，奥から手前にやさしく拭って汚れを落とす(**図2**)．
- ガーゼや口腔ケアティッシュを指に巻きつけても良い．

■舌苔は，軽く擦って剥がれてくるものを除去する．
- 一度に除去しようとすると粘膜を損傷することがある．

●歯のケア

■歯
- 毛先の軟らかいブラシを用いて，歯と歯茎の境目(歯頸部)にブラシを当て，1歯ずつ磨くつもりで細かく動かす．
- できるだけ歯肉を刺激しないように注意．

Memo

■残根歯

・タフトブラシを用いると，歯肉を傷つけずに清掃できる．

■歯と歯の間

・フロスや歯間ブラシを使う．歯肉を傷つけるので無理に歯間には入れない．

●義歯の管理

■清掃

・入れ歯の床の内面，金具の内側，残っている歯との接触面はとくに汚れが取れにくいので，ていねいに磨く．

・入れ歯専用歯ブラシがなければ，一般の歯ブラシでも良いが，歯磨剤は使わない．

・入れ歯を排水溝に落とさないように，洗面器などを置いて，流水下で磨く．

■保管

・乾燥させるとひび割れや変形を起こすため，保存容器の水の中に浸して保管，水は毎日交換する．

・熱湯やアルコールでの消毒は避ける．

■口内炎を予防し口腔粘膜を安静に保つために，入れ歯ははずして就寝するよう指導する．

・就寝時に入れ歯洗浄剤を使い，翌朝はよく洗浄して装着する．

Memo

ADL障害

概要

- ADLの概念を**図1**に示す.
  - ・狭義のADL：日常生活動作.
  - ・広義のADL：日常生活活動．だれもが毎日繰り返し行う身のまわりの活動をいう.
  - ・APDL：生活関連活動．家族や家を単位とした広義のADLの一部を構成する．類義語は手段的日常生活活動(IADL).
- ADL障害：脳卒中や整形外科疾患，認知症など，なんらかの障害の影響により日常生活に支障をきたすことをいう.

評価法

バーセルインデックス(BI)

- 基本的ADLの評価尺度
  - ・食事，車椅子からベッドへの移乗，整容，トイレ動作，入浴，歩行，階段昇降，着替え，排便コントロール，排尿コントロールの10項目を評価する(**表1**).
  - ・最高得点は100点，最低得点は0点で，合計点数が多いほど，動作能力が高い.

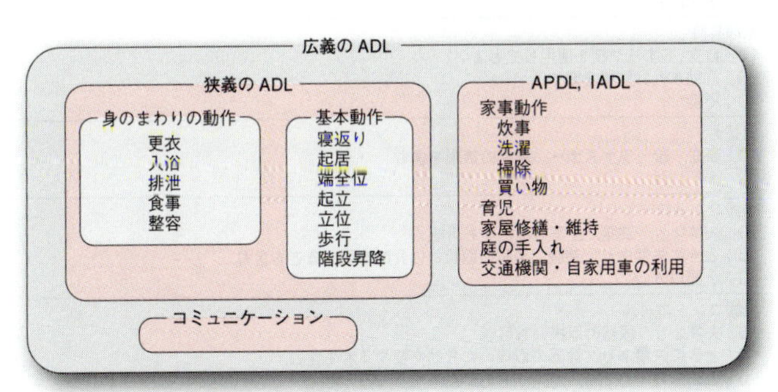

■図1 ADLの概念図

■表1　バーセルインデックス(BI)およびその判定基準

	independent	with help	dependent
1. 食事	10	5	0
2. 移乗	15	10～5	0
3. 整容	5	0	0
4. トイレ	10	5	0
5. 入浴	5	0	0
6. 歩行	15	10	0
(車椅子)	5	0	0
7. 階段昇降	10	5	0
8. 着替え	10	5	0
9. 排便	10	5	0
10. 排尿	10	5	0
合計点(　)点			

食事
10：自立，自助具などの装着可．標準時間内に食べ終える．
5：部分介助(たとえば，おかずを切ってこまかくしてもらう)
0：全介助

(車椅子からベッドへの)移乗
15：自立，車椅子のブレーキやフットレストの操作も含む(歩行自立も含む)．
10：軽度の部分介助または監視を要す．
5：座ることは可能であるが，ほぼ全介助
0：全介助または不可能

整容
5：自立(洗面，整髪，歯磨き，髭剃り)
0：部分介助または全介助

トイレ
10：自立，衣服の操作，後始末を含む．ポータブル便器などを使用している場合はその洗浄も含む．
5：部分介助．身体を支える，衣服・後始末に介助を要する．
0：全介助または不可能

入浴
5：自立
0：部分介助または全介助

歩行
15：45m以上歩行．補装具(車椅子，歩行器は除く)の使用の有無は問わない．
10：45m以上の介助歩行．歩行器使用を含む．
5：歩行不能の場合，車椅子にて45m以上の操作可能
0：上記以外

階段昇降
10：自立(てすりや杖を使用してもよい)
5：介助または監視を要する．
0：不能

着替え
10：自立．靴，ファスナー，装具の着脱を含む．
0：上記以外

排便コントロール
10：失禁なし．浣腸，坐薬の取扱いも可能
5：ときに失禁あり．浣腸，坐薬の取扱いに介助を要する者も含む．
0：上記以外

排尿コントロール
10：失禁なし．尿器の取扱いも可能
5：ときに失禁あり．尿器の取扱いに介助を要する者も含む．
0：上記以外

文献1）より引用

・「できるADL(訓練，または評価時に発揮される能力)」を評価する.

機能的自立度評価法(FIM)

■ 患者の自立度を知るための国際的なADL評価法(**図2**)

・セルフケア6，排泄コントロール2，移乗3，移動2項目の運動機能13項目，コミュニケーション2，社会的認知3項目の認知機能5項目，合計18項目を1～7点で評価する(**表2**).

・最高得点は126点，最低得点は18点で，合計点数が多いほど，自立度が高い(介護量が少ない).

・FIMは7歳以上を対象としており，7歳未満では，「子どものための機能的自立度評価法」(Wee FIM)が用いられる.

・「しているADL(実生活で毎日行っている活動)」を評価する.

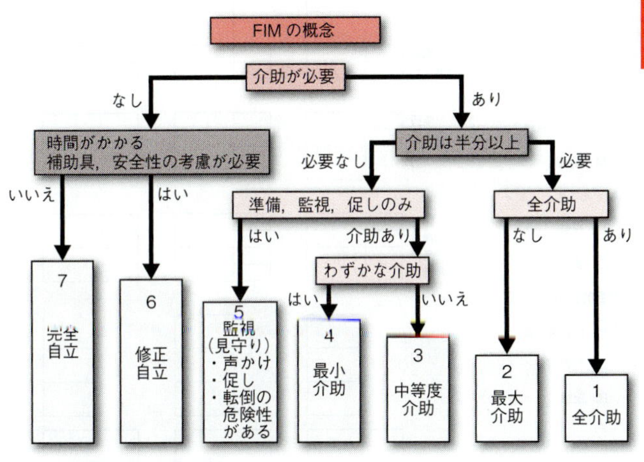

■図2　FIM評価の概念図

(遠藤　敏：日常生活活動学・生活環境学．標準理学療法学専門分野．第2版(鶴見隆正ほか編)，p.77，医学書院，2005)

■表2　機能的自立度評価法(FIM)

レベル		
	7. 完全自立(時間，安全性) 6. 修性自立(補助具使用)	介助者なし
	部分介助 5. 監視(見守り) 4. 最小介助(患者自身で75%) 3. 中等度介助(50%以上) 完全介助 2. 最大介助(25%以上) 1. 全介助(25%未満)	介助者あり

		入院時	退院時	フォローアップ時
セルフケア				
A. 食事	箸 スプーンなど			
B. 整容				
C. 入浴				
D. 更衣(上半身)				
E. 更衣(下半身)				
F. トイレ動作				
排世コントロール				
G. 排尿				
H. 排便				
移乗				
I. ベッド				
J. トイレ				
K. 風呂，シャワー	風呂 シャワー			
移動				
L. 歩行，車椅子	歩行 車椅子			
M. 階段				
コミュニケーション				
N. 理解	聴覚 視覚			
O. 表出	音声 非音声			
社会的認知				
P. 社会的交流				
Q. 問題解決				
R. 記憶				
合計				

注意：空欄は残さないこと，リスクのために検査不能の場合はレベル1とする.

文献3) より引用

「できるADL」と「しているADL」の例を記載

アプローチ

■ ADL作業ごとの観察のポイント

・基本的なADLの作業工程と環境設定を**表3**に示す.

・基本的なADLの観察ポイントとその対処法を**表4**に示す.

■表3　基本的なADLの作業工程と環境設定

①食事

観察ポイント	観察される動作	対処
食具の把持	把持が困難	太柄・曲柄・ホルダー付きのスプーン・フォーク
食器・コップの把持	把持が困難	ホルダー付きカップ
食物をすくう，つまむ.	すくい・つまみが困難	滑り止めマット，高壁皿，クリップ付き箸
口に運ぶ.	口に運べない.	バランス式前腕装具(BFO)，ポータブルスプリングバランサー(PSB)
食べる，飲む.	むせる. 嚥下が困難	食物の形状を変える(きざみ，ペーストなど). 飲み物にとろみをつける.

ADL障害

②整容

	観察ポイント	観察される動作	対処
手洗い・洗顔	水道栓の開閉	開閉が困難	滑り止めマット 後付け蛇口レバー 水道栓のタイプを変える.
	手を洗う, 顔を洗う.	手, 顔が洗えない.	固定式ハンドブラシ
歯磨き	ブラシの把持	把持が困難	ホルダー付き歯ブラシ
	歯磨き粉を出す.	出せない.	チューブ絞り器
	歯を磨く.	磨けない.	長柄付き歯ブラシ 歯磨きガム
	口をすすぐ.	コップを口もとまで持っていくことができない.	ストローを使う.
	ブラシを洗う.	つかまり立ちをしていて他方の手での動作が困難	坐位で行う.
整髪	ブラシの把持	把持が困難	ホルダー付きブラシ
	髪をとかす.	とかせない.	長柄付きブラシ
爪切り	爪を切る.	爪切りを持てない, 操作できない.	固定式爪切り, 片手用爪切り

③更衣

	観察ポイント	観察される動作	対処
上衣	袖を通す	袖をみつけられない.	ラベリングをする.
		身体機能面での困難	片麻痺：麻痺側上肢から通す. 両下肢のあいだに袖を挟み, 麻痺側上肢を通す.
	背に回す.	背に回せない.	リーチャー
	裾を下げる.	裾を下げられない.	
	脱衣	身体機能面での困難	片麻痺：非麻痺側上肢から脱ぐ.
下衣	手に持つ.	持ち方が分からない.	ラベリングをする.
	足を通す.	足を通せない.	リーチャー 臥位で履く.
	腰まで上げる.	腰まで上げられない.	リーチャー
	ボタン, ファスナー	ボタン, ファスナーが操作できない.	ボタンエイド リング付きジッパーやマジックテープに変える.
	脱衣	身体機能面での困難	片麻痺：非麻痺側から脱ぐ.
靴下	手に持つ.	持ち方がわからない.	ラベリングをする.
	足にリーチする.(または足を上げる)	足にリーチできない.(または足を上げる)	ソックスエイド リーチャー
	履く/脱ぐ.	履く/脱ぐができない.	

④排泄

観察ポイント	観察される動作	対処
トイレへの行き来	移動能力の低下	ポータブルトイレ
	道順がわからない.	廊下にラベリングをする.
便器への着座・起立	便器への着座・起立ができない.	縦手摺，補高便座，簡易昇降便座
ズボン，パンツを下げる.	立てない.	縦手摺
	手を膝までリーチできない.	坐位で行う.
	ズボン，パンツをつかめない，下ろせない.	指サックなどを装着して行う. ズボンのチャックやボタンをリング付きジッパーやマジックテープに変える.
ちり紙を切る.	ちり紙が切れない.	片手で切れるペーパーホルダー
清拭	手が届かない.	尻拭き器
水を流す.	レバーの操作ができない.	足踏み式にする. ボタン式にする. センサ式にする.

⑤入浴

	観察ポイント	観察される動作	対処
入浴	浴槽への出入り	浴槽に入れない.	リフター(固定式・天井走行式)，浴室すのこ，浴槽用手摺，バスボード，浴槽用椅子，滑り止めマット，バスチェアー
洗髪・洗体	頭・身体を洗う.	手が届かない.	ループ付きタオル，洗体ブラシ
	洗い流す.	洗い流せない.	水栓を変更したシャワー(レバー，ボタンなど)，回転式のシャワーチェア

■表4　基本的な生活関連活動(APDL)の観察ポイントとその対処法

①炊事

観察ポイント	観察される動作	対処
米とぎ	米がとげない.	無洗米を使う.
野菜・肉を切る.	野菜・肉が押さえられない.	釘付まな板
	包丁が持てない.	ホルダー付き太柄包丁
焼く・煮る・炒める.	焼く・煮る・炒めるができない.	ホルダー付き太柄おたま，ホルダー付きフライ返し 電磁調理器 電子レンジ
皿に移す.	盛り付けができない.	鍋を置いて盛り付ける.
配膳・下膳	配膳・下膳ができない.	台車
食器洗い・その他片づけ	食器洗い・その他片づけができない.	食洗器

②買い物

観察ポイント	観察される動作	対処
スーパーへの行き来	移動能力の低下	シルバーカーの利用 共同購入などの配送サービスの利用
	道順がわからない.	共同購入などの配送サービスの利用
必要な商品をカゴに入れる.	棚に手が届かない.	リーチャー
	不要なものも籠に入れてしまう.	写真付きの買い物メモの利用
会計	適切な金額が払えない.	大きく口の開く財布に変え,店員に取ってもらう.

Memo

第4章

その他のリハビリテーション

がんのリハビリテーション

病期別にみたリハビリテーションの目的

- 多くのがん患者は，手術による侵襲や抗がん薬治療，放射線治療，病状の進行などによりさまざまな症状を呈す．
  →病期に応じたリハビリテーションが必要．

リハビリテーションの目的の病期による分類
①予防的(preventive)　②回復的(restorative)
③維持的(supportive)　④緩和的(palliative)

①予防的

- 治療前，治療中のADLの維持・改善，QOLの維持
  - ・筋力を増強するレジスタンス運動やウォーキングなどの有酸素運動を中心に実施．

②回復的

- 治療中，治療後のADL・QOLの改善
  - ・安静に伴う筋力や体力の低下に対する運動指導．
  - ・麻痺による運動障害に対する日常生活動作練習．
  - ・リンパ浮腫に対するリンパドレナージや圧迫療法等の指導．
  - ・食事が困難になった患者に対する食形態の検討．
  - ・心理の支持などを目的とする作業活動．
  - ・自宅退院や外出・外泊に向けての環境調整や介護指導．
  - ・補装具使用方法の指導，福祉機器導入の考慮．
- 身体機能の維持・向上，残存能力を用いてADLの改善

③維持的

- 治療後のADL・QOLの維持
  - ・進行がんにおいても，よりよい状態ができるだけ続くような支援．

④緩和的

- 予後が週・日単位となり，ADLの低下が不可避
  - ・症状緩和や，精神的な支持を主体とした介入．

リハビリテーションを実施する際のポイント

- 患者とその家族へ十分なインフォームド・コンセントを行う.
  - ・リハビリテーションを行うことによる効果や得られる支援
  - ・考えられるリスクなどのデメリット
  - ・疼痛や疲労があるなど体調の悪いときには無理に実施しない　など
- 主治医，病棟看護師，理学療法士，作業療法士，言語聴覚士など，患者にかかわるスタッフが常に情報を交換して進めていく.

リスク管理

- リスク：がんの種類や治療方法，病期などにより，内容が異なる.
- 終末期がん患者：月，週，日単位で病態が変化，リスク内容も変化するため，変化に応じて常に内容を検討する.
- 疼痛：がんやがん治療による痛みなのか，2次的な疼痛なのかを評価する.
- 筋力や体力の低下がある場合：病状により低負荷からの介入を行う.

疼痛

- 疼痛の原因を把握，薬物療法や神経ブロックなどを併用してポジショニングや関節可動域訓練（ROM-ex）を実施.
- 疼痛を誘発しないような動作方法の獲得を指導.

骨転移

四肢，体幹の疼痛⇒骨転移の可能性

- 主治医を通して整形外科や放射線治療科へのコンサルテーションを行い，病的骨折のリスクを評価してもらう.
- 骨転移の好発部位は，脊椎，骨盤，大腿骨.
- 骨転移が荷重部分にある場合は，病的骨折のリスクが高い.
- 病的骨折が起こった場合，ADL・QOLが著しく低下する.
  - ・骨折や脊髄損傷による麻痺のリスクを把握，全身状態や生命予後を考慮してリハビリテーションの目標を設定(歩行，車椅子，床上など)．

悪液質

■悪液質による症状

> 食欲不振，異化亢進，るい痩，筋萎縮(サルコペニア)，筋力低下，易疲労，発熱など．

→全身的な機能低下が生じ，臥床傾向となる．

■臥床傾向→さらなる機能低下→廃用の悪循環．

→状態に応じて離床を促し，過負荷にならないよう低負荷からリハビリテーションを行う．

胸水・腹水

■軽い運動でもSpO_2が低下する．

→呼吸苦や疲労感に注意．

■とくに腹水がたまると腰痛を引き起こしやすい．

→安楽な姿勢を保持できるポジショニングの工夫．

誤嚥

■頭頸部・消化器のがん：手術による侵襲が大きく，口腔から咽頭の麻痺や長時間の食止めによる廃用によって嚥下機能の低下を生じることがある．

■終末期がん患者：著明な体力低下により，摂食機能低下を起こすことがある．

- 食べられないことで低栄養が長期化，体力の低下を引き起こし，ADLに支障が生じる．
- 食事形態や食べ方を指導，楽しみ程度の摂食が可能か判断する．
- 必要に応じて耳鼻咽喉科にコンサルテーション，嚥下機能の評価をしてもらう．

リスク管理上の注意点などを記載

Memo

腎臓のリハビリテーション

疾患概要

慢性腎臓病

- 近年，慢性腎臓病(CKD)患者は世界的に増加．わが国の患者は推定1,330万人，成人人口の12.9%とされる[1)]．
- CKDは，慢性維持透析，脳血管疾患のリスクファクターである．
- 慢性維持透析が必要な患者は2016年で32万9,000人を超え，年々増加している[2)]．
- CKDの重症度は，原因疾患，推算糸球体濾過量(eGFR)，タンパク尿によって分類される．

慢性維持透析

> 腎臓の本来のはたらき
> ①水分の調節，②老廃物の排泄，③電解質のバランス維持，④血液のpH維持，⑤エリスロポエチンの分泌，⑥ビタミンDの活性化，⑦ナトリウム排泄による血圧の調整．

- CKDの進行に伴い腎機能の低下により，これらのはたらきができなくなる．
  - ・慢性維持透析と薬物療法によりこれを補う．
  - ・慢性維持透析では一般に週3回，1回4時間拘束されて仕事や生活に制限が生じ，生活の質(QOL)の低下を招く．

CKDとサルコペニア，廃用症候群

- 腎機能の低下に伴う症状

> ・高窒素血症，血清クレアチニン上昇，高リン血症，低カルシウム血症，腎性貧血，代謝性アシドーシスなど
> ・易疲労性や脱力感・倦怠感，食欲不振など．

・出現した症状によって活動量が低下，廃用症候群に陥りやすい．

■ CKD患者にみられる症状

・炎症性サイトカインの増加，身体活動量の減少，食欲低下による栄養摂取量の減少などに伴う骨格筋量の減少(サルコペニア)．
・保存期CKD患者では，CKDステージの進行に伴い下肢筋力や握力が低下するとの報告がある．

■ 運動療法の効用

・CKDの発症や改善に影響を与えるというエビデンスはないが，運動療法はCKD患者の廃用症候群やサルコペニアの予防・改善には効果がある．
・適切な運動療法により，CKD患者の運動耐容能やQOLの向上，糖や脂質代謝の改善，タンパク異化の防止などの効果が期待できる．

慢性維持透析の合併症と廃用症候群

■ 慢性維持透析の継続により生じる問題

・透析療法のため長時間(週3回，1回4時間)が費やされる．
・心不全や低血圧などの合併症が出現，日常生活動作(ADL)やQOLを低下させる．

Memo

・合併症による活動量低下や廃用症候群の原因となる．

■ 運動療法の効用

・慢性維持透析患者における廃用症候群の予防改善が期待できる．

CKD患者・慢性維持透析患者のリハビリテーション

■ 心大血管疾患，廃用症候群，呼吸器疾患，脳血管疾患，運動器疾患など，リハビリテーションの対象となる多くの疾患患者がCKDに罹患している．また，一人で種々の疾患を合わせもつ患者も多い．複雑な疾病構造と障害に対する包括的なリハビリテーションアプローチが必要である．

■ 運動療法

・CKD患者や慢性維持透析患者に対する，運動耐容能の改善，サルコペニアや廃用症候群の予防・改善効果．

・身体機能改善によるADLやQOLの維持・改善．

→腎臓リハビリテーションの中核．

・有酸素運動，レジスタンス運動，柔軟体操が推奨されている（**表1**）．

■ 運動療法における注意点

・非透析日に行うようにし，透析直後の運動介入は避ける．

・不整脈や無症候性心筋虚血のリスクが高いため，心肺運動負荷試験で評価後の運動処方が理想である．

Memo

・運動中は息こらえをしないよう指導する．
・運動中はブラッドアクセスに外力が加わらないようにする．
・腎性貧血や不活動による運動耐容能低下などにより予備能が低いため，ウォーミングアップ，クールダウンを十分に行う．
・運動中はバイタルサインを確認し，発汗や気分不快などの症状にも注意する．

■表1　CKD・慢性維持透析患者の運動療法

	有酸素運動	レジスタンス運動
頻度	3～5回/週	2～3回/週
強度	中強度 旧Borg' s scale 11～13 最大酸素摂取量の40～60%	中強度 1　repetition maximum の70～75%
時間	20～60分 3～5分の運動の積算で 20～60分/日	10～15/セット・ 最低1セット 大筋群の運動を8～10種
運動の種類	歩行，サイクリング，水泳	マシーントレーニング フリーウェイトトレーニング

文献3）をもとに作成

自施設での運動療法における注意点などを記載

・近年，透析中の運動療法も実施されるようになった．この場合，透析開始2時間以内に行うようにする．透析中に運動療法を行う場合，運動強度はボルグ(Borg) scale11～13を目標とする(p.191参照)．心拍数に依存しない．
・透析中の運動方法の例を示す(**図1**)．

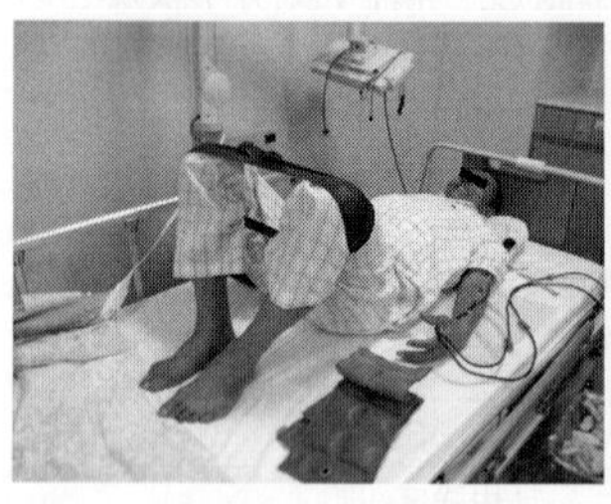
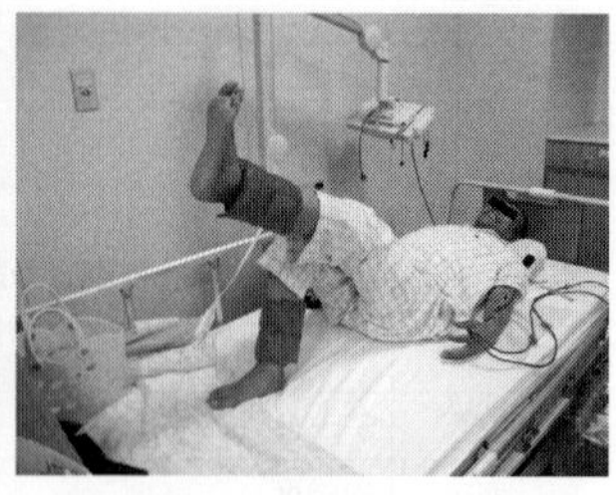

■図1　透析中のリハビリテーション(下肢の運動の例)
透析中の運動の様子である．患者はゴムバンドや重錐などを使用し透析中に運動を行う．この運動によって，患者の下肢筋力やバランス能力が高まる．
患者は「歩くのが楽になった」「坂道や階段が楽になった」という運動効果を自覚する．
患者は「筋力や体力がおちていく不安感が少なくなった」「まだやれる，やれば変われることがわかった」という達成感や安心感を得ることが多い．

Memo

付録① 皮膚知覚帯

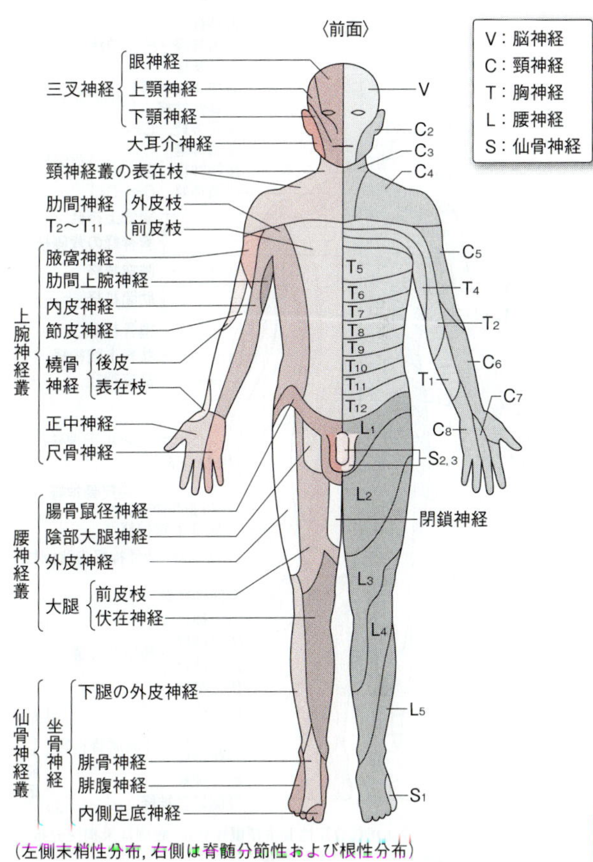

（左側末梢性分布，右側は脊髄分節性および根性分布）

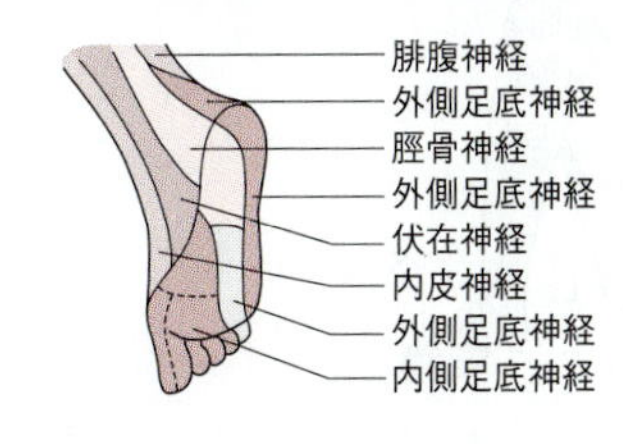

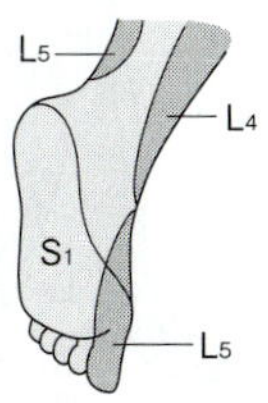

付録

付録① 皮膚知覚帯

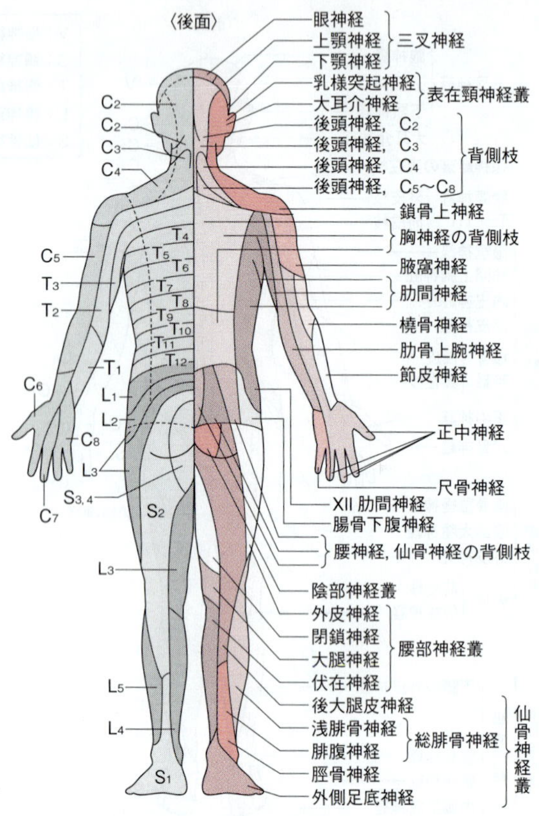

（左側は脊髄分節性および根性分布, 右側は末梢性分布）

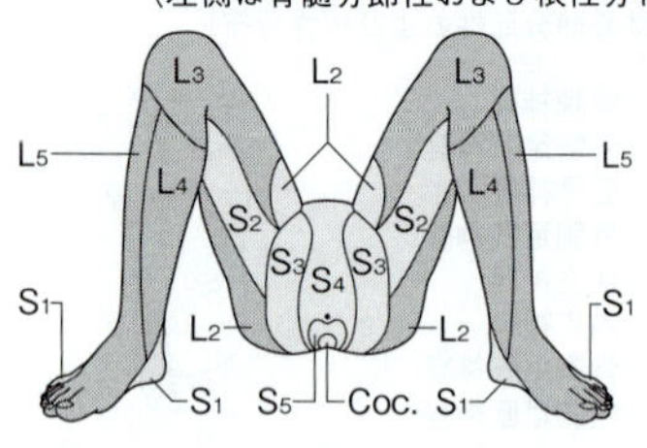

引用・参考文献

第1章　リハビリテーションの理解

▪ ICF に基づく考え方

1）稲川利光：介護者のための脳卒中リハビリと生活ケア——急性期から終末期までのトータルサポート．雲母書房，2010．
2）稲川利光：あんたは名医だ—TP として，医師として，しなやかに向き合う命．TN 選書，筒井書房，2008．
3）稲川利光：老人ケアの元気ぐすり．生きいきケア選書，医学書院，2001．
4）落合慈之監：リハビリテーションビジュアルブック．第2版，p.12-13，学研メディカル秀潤社，2016．

第2章　疾患に対するリハビリテーション

1．脳血管障害

▪ 総論

1）落合慈之監：リハビリテーションビジュアルブック．第2版，p.18-22，学研メディカル秀潤社，2016．

▪ 脳卒中（脳出血）

1）落合慈之監：脳神経疾患ビジュアルブック．p.98-102，学研メディカル秀潤社，2009．
2）日本脳卒中学会脳卒中ガイドライン委員会編：脳卒中治療ガイドライン 2015．p.145，協和企画，2015．
3）岡田　靖：脳卒中急性期管理と地域連携パス．理学療法，35：408-411，2008．
4）小林祥泰：脳卒中データバンク 2015，脳出血の実態．p.130-151．中山書店，2015．
5）小林祥泰：脳卒中データバンク 2015，急性期脳卒中の実態．p.18-49．中山書店，2015．
6）田崎義雄ほか：ベッドサイドの神経の診かた．第17版，南山堂，2010．
7）平山惠造監：臨床神経内科学．第5版，南山堂，2006．
8）稲川利光編：急性期リハビリテーションのプロを目指して．p.153-162，医学と看護社，2013．
9）森田明夫ほか編：脳卒中看護ポケットナビ．ポケットナビシリーズ，p.74-81，144-151，中山書店，2009．
10）篠原幸人ほか編：脳卒中治療ガイドライン 2009．p.130-178，272-338，協和企画，2009．
11）千野直一ほか編：リハビリテーションレジデントマニュアル．第2版，p.8-10，医学書院，2001．
12）落合慈之監：リハビリテーションビジュアルブック．第2版，p.29-40，学研メディカル秀潤社，2016．

▪ 脳卒中（脳梗塞）

1）落合慈之監：脳神経疾患ビジュアルブック，p.103-105，p.107，p.109，学研メディカル秀潤社，2009．
1）稲川利光編：急性期リハビリテーションのプロを目指して．p.14，医学と看護社，2013．
2）山口芳雄編：脳神経ビジュアルナーシング．p.297，学研メディカル秀潤社，2014．
4）落合慈之監：リハビリテーションビジュアルブック．p.23-24，p.28，学研メディカル秀潤社，2011．
5）脳卒中治療ガイドライン委員会：脳卒中治療ガイドライン 2015．日本脳卒中学会，2015．
6）黒川顕：救急治療ハンドブック——薬の選び方，使い方．中外医学社，2000．
7）土肥　豊：片麻痺における心疾患の合併と治療上のリスク．理学療法と作業療法，5（6）：441，1971．
8）落合慈之監：リハビリテーションビジュアルブック．第2版，p.41-49，学研メディカル秀潤社，2016．

▪ 脳卒中（くも膜下出血）

1）落合慈之監：脳神経疾患ビジュアルブック．p.92-97，学研メディカル秀潤社，2009．
2）落合慈之監：リハビリテーションビジュアルブック．p.30-34，学研メディカル秀潤社，2011．
3）日本脳卒中学会脳卒中ガイドライン委員会編：脳卒中治療ガイドライン 2015．協和企画，2015．
4）田村晃ほか：EBM に基づく脳神経疾患の基本治療指針．第3版，メジカルビュー社，2010．
5）端和夫編：脳神経外科臨床マニュアルⅡ，改定第4版．シュプリンガー・ジャパン，2010．
6）医療情報科学研究所：病気がみえる Vol.7 脳・神経．メディック・メディア，2011．
7）森田明夫編：これだけは知っておきたい脳神経外科ナーシングＱ＆Ａ．総合医学社，2009．
8）稲川利光編：急性期リハビリテーションのプロをめざして．医学と看護社，2013．
9）落合慈之監：リハビリテーションビジュアルブック．第2版，p.41-49，学研メディカル秀潤社，2016．

▪ 脳卒中へのアプローチ

1）落合慈之監：リハビリテーションビジュアルブック．p.37-47，学研メディカル秀潤社，2011．
2）小川　彰ほか編：脳卒中治療ガイドライン 2015．協和企画，2015．
3）落合慈之監：リハビリテーションビジュアルブック．第2版，p.58-67，学研メディカル秀潤社，2016．

2．神経筋疾患

▪ 筋萎縮性側索硬化症（ALS）

1）日下博文：運動ニューロン疾患．神経内科学テキスト．改訂第4版（江藤文夫，飯島　節編），p.192-194，南江堂，2017．
2）水野美邦監：標準神経病学第2版，p.295-299，医学書院，2012．
3）大橋靖雄ほか：筋萎縮性側索硬化症（ALS）患者の日常活動における機能評価尺度日本版改訂 ALS Functional Rating Scale の検討．Brain and Nerve，53（4）：346-355，2001．
4）落合慈之監：リハビリテーションビジュアルブック．p.48-53，学研メディカル秀潤社，2011．
5）江藤文夫ほか：神経内科学テキスト．改訂第3版，p.199-207，南江堂，2011．
6）落合慈之監：リハビリテーションビジュアルブック．第2版，p.68-73，学研メディカル秀潤社，2016．

▪ 脊髄小脳変性症

1）紫藤泰二：脊髄小脳変性症のリハビリテーション SCD の grade とリハプログラム，Journal of Clinical Rehabilitation，3（2）：108，1994．
2）松本昭久：脊髄小脳変性症のリハビリテーション SCD に見られる随伴症状とその対策，Journal of Clinical Rehabilitation，3（2）：117-122，1994．
3）菊本東陽：運動失調症の理学療法のための検査・測定のポイントとその実際．理学療法，21（1）：29-34，2004．
4）Trouillas P：International Cooperative Ataxia Rating Scale for pharmacological assessment of the cerebellar syndrome. The Ataxia Neuropharmacology Committee of the World Federation of Neurology，J Neurol Sci，145(2)：205-211，1997．
5）小山樹ほか：脊髄小脳変性症の訪問リハビリテーション．難病と在宅ケア，14（7）：55-59，2008．
6）玉井直子：言語のリハビリテーション．難病と在宅ケア，10（12）：40-43，2005．
7）落合慈之監：リハビリテーションビジュアルブック．p.54-59，学研メディカル秀潤社，2011．
8）落合慈之監：リハビリテーションビジュアルブック．第2版，p.74-84，学研メディカル秀潤社，2016．

▪ 多発性硬化症／ギラン・バレー症候群

1）落合慈之監：脳神経疾患ビジュアルブック．p.92-97，学研メディカル秀潤社，2009．
2）菊地ひろみほか：多発性硬化症．臨床病態学1第2版（北村聖編），p.141，ヌーヴェルヒロカワ，2013．
3）内田成男：多発性硬化症．理学療法評価学，理学

療法学ゴールド・マスター・テキスト1（柳澤 健編）. p.339-345, メジカルビュー社, 2010.
4）水野美邦監：標準神経病学. p.94, p.271-276, p.360, 医学書院, 2011.
5）江藤文夫ほか：神経内科学テキスト. 改訂第3版, p.174-187, p.212-216, p.224-226, 南江堂, 2011.
6）落合慈之監：リハビリテーションビジュアルブック. p.60-65, 学研メディカル秀潤社, 2011.
7）落合慈之監：リハビリテーションビジュアルブック. 第2版, p.85-90, 学研メディカル秀潤社, 2016.

▪パーキンソン病

1）亀山正邦監：別冊「総合ケア」高齢者の病気と生活支援　痴呆・高脂血症・神経系難病. 医歯薬出版, 2001.
2）水野美邦監：標準神経病学. 第2版, p.271-276, 医学書院, 2011.
3）江藤文夫ほか編：神経内科学テキスト. 改訂第3版, p.174-187, 南江堂, 2011.
4）菊本東陽ほか：パーキンソン病 Yahr 分類Ⅰ～Ⅱの理学療法. 理学療法, 25（11）：1520-1527, 2008.
5）岡田洋平ほか：パーキンソン病 Yahr 分類Ⅲ～Ⅳの理学療法. 理学療法, 25（11）：1528-1536, 2008.
6）落合慈之監：リハビリテーションビジュアルブック. p.66-74, 学研メディカル秀潤社, 2011.
7）落合慈之監：リハビリテーションビジュアルブック. 第2版, p.91-103, 学研メディカル秀潤社, 2016.

3. 運動器疾患

▪骨折（高齢者）

1）Garden RS：Low angle fixation in fractures of the femoral neck. J Bone Joint Surg, 43B：47-63, 1961.
2）Evans EM, et al：The treatment of trochantenic fractures of the femur. J Bone Joint Surg, 318：190-203, 1949.
3）国分正一, 鳥巣岳彦監：標準整形外科学. 第10版, p.622-640, 医学書院, 2008.
4）石川齊・武富由雄編：図解 理学療法技術ガイド―理学療法臨床の場で必ず役立つ実践のすべて. 第3版, p.816-821, p.859-867, p.965-969, 文光堂, 2007.
5）家入章ほか：大腿骨頸部／転子部骨折の合併症への対応. 理学療法, 29（6）：637-643, 2012.
6）小林巧ほか：大腿骨頸部／転子部骨折の機能解剖学的病態把握と理学療法. 理学療法, 31（9）：921-929, 2014.
7）高見澤一樹・西岡稔：高齢者の脊椎圧迫骨折と理学療決. 理学療法, 28（7）：893-898, 2011.
8）骨粗鬆症の診断基準（中村利孝）／骨粗鬆症の薬物療法（白木正孝）／予防法（Ⅱ）食事療法（細井孝之）／予防法（Ⅲ）運動療法（楊鴻生）：Journal of Clinical Rehabilitation, 4（5）：411-414, 415-418, 422-424, 425-429, 医歯薬出版, 1995.
9）冨士川恭輔ほか：骨折・脱臼. 第3版, p.271-286, p.287-311, p.509-555, 南山堂, 2012.
10）越智隆弘ほか：NEW MOOK 整形外科 16. 高齢者の整形外科. p.1-35, p.188-202, p.133-151, 金原出版, 2004.
11）岩崎テル子：標準作業療法学　身体機能作業療法学. 第2版, p.281-289, 医学書院, 2011
12）落合慈之監：リハビリテーションビジュアルブック. p.75-81, 学研メディカル秀潤社, 2012.
13）骨粗鬆症の予防と治療ガイドライン作成委員会：骨粗鬆症の予防と治療ガイドライン 2011 年版. p.2, 15, ライフサイエンス出版, 2011.
14）落合慈之監：リハビリテーションビジュアルブック. 第2版, p.104-110, 学研メディカル秀潤社, 2016.

▪靭帯損傷・腱損傷・腱板断裂・半月板損傷・アキレス腱断裂

1）落合慈之監：リハビリテーションビジュアルブック. p.83-87, 学研メディカル秀潤社, 2011.
2）落合慈之監：整形外科疾患ビジュアルブック. p.382, 学研メディカル秀潤社, 2012.
3）岩谷　力ほか：運動器リハビリテーションクルズスースペシャリストを目指す人のために. p.18, 南江堂, 2008.
4）園部俊晴ほか：前十字靭帯（ACL）に対する再建術後のリハビリテーション. スポーツ外傷・障害に対する術後のリハビリテーション（内山英司監）. p.148. 運動と医学の出版社, 2010.
5）眞島 任史ほか：負荷（張力）の軽減が膝前十字靭帯再建術における自家移植腱のリモデリングに与える影響. 関節外科, 16（2）：197-204, 1997.
6）Amiel D, et al：The phenomenon of “ligamentization”: anterior cruciate ligament reconstruction with autogenous patellar tendon. J Orthop Res, 4（2）:162-172, 1986.
7）園部俊晴ほか：前十字靭帯（ACL）に対する再建術後のリハビリテーション. スポーツ外傷・障害に対する術後のリハビリテーション（内山英司監）, p.144. 運動と医学の出版社, 2010.
8）安田　和則ほか：膝十字靭帯のバイオメカニクスとその臨床応用. 臨床整形外科, 23（6）：757-767, 1988
9）信原克哉：肩の仕組み. 肩 - その機能と臨床（第4版）, p.35, 医学書院, 2012.
10）鳥巣岳彦監：肩関節の疾患. 標準整形外科学. 第10版, p.377, 医学書院, 2008.
11）内山英司監：腱板断裂に対する術後のリハビリテーションの考え方. スポーツ外傷・障害に対する術後のリハビリテーション. p.14, 運動と医学の出版社, 2010.
13）Rodeo SA, et al：Tendon-healing in a bone tunnel. A biomechanical and histological study in the dog.J Bone Joint Surg Am, 75（12）:1795-1803, 1993.
14）今屋　健：当院における ACL 再建術後のリハビリテーション―術後超早期からの伸展可動域の評価・獲得について. スポーツメディスン, 21（8）：18 -19, 2009.
15）石川　齊ほか：図解理学療法技術ガイド第3版　理学療法臨床の場で必ず役立つ実践のすべて. p.898-903, 文光堂, 2007.
16）森泉茂宏ほか：膝疾患の機能解剖学的病態把握と理学療法. 理学療法, 29（2）：131-139, 140-151, 2012.
17）内山英司監：半月板損傷に対する術後のリハビリテーション, スポーツ外傷・障害に対する術後のリハビリテーション. p.196-217, 運動と医学の出版社, 2010.
18）宗田　大専門編集：下肢のスポーツ外傷と障害, 整形外科臨床パサージュ7（中村耕三総編集）. p .252-257, 中山書店, 2011.
19）井上　一ほか編：スポーツ整形外科. 新　図説臨床整形外科講座. p .168-175　メジカルビュー社, 1994.
20）中嶋寛之監：スポーツ整形外科学. p 269-277, 南江堂, 2011.
21）Gary A.Shankman ほか著（鈴木勝監訳）：整形外科的理学療法　原著第3版　基礎と実践. p 302-307, 医歯薬出版, 2012.
22）整形外科リハビリテーション学会：関節機能解剖学に基づく整形外科運動療法ナビゲーション 下肢・体幹. p.174-177, メジカルビュー社, 2012.
23）柳澤　健：整形外科系理学療法学, 理学療法学ゴールド・マスター・テキスト4. p.122-127, メジカルビュー社, 2009.
24）林　義孝：DVD で学ぶ理学療法テクニック　DVD で学ぶ運動器疾患の理学療法テクニック　臨床的感性をみがく動画 106. p.174-177, 南江堂, 2008.
25）落合慈之監：リハビリテーションビジュアルブック. 第2版, p.111-125, 学研メディカル秀潤社, 2016.

▪変形性関節症

1）米本恭三ほか編：リハビリテーションにおける評価 ver 2．Journal of Clinical Rehabilitation 別冊．p.339，医歯薬出版，2000．
2）米本恭三ほか編：リハビリテーションにおける評価 ver 2．Journal of Clinical Rehabilitation 別冊．p.347，医歯薬出版，2000．
3）落合慈之監：リハビリテーションビジュアルブック．第2版，p.126-131，学研メディカル秀潤社，2016．

■腰部脊柱管狭窄症

1）松平浩ほか：腰部脊柱管狭窄症――その基本知識と薬物療法，日本医事新報，4679：81-87，2013．
2）落合慈之監：リハビリテーションビジュアルブック．第2版，p.132-136，学研メディカル秀潤社，2016．

■腰椎椎間板ヘルニア

1）落合慈之監：リハビリテーションビジュアルブック．p.104-109，学研メディカル秀潤社，2011．
2）細田多穂，柳澤健：理学療法ハンドブック　第3巻　疾患別理学療法プログラム．改訂第4版，p.90-113，協同医書出版社，2010．
3）中村利孝編：標準整形外科学．第10版，p.471-481，医学書院，2008．
4）冨士武史ほか：ここがポイント！整形外科疾患の理学療法．改訂第2版，p.47-79，金原出版，2006．
5）糸満盛憲（黒澤尚編）：私のすすめる　運動器疾患保存療法実践マニュアル．第1版，p.86-93，109-113　全日本病院出版会，2007．
6）越智隆弘ほか編：NEW MOOK　整形外科学　腰椎椎間板ヘルニア．第2版，p.1-9，25-33，66-75，124-133，144-151，金原出版，1997．
7）内山靖：エビデンスに基づく理学療法－活用と臨床思考過程の実際．第1版，p270-284，医歯薬出版，2008．
8）内山英司ほか監：腰椎椎間板ヘルニアに対する術後のリハビリテーション，スポーツ外傷・障害に対する術後のリハビリテーション．p.90-112，運動と医学の出版社，2010．
9）鈴木勝：整形外科的理学療法－基礎と実践．第3版，p.349-354，医歯薬出版，2012．
10）岡田誠：骨・関節系理学療法クイックリファレンス．第2版，p.242-249，文光堂，2010．
11）落合慈之監：整形外科疾患ビジュアルブック．p.324-326，学研メディカル秀潤社，2012．
12）丸山仁司：理学療法リスク管理・ビューポイント．p.160-161，文光堂，2011．
13）山嵜勉：整形外科理学療法の理論と技術．第25版，メジカルビュー社，2014．
14）対馬栄輝：筋骨格系理学療法を見直す，第2版（対馬栄輝），文光堂，2011．
15）落合慈之監：リハビリテーションビジュアルブック．第2版，p.137-144，学研メディカル秀潤社，2016．

■頸椎症

1）大井直往ほか：頸椎・頸髄疾患．リハビリテーションにおける評価 Ver.2（米本恭三ほか編），p.193-200，医歯薬出版，2000．
2）川崎洋二：頸椎症性脊髄症の機能解剖学的特性．理学療法，27（6）：749-756，2010．
3）河村廣幸ほか：ここがポイント！整形外科疾患の理学療法（冨士武史）．p.222-243，金原出版，2003．
4）戸渡富民宏ほか：頸髄症の理学療法のための検査・測定のポイントとその実際．理学療法，21（1）：73-77，2004．
5）米本恭三ほか：リハビリテーションにおける評価 Ver．2．p.193-200，医歯薬出版，2000．
6）落合慈之監：リハビリテーションビジュアルブック．p.110-114，学研メディカル秀潤社，2011．
7）落合慈之監：リハビリテーションビジュアルブック．第2版，p.145-150，学研メディカル秀潤社，2016．

■腰椎分離症・腰椎すべり症

1）鈴川仁人ほか：腰椎分離すべり症に対する的確・迅速な臨床推論のポイント．理学療法，28（1）：68-76，2011．
2）Iwamoto J, et al：Relationship between radiographic abnormalities of lumbar spine and incidence of low back pain in high school rugby players: a prospective study, Scand J Med Sci Sports, 15（3）：163–168, 2005．
3）Jackson DW, et al：Spondylolysis in the female gymnast.Clin Orthop Relat Res, 117：68-73. 1976.
4）Soler T, et al：The prevalence of spondylolysis in the Spanish elite athlete.Am J Sports Med, 28（1）：57-62, 2000.
5）Meyerding HW：Spondylolisthesis. Sug Gynec Obstet, 54：371-377，1932．
6）Taillard W：Le spondylolisthesis chez l'enfant et l'adolescant（Etude de 50 cas）. Acta Orthop Scand, 24：115-144，1954．
7）落合慈之監：リハビリテーションビジュアルブック．p.115-118，学研メディカル秀潤社，2011．
8）落合慈之監：リハビリテーションビジュアルブック．第2版，p.145-150，学研メディカル秀潤社，2016．

■関節リウマチ

1）Stainblocker O et al：Therapeutic criteria in rheumatoid arthritis. J Am Med Assoc 140（8）：659-662，1949．
2）落合慈之監：リハビリテーションビジュアルブック．第2版，p.145-150，学研メディカル秀潤社，2016．
3）大谷真史ほか：関節リウマチの治療最前線．理学療法．31（3）：228-233，2014．
4）新井義郎ほか：関節リウマチ患者の下肢の観血的療法と理学療法．理学療法．31（3）：265-272，2014．
5）中村綾子ほか：関節リウマチ患者の上肢の観血的療法と理学療法．理学療法．31（3）：257-264，2014．
6）田村和彦：関節リウマチ患者の理学療法におけるリスク管理．理学療法．31（3）：243-249，2014．
7）佐浦隆一：関節リウマチ治療の現状とリハビリテーション．リハビリテーション医学，50（7）：547-551，2013．
8）木之瀬隆ほか：作業療法学全書　10巻　福祉用具の使い方住環境整備．第3版，p.116-122，協同医書出版社，2009．
9）越智隆弘ほか：関節リウマチの診療マニュアル（改訂版）診療マニュアルと EBM に基づく治療ガイドライン．日本リウマチ財団，2004．
10）林正春：関節リウマチにおけるスプリント療法．総合リハビリテーション，42（6）：573-582，2014．
11）岩谷力：運動器リハビリテーションクルグス．p.305-310，南江堂，2008．
12）浅見豊子：リハビリテーション実践　疾患別関節リウマチ，メディカルリハビリテーション，176：45-52，2014．
13）桃原茂樹：関節リウマチ．総合リハビリテーション，41（5）：564-569，2013．
14）横川直人：関節リウマチの診断・検査．Medicina，51（10），2014．
15）Larsen A：How to apply Larsen score in evaluating radiographs of rheumatoid arthritis in long-term studies. J Rheumatol, 22：1974-1975, 1995.
16）竹内勤：治療戦略の進歩．治療学，44（10）：23，2010．
17）Smolen JS, et al：Treating rheumatoid arthritis to target：recommendation of an international task force.　Ann Rheum Dis, 69：631-637, 2010.
18）落合慈之監：リハビリテーションビジュアルブック．p.119-124，学研メディカル秀潤社，2011．

■末梢神経損傷

1）加藤和夫：神経・筋疾患．整形外科学―コメディカルのための専門分野テキスト（茂原茂雄編），中外医学社．p.178，2005．
2）木村浩彰ほか：末梢神経損傷の病態と整形外科的

治療．理学療法，25（1）：320-321，2008．
3）国分正一ほか監：末梢神経損傷．標準整形外科学．第10版，p.735，医学書院，2008．
4）片田重彦ほか：整形外科手術後療法ハンドブック．改訂第4版，p.183，南江堂，2003．
5）南篠文昭：手診療マニュアル．追補版．診療マニュアルシリーズ，p.71，83-84，医歯薬出版，1991．
6）中村隆一ほか：基礎運動学．第6版，p.83-85，医歯薬出版，2003．
7）山野慶樹：末梢神経の臨床——診断・治療・リハビリテーション．p.36-40，99，医歯薬出版，2007．
8）国分正一，鳥巣岳彦監：標準整形外科学．第10版，p.64，734-736，739-742，医学書院，2008．
9）岩崎テル子ほか編：作業療法評価学．標準作業療法学専門分野，p.335-337，医学書院，2005．
10）大谷　清：リハビリテーション整形外科学．第4版，p.81-86，医学書院，1997．
11）鷲田孝保編：作業療法士イエロー・ノート専門編．p.181，186，メジカルビュー社，2007．
12）佐伯由香ほか編訳：トートラ人体解剖生理学．原書6版，p.278，丸善出版，2004．
13）茂原重雄編：整形外科学．コメディカルのための専門基礎分野テキスト．p.181，187-189，中外医学社，2005．
14）柳澤　健編：整形外科系理学療法学．理学療法学ゴールド・マスター・テキスト4．p.224-245，メジカルビュー社，2009．
15）落合慈之監：リハビリテーションビジュアルブック．第2版，p.161-165，学研メディカル秀潤社，2016．

▪ 肩関節周囲炎

1）信原克哉：肩関節周囲炎肩—その機能と臨床—．第3版，医学書院，2001．
2）日本手外科学会：THE DASH The JSHH Version，http://www.jssh.or.jp/doctor/jp/infomation/pdf/DASH_Japanese.pdf#zoom=100 より 2015年12月3日検索．
3）日本肩関節学会：患者立脚肩関節評価法 Shoulder 36 V.1.3，http://www.j-shoulder-s.jp/downroad/pdf/001.pdfより2015年12月3日検索．
4）伊藤博元：五十肩周辺疾患の診断及び鑑別．Clinician 53(5・6)：24-28, 2006．
5）三木威勇治：五十肩．東京医書出版，1947．
6）国分正一ほか監：標準整形外科学．第10版，医学書院，2008．
7）落合慈之監：リハビリテーションビジュアルブック．第2版，p.166-171，学研メディカル秀潤社，2016．

4．呼吸器疾患

▪ 呼吸器疾患

1）日本呼吸管理学会呼吸リハビリテーションガイドライン作成委員会ほか編：呼吸リハビリテーションマニュアル—運動療法．照林社，2003．
2）本間生夫監：呼吸運動療法の理論と技術．メジカルビュー社，2003．
3）森田明夫ほか編：脳卒中看護ポケットナビ．ポケットナビシリーズ，中山書店，2009．
4）奥宮暁子ほか監：リハビリテーション看護．Nursing Selection11．学研メディカル秀潤社，2003．
5）松澤 正：理学療法評価法．改訂第3版，金原出版，1995．
6）柳澤　健編：理学療法評価学．理学療法学ゴールド・マスター・テキスト1，メジカルビュー社．2010．
7）妙中信之監：コメディカルのための呼吸療法マニュアル．呼吸器ケア2003年冬季増刊，メディカ出版，2003．
8）細田多穂監：理学療法評価学テキスト．シンプル理学療法学シリーズ，南江堂，2010．
9）伊藤　朗編著：図説・運動生化学入門——生理・生化学から運動処方まで．医歯薬出版，1987．
10）落合慈之監：循環器疾患ビジュアルブック．学研メディカル秀潤社，2010．
11）角田直枝編：在宅看護技術マスターQ&A．Nursing Mook60，学研メディカル秀潤社，2010．
12）石鍋圭子編：疾患・障害別リハビリテーションナーシング．Nursing Mook28，p.22，学研メディカル秀潤社，2005．
13）山脇　功編：呼吸器疾患ベストナーシング．学研メディカル秀潤社，2009．
14）藤崎　郁：フィジカルアセスメント完全ガイド．p.60，学研メディカル秀潤社，2001．
15）落合慈之監：リハビリテーションビジュアルブック．第2版，p.172-187，学研メディカル秀潤社，2016．

5．心疾患

▪ 虚血性心疾患・心不全

1）Mckee PA, et al：The natural history of congestive heart failure：the Framingham study. N Engl J Med, 285：1441-1446，1971．
2）落合慈之監：循環器疾患ビジュアルブック．学研メディカル秀潤社，2010．
3）江藤文夫ほか：呼吸・循環障害のリハビリテーション．p.194-203，p.263-269，p.278-285，医歯薬出版社，2008．
4）高橋哲也：心疾患患者に対する理学療法．理学療法学，35（4）：150-158，2008．
5）日本循環器学会ほか合同研究班：心血管障害におけるリハビリテーションに関するガイドライン（2007年改訂版）．日本循環器学会，2007．
6）伊東春樹：新しい心臓リハビリテーションの考え方．医学のあゆみ，232（8）：827-830，2010．
7）清水浩介，亀井健太：急性心筋梗塞に対する理学療法実施上の要点．理学療法，25（12）：1638-1648，2008．
8）丸山仁司編：内部障害系理学療法実践マニュアル．p.39，52，90-107，文光堂，2004．
9）日本循環器学会ほか合同研究班：心疾患における運動療法に関するガイドライン．循環器病の診断と治療に関するガイドライン（2000-2001年度合同研究班報告）．日本循環器学会，2002．
10）森井功：冠動脈疾患の最新ステント治療．月刊ナーシング，25（8）：99，2005．
11）和泉徹ほか監：心不全を予防する．中山書店，2006．
12）落合慈之監：リハビリテーションビジュアルブック．p.147-153，学研メディカル秀潤社，2011．
13）落合慈之監：リハビリテーションビジュアルブック．第2版，p.188-194，学研メディカル秀潤社，2016．

▪ 開心術後：大動脈解離・心臓弁膜症

1）落合慈之監：リハビリテーションビジュアルブック．p.154-160，学研メディカル秀潤社，2011．
2）齊藤正和，松永篤彦：心臓血管術前術後の理学療法実施上の要点．理学療法，25（12）：p.1649-1656，2008．
3）西上和宏：急性期のリハビリテーション．脈管学，48（1）：43-45，2008．
4）江藤文夫ほか編：呼吸・循環障害のリハビリテーション．Journal of Clinical Rehabilitation 別冊，p.287-293，医歯薬出版，2008．
5）安達　仁：心臓手術後に対する効果．医学のあゆみ，232（8）：847-851，2010．
6）西上和宏：合併症とリハビリ．日本内科学会雑誌，99（2）：305-309，2010．
7）荻野　均：大動脈瘤・大動脈解離．内科，105（6）：1195-1199，2010．
8）松尾　汎編：血管疾患を知る．新 目でみる循環器病シリーズ17，p.224，メジカルビュー社，2005．
9）川名正敏，川名陽子訳：心臓病の病態生理．ハーバード大学テキスト，p.185, 190, 194, 197，メディカル・サイエンス・インターナショナル，2000．
10）落合慈之監：リハビリテーションビジュアルブック．

第2版，p.195-201，学研メディカル秀潤社，2016.

6．糖尿病

1）中江公裕ほか：わが国における視覚障害の現状．厚生の指標，38（13）：13-22，1991.
2）日本透析医学会：導入患者の原疾患と性別．図説わが国の慢性透析療法の現況（2016年12月31日現在）．p.16，日本透析医学会，2017.
3）落合慈之監：リハビリテーションビジュアルブック．第2版，p.202-210，学研メディカル秀潤社，2016.
4）森本彩ほか：糖尿病の疫学．医学の歩み，252（5）：349-354，2015.
5）田村好史：2型糖尿病の運動療法．医学の歩み，252（5）：567-572，2015.
6）曽根博仁：糖尿病合併症の疫学――わが国の2型糖尿病患者データを中心に，医学の歩み，252（5）：355-361，2015.
7）日本糖尿病学会編：糖尿病治療ガイド2014-2015．p.78-81，文光堂，2014.
8）聖マリアンナ医科大学病院リハビリテーション部理学療法科：理学療法リスク管理マニュアル．第2版，p.129-168，三輪書店，2006.
9）American College of Sports Medicine：ACSM's Guidelines for Exercise Testing and Prescription. Ninth Edition．278-285，Lippincott Williams & Wilkins，2013.
10）原田卓：糖尿病の運動療法の原則と実際．糖尿病のリハビリテーション実践マニュアル，メディカルリハビリテーション，117：35-42，2010.
11）永島惇正編：スポーツ指導の基礎――諸スポーツ科学からの発信．p.220-244，北樹出版，2000.
12）日本糖尿病学会編：運動療法．科学的根拠に基づく糖尿病診療ガイドライン2013．p.41-51，南江堂，2014.
13）糖尿病治療研究会編：新版　糖尿病運動療法のてびき．p.117，医歯薬出版，2001.
14）日本糖尿病学会編：糖尿病治療ガイド2010．p.69，文光堂，2010.

7．がん

▪がん（各種がんおよび脳腫瘍）

1）Dietz JH：Rehabilitation of the cancer patient. Medical Clinics of North America，53（3）：607-624，1969.
2）中山博輝：乳がん根治術後の上肢運動障害に対するリハビリテーション．川崎医学会誌，9：378-387，1984.
3）髙橋　威ほか：女性性器癌術後の下肢リンパ浮腫の発生とその退翳について．産婦人科の世界，55（4）：15-23，2003.
3）Dietz JH：Rehabilitation of the cancer patient. Med Clin North Am，53（3）：607-624，1969.
4）渡邉純一郎：がん治療の理解Ⅱ．化学療法．Journal of Clinical Rehabilitation，12（10）：871，2003.
5）辻　哲也ほか編：癌のリハビリテーション．金原出版，2006.
6）落合慈之監：脳神経疾患ビジュアルブック．p.128-143，学研メディカル秀潤社，2009.
7）Mirels H.：Metastatic disease in long bones. A proposed scoring system for diagnosing impending pathologic fractures. Clinical orthopaedics and related research，249：256-264. 1989.
8）片桐浩久：転移性骨腫瘍の治療．整形外科看護，10（8）：749，2005.
9）石川愛子：造血幹細胞移植とリハビリテーションの実際．Journal of Clinical Rehabilitation，17(5)：465，2008.
10）落合慈之監：リハビリテーションビジュアルブック．第2版，p.211-231，学研メディカル秀潤社，2016.

8．廃用症候群

▪廃用症候群

1）稲川利光編：急性期リハビリテーションのプロを目指して．p.40，医学と看護社，2013.
2）嶋田智明編集主幹：課題別・理学療法技術ガイド．p.970-979，文光堂，2008.
3）竹内新治ほか：在宅での生活を可能にするために，早期離床をうながす―NTT東日本関東病院リハビリテーション科の取り組み．訪問看護と介護，15（2）：94-97，2010.
4）小泉龍一ほか：体力低下と低活動．Journal of Clinical Rehabilitation，17（2）：123-128，2008.
5）大荷満生：廃用症候群と低栄養．Journal of Clinical Rehabilitation，17(2)：129-133，2008.
6）居村茂幸編：系統理学療法学――筋骨格障害系理学療法学．p.58-66，医歯薬出版，2006.
7）中村隆一監：入門 リハビリテーション医学．第2版，p.201-206，医歯薬出版，1998.
8）中村隆一編：入門 リハビリテーション概論．第4版，p.144-145，医歯薬出版，2001.
9）先崎　章：症例にみるアプローチ ケース④精神障害．Journal of Clinical Rehabilitation，17（2）：149-154，2008.
10）千野直一編：現代リハビリテーション医学．改訂第3版，金原出版，p.298-305，2009.
11）米本恭三監：最新リハビリテーション医学．第2版，医歯薬出版，2005.
12）落合慈之監：リハビリテーションビジュアルブック．第2版，p.232-238，学研メディカル秀潤社，2016.

9．脊髄損傷

▪脊髄損傷

1）奥宮暁子ほか監：脊髄損傷，Nursing Selection11 リハビリテーション看護，p.246-264，学研メディカル秀潤社，2003.
2）二瓶隆一ほか編著：頸髄損傷のリハビリテーション，改訂第2版，p.160，166，180，236，協同医書出版社，2006.
3）細田多穂ほか編：脊髄損傷，理学療法ハンドブック　第3巻　疾患別・理学療法プログラム．p.413-487，協同医書出版社，2001.
4）田中尚文：脊髄損傷患者の評価，総合リハ，40（5），532-537，2012.
5）住田幹男ほか編：脊損慢性期マネジメントガイド．NPO法人日本せきずい基金，2010.
6）国立障害者リハビリテーションセンター：作業療法士研修会　平成22年度資料，2010.
7）澤　俊二編：作業療法士イエローノート　専門編 2nd edition，メジカルビュー社，2013.
8）落合慈之監：リハビリテーションビジュアルブック．p.194-202，学研メディカル秀潤社，2011.
9）落合慈之監：リハビリテーションビジュアルブック．第2版，p.240-249，学研メディカル秀潤社，2016.

10．切断

▪切断

1）馬場久敏：切断．標準整形外科学．第11版（内田淳正ほか監），医学書院，2011.
2）落合慈之監：リハビリテーションビジュアルブック．p.203-211，学研メディカル秀潤社，2011.
3）川村次郎：義肢装具学．第4版，医学書院，2009.
4）細田多穂：義肢装具学テキスト - シンプル理学療法シリーズ．p.213-239，南江堂，2009.
5）森田定雄：下肢切断の原因と切断術の概要．理学療法，32（4）：292-299，2015.
6）寺村誠治：下腿切断者に対する理学療法一評価から生活指導まで．理学療法，32（4）：322-333，2015.
7）手塚勇輔：大腿切断者に対する理学療法一評価から

生活指導まで．理学療法，32(4)：310-321，2015．
7）立花慶太：股関節離断者に対する理学療法―評価から生活指導まで．理学療法，32（4）：300-309，2015．
8）大峯三郎：下肢切断　理学療法診療ガイドライン．理学療法学，42（3）：296-304，2015．
9）荒木聡子：リハビリテーション―フットケアに留意すべき状況の患者．診断と治療，100（4）：658-663，2012．
10）落合慈之監：リハビリテーションビジュアルブック．第2版，p.250-2260，学研メディカル秀潤社，2016．

第3章　障害に対するリハビリテーション

1．関節可動域障害

1）高木永子監：看護過程に沿った対症看護，第5版．学研メディカル秀潤社，2018
2）松澤正：理学療法評価学，第2版．p.28-38，金原出版，2004．
3）嶋田智明，平田総一郎監：筋骨格系のキネシオロジー．p.27-32．医歯薬出版，2005．
4）市橋則明編：運動療法学．第2版，p.8-16，p.186-188．文光堂，2014．
5）市橋則明編：運動療法学．第2版，p.8-9，p.186，文光堂，2014．
6）高木永子監：看護過程に沿った対症看護．第4版，p.675，学研メディカル秀潤社，2010．
7）落合慈之監：リハビリテーションビジュアルブック．p.224-236，学研メディカル秀潤社，2011．
8）落合慈之監：リハビリテーションビジュアルブック．第2版，p.274-285，学研メディカル秀潤社，2016．

2．筋力低下

1）Helen. J. Hislop ほか（津山直一訳）：新・徒手筋力検査法．原著第9版，協同医書出版社，2014．
2）落合慈之監：リハビリテーションビジュアルブック．第2版，p.286-289，学研メディカル秀潤社，2016．

3．筋緊張異常

1）岩倉博光監：理学療法評価法．金原出版，1989．
2）柳澤　健編：理学療法評価学．理学療法学ゴールド・マスター・テキスト1，メジカルビュー社，2010．
3）細田多穂監：理学療法評価学テキスト．シンプル理学療法学シリーズ，南江堂，2010．
4）日本整形外科学会，日本リハビリテーション医学会監：義肢装具のチェックポイント．第7版，医学書院，2007．
5）落合慈之監：リハビリテーションビジュアルブック．第2版，p.290-294，学研メディカル秀潤社，2016．

4．感覚障害

1）落合慈之監：リハビリテーションビジュアルブック．p.246-251，学研メディカル秀潤社，2011．
2）落合慈之監：リハビリテーションビジュアルブック．第2版，p.295-300，学研メディカル秀潤社，2016．

5．協調性障害

1）沖田一彦：協調性運動，標準理学療法学　専門分野　運動療法学　総論，第2版（吉尾雅春編）．p.238-248，医学書院，2006．
2）松澤　正：協調性検査．理学療法評価学．第2版，p.166-173，金原出版，2009．
3）田崎義昭ほか：小脳機能の診かた．ベッドサイドの神経の診かた．改訂16版，p.143-158，南山堂，2008．
4）内山　靖：協調運動障害．理学療法ハンドブック第1巻理学療法の基礎と評価．改訂第4版（細田多穂ほか編），p.605-635，協同医書出版社，2010．
5）内山　靖ほか：運動失調症における軀幹協調機能ステージの標準化と機能障害分類．理学療法学，15（4）：313-320，1988．
6）田口孝行ほか：高齢者特有のバランス能力低下の評価と理学療法．理学療法，29（4）：424-431，2012．
7）望月　久：バランス障害の評価．理学療法，29（4）：378-387，2012．
8）落合慈之監：リハビリテーションビジュアルブック．p.252-259，学研メディカル秀潤社，2011．
9）落合慈之監：リハビリテーションビジュアルブック．第2版，p.301-309，学研メディカル秀潤社，2016．

6．運動麻痺

1）Brhannon RW et al：Interra reliability of a modified Ashworth scale of muscle spasticity．Physical Therapy，67：205-207，1985．
2）上田　敏ほか：片麻痺機能テストの標準化―12段階　片麻痺回復グレード法．総合リハビリテーション，5（10）：749-766，1977．
3）落合慈之監：リハビリテーションビジュアルブック．第2版，p.310-320，学研メディカル秀潤社，2016．

7．平衡機能障害

1）浅井友詞ほか：前庭機能障害によるめまいと平衡異常に対する理学療法．理学療法，28（4）：571-578，2011．
2）五島史行：めまいの診断と治療の概要．理学療法，28（4）：543-552，2011．
3）浅井友詞ほか：前庭のリハビリテーション．愛知県理学療法学会誌，23（2）：31-41，2011．
4）肥塚泉：平衡障害の評価とリハビリテーション，日本耳鼻咽喉科学会会報，114（9）：784-487，2011．
5）加賀富士枝ほか：前庭機能障害の理学療法評価．理学療法，28（4）：562-577，2011．
6）落合慈之監：リハビリテーションビジュアルブック．第2版，p.321-327，学研メディカル秀潤社，2016．

8．痛み

1）熊澤孝朗：臨床痛み学テキスト．p.255-257，産学社，東京，2007
2）Lewit K：Relation of faulty respiration to posture, with clinical implications. The Journal of the American Osteopathic Association, 79(8)：525-529，1980．
3）濱口眞輔：痛みの評価法．ペインクリニック，31（8），1085-1093，2010．
4）居村茂幸編：系統理学療法学・筋骨格系理学療法学．医歯薬出版株式会社，2006．
5）森本温子ほか：療法の考察：痛み系と運動系のつながりからみた運動療法の可能性．理学療法，25（10），1458-1465，2008．
6）Kathleen A.Sluka:Mechanisms and Management of Pain for the Physical Therapist, 175-178，IASP Press，2009．
7）石川齋ほか編：図解理学療法技術ガイド．第2版，p.270-304，文光堂，2001．
8）山本隆充：痛み・しびれ：その原因と対処法．p.15-30，真興交易（株）医書出版部，2013．
9）花岡一雄ほか監・編：痛みのマネジメント update　基礎知識から緩和ケアまで，第143巻，p.32-99，日本医師会雑誌，2014．
10）小倉秀子監訳，Phil Page ほか：ヤンダアプローチ マッスルインバランスに対する評価と治療，第1版，p.189-207，p.232-247，三輪書店，2013．
11）Craig Liebenson 原著，菊池臣一監訳：脊椎のリハビリテーション　臨床マニュアル．p.207-210，エンタプライズ出版部，2008．
12）高齢者の感覚障害 慢性疼痛を中心に Advances in Aging and Health Research 2015．p37，長寿科学振興財団，2015．
13）落合慈之監：リハビリテーションビジュアルブック．p.277-285，学研メディカル秀潤社，2011．

14) 落合慈之監：リハビリテーションビジュアルブック．第2版，p.328-339，学研メディカル秀潤社，2016．

9．基本動作障害

▪寝返り

1）鶴見隆正編，奈良　勲監：日常生活活動学・生活環境学．第2版，p.48-52，医学書院，2005．
2）田中幸子：寝返り動作の生体力学的特性と臨床への応用．理学療法，27(2)：297-303，2010．
3）中村隆一編：理学療法テクニック——発達的アプローチ．p.1-19，医歯薬出版，2004．
4）富田昌夫：クラインフォーゲルバッハの運動学．理学療法学，21（8）：571-575，1994．
5）柳澤　健編：運動療法学．理学療法学ゴールド・マスター・テキスト2，p.130-149，メジカルビュー社，2010．
6）落合慈之監：リハビリテーションビジュアルブック．p.289-294，学研メディカル秀潤社，2011．
7）落合慈之監：リハビリテーションビジュアルブック．第2版，p.340-345，学研メディカル秀潤社，2016．

▪起き上がり

1）対馬栄輝ほか：起き上がり動作の生体力学的特徴と臨床への応用，理学療法，27（2）：304-311，2010．
2）Cheryl DFS, et al：Age differences in movement patterns used to rise from a bed in subjects in the third through fifth decades of age Phys Ther, 73（5）：300-309, 1993．
3）金子純一朗ほか：高齢者の起き上がり動作と理学療法．理学療法，20(10)：1055-1061，2003．
4）山岸茂則：臨床実践　動きのとらえかた～何をみるのか　その思考と試行．p.116-133，文光堂，2012．
5）石井慎一郎：レクチャーノート　起居動作のバイオメカニクス．p.36-56，南西書店，2013．
6）武田　功監：基本動作の評価と治療アプローチ．p.87-105，メジカルビュー社，2015．
7）細田多穂ほか：理学療法の基礎と評価，理学療法ハンドブック改訂第4版　第1巻．p.774-778，協同医書出版社，2010．
8）落合慈之監：リハビリテーションビジュアルブック．第2版，p.346-351，学研メディカル秀潤社，2016．

▪立ち上がり

1）石井慎一郎：動作分析　臨床活用講座　バイオメカニクスに基づく臨床推論の実際．p.122-166，メジカルビュー社，2013．
2）江原義弘ほか：ボディダイナミクス入門　立ち上がり動作の分析，第1版．p.2-81，医歯薬出版，2001．
3）藤澤宏幸：立ち上がり・着座動作障害と理学療法の関わり．理学療法，31（11）：1076-1083，2014．
4）阿南雅也ほか：立ち上がり・着座動作障害のバイオメカニクス．理学療法，31（11）：1084-1095，2014．
5）細田多穂ほか：理学療法ハンドブック，改訂第4版　第1巻理学療法の基礎と評価．p.800，p.820，協同医書出版社，2010．
6）山岸茂則：臨床実践　動きのとらえかた～何を見るのか　その思考と試行，文光堂，2010．
7）落合慈之監：リハビリテーションビジュアルブック．第2版，p.352-354，学研メディカル秀潤社，2016．

10．歩行障害

1）Murray MP：Gait as a total pattern of movement．Am J Phys Med 46（1）：290-333，1967．
2）月城慶一ほか訳［Gotz-Neumann K］：観察による歩行分析．p.5-111，医学書院，2005．
3）細田多穂ほか編：理学療法の基礎と評価．理学療法ハンドブック改訂第3版　第1巻，p.593-707，協同医書出版社，2000．
4）松澤　正：理学療法評価法．改訂第2版，p.216-222，金原出版，1993．
5）澤村誠志：切断と義肢．第4版，p.322-323，医歯薬出版，1999．
6）山嵜　勉編：整形外科理学療法の理論と技術．p.140，メジカルビュー社，1997．
7）嶋田智明編集主幹：課題別・理学療法技術ガイド——課題をどうとらえ，いかに実践するか．p.48-71，文光堂，2008．
8）田崎義昭ほか：ベッドサイドの神経の診かた．改訂17版，南山堂，2010．
9）横山　巌監訳：脳卒中の運動訓練プログラム．p.127-151，医学書院，1991．
10）冨田昌夫監訳：ステップス・トゥ・フォロー．改訂第2版，p.201-236，シュプリンガー・ジャパン，2005．
11）Perry J, et al：Gait Analysis; Normal and Pathological Function．p.30-38，Slack Inc，1992．
12）Kirsten Gotz-Neumann原著，月城慶一ほか訳：観察による歩行分析．p.26-30，医学書院，2005．
13）石井慎一郎：動作分析 臨床活用講座ーバイオメカニクスに基づく臨床推論の実践．p.179-182，メジカルビュー社，2013．
14）樋口貴広ほか：姿勢と歩行 協調からひも解く．p.88-93，三輪出版，2015．
15）落合慈之監：リハビリテーションビジュアルブック．第2版，p.355-361，学研メディカル秀潤社，2016．

11．高次脳機能障害

▪失語症

1）鹿島晴雄ほか編：よくわかる失語症セラピーと認知リハビリテーション．永井書店，2008．
2）藤田郁代ほか編：失語症学．標準言語聴覚障害学，医学書院，2009．
3）毛束真知子：絵でわかる言語障害——言葉のメカニズムから対応まで．p.89-113，学研メディカル秀潤社，2002．
4）鹿島晴雄ほか編：よくわかる失語症と高次脳機能障害．永井書店，2003．
5）日本高次脳機能障害学会編：標準失語症検査マニュアル．改訂第2版，新興医学出版社，2003．
6）落合慈之監：リハビリテーションビジュアルブック．第2版，p.362-369，学研メディカル秀潤社，2016．

▪失行

1）板東充秋：失行の検査法．高次脳機能障害のすべて，神経内科，68（Suppl 5）：289-295，2008．
2）元村直靖：観念運動失行と観念失行．高次脳機能障害のすべて，神経内科，68（Suppl 5）：296-300，2008．
3）丸山哲弘：肢節運動失行．高次脳機能障害のすべて，神経内科，68（Suppl .5）：309-312，2008．
4）鹿島晴雄ほか編：よくわかる失語症セラピーと認知リハビリテーション．永井書店，2008．
5）鈴木孝治ほか編：リハビリテーション評価．高次脳機能障害マエストロシリーズ3，医歯薬出版，2006．
6）東山雄一，武田克彦：失行症．JOURNAL OF CLINICAL REHABILITATION，18（9）：806-812，2009．
7）河村　満編：急性期から取り組む高次脳機能障害リハビリテーション．p.99-10[illegible]，メディカ出版，2010．
8）藤田郁代ほか編：高次脳機能障害学．標準言語聴覚障害学，医学書院，2009．
9）落合慈之監：リハビリテーションビジュアルブック．第2版，p.370-373，学研メディカル秀潤社，2016．

▪失認

1）鹿島晴雄ほか編：よくわかる失語症セラピーと認知リハビリテーション．永井書店，2008．
2）鹿島晴雄ほか編：よくわかる失語症と高次脳機能障害．永井書店，2003．
3）石合純夫：高次神経機能障害．新興医学出版社，1997．
4）藤田郁代ほか編：高次脳機能障害学．標準言語聴覚障害学，医学書院，2009．

5）河村　満編：急性期から取り組む高次脳機能障害リハビリテーション．メディカ出版，2010．
6）原　寛美監：高次脳機能障害ポケットマニュアル．医歯薬出版，2005．
7）日本高次脳機能障害学会：標準高次視知覚検査．改訂版，新興医学出版社，2003．
8）石合純夫：BIT 行動性無視検査日本版．新興医学出版社，1999．
9）Caselli RJ：Ventolateral and dorsomedial somatosensory association cortex damage produces distinct somesthetic syndromes in humans. Neurology, 43：762-771, 1993.
10）落合慈之監：リハビリテーションビジュアルブック．第2版，p.374-380，学研メディカル秀潤社，2016．

- 注意障害

1）加藤元一郎：注意の新しい捉え方．注意と意欲の神経機構（日本高次脳機能障害学会教育・研究委員会編），p. 5，新興医学出版社，2014．
2）鹿島晴雄ほか：注意障害と前頭葉損傷，神経研究の進歩，30（5）：847-858，1986．
3）藤田郁代ほか：標準言語聴覚障害学．高次脳機能障害，p.6-7，医学書院，2009．
4）河村　満：急性期から取り組む 高次脳機能障害リハビリテーション，p.70-78，メディカ出版，2010．
5）日本高次脳機能障害学会：標準注意検査法・標準意欲評価法マニュアル．新興医学出版，2006．
6）橋本圭司：高次脳機能を鍛える．p.39-41，メディカ出版，2008．
7）石合純夫：高次脳機能障害学．p.121-147，医歯薬出版株式会社，2004．
8）落合慈之監：リハビリテーションビジュアルブック．p.339-344，学研メディカル秀潤社，2011．
9）落合慈之監：リハビリテーションビジュアルブック．第2版，p.381-384，学研メディカル秀潤社，2016．

- 記憶障害（健忘症候群）

1）山鳥重：記憶の神経心理学．神経心理学コレクション，医学書院，2002．
2）森悦朗：記憶の神経機構と認知症．老年期認知症研究会誌，19（1）：19-21，2012．
3）種村 純，椿原彰夫編：教材による認知リハビリテーション――その評価と訓練法．永井書店，2009．
4）鹿島晴雄ほか編［吉益晴夫］：LTM の障害・健忘症候群（症候と評価法），よくわかる失語症と高次脳機能障害．p.355-363，永井書店，2003．
5）鹿島晴雄ほか編［博野信次］：エピソード記憶障害．よくわかる失語症セラピーと認知リハビリテーション．p.482-490，永井書店，2008．
6）数井裕光ほか：日本版日常記憶チェックリストの有用性の検討．Brain and Nerve, 55（4）：317-325，2003．
7）綿森淑子ほか：記憶障害のリハビリテーション−その具体的方法−．リハビリテーション医学，42(5)：313-319，2005．
8）落合慈之監：リハビリテーションビジュアルブック．第2版，p.386-390，学研メディカル秀潤社，2016．

- 前頭葉機能・遂行機能障害

1）Tranel DA et al：“Development of the concept of “executive function” and its relationship to the frontal lobes.” Handbook of Neuropsychology（Boller F et al eds），Elsevier, p.125-148，1994．
2）Stuss DT et al：Adult clinical neuropsychology-lessons from studies of the frontal lobes．Annual Review of Psychology 53，401-433，2002．
3）Levine B et al：Rehabilitation of executive functioning：an experimental-clinical validation of goal management training. J Int Neuropsychol Soc 6（3）：299-312，2000．
4）平山惠造ら：脳血管障害と神経心理学，第２版．p.314-325 医学書院，2013．
5）原 寛美：遂行機能障害に対する認知リハビリテーション　高次脳機能研究，32（2）：185-191，2012．
6）種村 純：遂行機能の臨床　高次脳機能研究，第28（3）：68-75，2008．
7）本田哲三ら：遂行機能障害のリハビリテーション　失語症研究，第 18（2）：146-153，1998．
8）落合慈之監：リハビリテーションビジュアルブック．p.324-327，学研メディカル秀潤社，2011．
9）落合慈之監：リハビリテーションビジュアルブック．第2版，p.391-394，学研メディカル秀潤社，2016．

- 認知症

1）橋本　衛ほか：認知症　臨床の最前線（池田 学編）．p.164-174，医歯薬出版，2012．
2）前田真治：老人のリハビリテーション．p223-243，医学書院，2010．
3）中島健二：認知症とは？認知症はなぜ起こるのか？臨床と研究，91：863-865，2014．
4）橋本康子ほか：認知症におけるリハビリテーション．日本病院会雑誌，62（2）：200-208，2015．
5）瀬川　浩：認知症のリハビリテーション ―ケア，薬物療法から施設入所まで―．p.11-14，p.23-30，金原出版，2015．
6）中島健二：認知症ハンドブック．p.116-119，p.148-151，p.261-290，医学書院，2013．
7）脳ドックの新ガイドライン作成委員会編：脳ドックのガイドライン 2014．p.35-36，響文社，2014．
8）鈴木宏幸，藤原佳典：軽度認知症をスクリーニングするための神経心理学的検査―Montreal Cognitive Assessment（MoCA）の日本語版作成とその有効性について．老年精神医学雑誌，21：198-202，2010．
9）今井幸充：BPSD の病態と治療．老年期認知症研究会誌，18：66-68，2011．
10）神崎恒一：アルツハイマー病の臨床診断．日本老年医学会雑誌，49（4）：419-423，2012．
11）山口智晴，山口晴保：アルツハイマー病の非薬物療法．日本老年医学会雑誌 49（4）：437-441，2012．
12）落合慈之監：リハビリテーションビジュアルブック．第2版，p.395-401，学研メディカル秀潤社，2016．

12. dysarthria

- dysarthria（構音障害）

1）McNeil MR：Clinical management of sensorimotor speech disorders．Thieme，1997．
2）Yorkston KM et al：Management of motor speech disorders in children and adults, 2nd ed．Pro-Ed, 1999．
3）日本音声言語医学会言語委員会運動障害性（麻痺性）構音障害小委員会：「運動障害性（麻痺性）構音障害 dysarthria の検査法―第一次案」短縮版の作成．音声言語医学，40（2），161-181，1999．
4）Beukelman DR et al：Communication augmentation-A casebook of clinical management．Pro-Ed，1985．
5）西尾正輝：ディサースリアの基礎と臨床．第1～3巻．インテルナ出版，2006．
6）廣瀬　肇ほか：言語聴覚士のための運動障害性構音障害学．医歯薬出版，2001．
7）医療研修推進財団監：言語聴覚士指定講習会テキスト．p.209-213，医歯薬出版，1998．
8）伊藤元信，笹沼澄子編：新編 言語治療マニュアル．p.271-305，医歯薬出版，2002．
9）竹内愛子，河内十郎編著：脳卒中後のコミュニケーション障害．p .95-108，協同医書出版社，1995．
10）熊倉勇美ほか編：発声発語障害学．標準言語聴覚障害学，医学書院，2010．
11）深浦順一ほか：図解言語聴覚療法技術ガイド．p.409-464，文光堂，2014．
12）Joel C Kahane 著，新美成二監訳：発話メカニズムの解剖と生理．インテルナ出版，1998．
13）落合慈之監：リハビリテーションビジュアルブック．第2版，p.402-406，学研メディカル秀潤社，2016．

13．音声障害

1）廣瀬肇：音声障害の臨床．インテルナ出版，2007.
2）落合慈之監：リハビリテーションビジュアルブック．p.354-355，学研メディカル秀潤社，2011.

14．嚥下障害

1）落合慈之監：リハビリテーションビジュアルブック．p.356-369，学研メディカル秀潤社，2011.
2）医療法人天心堂志田病院 言語聴覚士 津山亜希子：食事介助の基礎，http://www.saga-serg.com/shiryo/221106-2.pdf より 2015 年 7 月 5 日検索.
3）Fujimoto Medical system：嚥下障害に対しての環境設定，http://www.fujimoto.or.jp/tip-medicine/lecture-194/index.php より 2015 年 7 月 5 日検索.
4）はじめよう！やってみよう！口腔ケア：http://www.kokucare.jp/training/training/enge/ より 2015 年 7 月 5 日検索.
5）広瀬 肇監：言語聴覚士テキスト第 2 版（岩田誠ほか編），p.389-390，医歯薬出版，2011.
6）藤島一郎，柴本勇監：動画でわかる摂食・嚥下リハビリテーション．p.14，38，48，104，中山書店，2010.
7）藤島一郎ほか：摂食・嚥下状況のレベル評価　簡便な摂食・嚥下評価尺度の開発．リハ医学，43：S249，2006.
8）落合慈之監：リハビリテーションビジュアルブック．第 2 版，p.413-420，学研メディカル秀潤社，2016.

14．口腔ケア

1）落合慈之監：リハビリテーションビジュアルブック．p.364-369，学研メディカル秀潤社，2011.
2）Yoneyama T, Yoshida M, et al: Oral care and pneumonia. Oral Care Working Group．Lancet，354（9177）：515，1999.
3）Akutsu Y, Matsubara H et al: Pre-operative dental brushing can reduce the risk of postoperative pneumonia in esophageal cancer patients．Surgery，147（4）：497-502，2010.
4）辻本好恵，野原幹司：食道がん患者の周術期の口腔ケア　全身的・歯科的特徴の情報を活かす．デンタルハイジーン，26（7）：286-289，2006.
5）黒川英雄，高藤千鶴ほか：病院歯科口腔外科における周術期口腔ケアの有用性に関する研究．日本口腔ケア学会雑誌，6（1）：5-11，2012.
6）Lalla RV, Bowen J, et al: MASCC/ISOO clinical practice guidelines for the management of mucositis secondary to cancer therapy. Cancer, 120（10）：1453-61，2014.
7）Bergmans DC, Bonten MJ, et al: Prevention of ventilator-associated pneumonia by oral decontamination: a prospective, randomized, double-blind, placebo-controlled study. American Journal of Respiratory and Critical Care Medicine，164（3）：382-388，2001.
8）北村正博，村上伸也：歯周医学（Periodontal Medicine）歯周病と全身疾患　歯周病と全身疾患．医学のあゆみ，232（3）：161-166，2010.
9）Ishikawa A, Yoneyama T, et al: Professional oral health care reduces the number of oropharyngeal bacteria. Journal of Dental Research，87（6）：594-8，2008.
10）日本臨床検査学会：臨床検査のガイドライン 2005／2006　症候編・疾患編・検査編．p.90-96，2005・2006.
11）日本摂食嚥下リハビリテーション学会医療検討委員会：訓練法のまとめ（2014 版）．日本摂食嚥下リハビリテーション学会雑誌，18（1）：55-89，2014.
12）別所和久監：これからはじめる周術期口腔機能管理マニュアル．p.3，永末書店，2011.

15．ADL 障害

1）Mahoney FI et al：Functional evaluation—The barthel index. Maryland state Medical Journal, 14：61-65，1965
2）遠藤　敏：日常生活活動学・生活環境学．標準理学療法学専門分野．第 2 版（鶴見隆正ほか編），p.77，医学書院，2005
3）Data management service（of the uniform data system for medical rehabilitation and the center for functional assessment research）．Guide for use of the uniform data set for medical rehabilitation. ver.3.0.The Buffalo general hospital. State University of New York at Buffalo, 1990
4）落合慈之監：リハビリテーションビジュアルブック，第 2 版．p.321-327，学研メディカル秀潤社，2016
5）鶴見隆正編：日常生活活動学・生活環境学．標準理学療法学 専門分野，第 2 版，p.11，77-78，84-90，医学書院，2005.
6）伊藤利之，鎌倉矩子編：ADL とその周辺――評価・指導・介護の実際．p.2-5，医学書院，1994.
7）「高齢者リハビリテーションのあるべき方向」普及啓発委員会：いきいきとした生活機能の向上を目指して．p.11，2004.
8）岩崎テル子ほか編：作業療法評価学．標準作業療法学 専門分野，p.41-45，243，医学書院，2005.

第 4 章　その他のリハビリテーション

1．がんのリハビリテーション

1）落合慈之監：リハビリテーションビジュアルブック．第 2 版，p.494-496，学研メディカル秀潤社，2016.

2．腎臓リハビリテーション

1）日本腎臓学会編：CKD 診療ガイド 2012．p.1-7，東京医学社．2012.
2）日本透析医学会：図解わが国の慢性透析療法の現況．http://docs.jsdt.or.jp/overview/index.html（2016 年 12 月閲覧）.
3）American College of Sports Medicine：ACSM's Guidelines for Exercise Testing and Prescription．9th ed，p305-309，Lippincott Williams & Wilkins，2013.
4）上月正博編著：腎臓リハビリテーション．p.14，163，医歯薬出版，2012.
5）加藤明彦ほか編：透析患者を受け持ったら，ズバリこう診る・管理する！ 若手医師のための透析診療のコツ．p.3，文光堂，2011.
6）上月正博：腎臓リハビリテーション―現況と将来展望．リハビリテーション医学，43（2）：105-109，2006.
7）岩根美紀ほか：透析患者のリハビリテーション．総合リハビリテーション，40（5）：775-781，2012.
8）重田　暁：腎疾患患者に対するレジスタンストレーニング，[illegible]，[illegible]（6）：519-528，2015
9）日本腎臓学会編：エビデンスに基づく CKD 診療ガイドライン 2013．東京医学社，2013.
10）Koji Hiraki et al：Decreased physical function in pre-dialysis patients with chronic kidney disease．Clinical and Experimental Nephrology，17（2）：225-231，2013.
11）加藤明彦：慢性腎臓病におけるサルコペニア．医学のあゆみ．248（9）：727-731，2014.
12）落合慈之監：リハビリテーションビジュアルブック．第 2 版，p.497-501，学研メディカル秀潤社，2016.

数字・英文 123・ABC…

あ・いうえお

か・きくけこ

さ・しすせそ

た・ちつてと

な・にぬねの

は・ひふへほ

ま・みむめも

や・ゆよ

ら・りるれろ

連絡先一覧

■患者急変時の連絡先

■インシデント時の連絡先

- 医療安全管理室
- 感染管理室
- RST(呼吸サポートチーム)
- NST(栄養サポートチーム)

■入院時受付

■病棟連絡先

- 救急外来
- 外来
- 放射線受付
- ME センター
- 看護師　　　　　　　　　さん
- 栄養士　　　　　　　　　さん
- 薬剤師　　　　　　　　　さん
- PT
- OT
- ST

病棟

病棟

病棟

病棟

病棟

病棟

■支援制度

- ソーシャルワーカー
- 医療連携
- ケアマネ
- 福祉課，etc

- 車イス・補装具業者

リハビリテーションポケットブック

2018年12月 5日　初 版 第1刷発行
2022年 4月15日　初 版 第2刷発行

編　　集　稲川　利光（いながわ　としみつ）
発 行 人　小袋　朋子
編 集 人　増田　和也
発 行 所　株式会社 学研メディカル秀潤社
〒141-8414 東京都品川区西五反田 2-11-8
発 売 元　株式会社 学研プラス
〒141-8415 東京都品川区西五反田 2-11-8
印刷・製本　凸版印刷株式会社

この本に関する各種お問い合わせ
【電話の場合】
●編集内容については Tel 03-6431-1237（編集部）
●在庫については Tel 03-6431-1234（営業部）
●不良品（落丁，乱丁）については Tel 0570-000577
学研業務センター
〒354-0045　埼玉県入間郡三芳町上富 279-1
●上記以外のお問合わせは 学研グループ総合案内 0570-056-710（ナビダイヤル）
【文書の場合】
●〒141-8418　東京都品川区西五反田 2-11-8
学研お客様センター
『リハビリテーションポケットブック』係

本書に記載されている内容は，出版時の最新情報に基づくとともに，臨床例をもとに正確かつ普遍化すべく，著者，編者，監修者，編集委員ならびに出版社それぞれが最善の努力をしております．しかし，本書の記載内容によりトラブルや損害，不測の事故等が生じた場合，著者，編者，監修者，編集委員ならびに出版社は，その責を負いかねます．

また，本書に記載されている医薬品や機器等の使用にあたっては，常に最新の各々の添付文書や取り扱い説明書を参照のうえ，適応や使用方法等をご確認ください．

株式会社 学研メディカル秀潤社